Biographische Sozialisation

Der Mensch als soziales und personales Wesen

Herausgegeben von

L. Krappmann

K. A. Schneewind

L. A. Vaskovics

G. Wurzbacher

Band 17

Biographische Sozialisation

Herausgegeben von Erika M. Hoerning

Mit Beiträgen von

Peter Alheit, Molly Andrews, Johann Behrens,
Bennett M. Berger, Pierre Bourdieu, Bettina Dausien,
Wolfram Fischer-Rosenthal, Helena Flam, Dieter Geulen,
Matthias Grundmann, Walter R. Heinz, Erika M. Hoerning,
Feiwel Kupferberg, Hartman Leitner, Ursula Rabe-Kleberg,
Uwe Schimank, Jürgen Straub, George Vaillant

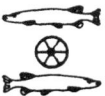

Lucius & Lucius

Anschrift der Herausgeberin:

Priv.-Doz. Dr. Erika M. Hoerning
Max-Planck-Institut für
Bildungsforschung
Lentzeallee 94
14195 Berlin

Die Deutsche Bibliothek – CIP-Einheitsaufnahme

Biographische Sozialisation / hrsg. von Erika M. Hoerning. Mit Beitr.
von Peter Alheit .... – Stuttgart : Lucius und Lucius, 2000

   (Der Mensch als soziales und personales Wesen ; Bd. 17)
   ISBN 3-8282-0134-2

© Lucius & Lucius Verlagsgesellschaft mbH, Stuttgart 2000
  Gerokstr. 51, D-70184 Stuttgart

Druck und Einband: F. Spiegel, Ulm

Printed in Germany

Inhalt

Vorbemerkungen und Dank der Herausgeberin

„Es hat also der Mensch seine innere und äußere Umwelt selbst zu ordnen. Dafür zur Verfügung stehen ihm äußere Erfahrungen und inneres
Rückerinnern. ... Und hinsichtlich der Ordnung gedenke, daß sich nur
aus innerer Entschiedenheit treffende Formulierungen ergeben." (*Gottfried Benn*) Oder anders ausgedrückt: Für die biographische Ordnung
spielen Erfahrungen in der einen oder anderen Weise für die Gestalt und
die Gestaltung der Biographie eine Rolle. Menschen machen fortlaufend -
gewollt oder ungewollt - Erfahrungen, denen sich niemand entziehen
kann (*Alheit/Hoerning* 1989).

Die gesellschaftsstrukturelle Institutionalisierung oder auch die
Prägung von Lebensläufen, die ihren Ausdruck in lebensgeschichtlich
sich wandelnden Rollen, Positionen, Identitäten und Statuspassagen finden, sind der Ausgangspunkt für die Biographieforschung. Biographie in
diesem Sinne bedeutet die subjektive Verarbeitung des Lebenslaufs, ein
Prozeß, bei dem einerseits auf Lebenserfahrungen zurückgriffen werden
kann und in dem andererseits fortwährend Lebenserfahrungen gemacht,
modifiziert und generiert werden (*Schimank* 1988: 44; *Alheit/Hoerning*
1989; *Kohli* 1991; *Hoerning/Alheit* 1995). Oder anders ausgedrückt: Wie
wird der Mensch durch Erfahrungen für seine eigene Biographie zur Sozialisationsinstanz? Ein Weg, sich dieser Fragestellung zu nähern, ist der,
nach Erklärungen zu suchen, warum es nicht nur Schicksal ist, daß
manche Menschen glücklich sind und manche Menschen scheitern. Häufig finden wir Ähnlichkeiten in den Strukturen der Lebensläufe: Menschen sind gleich alt, haben ähnliche Schul- und Berufsausbildungen,
haben Familien gegründet - aber der eine ist mit seinem Leben zufrieden
und der andere nicht. Oder wir beobachten, daß der eine Mensch eine
Chance aufgreift, während ein anderer Mensch, der in einer ähnlichen
sozialen Lage ist, es ablehnt, sich damit überhaupt auseinanderzusetzen.
Und da hilft es auch nicht, mit Engelszungen auf jemanden einzureden,
ihn davon zu überzeugen versuchen, daß diese Gelegenheit ihm Vorteile
bringt; der Angesprochene wird (meistens) viele Gründe nennen, warum
er dieses Angebot nicht annehmen kann, der Anbieter wird immer wieder
versuchen, diese Argumente zu entkräften, und er wird am Ende feststellen: Es hat keinen Zweck, dieser Mensch ist für seine guten Ratschläge unzugänglich. Der Forscher oder die Forscherin jedoch wird sich
fragen: Warum lehnt dieser Mensch das scheinbar so günstige Angebot

ab? Um diese Frage beantworten zu können, ist es ausgesprochen hilfreich, sich mit der Vergangenheit der Lebensgeschichte zu beschäftigen,
denn die Antwort auf diese Frage liegt in der Regel in den biographischen Erfahrungen der Vergangenheit, die die Weichen für die Gegenwart und die Zukunft bereits gestellt haben.

Im Mittelpunkt dieses Buches steht die Frage: Wie wird aus dem
Lebenslauf eine Biographie? Wie eignet der Mensch sich ‚seinen' sozialstrukturellen Lebenslauf an, welche Erfahrungen werden in diesen Prozessen gemacht, und welche Erfahrungen werden für den weiteren Lebensweg - modifiziert oder nicht modifiziert - relevant? Die subjektive
Ausformung des Lebens, der Biographie oder auch der Lebensgeschichte
und die soziale Struktur des Lebensverlaufs sind in der Realität ein nicht
zu trennender Verlauf, konzeptionell jedoch sind es unterschiedliche Ge-
genstandsbereiche. Der Institutionalisierung des Lebenslaufs in modernen
Gesellschaften steht auf der anderen Seite eine „Zunahme autobiographischer (und biographischer) Thematisierung" gegenüber. „(D)iese Parallele von Institutionalisierung des Lebenslaufs und von kultureller Dominanz autobiographischer Thematisierung als historischer Gleichläufigkeit
leuchtet ein, nicht aber im Verhältnis beider Prozesse ... Die subjektive
Gesamtgestalt von Handlungen, Ereignissen und Horizonten als Biographie verdankt ihre kulturelle Bedeutung heute wahrscheinlich nicht der
strukturellen Normalisierung des Lebenslaufs ..., sondern ... Kontingenzerfahrungen, durch Ereignisse und Handlungen, die nach Einordnung,
‚Verarbeitung', nach Normalität rufen." (*Fuchs* 1988: 3)

Auf dem Weltkongreß für Soziologie in Madrid 1990 wurde das
Thema, wie der Mensch durch seine Biographie selbst zur Sozialisations-
instanz wird, zum ersten Mal in einer Sitzung des Research Committee
‚Biography and Society' diskutiert. Diese Diskussion wird in den 16
Beiträgen dieses Bandes aus soziologischer, psychologischer und psy-
choanalytischer Sicht fortgesetzt.

Bei allen Autorinnen und Autoren und den Herausgebern der Reihe
„Der Mensch als soziales und personales Wesen" möchte ich mich für
ihr Engagement und ihre große Geduld bedanken, bei Bianka Ralle für
die Übersetzung des englischen und der amerikanischen Beiträge, bei
Pierre Bourdieu für die Erlaubnis, seinen Beitrag „L'illusion biographi-
que" (1986) wieder abdrucken zu können, bei den Herausgebern der
Zeitschrift BIOS (Zeitschrift für Biographieforschung und Oral History),
die den Wiederabdruck der deutschen Übersetzung von Eckard Liebau
„Die biographische Illusion" unterstützten und nicht zuletzt bei Birgit
Brodkorb vom Max-Planck-Institut für Bildungsforschung Berlin, die die
Organisation und die technische Herstellung des Manuskriptes übernahm.

Mein Dank gilt auch dem Verlag Lucius & Lucius für die Drucklegung des Werkes.

Berlin, im Frühjahr 2000   Erika M. Hoerning

Literatur

Alheit, Peter/Erika M. Hoerning (Hg.) 1989: Biographisches Wissen. Beiträge zu einer Theorie lebensgeschichtlicher Erfahrung. Frankfurt/M.; New York: Campus.

Benn, Gottfried 1968: Erkenne die Lage. Gesammelte Werke in acht Bänden, hg. von *Dieter Wellershoff*, Bd. 6. Wiesbaden: Limes, 1458/1459.

Fuchs, Werner 1988: Einleitung. In: *Karl Ulrich Mayer/Uwe Schimank/Wilhelm Schumm*: Biographie oder Lebenslauf? Über die Tauglichkeit zweier Konzepte. Hagen: Fernuniversität, Gesamthochschule, 3636/2/01/S1, Kurseinheit 1, 3-6.

Hoerning, Erika M. 1990: Biographical Socialization. Preliminary Remarks. Beitrag zum 12th World Congress of Sociology. RC 38: Biography and Society; Session: Biographical Socialization. Madrid: July 9-13.

Hoerning, Erika M./Peter Alheit 1995: Biographical Socialization. In: Current Sociology 43, 2, 101-114.

Kohli, Martin 1991: Lebenslauftheoretische Ansätze in der Sozialisationsforschung. In: *Hurrelmann, Klaus/Dieter Ulich* (Hg.): Neues Handbuch der Sozialisationsforschung. Weinheim; Basel: Beltz, 303-317.

Schimank, Uwe 1988: Biographischer Inkrementalismus: Lebenslauf - Lebenserfahrung - Lebensgeschichte in funktional differenzierten Gesellschaften. In: *Karl Ulrich Mayer/Uwe Schimank/Wilhelm Schumm*: Biographie oder Lebenslauf? Über die Tauglichkeit zweier Konzepte. Hagen: Fernuniversität, Gesamthochschule, 3636/2/01/S1, Kurseinheit 1, 41-64.

Biographische Sozialisation

Theoretische und forschungspraktische Verankerung
Eine Einleitung zu den Beiträgen

Erika M. Hoerning

Ideen haben Vorläufer. So steht auch die Thematik dieses Sammelwerkes über biographische Sozialisation ‚auf den Schultern von Riesen' *(Merton* 1983). Die ‚Riesen' haben *erstens* die theoretischen Grundlagen und die klassischen Theorieansätze entwickelt, sie haben die Arbeiten zu Instanzen und Dimensionen der Sozialisationsforschung und die mit der Sozialstruktur verbundenen integrativen neuen Forschungsansätze vorgelegt *(Hurrelmann* 1976; *Hurrelmann/Ulich* 1980a, 1991). Zumindest in der deutschen Nachkriegssoziologe sind die Instanzen und Dimensionen der Sozialisation, die sich mit der „Ordnung und Integration sozial- bzw. humanwissenschaftlicher Theorien und Befunde über Persönlichkeitsentwicklung (unter besonderer Berücksichtigung von deren Gesellschaftsbezügen)" beschäftigen, bekannt. „... Inzwischen herrscht weitgehend Einigkeit darüber, daß ‚Sozialisation' ... Ausdruck einer metatheoretischen Orientierung an der Gesellschaftsbezogenheit der Persönlichkeitsentwicklung ist" *(Hurrelmann/Ulich* 1980b: 7/8). Weiterhin wurde darüber Konsens erzielt, daß Persönlichkeitsentwicklung und Sozialisationsprozesse nicht mit dem Ende der Kindheit oder der Jugend aufhören, sondern ein Leben lang, in allen Altersphasen und Rollen und bei allen Veränderungen im Lebenslauf stattfinden. Moderater wurde der Umgang mit dem Defizitmodell des Alterns. Inzwischen werden die Entwicklungsreserven „... im Alter betont, aber gleichwohl auch die mit dem Alter verbundenen Verluste registriert..." *(Baltes* 1989, zitiert in *Kohli* 1991: 306). Auch nach der Entwicklung der Theorie der Individualisierung (im Überblick *Brose/Hildenbrand* 1988) ermangelt es „... bis heute der erforderlichen subjekt- und sozialisationstheoretischen Fundierung. Die Versuche zu einer Verbindung von strukturtheoretischen und handlungstheoretischen Ansätzen können ebenfalls nicht gelingen, solange ihnen eine genaue Konzeption der innneren Struktur von Akteuren und der Modi und Folgen ihres handelnden Umgangs mit äußeren Strukturen fehlt." *(Kohli* 1991: 303)

Kultur- und bildungspolitisch ging das wissenschaftliche Interesse an der (schichtspezifischen) Persönlichkeitsentwicklung im frühen, mittleren und späten Erwachsenenalter einher mit der Demokratisierung der Bildungschancen[1]. Diese Diskussion wurde auf das Erwachsenenalter und die allgemeine, betriebliche, berufliche und politische Bildung, auf lebenslange und lebensweltbezogene Bildungsprozesse ausgeweitet. Damit war der Wandel von der permanenten Bildung zur ‚recurrent education‘ vollzogen (*Kohli* 1976: 312f. und als Überblick: *Schmitz/Tietgens* 1984). In diesen Ansätzen ging es nicht in erster Linie darum, die Menschen an technischen, ökonomischen und sozialen Wandel ‚anzupassen‘, sondern es ging darum, die Mündigkeit und Autonomie des Menschen, angemessene Entscheidungen für seine Lebensführung in einer sich ständig verändernden Welt treffen zu können, hinreichend zu unterstützen. „Sozialisation richtet sich nicht auf eine unveränderliche Rolle, sondern auf eine sich verändernde Gesellschaft, sie bedeutet also Beteiligung an einem historischen Prozeß." (*Kohli* 1991: 308 zitiert nach *Elder/Caspi* 1988; *Elder* 1979, 1985; *Hoerning/Corsten* 1995; *Wingens* 1999[2]) Es ist die

---

[1]   Die Diskussion über die Reproduktion sozialer Ungleichheit durch das Bildungssystem wurde in Ost- und Westdeutschland zum Thema der Nachkriegszeit. In der westlichen Welt wurde das Konzept der *Chancengleichheit* unter dem Aspekt der Entkoppelung der Bildungschancen von der sozialen Herkunft, vor allem durch Veränderungen der Sozialisationsinstanzen Schule und Elternhaus, diskutiert (*Krais* 1996). In den 1980er Jahren traten Aspekte der ‚neuen sozialen Ungleichheiten‘ ins Visier, eine Diskussion, die die Konzepte der Lebenslage, des Lebenslaufs und der Lebensstile hervorbrachte. „(Die Lebensstile, E.M.H.) ... sind aus einer mehr handlungstheoretischen beziehungsweise ‚subjektorientierten‘ Perspektive (...) vor allem Ergebnisse der *alltagspraktischen Auseinandersetzung* von Individuen und Familien mit gesellschaftlichen Vorgaben, mit Zwängen und widersprüchlichen Anforderungen, unter Verwendung der jeweils vorhandenen Ressourcen und Ausnutzung zugänglicher Optionen." (*Berger/Hradil* 1990: 19) Im Gegensatz dazu wurde in der DDR die Entkoppelung der Bildungschancen von der sozialen Herkunft mit Hilfe politischer Intervention, nämlich der Steuerung des Zugangs zu Bildungsinstitutionen, zum politischen Ziel (*Steinkamp* 1991: 251ff.).

[2]   *Wingens* (1999) zeigt, was passiert, wenn die Beteiligung der Individuen nicht ausreichend berücksichtigt wird. Er setzt sich mit der Frage auseinander, ob der ‚gelernte DDR-Bürger‘ wegen ‚seines‘ Modernisierungsrückstandes zur Transformationsblockade wurde oder nicht. Zu Beginn des Transformationsprozesses vertraute man „... auf die ‚um-erziehende‘ Wirkung der neuen Institutionen infolge ihrer Effizienz." (*ibid.*: 256) Heute, so zeigt *Wingens*, sind die Passungsprobleme zwischen Institutionen und Individuen „... nicht allein situativ bzw. gelegenheitsstrukturell mit Verweis auf die trotz aller Angleichungsverbesserungen immer noch ungleich materiellen Lebensbedinungen in beiden Teilen Deutschland zu erklären ...", eine ‚vereinigungsbedingte Reaktion‘, ausgelöst durch den radikalen Institutionentransfer, mit dem eine ‚Entwertung von Biographien und Gesellschaftsgeschichte der DDR‘ einherging (*ibid.*: 257f.). Nicht der

(Fortsetzung...)

Wende vom Defizit- zum Partizipationsmodell, die in unterschiedlichen Disziplinen spätestens Anfang der 1960er Jahre auf der wissenschaftlichen Agenda stand. 1963 veranstaltete das Social Science Research Council ‚Committee on Socialization and Social Structure' in New York eine Konferenz zum Thema ‚Socialization through the Life Cycle', die sich unter anderem mit der Unterschiedlichkeit von Sozialisationsvorgängen in der Kindheit und im Erwachsenenalter, überwiegend aus der strukturell funktionalen Perspektive der ‚Anpassung', beschäftigte (*Brim/ Wheeler* 1974). An dieser Konferenz nahmen zahlreiche Wissenschaftlerinnen und Wissenschaftler teil, die sich mit Sozialstruktur und Persönlichkeitsentwicklung aus soziologischer und psychologischer Sicht beschäftigten und zwar *Orville Brim, Stanton Wheeler, John Clausen, Alex Inkeles, Ronald Lippitt, Eleanor Maccoby, Brewster Smith, Howard Becker, Charles Bidwell, Irving Rosow, Murray Straus, Leonard Cotrell jr., Theodore Kemper, Blanche Geer, Eliot Freidson, Erving Goffman, Arthur Stinchcombe* und andere (*Brim/Wheeler* 1974: Vorwort). In den USA wurde das Konferenzbuch 1966 unter dem Titel ‚Socialization after Childhood' veröffentlicht. In der Folge entstanden weitere Arbeiten von *Brim/Ryff* (1980), in der Entwicklungspsychologie entstanden die *West-Virginia-Konferenzen* und dazu eine Reihe ‚Life-span development' (im Überblick *Baltes/Eckensberger* 1979 und weitere Veröffentlichungen); die Arbeiten von *Erikson* (1977) wurden anleitend für Studien (zum Beispiel *Levinson et al.* 1978). Parallel erfolgte die Forschung zur Altersschichtung (*Riley et al.* 1972), zu Phasen und Abfolgen im Lebenslauf (*Clausen* 1976, 1986), zu Altersnormen (*Neugarten/Moore/Lowe* 1965) und zahlreiche Arbeiten zu Lebensläufen von ausgesuchten Kohorten (*Elder* 1975, 1979).

Zweitens steht die Diskussion um Lebens(-Erfahrungen), den Prozeß der biographischen Wissensbildung (*Alheit/Hoerning* 1989) und den Prozeß der biographischen Perspektivität (*Fischer/Kohli* 1987; *Kohli* 1991) auf den Schultern von Riesen einer handlungstheoretischen Perspektive. Belebt wurde sie durch Arbeiten zur sozialen Konstruktion der Lebensalter, zur historischen Institutionalisierung des Lebenslaufs als Struktur und Erfahrungstransformation (*Brose/Hildenbrand* 1988; im Überblick *Kohli* 1991: 309ff.), durch Arbeiten zur Zeitstruktur und zum Zeiterleben (*Fischer* 1982; *Fischer/Kohli* 1987) und Arbeiten über Ver-

---

[2](...Fortsetzung)
Modernisierungsrückstand der Individuen führte zur Transformationsblockade, sondern der Prozeß der Transformation.

laufsformen von Erfahrungsbildung und Erfahrungsrekapitulation, die sich vor allem an „... (die) Konzeption des ‚narrativen Interviews' anschließen" (*Schütze* 1984; *Riemann* 1987). Ein Anlaß für die Erfahrungsdiskussion war, daß der Begriff der Erfahrung oder auch der Lebenserfahrung immer wieder in biographischen Erzählungen auftaucht(e). Darin bildeten oder bilden Lebenserfahrungen die Brücke zwischen biographischer Vergangenheit, biographischer Gegenwart und biographischer Zukunft. Menschen machen ununterbrochen Erfahrungen, und einige dieser Erfahrungen werden in die Lebensführung, in den Lebensplan oder Lebensentwurf aufgenommen und andere nicht. Es sind aber nicht nur die eigenen lebensgeschichtlichen Erfahrungen, die zitiert werden, und es scheint für Lebenserfahrungen nicht konstitutiv zu sein, daß Individuen diese Erfahrungen selbst machen, also handelnd erwerben, sondern intra- und intergenerationale Erfahrungen von (signifikanten) Anderen (Bezugspersonen oder -gruppen) können ebenso lebensgeschichtliche Relevanz für die Ausprägung der Biographie besitzen wie die selbsterworbenen Erfahrungen (*Hoerning* 1989; *Gstettner* 1980: 371-392, 385ff.; aus der oral-history Perspektive: *Niethammer* 1994; *von Plato* 1995, 1998; *Platt/Dabag* 1995). Lebenserfahrungen prägen eine Biographie ebenso wie soziale Herkunft, Schulbildung, Geschlecht, Hautfarbe und nationale Herkunft. Lebenserfahrungen werden im Laufe einer Lebensgeschichte erworben, sie lagern sich als biographisches Wissen ab. Biographisches Wissen ist Kapital, welches für die aktuellen und zukünftigen Konstruktionen der Biographie verwertet wird (*Hoerning* 1989). Biographische Erfahrungen und das daraus entstandene biographische Wissen sind nach dieser Vorstellung also nicht nur die Ablagerung des Erfahrenen, sondern die fortlaufende Überarbeitung des Erfahrenen, denn „(a)lt ist man primär dadurch ..., daß man in einem spezifischen selbsterworbenen, präformierenden Erfahrungszusammenhang lebt, wodurch jede neue mögliche Erfahrung ihre Gestalt und ihren Ort bis zu einem gewissen Grade im vorhinein zugeteilt erhält, wogegen im neuen Leben (*Mannheim* geht hier vom frühen Jugendalter aus) die formierenden Kräfte sich erst bilden und die Grundintentionen die prägende Gewalt neuer Situationen noch in sich verarbeiten mögen". (*Mannheim* 1964: 534)

Es gibt zahlreiche Diskussionen darüber, wie sich Lebens(ver)laufforschung und Biographieforschung konzeptionell unterscheiden (*Fuchs* 1988). Ausgelöst wurde diese Diskussion durch die Zunahme der ‚Institutionalisierung des Lebenslaufs' (*Kohli* 1985), die einherging mit der Zunahme autobiographischer (und biographischer) Thematisierung.

„ ... Dieses Parallele von Institutionalisierung des Lebenslaufs und von
kultureller Dominanz autobiographischer Thematisierung als historische
Gleichläufigkeit leuchtet ein, nicht aber im Verhältnis beider Prozesse.
Die subjektive Gesamtgestalt von Handlungen, Ereignissen und Horizonten als Biographie verdankt ihre kulturelle Bedeutung heute wahrscheinlich nicht der strukturellen Normalisierung des Lebenslaufs ...,
sondern ... ‚Kontingenzerfahrungen'..." (*Fuchs* 1988: 3)[3].

Die Lebens(ver)lauforschung wird in der Regel als eine (soziale)
Strukturtheorie, eine Theorie sozialer Ordnung(en) oder als ein Beitrag
zu einer Theorie des sozialen Wandels klassifiziert. Ihr Forschungsgegen-
stand sind Lebens(ver)läufe ausgesuchter Geburts- oder anderer Kohorten. Das Erkenntnisinteresse gilt den Verteilungsmustern von Ereignissen oder auch Übergängen im lebensgeschichtlichen Verlauf, dem
Vergleich dieser Muster zwischen den Kohorten, um etwas über die
Strukturen gesamtgesellschaftlicher Ordnungsmuster zum Beispiel im
Familien-, Berufs- und Beschäftigungs- und anderen Verläufen, aber auch
des Wandels dieser Ordnungsmuster und eventueller Konsequenzen aus-
und vorhersagen zu können (*Kohli* 1985). Den bekannten Schichtungsmustern der Gesellschaft wie Geschlecht, soziale Herkunft oder er-
reichtem sozialen Status wird in der Lebens(ver)lauforschung das
Merkmal Geburtsjahrgang oder Lebensalter hinzugefügt. Generell sagen
Verteilungsanalysen von Schichtungsmustern in einer Gesellschaft etwas
über Chancen- und Aufgabenstrukturen aus und voraus, sie sagen auch
darüber etwas aus, wo und warum Menschen mit unterschiedlichen Lebensläufen gesellschaftlich plaziert sind. Eine am Lebensalter orientierte
Schichtung der Gesellschaft ordnet die Gesellschaftsmitglieder als in der
Vorbereitungs-, in der Produktions- und Reproduktions- oder in der
Ruhestandsphase befindlich ein (*Erikson* 1977; *Kohli* 1976, 1980, 1991,
1994), was das Lebensalter als eine soziale Konstruktion deutlich macht.
Das zeigt sich um so klarer, wenn Gesellschaften miteinander verglichen
werden. Retrospektive, aber auch Querschnittsdaten zur Kohorten- und
Alterssstruktur einer Gesellschaft werden in der Regel mit quantitativen
Methoden erhoben, das sind Fragebögen mit überwiegend geschlossenen
Fragen zu Ereignissen und Wendepunkten im Lebenslauf (*Mayer* 1990;
Huinink et al. 1995). Ausgewertet werden diese Daten mit quantitativen
Verfahren, zum Beispiel Verlaufsdatenanalysen (*Diekmann* 1987) oder
Kohortenanalysen (*Renn* 1987).

---

[3]   Angeregt durch die Fragen von *Werner Fuchs* diskutierten *Karl Ulrich Mayer,
Uwe Schimank* und *Wilhelm Schumm* (1988).

Die (überwiegend) qualitative Biographieforschung geht davon aus, daß durch die historische Plazierung des Lebenslaufs, die Generationsprägung und das Durchlaufen von Statuspassagen der Mensch nicht nur einen gesellschaftlichen Ort zugewiesen bekommt, sondern Erfahrungen macht, die sich in einer biographischen Wissensstruktur aufschichten. Die Aufschichtung ist aber keine Addition von Erfahrungen, sondern im Prozeß der Erfahrungsbildung werden oder können frühere Erfahrungen - aus unterschiedlichen Gründen - neu interpretiert oder obsolet werden. „Die gängige Auffassung, daß die Vergangenheit im Unterschied zum ewig strömenden Fluß der Gegenwart fest stehe, starr und unveränderlich sei, ist ... falsch. Ganz im Gegenteil, sie ist geschmeidig, biegsam und dauernd im Fluß für unser Bewußtsein, je nachdem wie die Erinnerung sie umdeutet und neu auslegt, was sich ereignet hat ..." (*Berger* 1977: 67).

Erfahrungen steuern den Verlauf der Lebensgeschichte, aber sie sind gleichzeitig auch Handlungsressourcen, um neue Handlungssituationen zu strukturieren und zu bewältigen. „Erfahrung steht für eine Typisierung, die vergangene Fixierungen gleichzeitig bewahrt und verflüssigt." (*Kohli* 1991: 314) Aber von Zeit zu Zeit werden Individuen mit Anforderungen konfrontiert, die den Lebensplan irritieren und bei denen gerade nicht auf bereits Abgelagertes oder antizipatorisch Erworbenes zurückgegriffen werden kann, um sich mit der neuen Situation umstandslos zu arrangieren. Damit die Menschen mit diesen Veränderungen leben beziehungsweise sich in diese einleben können, entwickeln sie (bewußt oder unbewußt) eine dialektische Beziehung zwischen Bruch und Kontinuität (*Bude* 1992: 13), die einerseits das Gelebte bewahrt, andererseits jedoch eben dieses Gelebte so transformiert oder verwandelt, daß es in die ‚neue' Zeit hineinpaßt (*Berger* 1977: 64ff.; *Möding/von Plato* 1989). Das bedeutet, selbst dann, wenn es sich um radikale persönliche Um- und Neuorientierungen oder um historisch-politische Ereignisse von großer Tragweite, um Generationsbrüche oder Wasserscheidenereignisse (*Cain* 1964) handelt, gibt es (generationsübergreifende) latente, aber auch offene, kollektive und individuelle Vorstellungen darüber, wie Eingriffe in die Biographie bewältigt werden. Bewältigung bedeutet praktisch, die Fakten des Lebens neu zu ordnen und zu verorten, die Biographie neu zu verankern. Solche Neuordnungen sind nicht nur formale Prozeduren der Neu- oder Umbenennung, sondern dahinter stehen Abschiede von Vertrautem und die Bewältigung des Abschieds. Erfahrungen als biographische Ressourcen objektivieren die Lebensgeschichte als Geschichte, und sie zeigen den individuellen Habitus als Produkt der sozialen Strukturen. Sozialisation in diesem Sinne bedeutet nicht, etwas

Defizitäres zu beseitigen, sondern Sozialisation ist ein (Interaktions-) Prozeß, in dem Individuen mit unterschiedlichen interpretativen Kompetenzen ihre jeweiligen Identitäten und biographischen Perspektiven aushandeln, was gleichzeitig bedeutet, daß Sozialisationsprozesse zu keinem Zeitpunkt abgeschlossen sind.

Die am Lebenslauf orientierte Sozialisationsforschung macht Anleihen bei den theoretischen Entwürfen zur sekundären Sozialisation (*Berger/Luckmann* 1982), der De- und Resozialisation und bezieht Überlegungen zur antizipatorischen Sozialisation (*Merton* 1995: 254-260) mit ein, besonders an den Stellen, wo sie konzeptionell in die Erwachsenensozialisation übergeht (*Griese* 1979; *Kohli* 1976, 1980, 1984, 1988, 1991 und andere). Ein Teil der am Lebenslauf orientierten Sozialisationsforschung konzentriert sich auf Rollen und Rollenübernahmeprozesse in Abhängigkeit vom Lebensalter. Mit der Konzentration der (überwiegend funktionalistischen) Sozialisationsforschung auf Altersphasen und Rollen wird eine am Lebenslauf orientierte Sozialisationsforschung ihrem eigenen Anspruch nur begrenzt gerecht, denn „... Sozialisationsforschung (hat) etwas damit zu tun, wie die individuellen Voraussetzungen gesellschaftlichen Handelns zustande kommen; im Kind interessiert sie nicht primär das Kind selbst, sondern der zukünftige Erwachsene. ... Zur Sozialisationstheorie müßte daher mindestens eine Konzeption davon gehören, wie sich frühe Sozialisation in späteres Handeln als Erwachsener umsetzt". (*Kohli* 1980: 299)
    Eine an der Biographie orientierte Sozialisationsforschung geht von der Überlegung aus, daß es einen für jede Lebenssituation und für jedes Lebensalter hinreichend sozialisierten Menschen zu irgendeinem Zeitpunkt im Lebenslauf nicht geben kann, es sei denn, es gäbe eine Gesellschaft, in der alles voraussehbar wäre (dazu kritisch *Wrong* 1961). Jede Veränderung, sei es, weil der Mensch älter wird, sei es, weil Ereignisse individuell herbeigeführt werden oder über den Menschen hereinbrechen, sei es, daß sich die gesellschaftlichen Anforderungen aufgrund sozialer Mobilität oder politischen, technischen oder anderen Wandels verändern, macht in der einen oder anderen Weise Sozialisation notwendig, damit das Erlernen neuer Aufgaben stattfinden und damit das bisher Bewährte bewahrt oder verlernt oder auch de-sozialisiert werden kann (*Kohli* 1976: 320f.). Dabei bedeutet „verlernen ... nicht einfach die Rückkehr zum status quo ante. ... Die gemachten Erfahrungen lassen sich nicht ausradieren, sie bleiben in der einen und anderen Form präsent und bilden den Horizont, auf dem neue Erfahrungen interpretiert und neue Ziele antizipiert werden". (*ibid.*: 311) *Kohli* (1980) verweist auf das

Modell der Erlebnisschichtung, welches von *Karl Mannheim* (1964) anläßlich der theoretischen Reflexionen über das „Problem der Generationen" entwickelt wurde. „(*Mannheim*, E.M.H.) will zeigen, wie das Bewußtsein sich aus der spezifischen Sequenz von Erfahrungen, die die Person in ihrem Lebenslauf macht, aufbaut. Damit wird es auch möglich, die Folgen von historischen Ereignissen und Veränderungen für den Sozialisationsprozeß der unterschiedlichen Generationen (bzw. Kohorten) zu erfassen. In der phänomenologischen Wissenssoziologie ist diese Konzeption weiter ausgeführt worden (*Berger/Luckmann* 1982 [1969]). In interaktionistischen Ansätzen wird das Hauptgewicht auf das Zusammenfügen der lebensgeschichtlichen Erfahrungen zu einem sinnhaften Gesamtmuster (etwa unter dem Begriff ‚Identität') und dessen ständige Neukonstruktion entsprechend der aktuellen Handlungssituation gelegt (*Strauss* 1974)." (*Kohli* 1980: 311/312)

 Biographische Sozialisationsforschung fragt nach der Bedeutung von Lebenserfahrungen für biographische Transformationsprozesse, denn die Entwicklung und Entfaltung der Biographie vollzieht sich nicht nur dadurch, daß der Lebenslauf durch zentrale Instanzen der Sozialisation prozessiert wird (Familie, Schule, peers, Beruf, Betrieb, Massenmedien und andere), und daß sich Kognition, Sprache, Emotionen, kulturelle Identität, Moral und anderes entwickeln (vgl. *Hurrelmann/Ulich* 1991), sondern Entwicklungsabfolgen im Lebenslauf enthalten individuelle Entscheidungen, in denen Erfahrungen gedeutet, eingeordnet oder verworfen werden, um aus der subjektiven Perspektive die Anschlußfähigkeit der Biographie zu sichern. Die Biographie wird zur Sozialisationsinstanz, die in Übereinstimmung oder Konkurrenz zu strukturellen Sozialisationsinstanzen stehen kann. „Das bedeutet, daß der einzelne in seinem Bewußtsein nicht nur eine Vielzahl sozialer Beziehungen organisiert halten muß, sondern auch eine Mehrzahl von Laufbahnen, die für sein eigenes Leben relevant sind. Diese Laufbahnen berühren verschiedene institutionelle Bereiche und haben verschiedene ‚Fahrpläne'. ... Der Lebensplan ist der grundlegende Kontext, in dem das Wissen um die Gesellschaft im Bewußtsein des Individuums organisiert ist." (*Berger/Berger/Kellner* 1973: 65, 67)

 Welche Sozialisationseffekte jedoch das biographische Wissen aus Erfahrungen, mithin die biographische Vergangenheit für die biographische Zukunft hat, ist die Frage, mit der sich die Autorinnen und Autoren dieses Bandes aus unterschiedlichen Blickwinkeln beschäftigen und Denkanstöße für die Überwindung von Forschungsdesideraten geben.

In den Beiträgen dieses Bandes tauchen, aus unterschiedlichen Perspektiven auf: die Begriffe Lebenserfahrungen, Erfahrungsablagerungen, Selbsterfahrungen (*Schimank*), Selbstbeschreibung (*Leitner*), biographische und narrative Kompetenz (*Straub*), Selbstinitiierungen versus biographische Illusion (*Bourdieu*), das subjektive Bewußtsein und die interne Repräsentanz der Welt in Beziehungen zu Normen, Anforderungen, Deutungsangeboten (*Behrens/Rabe-Kleberg*), Reflexion und Innovation im Spannungsfeld von Biographien, Lebensentwürfen und sozialen Handlungskontexten (*Heinz*), die lebensweltliche oder auch biographische Strukturierung von Handlungen, die an die biographische Selbstthematisierung, an die Erfahrungsbiographie anknüpft (*Grundmann*), aber auch selbstreferentielle Blockaden und der Konstruktivismus als die Grundfigur der gesellschaftlichen Selbstbeschreibung der Moderne (*Alheit/Dausien*), das sozialisationstheoretische Zentralkonzept der Identität, welches durch Selbsterleben und eine Semantik der Selbstbeschreibung allmählich abgelöst wird (*Fischer-Rosenthal*). *Vaillant* zeigt, wie die psychoanalytische Dimension der Abwehr und ihre Mechanismen sich in verschiedenen Altersphasen und Reifungsprozessen verändern, und *Flam* unternimmt den Versuch, das soziologische Konzept der Emotionen für den Lebenslaufprozeß fruchtbar zu machen (vgl. *Mertens* 1980; *Ulich/Kapfhammer* 1991). Die Arbeiten von *Andrews* und *Kupferberg* zeigen schließlich, wie Lebensgeschichten durch umwälzende historische Erfahrungen geprägt, wie Commitments (Selbstbindungen, *Becker* 1979) im biographischen Verlauf entstehen und für den weiteren Verlauf sozialisatorisch wirksam werden.

Bennett M. Berger bat amerikanische Soziologinnen und Soziologen, die in den 1950er, 1960er und 1970er, aber auch in den 1980er Jahren nach Abschluß ihrer Ausbildung das berufliche Feld betreten hatten, ihre professionelle Autobiogaphie zu schreiben. Das analytische Konzept von *Alice Rossi* (1990) - Perioden-, Kohorten- und Reifungseffekte - erwies sich bei der Auswertung als außerordentlich nützlich. *Berger* zeigt, wie die von der makrosoziologisch orientierten Forschung entdeckte Gleichmäßigkeit der Lebenslaufmuster, „tatsächlich durch die Mikroprozesse, die sie letzlich konstituieren, etabliert werden." Sein Beitrag ist eine Homage an seinen soziologischen Lehrer *C. Wright Mills* und das Konzept der Schnittpunkte zwischen Biographie und Geschichte.

Uwe Schimank stellt fest, daß es „... bislang kaum fundierte Untersuchungen darüber (gibt), wie stark und auf welche Weise Lektüreerlebnisse die biographische Selbsterfahrung von Menschen bestimmen können, obwohl der Tatbestand aus vielen biographischen Zeugnissen hervorgeht. ... Dieser Beitrag ist eine biographietheoretische Betrachtung zweier zentraler Romane der literarischen Moderne: *James Joyce*s ,Ulysses' (1979 [Ersterscheinung 1921]) und *John Dos Passos'* ,Manhattan Transfer' (1953 [Ersterscheinung 1925]). Gezeigt werden soll, daß beide Romane das Repertoire an kulturellen Orientierungsmustern biographischer Selbstreflexion mit Ideen angereichert haben, die - heute noch mehr als im ersten Drittel dieses Jahrhunderts - zu den typischen Lebenserfahrungen der Mitglieder moderner Gesellschaften passen. Unterstellt wird dabei ein wechselseitiges Bedingungsverhältnis zwischen kulturellen Orientierungsmustern auf der einen und Biographien von Gesellschaftsmitgliedern auf der anderen Seite. "

Der 1986er Beitrag von *Pierre Bourdieu* über die biographische Illusion wird deshalb noch einmal abgedruckt, weil *Bourdieu* einen besonderen Blick auf die Biographieforschung richtet. „Die Neigung, sich ... zum Ideologen seines eigenen Lebens zu machen, ... findet die natürliche Komplizenschaft des Biographen, der alles, angefangen bei seinen Dispositionen des professionellen Interpreten, dazu beiträgt, diese artifizielle Kreation von Sinn zu akzeptieren." Dem hat *Niethammer* (1990) entgegengehalten, daß es eine Illusion sei zu glauben, „... daß die soziologische und historische Biographieforschung im wesentlichen nur darauf abhebe, den subjektiven Sinn der Quellen zum objektiven Sinn der Gesellschaft zu verdichten ..." (*ibid.* 1990: 93). Oder aber, wie es *Bude* (1998) ausführt, fordert *Bourdieu* mit dieser Kritik, daß die Biographieforschung „in eine kulturalistisch renovierte Klassentheorie" zurückgeführt wird (*ibid.*: 247).

Hartman Leitner schreibt über die Logik der Bekehrung, wobei Bekehrung unter zwei Aspekten betrachtet werden kann, einmal als traditioneller Bestandteil einer Religion und Religiösität, zum anderen Bekehrung zu den Außenstellen des Normalen, das Werk religiöser Sekten oder religiöser sozialer Bewegungen. „Gegenüber der paradigmatischen Konkurrenz der Beschreibungen beziehungsweise Erklärungen kann die Frage natürlich nicht sein, welches nun die ,richtige' (Bekehrung) wäre, zumal die empirische Konversionsforschung weder Persönlichkeitsmerkmale finden konnte, die für Bekehrungen prädisponieren, noch die populäre Annahme erhärten, einer Bekehrung müßte eine persönliche Krise vorausgegangen sein. In biographietheoretischer Hinsicht ohnehin interessanter als die ,Ursachen' von Bekehrungen ist allemal die Bekehrung selbst als ein Typus oder eine Form von Selbstbeschreibung. Von *dessen* Logik soll hier die Rede sein: Was sind die Voraussetzungen und was bedeutet es, wenn jemand von sich sagt, er sei ein ,neuer Mensch' geworden? Dabei könnte sich zeigen, daß die Form der Bekehrung einmal am Anfang derjenigen Entwicklung stand, von deren (vorläufigem) Endpunkt aus sie als eine regressive Form erscheint. "

George Vaillant hebt hervor, daß sich ein „… Psychoanalytiker … Biographien aus einer anderen Perspektive als eine Soziologin oder ein Soziologe (nähert). Während ein Soziologe seine Aufmerksamkeit darauf richten mag, wie Herkunft und Bildung spätere Persönlichkeitsmerkmale gestalten, befaßt sich der Psychoanalytiker damit, wie Persönlichkeitsmerkmale den Bildungsprozeß und die erreichte soziale Klasse formen. … Die spezielle Methode der Abwehr, die ich hier beschreiben werde, liegt in der Beziehung zwischen dem kreativen Produkt (das ist das psychiatrische Symptom), den biographischen Tatsachen (das ist die objektive psychiatrische Geschichte) und dem autobiographischen Bericht (das ist die Patientenbeschreibung der aktuellen Krankheit). Wenn man seine Aufmerksamkeit auf die Diskrepanzen zwischen diesen drei biographischen Komponenten richtet, so kann man … erkennen und zeigen, daß Abwehrmechanismen die erreichte soziale Klasse fortschreiben und nicht, daß soziale Klasse und Bildung Abwehrmechanismen hervorbringen."

Jürgen Straub geht davon aus, daß „… Menschen eine Lebensgeschichte besitzen gerade so wie ein Herz und eine Lunge. Zumindest in bestimmten Kulturen und Gesellschaften gilt eine Lebensgeschichte heute als eine gleichsam naturwüchsige Selbstverständlichkeit, als etwas Unvermeidliches. Diese Vorstellung prägt nicht allein das Alltagsbewußtsein. Sie ist durchaus auch in jenen wissenschaftlichen Disziplinen anzutreffen, welche sich in der einen oder anderen Weise mit Lebensgeschichten befassen. … Biographische Kompetenz setzt vieles voraus, sie basiert jedoch im Kern auf einer speziellen Fähigkeit. Diese Fähigkeit, die es, grob gesprochen, gestattet, Geschichten erzählen und erzählte Geschichten verstehen zu können, soll im folgenden narrative Kompetenz genannt werden. Diese Kompetenz betrachte ich als grundlegende und notwendige psychologische Voraussetzung dafür, das Leben als biographische Gestalt auffassen und bedenken zu können. Lebensgeschichten und Biographien werden nicht gelebt, sondern erzählt. Sie sind im wesentlichen narrative Vergegenwärtigungen gelebten Lebens. Was nun heißt es genauer, sein Leben als Geschichte zu repräsentieren, indem man es erzählt? Was eigentlich ist eine Erzählung, was eine biographische Erzählung, was eine Geschichte und was eine Lebensgeschichte, und wie entwickelt sich, was narrative und biographische Kompetenz genannt wurde? Diese Fragen lassen sich, soweit ich sehe, heute allenfalls zum Teil beantworten. Sie verweisen auf Forschungsdesiderate nicht zuletzt der biographischen Sozialisationsforschung."

Die Biographieforschung hat, so aus dem Beitrag *Johann Behrens/ Ursula Rabe-Kleberg,* viel „zur sogenannten mikrosoziologischen Wende beigetragen, aber nicht wenige der Ansätze führten zu einem extremen

Normativismus. Daher wollen wir versuchen, ohne eine normativistisch prästabilisierte Harmonie zwischen Anforderungen gesellschaftlicher Integration und individuellen Kontinuitätsbedürfnissen auszukommen. Wir wollen vermeiden, sozial integrative Normen mit individuellen Bedürfnissen gleichzusetzen oder gar zu verwechseln. Statt dessen sehen wir solche Normen zunächst als Anforderungen und Deutungsangebote von unterschiedlichen, untereinander keineswegs harmonisierten Gatekeeping-Instanzen, die über Zugänge zu Status zu entscheiden, zu verhandeln und Passagen zu unterstützen haben. ... Aber wie sind Gatekeeper zu identifizieren und Gatekeeping-Situationen abzugrenzen? Buchstäblich jede Person kann als Gatekeeper fungieren: Mutter und Vater, an denen *Lewin* (1951) den Begriff der Gatekeeper in den 1940er Jahren diskutierte (siehe unten), ebenso wie Vorgesetzte und Gutachter. Solche diffusen Bestimmungen machen das Konzept forschungspraktisch eher unbrauchbar. Erst wenn es gelingt, zwischen unterschiedlichen Typen von Gatekeepern zu unterscheiden und Regelmäßigkeiten in ihren Beziehungen zueinander zu erkennen, wird die Heuristik für Biographie- und Lebensverlaufforschung pragmatisch interessant."

Walter Heinz zeigt, daß „... (d)urch die Anforderung, zwischen verschiedenen Institutionen und Netzwerken durch eigene Handlungen tragfähige Verbindungen und Koordinationsmuster herzustellen, ... die Individuen in unterschiedlich ausgeprägtem Maße die Kompetenz zur Reflexion und Innovation ihres Lebenslaufs im Spannungsfeld von Biographie, Lebensentwürfen und sozialen Handlungskontexten (erwerben). Dies bedeutet, den Lebenslauf als Institution zu betrachten, die Individuen in Sozialisations- und Selektionsprozesse, insbesondere in Statuspassagen und Übergänge zwischen Lebensbereichen einbindet. Da in einer Gesellschaft mit riskanten Lebenslaufoptionen Sozialisation und Selektion den Bedarf an Selbstreflexion der eigenen Interessen und Realisierungschancen erhöhen, entwickele ich in diesem Beitrag das Konzept *Selbstsozialisation*. Selbstsozialisation führt zu unterschiedlichen Mustern von Übergangshandeln und zu verschiedenen Modi der Biographiegestaltung. ... (Es werden) verschiedene theoretische Ansätze zur Verknüpfung von Sozialstruktur und biographischem Handeln diskutie(rt). Daran schließt sich eine erläuternde Skizze eigener Forschungsarbeiten zum Übergang von der Schule in die Berufstätigkeit an. Diese Skizze soll dokumentieren oder zumindest plausibel machen, daß sich Akteure an Übergängen im Lebenslauf vor dem Hintergrund ihrer Aspirationen und Erwartungen mit den Handlungsspielräumen in Bildungs- und Arbeitsprozessen in spezifischer Weise auseinandersetzen, dabei sich selbst sozialisieren und ihren subjektiven Möglichkeiten und strukturellen Gelegenheiten entsprechend entscheiden und handeln."

Dieter Geulen zeigt, daß „... Biographieforschung ... notwendig immer auch Sozialisationsforschung (ist). Dies sollte man im Auge behalten angesichts bestimmter Tendenzen einerseits in der Sozialisationsforschung, das Sozialisationsgeschehen auf einen bestimmten lebensgeschichtlichen Zeitpunkt - etwa in der Kindheit - einzuengen, oder andererseits auch in der Biographieforschung, sich mit einer Beschreibung einzelner Abschnitte und Ereignisse oder einer Textanalyse biographischer Erzählungen zu begnügen. ... Die vorliegenden Teilstücke zu einer Sozialisationstheorie sind geprägt durch jahrzehntelang tradierte Vorannahmen zum Beispiel über die Prävalenz bestimmter Altersstufen und Sozialisationsinstanzen, die weitab von der umfassenderen lebenslauftheoretischen Fragestellung liegen. So ist es nicht verwunderlich, daß auch die Biographieforschung nicht immer eine sozialisationstheoretische Perspektive verfolgt hat. Es ist also an der Zeit, sich Gedanken über Grundannahmen, Begriffe und Modelle einer Theorie des Lebenslaufes unter sozialisationstheoretischer Perspektive zu machen. ... Der sozialisationstheoretische und entwicklungspsychologische Diskurs der letzten zwei Dekaden besonders in Deutschland ..., hat zu einem weit geteilten Konsens zumindest über einige Grundannahmen geführt, die hier vergegenwärtigt, aber nicht mehr ausführlich zur Diskussion gestellt werden sollen. ... Für eine Theorie lebenslanger Sozialisation sind besonders folgende Annahmen von Bedeutung. ... Subjekte zeigen selbst initiierte, das heißt nicht aus den aktuellen situativen Bedingungen zureichend erklärbare Aktivitäten. ... Subjekte haben ‚Bewußtsein', das heißt eine interne Repräsentanz der Welt. Die Struktur dieses Bewußtseins ist weitgehend intentional in dem Sinne einer antizipatorischen Orientierung des eigenen Handelns. "

Matthias Grundmann leitet mit „... Hilfe der von *Alfred Schütz* beschriebenen individuellen und sozialen Selektions- und Strukturierungsprozesse ein Konzept der Erfahrungsbiographie ab, welches für die biographische Sozialisationsforschung deswegen bedeutsam ist, weil mit ihm auch die Prozesse der Individualgenese, die Entwicklung von Handlungskompetenzen und psychosozialer Persönlichkeitsmerkmale erfaßt werden und gleichzeitig auf soziale Rahmenbedingungen der Erfahrungsbiographien bezogen werden können. Für die Beantwortung der bisher noch wenig untersuchten Frage, wie sich individuelle Entwicklungsprozesse (zum Beispiel die kognitive Entwicklung), psychosoziale Entwicklungen (Handlungsregulierungen) und biographische Reflexion gegenseitig bedingen, spielen vor allem bei *Schütz* Überlegungen zur lebensweltlichen Strukturierung von Handlungen und dem Problem der Relevanz eine zentrale Rolle. ... Die theoretischen Überlegungen von *Schütz* zur biographischen Strukturierung lebensweltlicher Erfahrungen können also auf strukturgenetische Ansätze in der Kognitions- und Entwicklungspsychologie bezogen werden. Ein so erweitertes Konzept der Erfahrungsbiographie erlaubt eine theoretische Fundierung biographischer Sozialisationsprozesse, die an Überlegungen zur identitätsstiftenden Funktion biographischer Selbstthematisierung anknüpft, wie sie in der Biographieforschung diskutiert werden."

Peter Alheit/Bettina Dausien zeigen, daß in „... der Biographieforschung ... konstruktivistische Ansätze keineswegs neu (sind). ... Die folgenden Ausführungen erheben den vorsichtigen Anspruch, diesem schwierigen soziologischen Problem auf die Spur zu kommen. Dabei soll zunächst der anregende Einfluß der modernen Neurobiologie diskutiert werden. Im Anschluß daran wollen wir auf Innovationen und Bornierungen einer systemtheoretisch reformulierten Biographietheorie eingehen. Deren Selbstreferentialitätsblockaden lassen sich besonders anschaulich am Problem der sozialen Konstruktion von ‚Geschlecht' verdeutlichen, bei der wir allerdings auch an die Grenzen des interaktionistischen Konstruktionsbegriffs stoßen. Aus diesem theoretischen Diskurs entwickeln wir unser eigenes Konzept, das zumindest implizit an den Begriff der ‚Biographizität' anschließt, dessen pragmatischen Nutzen wir (bereits) an anderer Stelle ausführlich diskutiert haben."

Wolfram Fischer-Rosenthal geht „... kurz auf methodologische Implikationen ein, die eng mit den Stichworten Mikrosoziologie und Konstruktivismus verbunden sind. Sodann und in erster Linie (befaßt er sich, E.M.H.) mit Veränderungen einer Grundfigur gesellschaftlicher Selbstbeschreibung der Moderne, nämlich mit dem Subjekt-Begriff, der sich an seinem realen Komplement, der Sozialstruktur moderner Gesellschaft, entlang verändert hat. Es ist zu zeigen, wie das sozialisationstheoretische Zentralkonzept der ‚Identität' durch die Anerkennung der Perspektivität und der Beobachterlogik ins Rutschen kommt. Dabei wird die Auffassung vertreten, ... daß das Obsoletwerden des Identitätsbegriffes zusammenhängt mit Entwicklungen der Sozialstruktur in modernen Gesellschaften, die ein anderes Selbst-Erleben in der Gesellschaft und mithin eine andere Semantik der Selbstbeschreibung erfordern und bereits hervorgebracht haben. Es wird in diesem Beitrag die These vertreten, daß die mikrosoziologisch empirisch fundierte Biographieforschung mit dem ‚Arbeitskonzept Biographie' einen ‚viablen' Weg gefunden hat, der den gegenwärtigen lebenslangen Orientierungsprozessen von Individuen in modernen funktional differenzierten Gesellschaften und ihren Selbstbeschreibungen umfassender gerecht wird als das Identitätskonzept."

Helena Flam führt ein in der deutschen Soziologie nicht sehr be-
kanntes Konzept ein, nämlich „… daß Emotionen wichtige Handlungsmotive darstellen und gleichzeitig Kulturprodukte sind. Daraus ergeben
sich mehrere Erkenntnisinteressen. Wie definieren verschiedene Kulturen
Emotionen, und wie unterscheiden sich Gefühlsregeln zwischen Kulturkreisen oder Ländern? Wie ändern sich Emotionen und ihre Bedeutung
in einem Land, in einem Kulturkreis über die historische Zeit oder im
Laufe des individuellen Lebens? Und wann sind Individuen nicht in der
Lage, den vorgegebenen Gefühlsregeln zu folgen? Wie weiter unten gezeigt wird, ist die Soziologie der Emotionen imstande, Fragen nach der
Konstruktion (Produktion und Reproduktion) der sozialen Ordnung (des
Lebens, des Lebenslaufs und der Lebensgeschichte, E.M.H.) zu beantworten. "

Den Abschluß dieses Buches bilden zwei empirische Beiträge. Die
Psychologin *Molly Andrews* zeigt, welche Bedeutung historische Ereignisse für den einzelnen Lebenslauf haben können. „Die Gesprächspartner
heben die Begegnung ihrer Lebensgeschichte mit der großen Geschichte
hervor, wenn sie sich an ihre Erfahrungen der Radikalisierung in der
Zwischenkriegszeit in Britannien erinnern. … (D)ie Feststellung, daß es
bestimmte Kategorien von Einflüssen gibt, ist nur ein erster Schritt; ein
tieferes Verständnis davon, wie und warum ein Individuum gerade in
bestimmter Weise radikalisiert wird, bedarf der Betrachtung des Zusammentreffens von Geschichte und Lebensgeschichte. "

Feiwel Kupferberg untersucht die Frage, „warum DDR-Frauen sich
mit dem DDR-Staat identifiziert haben. Was verstehen Frauen unter
‚identifizieren‘? Welchen Typus von Identifikation finden wir bei DDR-
Frauen, und welche Bedeutung hat es für diese ehemaligen DDR-Frauen,
sich noch heute mit dem DDR-Staat zu identifizieren? "

Zusammengefaßt läßt sich sagen, daß der Sprecher eines „… autobiographischen Text(es) … , der gleichzeitig der ‚Biographieträger‘ ist, seine
Lebensführung und seine Lebenserfahrung gerade nicht als ‚Mitglied der
Gesellschaft‘ darstellen (will), sondern im Hinblick darauf, daß er noch
mehr und anderes ist als nur ein Rollenträger. … Die Menschen in der
modernen Gesellschaft sind auf vielerlei Weise damit beschäftigt, ihre
Individualität zu behaupten, sich von der Gesellschaft abzuheben. …
Insofern also eine Paradoxie im Verhältnis von moderner Gesellschaft
und ihren Mitgliedern Bestandsbedingung dieser Gesellschaft ist, wird es
geradezu zwingend, dem auch auf der Ebene der Selbstidentifikationen
usw. empirisch nachzugehen. " (*Fuchs-Heinritz* 1998: 17/18) Auch wenn

Menschen sich biographisch von der Gesellschaft abheben, quasi ihre Geschichte selbst machen, so ist ihre Geschichte doch zwangsläufig mit der Gesellschaft verstrickt. Sichtbar wird das im individuellen Habitus, denn der „… Habitus ist geronnene Erfahrung, Produkt der Geschichte eines Individuums, und strukturiert durch die objektiven Bedingungen seines Werdens. Der Habitus ist aber nicht nur Produkt der Geschichte, er ist auch, in einem sehr wörtlichen Sinne, ,inkorporierte', verinnerlichte Geschichte." (*Krais* 1989: 50/51)

Die Beiträge in diesem Band zeigen, daß das individuelle Leben eine eigene und eigengestaltete Struktur hat, die sich in einem fortlaufenden sozialen Prozeß während des ganzen Lebens verändert (*Fuchs-Heinritz* 1998: 18), dabei nicht die Vergangenheit verliert, sie jedoch interpretiert und modifiziert. „Die (Re-)Interpretation der Vergangenheit und die konkretisierende Ausfüllung der Zukunft sind somit beide wesentlich für die Konstituierung biographischer Perspektiven". (*Kohli* 1991: 314) Die Lebensgeschichte ist nicht nur eine Instanz, sondern auch eine Dimension biographischer Sozialisationsprozesse.

Literatur

Alheit, Peter/Erika M. Hoerning (Hg.) 1989: Biographisches Wissen. Beiträge zu einer Theorie lebensgeschichtlicher Erfahrung. Frankfurt/M.; New York: Campus.

Baltes, Paul B./Lutz Eckensberger (Hg.) 1979: Entwicklungspsychologie der Lebensspanne. Stuttgart: Klett.

Baltes, Paul B. 1989: Das Doppelgesicht des Alterns. In: *Max-Planck-Gesellschaft* (Hg.): Jahrbuch 1989. Göttingen: Vandenhoeck & Ruprecht, 41-60.

Becker, Howard S. 1979: Persönlichkeitsveränderungen bei Erwachsenen. In: *Hartmut M. Griese* (Hg.): Sozialisation im Erwachsenenalter. Weinheim; Basel: Beltz, 51-62 (Ersterscheinung 1964: Personal Change in Adult Life. In: Sociometry 27, 40-53).

Berger, Peter A./Stefan Hradil 1990: Die Modernisierung sozialer Ungleichheit - und die neuen Konturen ihrer Erforschung. In: *Dies.* (Hg.): Lebenslagen, Lebensläufe, Lebensstile. (Soziale Welt. Sonderband 7). Göttingen: Schwartz, 3-26.

Berger, Peter L./Brigitte Berger/Hansfried Kellner 1973: Das Unbehagen in der Modernität. Frankfurt/M.; New York: Campus (Ersterscheinung 1973: The Homeless Mind. Modernization and Consciousness. New York: Random House).

Berger, Peter L. 1977: Einladung zur Soziologie. München: dtv (Ersterscheinung 1963: Invitation to Sociology. A Humanistic Perspective. New York: Doubleday & Co.).

Berger, Peter L./Thomas Luckmann 1982: Die gesellschaftliche Konstruktion der Wirklichkeit. Frankfurt/M.: Fischer (Ersterscheinung 1969: The Social Construction of Reality. New York: Doubleday).

Brim, Orville G./Stanton Wheeler 1974: Erwachsenensozialisation. Frankfurt/M.: dtv (Ersterscheinung 1966: Socialization after Childhood. New York; London; Sydney: John Wiley & Sons).

Brim, Orville G. jr./Carol D. Ryff 1980: On the Properties of Life Events. In: *Paul B. Baltes/Orville G. Brim jr.* (eds.): Life-Span Development and Behavior, Vol. 3. New York et al.: Academic Pr., 367-388.

Brose, Hanns-Georg/Bruno Hildenbrand (Hg.) 1988: Vom Ende des Individuums zur Individualität ohne Ende. Opladen: Leske + Budrich.

Bude, Heinz 1992: Die Soziologen der Bundesrepublik. Merkur 46, 7, 569-580.

Bude, Heinz 1998: Lebenskonstruktionen als Gegenstand der Biographieforschung. In: *Gerd Jüttemann/Hans Thomae* (Hg.): Biographische Methoden in den Humanwissenschaften. Weinheim: Psychologie Verlags Union, 247-258.

Cain, Leonard D. jr. 1964: Life Course and Social Structure. In: *Robert E. L. Faris* (ed.): Handbook of Modern Sociology. Chicago, Ill.: Rand McNally, 272-309.

Clausen, John A. 1976: Die gesellschaftliche Konstitution individueller Lebensläufe. In: *Klaus Hurrelmann* (Hg.): Sozialisation und Lebenslauf. Empirie und Methodik sozialwissenschaftlicher Persönlichkeitsforschung. (rororostudium: Sozialwissenschaft. 90). Reinbek: Rowohlt, 203-220.

Clausen, John A. 1986: The Life Course. A Sociological Perspective. Englewood Cliffs, N. J.: Prentice-Hall.

Diekmann, Andreas 1978: Lebensverläufe und Verlaufsdatenanalyse - Statistische Auswertungsmethoden von Ereignisdaten. In: *Wolfgang Voges* (Hg.): Methoden der Biographie- und Lebenslaufforschung. Opladen: Leske + Budrich, 171-196.

Dos Passos, John 1953: Manhattan Transfer. Boston: Houghton Mifflin (Ersterscheinung 1925).

Elder, Glen H. jr. 1975: Age Differentiation and the Life Course. In: Annual Review of Sociology 1, 165-190.

Elder, Glen H. jr. 1979: Historical Change in Life Patterns and Personality. In: *Paul B. Baltes/Orville G. Brim jr.* (eds.): Life-Span Development and Behavior. New York: Academic Press, 118-162.

Elder, Glen H. jr. 1985: Perspectives on the Life Course. In: *Glen H. Elder jr.* (ed.): Life Course Dynamics. Trajectories and Transitions, 1968-1980. Ithaca; London: Cornell University Pr.

Elder, Glen H. jr./Avshalom Caspi 1988: Human Development and Social Change: An Emerging Perspective on the Life Course. In: *Niall Bolger et al.* (eds.): Persons in Context: Developmental Processes. New York: Cambridge University Pr., 77-113.

Erikson, Erik H. 1977: Identität und Lebenszyklus. Drei Aufsätze. Frankfurt/M.: Suhrkamp (Ersterscheinung 1959).

Fischer, Wolfram 1982: Alltagszeit und Lebenszeit in Lebensgeschichten von chronisch Kranken. In: Zeitschrift für Sozialisationsforschung und Erziehungssoziologie 2, 5-19.

Fischer, Wolfram/Martin Kohli 1987: Biographieforschung. In: *Wolfgang Voges* (Hg.): Methoden der Biographie- und Lebenslaufforschung. (Biographie und Gesellschaft. 1). Opladen: Leske + Budrich, 25-50.

Fuchs, Werner 1988: Einleitung. In: *Karl Ulrich Mayer/Uwe Schimank/Wilhelm Schumm*: Biographie oder Lebenslauf? Über die Tauglichkeit zweier Konzepte. Hagen: FernUniversität, Fachbereich Erziehungs-, Sozial- und Geisteswissenschaften. Kurseinheit 1, 3-6.

Fuchs-Heinritz, Werner 1998: Soziologische Biographieforschung. Überblick und Verhältnis zur Allgemeinen Soziologie. In: *Gerd Jüttemann/Hans Thomae* (Hg.): Biographische Methoden in den Humanwissenschaften. Weinheim: Beltz; Psychologie VerlagsUnion, 3-23.

Griese, Hartmut M. (Hg.) 1979: Sozialisation im Erwachsenenalter. Weinheim; Basel: Beltz.

Gstettner, Peter 1980: Biographische Methoden in der Sozialisationsforschung. In: *Hurrelmann, Klaus, und Dieter Ulich* (Hg.): Handbuch der Sozialisationsforschung. Weinheim; Basel: Beltz, 371-394.

Hoerning, Erika M. 1989: Erfahrungen als biographische Ressourcen. In: *Peter Alheit/ Erika M. Hoerning* (Hg.): Biographisches Wissen. Beiträge zu einer Theorie lebensgeschichtlicher Erfahrung. Frankfurt/M.; New York: Campus, 148-163.

Hoerning, Erika M./Michael Corsten (Hg.) 1995: Institution und Biographie - Die Ordnung des Lebens. Pfaffenweiler: Centaurus.

Huinink, Johannes et al. 1995: Kollektiv und Eigensinn. Lebensverläufe in der DDR und danach. Berlin: Akademie Verlag.

Hurrelmann, Klaus (Hg.) 1976: Sozialisation und Lebenslauf. Empirie und Methodik sozialwissenschaftlicher Persönlichkeitsforschung. (rororostudium: Sozialwissenschaft. 90). Reinbek: Rowohlt.

Hurrelmann, Klaus/Dieter Ulich (Hg.) 1980a: Handbuch der Sozialisationsforschung. Weinheim und Basel: Beltz.

Hurrelmann, Klaus/Dieter Ulich 1980b: Einführung durch die Herausgeber. In: *Klaus Hurrelmann/Dieter Ulich* (Hg.): Handbuch der Sozialisationsforschung. Weinheim und Basel: Beltz, 7-14.

Hurrelmann, Klaus/Dieter Ulich (Hg.) 1991: Neues Handbuch der Sozialisationsforschung. Weinheim; Basel: Beltz.

Joyce, James 1979: Ulysses. Harmondsworth: Penguin (Ersterscheinung 1921).

Kohli, Martin 1976: Sozialisation und Lebenslauf: Eine neue Perspektive für die Sozialisationsforschung. In: *M. Rainer Lepsius* (Hg.): Zwischenbilanz der Soziologie. Stuttgart: Enke, 311-326.

Kohli, Martin 1980: Lebenslauftheoretische Ansätze in der Sozialisationsforschung. In: *Klaus Hurrelmann/Dieter Ulich* (Hg.): Handbuch der Sozialisationsforschung. Weinheim und Basel: Beltz, 299-317.

Kohli, Martin 1984: Erwachsenensozialisation. In: *Enno Schmitz/Hans Tietgens* (Hg.): Erwachsenenbildung. (Enzyklopädie Erziehungswissenschaft. 11). Stuttgart: Klett-Cotta, 124-142.

Kohli, Martin 1985: Die Institutionalisierung des Lebenslaufs. Historische Befunde und theoretische Argumente. In: Kölner Zeitschrift für Soziologie und Sozialpsychologie 37, 1, 1-29.

Kohli, Martin 1986: Gesellschaftszeit und Lebenszeit. In: *Johannes Berger* (Hg.): Die Moderne - Kontinuitäten und Zäsuren. (Soziale Welt. Sonderband 4). Göttingen: Schwartz, 183-208.

Kohli, Martin 1988: Normalbiographie und Individualität: Zur institutionellen Dynaik des gegenwärtigen Lebenslaufregimes. In: *Hanns-Georg Brose/Bruno Hildenbrand* (Hg.): Vom Ende des Individuums zur Individualität ohne Ende. Opladen: Leske + Budrich, 33-53.

Kohli, Martin 1991: Lebenslauftheoretische Ansätze in der Sozialisationsforschung. In: *Hurrelmann, Klaus/Dieter Ulich* (Hg.): Neues Handbuch der Sozialisationsforschung. Weinheim; Basel: Beltz, 303-317.

Kohli, Martin 1994: Die DDR als Arbeitsgesellschaft? Arbeit, Lebenslauf und soziale Differenzierung. In: *Hartmut Kaelble/Jürgen Kocka/Hartmut Zwahr* (Hg.): Sozialgeschichte der DDR. Stuttgart: Klett-Cotta, 31-61.

Krais, Beate 1989: Soziales Feld, Macht und kulturelle Praxis. Die Untersuchungen Bourdieus über die verschiedenen Funktionen der 'herrschenden Klasse' in Frankreich. In: *Klaus Eder* (Hg.): Klassenlage, Lebensstil und kulturelle Praxis. Frankfurt/M.: Suhrkamp, 47-70.

Krais, Beate 1996: Bildungsexpansion und soziale Ungleichheit in der Bundesrepublik Deutschland. In: *Axel Bolder et al.* (Hg.): Die Wiederentdeckung der Ungleichheit. Aktuelle Tendenzen in Bildung für Arbeit. (Jahrbuch '96. Bildung und Arbeit). Opladen: Leske + Budrich, 118-146.

Levinson, Daniel J. in Zusammenarbeit mit Charlotte N. Darrow et al. 1978: Das Leben des Mannes. Werdenskrisen, Wendepunkte, Entwicklungschancen. Köln: Kiepenheuer & Witsch (Ersterscheinung 1978: The Seasons of a Man's Life. New York: Alfred A. Knopf).

Lewin, Kurt 1951: Field Theory in Social Science. Selected Theoretical Papers. New York: Harper.

Mannheim, Karl 1964: Das Problem der Generationen. In: *Kurt H. Wolff* (Hg.): Wissenssoziologie. Berlin; Neuwied: Luchterhand, 509-665 (Ersterscheinung 1928).

Mayer, Karl Ulrich/Uwe Schimank/Wilhelm Schumm 1988: Biographie oder Lebenslauf? Über die Tauglichkeit zweier Konzepte. Hagen: FernUniversität, Fachbereich Erziehungs-, Sozial- und Geisteswissenschaften. Kurseinheit 1.

Mayer, Karl Ulrich (Hg.) 1990: Lebensverläufe und sozialer Wandel. (Kölner Zeitschrift für Soziologie und Sozialpsychologie. Sonderheft 31). Opladen: Westdeutscher Verlag.

Mertens, Wolfgang 1980: Psychoanalytische Theorien und Forschungsbefunde. In: *Klaus Hurrelmann/Dieter Ulich* (Hg.): Handbuch der Sozialisationsforschung. Weinheim und Basel: Beltz, 77-98.

Merton, Robert K. 1983: Auf den Schultern von Riesen. Ein Leitfaden durch das Labyrinth der Gelehrsamkeit. Frankfurt/M.: Suhrkamp (Ersterscheinung 1965: On the Shoulders of Giants. A Shandean Postscript. Glencoe: The Free Press).

Merton, Robert K. 1995: Soziologische Theorie und soziale Struktur. Berlin; New York: de Gruyter.

Möding, Nori/Alexander von Plato 1989: Nachkriegspublizisten. In: *Peter Alheit/Erika M. Hoerning* (Hg.): Biographisches Wissen. Beiträge zu einer Theorie lebensgeschichtlicher Erfahrung. Frankfurt/M.; New York: Campus, 38-69.

Neugarten, Bernice L./Joan W. Moore/John C. Lowe 1965: Age Norms, Age Constraints, and Adult Socialization. In: The American Journal of Sociology 70, 6, 710-717, deutsch in: *Martin Kohli* (Hg.) 1978: Soziologie des Lebenslaufs. (Soziologische Texte [Neue Folge]. 109). Darmstadt; Neuwied: Luchterhand, 122-133.

Niethammer, Lutz 1990: Kommentar zu Pierre Bourdieu: Die biographische Illusion. In: BIOS 3, 1: 91-93.

Niethammer, Lutz 1994: Konjunkturen und Konkurrenzen kollektiver Identität. Ideologie, Infrastruktur und Gedächtnis in der Zeitgeschichte. In: PROKLA 24, 96: 378-399.

Plato, Alexander von 1995: Von deutscher Schuld und Unschuld. Persönliche Umorientierungen in Zeiten politischer Umbrüche. In: *Conrad Lay/Christoph Potting* (Hg.): Gemeinsam sind wir unterschiedlich. Deutsch-deutsche Annäherungen. Bonn: Bundeszentrale für politische Bildung, 13-17.

Plato, Alexander von 1998: Geschichte und Psychologie - Oral History und Psychoanalyse. Problemaufriß und Literaturüberblick. In: BIOS 11, 2, 171-200.

Platt, Kristin/Mihran Dabag (Hg.) 1995: Generation und Gedächtnis. Erinnerungen und kollektive Identitäten. Opladen: Leske + Budrich.

Renn, Heinz 1987: Lebenslauf - Lebenszeit - Kohortenanalyse. Möglichkeiten und Grenzen eines Forschungsansatzes. In: *Wolfgang Voges* (Hg.): Methoden der Biographie- und Lebenslaufforschung. Opladen: Leske + Budrich, 261-298.

Riemann, Gerd 1987: Das Fremdwerden der eigenen Biographie. Narrative Interviews mit psychiatrischen Patienten. München: Fink.

Riley, Mathilda W./Marilyn E. Johnson/Anne Foner 1972: Aging and Society. Vol. 3: A Sociology of Age Stratification. New York: Russell Sage.

Rossi, Alice S. 1990: Seasons of a Woman's Life. In: *Bennett M. Berger* (ed.): Authors of Their Own Lives. Intellectual Autobiographies by Twenty American Sociologists. Berkeley; Los Angeles; Oxford: University of California Pr., 301-322.

Schmitz, Enno/Hans Tietgens 1984: Erwachsenenbildung als lebensweltbezogener Erkenntnisprozeß. In: *Enno Schmitz/Hans Tietgens* (Hg.): Erwachsenenbildung. (Enzyklopädie Erziehungswissenschaft. 11). Stuttgart: Klett-Cotta, 95-123.

Schütze, Fritz 1984: Kognitive Figuren des autobiographischen Stegreiferzählens. In: *Martin Kohli/Günther Robert* (Hg.): Biographie und soziale Wirklichkeit. Stuttgart: Metzler, 78-117.

Steinkamp, Günther 1991: Sozialstruktur und Sozialisation. In: *Hurrelmann, Klaus/Dieter Ulich* (Hg.): Neues Handbuch der Sozialisationsforschung. Weinheim; Basel: Beltz, 251-278.

Strauss, Anselm 1974: Spiegeln und Masken. Die Suche nach Identität (Ersterscheinung 1959: Mirrors and Masks. The Search for Identity. Glencoe: The Free Press).

Ulich, Dieter/Hans-Peter Kapfhammer 1991: Sozialisation und Emotionen. In: *Hurrelmann, Klaus/Dieter Ulich* (Hg.): Neues Handbuch der Sozialisationsforschung. Weinheim; Basel: Beltz, 551-572.

Wingens, Matthias 1999: Der 'gelernte DDR-Bürger'. Biographischer Modernisierungsrückstand als Transformationsblockade? Planwirtschaftliche Semantik, Gesellschaftsstruktur und Biographie. In: Soziale Welt 50, 3, 255-280.

Wrong, Dennis H. 1961: The Oversocialized Conception of Man in Modern Sociology. In: American Sociological Review 26, 2, 183-193.

Autobiographien: Soziologie der Soziologen[1]

Bennett M. Berger[2]

Die Lektüre von über vierzig Autobiographien amerikanischer Soziologen legt die analytische Nützlichkeit von *Alice Rossi*s Unterscheidungen zwischen *Perioden-*, *Kohorten-* und *Reifungseffekten* nahe. Abhängig von ihrem Geburtsdatum und dem Verlauf ihrer Karrieren (trajectoires), betonen einige Autobiographen den Einfluß ihrer Generation auf ihr Werk, andere wiederum heben den strukturellen oder demographischen Charakter des Zeitraums hervor, in dem sie ihre intellektuelle Reife erlangten. Reifungseffekte scheinen begrenzt auf die Bemühungen, bei der Selbstreflexion des eigenen Lebens nicht retrospektiv selbstgefällig zu erscheinen. Obwohl *Pierre Bourdieu* Autobiographen als ‚Ideologen ihres eigenen Lebens' charakterisiert, sind sich einige der Autobiographen aus dieser Gruppe der Versuchung sehr wohl bewußt, sich nur auf ‚rein persönliche' oder zufällige Ereignisse zu verlassen, um ihrem Leben eine kohärente Form zu geben. Als Soziologen tendieren sie zu professioneller Sensibilität gegenüber makrostrukturellen Kategorien wie Klasse, Ethnizität und anderen wichtigen nicht-persönlichen historischen Faktoren, die ihre intellektuelle Entwicklung beeinflußten. Wenn, wie die bekannte Formulierung *C. Wright Mills* lautet, die Soziologie die Schnittpunkte zwischen Biographie und Geschichte studiert, so bieten uns die Autobiographinnen und Autobiographen einen enthüllenden Blick auf die Soziologie der Soziologen.

* . *

Anders als Filmstars, Helden des Sports, Literaturgiganten, Militärführer, beeindruckende Geschäftsleute oder große Staatsmänner sind berühmte, oder zumindest unter ihresgleichen berühmte, Sozialwissenschaftler für Biographien und Biographen selten wirtschaftlich lohnende Unterfangen. Ausnahmen wie *C. Wright Mills* und *Margaret Mead* und vermutlich

---

[1] Titel des amerikanischen Beitrages: „Authors of Their Own Lives"; übersetzt von Bianka Ralle.

[2] Dieser Beitrag ist die Überarbeitung eines Vortrags, den *Bennett M. Berger* 1990 in der Sektion ‚Biography and Society' der International Sociological Association in Madrid hielt.

John Kenneth Galbraith, der zweifellos einen Biographen finden wird, sind gerade deshalb Ausnahmen, weil sich ihr Ruhm über den relativ begrenzten Kreis ihrer Berufskollegen hinaus verbreitete, obwohl man vermutlich anmerken muß, daß der Preis für diesen Ruhm oft ein Reputationsverlust bei den Fachkollegen ist. Selbst wenn man einige unvermeidbare Unschärfen und Verzerrungen der retrospektiven Rekonstruktion oder nur falsche Erinnerungen an Ereignisse mit einbezieht, stellt die Autobiographie dennoch das Selbstbild des Autors dar. Ob aus erhabenen oder anderen Beweggründen, sind Autobiographien, auch solche, die nicht aus dem engeren Kreis der Soziologen stammen, faszinierend ohne Ende, zumindest für Leser, die zur gleichen beruflichen Subkultur gehören wie der Autobiograph. Entsprechend dargestellt ist kein Leben wirklich uninteressant; es bedarf eines Versagens der Intelligenz oder des Einfühlungsvermögens, sein eigenes Leben langweilig oder banal wiederzugeben.

Das Studium von Lebensläufen bleibt eine der besten Quellen für Soziologen, um ihr oft behauptetes, doch selten verwirklichtes Ziel der Verbindung von Mikro- und Makrosoziologie zu erreichen. Es ist eine alte Quelle, die noch hinter die Anstrengungen von *Thomas/Znaniecki* in den 1920er Jahren zurückgeht, und die in gegenwärtigen Bemühungen von Soziologinnen und Soziologen wie *Glen Elder, Alice Rossi, Bernice Neugarten* und *Matilda Riley/Anne Foner* und ihren Mitarbeitern fortgesetzt wird, die ‚Lebenslauf'-Phänomene über längere Zeiträume untersuchen. Die Aufgabe hier ist es herauszufinden, was man über die Profession der Soziologie von dem lernen kann, was diejenigen, die Soziologie beruflich betreiben, über ihre Arbeit schreiben.

Als ich eine Gruppe amerikanischer Soziologen um eine kurze intellektuelle Autobiographie für eine Essaysammlung bat, interessierten mich weniger Lebenslaufphänomene, sondern pädagogische Ziele. Die pädagogischen Gründe erwuchsen aus meinen frustrierenden Versuchen, Studierenden im ersten Jahr soziologische Theorie beizubringen. Ich wollte der studentischen Tendenz entgegenwirken, wichtige Soziologen als Figuren zu behandeln, deren in Stein gemeißelte Worte für Examenszwecke auswendig gelernt oder zusammengefaßt werden. Die soziologischen Autorinnen und Autoren als verortbare Personen zu vermenschlichen, deren Worte Ausdruck eines historischen Abschnitts und dementsprechend interpretierbar sind, war mein Ziel. Die Studierenden sollten lernen, Soziologie wie ein Literaturkritiker zu lesen, anstatt sie wie Schwämme aufzusaugen. *Joe Gusfield* erzählt gerne die Geschichte, an die ich mich persönlich nicht erinnere, als uns zwei Studenten auf der Tagung der *American Sociological Association (ASA)* vorgestellt wurden, von denen uns einer mit ziemlicher Ehrfurcht als ‚lebende Bücher' bezeichnete! Gegen diese Mentalität wollte ich kämpfen. Ich versuchte, den Studierenden das Lesen zwischen den Zeilen beizubringen, und in den weissen Räumen Bedeutungen zu sehen, deren möglicher Projektion sich der Schreiber nicht bewußt war. Autobiographie, so hoffte ich, könnte eine Anleitung zum Zusammenhang von Leben und Werk ergeben, - trotz *John Gagnon*s (in *Berger* 1990: 213-234) tiefer Zweifel über die Trennbarkeit von ‚Leben' und ‚Werk'.

Wenn auch Soziologen-Biographien nur selten wirtschaftlich erfolgreich sind, so könnten Autobiographien doch die ungeheuerlichen Texte von Soziologen vermenschlichen, indem sie die Personen hinter den großartigen Texten erscheinen lassen. Biographien von Soziologen könnten zum Beispiel Studierenden dabei helfen, in kürzerer Zeit anspruchsvolle und kritische Leser zu werden. Unter normalen Umständen kann es Jahre, manchmal Jahrzehnte dauern, bis man die heimliche Agenda, die strategischen Auslassungen, den unsichtbaren Widerpart oder das metaphysische Pathos eines soziologischen Textes erkennt. Folglich kann es Jahre dauern, ein kritischer Leser zu werden, der nicht nur den historischen Kontext im Auge hat, sondern auch, was *Pierre Bourdieu* den *Habitus* nennt: das erlebte Milieu, dessen mehr oder weniger unreflektiert angeeignete Kultur die Sensibilität formt, die einem sorgfältigen Leser in einem Stück Prosa sichtbar wird, und die Vertrautheit damit, die uns zu der Aussage befähigt, daß wir wissen - metaphorisch gesagt - woher der Autor kommt, wenn nicht gar, wohin er geht.

Biographische Information ist nicht nur metaphorisch interessant; sie kann uns auch mitteilen, woher ein Autor kommt, und uns damit eine zusätzliche Dimension für unser Textverständnis geben. Bei einigen unserer klassischen Vorfahren ist dies offensichtlich. *Raymond Aron* berichtet, daß *Comte* es während der 1848er Revolution nicht für nötig befand, seine Wohnung zu verlassen, so sicher war er sich, daß seine Theorie die wichtigen Ereignisse auf der Straße vorausgesagt hatte. *Saint-Simon* und *Comte* waren im wahrsten Sinne Schulbeispiele für bizarres abweichendes Verhalten und *Frank Manuels* Bericht über ihr Leben vermenschlicht sie für Studierende (zumindest für amerikanische Studierende), die leicht von der Aussicht ‚lesen zu müssen', von historischen Figuren mit Heiligenschein, die man sich kaum als fehlbare menschliche Wesen vorstellen kann, eingeschüchtert werden. Sie würden verstehen, warum *Max Weber* darauf bestand, daß ‚Verantwortungsethik' eine Ethik der ‚letzten Ziele' ist, womit er eine seiner beliebtesten Unterscheidungen Verantwortungs-versus Gesinnungsethik wegwischt. Das Paradox von *Weber*s Leidenschaft für die Absonderung springt durch die mysteriöse Neurose, die seine

Lehre für lange Zeit unterbrach, ins Auge. Vielen amerikanischen Studierenden muß man sagen, daß die Rhetorik in *Veblens* ‚Theorie der feinen Leute' ironisch ist. Wenn sie etwas aus seinem Leben wüßten oder über den Literaturstil der *Edwardianischen Epoche*, könnten sie seine Ironie leichter verstehen.

Ebensolche Einblicke kann man durch das Lesen heutiger autobiographischer Berichte von amerikanischen Soziologen erlangen. Der verstorbene *Don Cressey* (in *Berger* 1990: 235-259), dessen kriminologische Studien zu den Standardtexten gehören, behauptete, daß seine berufliche Vertiefung in die Natur der Rechtschaffenheit auf eine Reihe von Kindheitserfahrungen zurückgeht, in denen seine Bindung an diese Tugend ernstlich geprüft wurde. *Pierre van den Berghes* (in *Berger* 1990: 410-431) Irritation über die Rassismus-Vorlesungen weißer Amerikaner gehen auf seine frühen Erfahrungen im damaligen Belgisch-Kongo zurück, wo er Rassismus nah genug erlebte, um zu der Überzeugung zu gelangen, daß Amerikaner nur ein oberflächliches Wissen über Rassismus haben. *Andrew Greeley* (in *Berger* 1990: 133-191) ist sich der symbiotischen Beziehung zwischen seinen großen Surveys über katholische Amerikaner und seinen Bestseller-Romanen wohl bewußt: Was er über diese Leute durch seine Untersuchungsdaten gelernt hatte, verwendete er in seinen Romanen, und die Honorare der Romane finanzierten weitere Forschung. Die Gewalt in *Joseph Gusfields* Kindheitserfahrungen in den Straßen von Chicago wirft ein Licht auf seine Anstrengungen um Konfliktmediatisierung und seine Bemühungen, die Macht der Symbole zu verstehen, um ihre negative Emotionalität aufzulösen.

Man könnte weitere Beispiele anführen, aus denen hervorgeht, wie wichtige Entscheidungen in Forschung und Gelehrsamkeit, die auf der persönlichen Geschichte beruhen, das Werk zeitgenössischer Soziologen beeinflussen, und zwar auf eine Weise, die unsere Bewunderung steigert oder die uns mithilfe zusätzlicher Kontextualisierung durch die Autobiographie ermöglicht, auf Widersprüche hinzuweisen. Anders als in den obigen Beispielen, in denen sich die Autoren der Beziehungen zwischen Leben und Werk bewußt waren, kann ein geübter Leser diese Beziehungen erkennen, selbst wenn der Autobiograph sie nicht sieht. Es wird zum Beispiel oft gefragt, warum *David Riesman* seine Karriere als Rechtsprofessor für eine Karriere in der Soziologie aufgab. *Riesman*, der aus einer Aristokratenfamilie in Philadelphia stammt, beschreibt die scharfe Trennung seiner Mutter zwischen ‚erstklassig' (meist bei großen Künstlern) und allen anderen und ihre ästhetische Geringschätzung für selbst die angesehensten Berufe, die die praktische Arbeit dieser Welt verrichteten. Er selbst sieht keinen Zusammenhang zwischen diesem mütterlichen

Aristokratismus und seiner Entscheidung, den größten Teil seiner Lehr-
tätigkeit der Ausbildung von Studierenden der Soziologie an zwei Elite-
universitäten, anstatt als Rechtsprofessor der Ausbildung von Anwälten
zu widmen, womit er seine Karriere begonnen hatte und was gemeinhin
mehr Prestige mit sich bringt, als Lehrveranstaltungen für Soziologiestudenten. *Pierre van den Berghe* beschreibt ebenso den Einfluß von
Generationen von Ärzten und Biologen in seiner Familie, insbesondere
den Einfluß eines seiner Großväter. Aber er sieht nicht den expliziten
Zusammenhang zwischen seiner Hinwendung zur Soziobiologie in der
Mitte seiner Karriere und seiner Familientradition, der gegenüber er sich
immer noch ein wenig als Rebell versteht.

Soziologische Autobiographie hat noch eine andere wichtige Funktion. Was immer sie auch sonst darstellt, die Autobiographie ist unvermeidlich persönlich, und das Persönliche kann mit dem Vernünftigen in
Konflikt geraten und die Klugheit gewinnt nicht immer. Persönliche Berichte sind erzählte Geschichten, die man in anderen Kontexten als
‚Klatsch‘ zurückweisen würde, schon deshalb, weil es der Soziologie an
konventionalisierten Formen zur Übermittlung biographischer Informationen fehlt. Studierende haben manchmal ein ‚klatschhaftes‘ Interesse daran
zu erfahren, wie der berühmte Professor X ‚wirklich ist‘, und in diesem
Interesse spiegelt sich häufig der Wunsch der Studierenden, hinter die
Fassade zu blicken, die die Nüchternheit und die professionelle Haltung
der Soziologen dominiert. Schließlich ist ‚Klatschen‘ manchmal ein bos-
haftes Reden über Personen und nicht über Themen, Probleme oder Struk-
Strukturen. „Den Menschen wieder mit einzubeziehen“, wie es *George
Caspar Homans* vor vielen Jahren in seiner Präsidentenansprache vor der
American Sociological Association (ASA) forderte, birgt das Risiko des
Klatsches in sich. Und es ist vermutlich kein Versehen, daß *Homans* eine
umfangreiche Autobiographie veröffentlicht hat, aus der man viel über
Soziologie lernen kann. Der Wunsch zu wissen, wie Professor X wirklich
ist, mag also nicht so banal sein, wie er zunächst erscheint. Zu wissen,
wie er ist, kann vielleicht die Zukunft eines Studierenden beeinflussen.

Die Beispiele für neuere Autobiographien sind endlos. *Jim Coleman*s (in *Berger* 1990: 75-103) Essay über seine Tage als Diplomstudent
in Columbia beschreibt brillant *Paul Lazarsfeld*, der so voller Ideen
steckte, daß er sie nicht alle selbst systematisch verfolgen konnte, weshalb
er ständig nach erfolgverspechenden Studierenden oder jungen Mitarbeitern Ausschau hielt. Die Soziologin *Cynthia Fuchs Epstein* beschreibt
mit großer Würde, wie ich hinzufügen möchte, ihr Verhältnis mit einem
bekannten älteren Soziologen, während sie an seinem Institut ihr Graduiertenstudium absolvierte (in *Berger* 1990: 349-362). Solche Vorkomm-

nisse sind nicht ungewöhnlich an Forschungsuniversitäten mit starken Geburtsjahrgängen im Graduiertenstudium, aber gewöhnlich sind sie in das Reich des ‚Klatsches' verbannt, anstatt sie als strukturelle Phänomene zu begreifen, von denen man wichtige Dinge über den Lehrlingscharakter eines Teils des Graduiertenstudiums lernen kann und über die Intimität, zu der enge Zusammenarbeit oft führt. *Andrew Greeley* (in *Berger* 1990: 133-151) macht seine privaten Konflikte mit der Erzdiozöse von Chicago, die kein Vertrauen zu einem ‚vorlauten' irischen Priester hatte, wie er es nennt, und der über unabhängige Einkommensquellen verfügte und mit gewissen älteren Fakultätsmitgliedern der Chicagoer Universität öffentlich, die sich weigerten zu glauben, daß ein römisch-katholischer Priester ein objektiver Soziologe werden konnte.

Die Relevanz von ‚Klatsch' und anderen ‚vertraulichen Informationen' wird deutlich in Autobiographien und Erinnerungen. Die Relevanz solcher Informationen steigt, wenn sich die Diskrepanz zwischen dem, was tatsächlich passiert, was wir wissen, was wir offiziell mitgeteilt bekommen, und dem, was wir öffentlich sagen dürfen, vergrößert. Es ist ein Gemeinplatz, daß wir alle weniger wissen, als wir wissen müssen. Aber als Empfänger ‚privilegierter' (vertraulicher) Informationen wissen wir alle mehr, als die legitimen Äußerungsmöglichkeiten dessen, was wir wissen, enthalten können. So mag Autobiographie trotz oder vielleicht gerade wegen des ‚Klatsches' eine wichtige Quelle für Soziologie und Soziologen sein. Einer der wichtigsten Aktivposten mikrosoziologischer Forschung ist ihr Nachweis, daß Interaktion von Angesicht zu Angesicht permanente Relevanz für die Ergebnisse makrosoziologischer Forschung haben kann. Die Bedeutung kann in der Unterstützung von Makroergebnissen liegen, indem sie erklärt, wie Makrovariationen durch Interaktion hervorgerufen werden, oder in der Kritik an ihnen, indem sie irreführende Schlußfolgerungen einer validitätsbasierten Kritik unterzieht. Vieles von dem gilt auch für Autobiographien, wenn man genügend davon hat und die Stichprobe gut ist.

Der wesentliche theoretische Grund für mein Interesse an Autobiographie lag darin, den Lebenslauf als eine Brücke zwischen Makro- und Mikrosoziologie zu sehen, und daß die aufmerksame Betrachtung von Lebensläufen einige der Verbindungen deutlich machen kann. Survey-Forscher und historisch vergleichende Gelehrte, die sich mit großen und abstrakten Analyseeinheiten befassen, wissen kaum etwas darüber, wie die Gleichmäßigkeit der Muster (bei Nationen, institutionellen Systemen, sozialen Klassen, Altersstufen etc.), die sie entdecken, tatsächlich durch die Mikroprozesse, die sie letztlich konstituieren, etabliert werden. Weil sie oft nicht viel darüber wissen, wie ihre Makrobefunde auf der Ebene der interpersonalen Beziehungen wirken beziehungsweise zustandekommen, verbleiben die Makrosoziologen und die Leser ziemlich im Dunkeln darüber, wie stabil oder verläßlich diese Gleichmäßigkeiten über die Zeit sein werden.

Die Beachtung interpersonaler Prozesse ist jedoch die Stärke in der Mikrosoziologie der Feld-Ethnographen. Dennoch haben symbolische Interaktionisten häufiger die Tendenz anzunehmen, daß man interpersonale Ereignisse vollkommen verstehen kann, ohne über den dyadischen oder andere mikrosoziologische Rahmen hinauszugehen. *Erving Goffman* hat diesen Irrtum nie begangen, er wußte von Anfang an, daß Makroprozesse Bedingungen für Interaktion kreieren, die interpersonale Ereignisse beeinflussen. Die besten Mikrosoziologien geben Einsicht in die erlebten Erfahrungen derjenigen, die in den großen Strukturen stecken, indem sie zeigen, wie diese mit dem ‚in den großen Strukturen stecken‘ zurechtkommen. Damit eröffnen sie Einsichten darüber, wie stabil diese Strukturen voraussichtlich längerfristig sein werden. Wo die reproduktiven Kräfte stark sind und wo Menschen sich strukturiertem Widerstand gegenüber sehen, ist die Anfälligkeit für sozialen Wandel vorhanden.

Makrovergleichende Soziologen und Survey-Forscher mit großen Stichproben zeigen häufig Verächtlichkeit gegenüber Einzelfallstudien oder einer Handvoll von Tiefeninterviews, die nichts ‚beweisen‘. Das trifft zu, sie beweisen nichts. Aber, indem Mikrosoziologen betrachten, wie Makro-Zwänge interpretiert werden (und wie mit ihnen umgegangen wird), geben sie uns die seltene Gelegenheit, etwas darüber zu lernen, wie sozial verortete Personen mit den ‚Bedingungen‘ kämpfen, in die sie durch Geschichte und Sozialstruktur gestellt wurden. Dies sind die bleibenden Stärken der klassischen soziologischen Ethnographien (‚Street Corner Society‘, ‚All our Kin‘, ‚Talley’s Corner‘, ‚A Place on the Corner‘), und in einer jeden sind persönliche Geschichten entscheidend.

Ich werde die Kategorien von *Alice Rossi* und anderen Lebenslaufforschern benutzen, um einige allgemeine Bemerkungen über die Autobiographien von Soziologen zu machen. Die Kategorien sind erstens *Kohorteneffekte*, zweitens *Periodeneffekte* und drittens *Reifungseffekte*. Ich habe vierzig Autobiographien einer Gruppe (ich würde es nicht wagen, sie eine Stichprobe zu nennen), die ich sorgfältig studiert habe. Zwanzig davon sind in ‚Authors of Their Own Life‘ veröffentlicht (*Berger* 1990). Ich habe dreizehn weitere Essays eingeworben, die ich in dem Buch nicht berücksichtigen konnte. Weiter gibt es noch acht Essays, die in der von *Matilda Riley* herausgegebenen Sammlung (1988) veröffentlicht sind. *Homan*s Autobiographie und drei weitere Autobiographien von Soziologen sind mir bekannt.

Bevor ich auf die Kohorten-, Perioden- und Reifungseffekte eingehe, halte ich folgende Beobachtung für wichtig: Viele dieser vierzig Autobiographien verweisen, ungeachtet der demographischen, strukturellen und anderer Sensibilitäten in bezug auf kollektive Phänomene, die Soziologen zugeschrieben werden, in bemerkenswerter Weise auf besondere Umstände, Merkmale oder Stigmata, um ihrem Lebenslauf einen Sinn zu verleihen. Vor vielen Jahren hat der Literaturhistoriker und Kritiker *Malcolm Cowley* eine Studie über amerikanische Dichter durchgeführt und fand überraschend heraus, daß eine große Zahl amerikanischer Dichter physische oder psychische Schäden verschiedener Art hatten, die es ihnen nicht erlaubten, mit anderen Jungen ihres Alters normalen Umgang zu pflegen; sie waren isoliert, ,introvertiert' und ,poetisch'. In unserer Gruppe von Soziologen finden wir Übergewicht, Stottern, Tuberkulose, frühen Haarausfall, schwarze verfaulte Zähne, die alle gezogen werden müßten, Homosexualität, Wolfsrachen, Hasenscharte, sexuelle Unattraktivität, körperliche Auffälligkeiten und schlechte Körperhaltung, Merkmale, denen allgemein eine Ursächlichkeit für die Charakterbildung und die intellektuelle Entwicklung zugeschrieben wird.

Die auffallendsten *Kohorten- oder auch Jahrgangseffekte* hängen eng mit den *Periodeneffekten* zusammen. Kohorten, die in den 1950er und 1960er Jahren ausgebildet wurden, in einer Zeit des Reichtums und Wachstums der amerikanischen Universitäten, heben - manchmal mit Schuldgefühlen - die relative Mühelosigkeit in ihrer Arbeit und bei ihrem Karriereaufbau hervor. Ein Mitglied der 1950er Kohorte betitelt seinen autobiographischen Essay ,Mein Leben und angenehme Zeiten' (*Gusfield* in *Berger* 1990: 104 ff). Für alle, die in diesen Jahren ihren Doktortitel erhielten, gab es genügend akademische Stellen, selbst für mittelmäßige Wissenschaftler, und wenn man an einer Universität keine feste Anstellung erhielt, so bedeutete das nicht notwendigerweise einen Schicksalsschlag für die Karriere. Man konnte sich gewöhnlich auf ein anderes Stellenangebot verlassen. Die amerikanischen Universitäten waren vor dreißig oder vierzig Jahren weit weniger bürokratisiert, und der Einstellungsprozeß mit den gutachterlichen Verfahren war wesentlich weniger formal. Heute verbringen junge Akademiker sechs bis acht Jahre als ,Assistant Professor' und werden alle zwei Jahre zeitraubenden und beängstigenden Überprüfungen ausgesetzt, bevor eine Entscheidung über ihre Festanstellung fällt. 1962 wurde ich an einer großen amerikanischen Universität nach dreijähriger Tätigkeit als ,Assistant Professor' fest angestellt, ohne daß man mich von der bevorstehenden Entscheidung informiert hatte. Die Einstellung erfolgte auf der Grundlage von Publikationsleistungen, die man heute nur für ziemlich gut bis mittelmäßig halten würde. Ich erlebte nicht einen Tag ,Assistant-Professor-Ängste', ohne daß es in meinem Leben einen Hinweis gibt, die feste Anstellung sei ein Ergebnis außergewöhnlicher Brillanz gewesen.

Stellen wir diese Erfahrungen denjenigen gegenüber, die später ihren Doktortitel erwarben, in einer Zeit, in der die Ressourcen knapp wurden und die Zahl der Soziologiestudenten zurückging, als nicht mehr das Studium der Soziologie, sondern Betriebswirtschaft und Ökonomie an erster Stelle standen. In den 1970er hatten sogar die besten Doktoranden Schwierigkeiten, in Forschungsuniversitäten angemessene Stellen zu finden (und tatsächlich wurde auch die Wahrnehmung von den ,Besten' exklusiver), und viele fanden, zumindest in den soziologischen Instituten, kein Unterkommen. *Dean MacCannell* (in *Berger* 1990, 165 ff), der trotz dieser Schwierigkeiten eine erfolgreiche Karriere gemacht hat, beschreibt sich selbst als einen der verlorenen Generation von Soziologen, die überwiegend außerhalb des Faches arbeiten.

Die autobiographischen Berichte der in den 1950er und 1960er Jahren Ausgebildeten sind angefüllt mit Hinweisen auf die Erfolge ihrer Kommilitonen, die beachtliche Karrieren in der amerikanischen Soziologie gemacht haben. Dies ist auffällig bei denen, die an den Universitäten mit großen Graduiertenprogrammen studiert haben, wie Columbia, Harvard, Chicago und Berkeley. Ihre Gruppe war groß genug, um wichtige Netzwerke und Schulen zu gründen. Der Funktionalismus, der in Harvard und Columbia in den 1950ern dominierte, wurde Ende der 1960er Jahre unwichtig. Die großen Jahrgänge der ,symbolischen Interaktionisten' in Chicago, die *Everett Hughes* und *Herbert Blumer* (der 1952 nach Berkeley ging) hervorgebracht hatten, waren in der Heranbildung einer weiteren Generation nicht sehr erfolgreich. Gute urbane Ethnographien der symbolischen interaktionischen Art sind heute selten und sehr vereinzelt. Berkeley war immer eklektisch in seinem Augenmerk auf politische und kulturelle Soziologie und hatte nie eine dominante soziologische Schule, weshalb es auch keinen vergleichbaren Einflußverlust gab.

Schulenbildung steht und fällt mit den Kohorten, aber Netzwerke können ein Leben lang halten, und die Netzwerke der großen Jahrgänge der wichtigsten Universitäten in den 1950ern und 1960ern haben Bestand; größtenteils, weil ihre Mitglieder in den wichtigen Forschungsuniversitäten angesiedelt sind und deren Unterstützung von Forschung und Konferenzreisen dazu beitrug, diese Netzwerke zu erhalten. Für die geburtenschwachen Kohorten in den 1970er und 1980er Jahren mit ihren schlechteren Stellen ist es im Vergleich zu ihren Vorgängern schwieriger, Netzwerke aufrecht zu erhalten.

Die große Ausnahme ist natürlich die Gruppe der Autobiographinnen. Vergleichbar mit der großen Befreiung der Juden durch Integration in den amerikanischen Alltag nach dem Zweiten Weltkrieg, brachen Ende der 1960er Jahre Frauen in großer Anzahl in die amerikanische Soziologie ein. Sie machten es jedoch anders als die Juden. Sie machten es zu einer Zeit, als der Arbeitsmarkt eng wurde. Eine große Stärke der Frauenbewegung waren ihre Netzwerke und deren Fortbestand für die Soziologinnen, die jetzt in den Sechzigern sind. Ihre Positionierung ist vergleichbar mit der älteren Männerkohorte. Nahezu alle Frauen berichten in ihren Autobiographien mit großer Ausführlichkeit über ihre Erfahrungen mit Sexismus und ihre Kämpfe dagegen. Ihr erfolgreicher Kampf öffnete den Raum, den ihre jüngeren Schwestern jetzt für selbstverständlich halten.

Theda Skocpol (in *Riley* 1988: 145-162) nennt die Kohorte, deren prominente Vertreterin sie ist, eine ‚eingebildete Generation‘, womit sie meint, daß die Menschen, die in ihrer Zeit Studierende waren, keine Erfahrung von wirtschaftlicher Depression hatten. Sie ließen sich nicht durch Autorität und Hierarchie einschüchtern. Diese eingebildete Generation kam in den frühen oder Mitte der 1970er Jahre auf den Arbeitsmarkt, und sie ist wahrscheinlich die erste Generation amerikanischer Soziologen, in der das Geschlechterverhältnis in angemessener Weise repräsentiert ist.

Reifungseffekte haben in den vorliegenden Autobiographien seltsame Tönungen. Die älteren und besser situierten Kohorten machen einige Andeutungen, um nicht rückwirkend selbstgefällig über ihren relativ leichten Erfolg zu erscheinen. Das Gegenteil von Reifung ist ein weit sichtbarerer Effekt. Die meisten der Autobiographen schreiben viel erhellender über ihre Kindheit und Jugend als über ihr Leben als Erwachsene. Es gibt Ausnahmen. Diese Tendenz kann als Ausdruck der normalen Rücksicht auf ihre gegenwärtigen Karriereinteressen gesehen werden, Interessen, die man von Akademikern und fast allen Professionellen erwartet. Aber es sagt noch mehr. Es scheint einen latenten Konsens in unserer Kultur zu geben, der Kindheit und Jugend als die richtigen Bezugspunkte für retrospektive Reflexion definiert, wohingegen jüngere Perioden im eigenen Leben die Anpassung an relativ erstarrte gegenwärtige Umstände repräsentieren. Wie dem auch sei, ein wichtiger Reifungseffekt mag das intensivere Reflektieren über die eigenen frühen Jahre sein.

Für Soziologen nicht überraschend, sind Klasse, Ethnizität, Alter und Geschlecht herausragende Themen in den Autobiographien von Soziologen. Ich hoffe, niemanden mit meiner Beobachtung zu kränken, daß von den Autobiographen, die ich untersucht habe, diejenigen, die aus armen Verhältnissen kommen oder Juden sind, intimer und persönlicher schreiben. Diese Tendenz ist noch stärker, wenn sie arm und jüdisch sind.

Es ist nicht einfach herauszufinden, welches der Zusammenhang ist zwischen Klasse oder Ethnizität und der Vorliebe für das Persönliche oder Unpersönliche, das Höfliche oder das Offene. *John Cuddihy* gab vor einigen Jahren in seinem Buch ‚The Ordeal of Civility' eine komplexe und kontroverse Erklärung. Es ist eine Tatsache, daß Kinder armer Einwanderer über nichts anderes zu schreiben haben als über ihr persönliches, häusliches und nachbarschaftliches Leben. Die Reicheren, die in verschiedenen Institutionen eingebettet sind, entwickeln ein imposanteres Verständnis ihres Lebens. Die Essays von *Dennis Wrong* (Sohn des kanadischen Botschafters in Washington; in *Berger* 1990: 3-21) und *David Riesman* (in *Berger* 1990: 22-74) sind dafür gute Beispiele. Darüber hinaus geben aristokratische Familien ihren Kindern oft eine gewisse Würde und Selbstvertrauen mit, ein kulturelles Kapital, das ebenso wertvoll ist wie die materiellen Güter - obwohl es wohl so ist, daß aristokratische Familien auch besondere Bürden weitergeben.

Für diejenigen, die ganz unten anfangen, mag schnelle soziale Mobilität mit scharfen Brüchen in den Milieu-Erfahrungen eine selbstbewußte Anstrengung zur Integration erfordern und eine bitterere und quälendere Art retrospektiven Verstehens hervorrufen. Anders hingegen Lebensläufe, die durch kulturelle Stabilität charakterisiert sind, in denen die Ereignisse kontinuierlicher und regelmäßiger verlaufen. Es gibt einige urtypische Geschichten amerikanischer sozialer Mobilität unter den mehr als vierzig Autobiographien, von denen keine ohne Spuren von Bitterkeit ist und ohne Anspielungen auf ‚unterschwellige Verletzungen'. Aber man findet keine Verstimmungen oder Aufgeblasensein über das ‚sich selbst aus dem Sumpf ziehen'. Schließlich schreiben hier Soziologinnen und Soziologen, die einiges über die Macht sozialer Stratifikation und die Rolle historischer Strukturen bei der Lebensgestaltung wissen. Anders als *Theda Skocpol* (in *Riley* 1988: 145-162), die dankbar ist, daß sie ihre Studienjahre an einer staatlichen Universität im Mittleren Westen verbringen konnte, bevor sie sich den Härten des Graduiertenprogramms in Harvard unterzog, wird es einigen erfolgreichen Soziologen, die unten in der klassischen Hierarchie anfingen, erst im Rückblick deutlich, wie diese Ursprünge die Menge von Arbeit, die sie bewältigten, formte und begrenzte. Wo man selbst kaum bescheidenen Erfolg erwarten konnte, erscheint die Vorstellung einer brillanten Karriere weniger bedrückend.

Am Ende möchte ich meiner Hoffnung Ausdruck verleihen, daß der gegenwärtig reiche Ausstoß an Autobiographien, wie er von einer Gruppe soziologischer Akademiker erfolgt, für die die erste Person Singular einen radikalen Wandel ihres normalen Diskursmodus bedeutet, den Studierenden der Soziologie helfen möge, hinter den manchmal überwältigenden

Texten nicht die Gelehrten, nicht die Forscher oder Professoren, sondern die Personen zu sehen, die, nicht anders als wir vielleicht auch, Autoren ihres eigenen Lebens sind.

Literatur

Berger, Bennett M. (ed.) 1990: Authors of Their Own Lives. Intellectual Autobiographies by Twenty American Sociologists. Berkeley; Los Angeles; Oxford: University of California Pr.

Berghe, Pierre L. van den 1990: From the Popocatepetl to the Limpopo. In: *Bennett M. Berger*, 410-431.

Coleman, James S. 1990: Columbia in the 1950s. In: *Bennett M. Berger*, 75-103.

Cressey, Donald R. 1990: Learning and Living. In: *Bennett M. Berger*, 235-259.

Fuchs Epstein, Cynthia 1990: Personal Reflections within Sociological Eye. In: *Bennett M. Berger*, 349-362.

Gagnon, John 1990: An Unlikely Story. In: *Bennett M. Berger*, 213-234.

Greeley, Andrew M. 1990: The Crooked Lines of God. In: *Bennett M. Berger*, 133-151.

Cuddihy, John M. 1974: The Ordeal of Civility. Freud, Marx, Lévi-Strauss, and the Jewish Struggle With Modernity. New York: Basic Books.

Gusfield, Joseph 1990: My Life and Soft Times. In: *Bennett M. Berger*, 104-132.

Homans, George Caspar 1985²: The Autobiography of a Sociologist. New Brunswick et al.: Transaction Books.

MacCannell, Dean 1990: Working in Other Fields. In: *Bennett M. Berger*, 165-189.

Riesman, David 1990: Becoming an Academic Man. In: *Bennett M. Berger*, 22-74.

Riley, Matilda W. (ed.) 1988: Sociological Lives. (Social Change and the Life Course. 2). Newbury Park; Beverly Hills; London; New Delhi: Sage.

Rossi, Alice S. 1990: Seasons of a Woman's Life. In: *Bennett M. Berger*, 301-322.

Skocpol, Theda 1988: An ‚Uppity Generation' and the Revitalization of Macroscopic Sociology; Reflections at Midcareer by a Woman from the 1960s. In: *Matilda W. Riley*, 145-162.

Wrong, Dennis 1990: Imagining the Real. In: *Bennett M. Berger*, 3-21.

Entwöhnung von der Lebensgeschichte

Muster biographischer Selbstreflexion in ‚Ulysses' und ‚Manhattan Transfer'

Uwe Schimank

Menschen kommen nicht zuletzt dadurch mit ihrer eigenen Biographie zurecht, daß sie sie mit der anderer vergleichen. Die anderen Menschen, deren Lebenserfahrungen jemandem als Vergleichspunkt dienen können, müssen nicht wirklich existieren. Ebensogut kommen fiktionale Menschen in Betracht - vor allem Roman- oder Filmhelden. Es gibt bislang kaum fundierte Untersuchungen darüber, wie stark und auf welche Weise Lektüreerlebnisse die biographische Selbsterfahrung von Menschen bestimmen können,[1] obwohl der Tatbestand aus vielen biographischen Zeugnissen hervorgeht. Unterstellt man, daß Romane für die biographische Selbstreflexion ihrer Leser folgenreich sein können, wird auch für die soziologische Biographieforschung interessant, welche diesbezüglichen Orientierungsmuster diese literarische Gattung hervorgebracht hat. Romane werden dann als Bestandteile der kulturellen Semantik verstanden - ebenso wie zum Beispiel religiöse Traktakte, philosophische Abhandlungen oder populärpsychologische Lebensberatungsliteratur.[2]

Dieser Beitrag ist eine biographietheoretische Betrachtung zweier zentraler Romane der literarischen Moderne: *James Joyce*s ‚Ulysses' (1979 [Ersterscheinung 1921]) und *John Dos Passos'* ‚Manhattan Transfer' (1953 [Ersterscheinung 1925]). Gezeigt werden soll, daß beide Romane das Repertoire an kulturellen Orientierungsmustern biographischer Selbstreflexion mit Ideen angereichert haben, die - heute noch mehr als im ersten Drittel dieses Jahrhunderts - zu den typischen Lebenserfahrun-

---

[1]   Siehe immerhin *Messner/Rosebrock* (1987). Niklas *Luhmann* behandelt in seiner Theorie der Massenmedien auch Romanliteratur und die massenmediale Unterhaltung und weist beiden die Funktion zu, dem Rezipienten „... Anhaltspunkte ... für Arbeit an der eigenen ‚Identität'..." zu liefern (vgl. *Luhmann* 1996: 96-116 - Zitat: 115/116).

[2]   Siehe beispielsweise *Luhmann*s Verwendung von Romanliteratur zur Entschlüsselung der Liebessemantik (vgl. *Luhmann* 1982) oder Peter *Berger*s identitätstheoretische Interpretation von Robert Musils Roman ‚Der Mann ohne Eigenschaften' (vgl. *Berger* 1988). Ferner auch die empirische Studie zu Romanen in englischen Frauenillustrierten der dreißiger Jahre von *Fowles* (1979).

gen der Mitglieder moderner Gesellschaften passen. Unterstellt wird dabei ein wechselseitiges Bedingungsverhältnis zwischen kulturellen Orientierungsmustern auf der einen und Biographien von Gesellschaftsmitgliedern auf der anderen Seite. Die Auseinandersetzung mit dem eigenen Lebenslauf greift stets auf vorhandene kulturelle Deutungsangebote zurück und wird insofern durch diese geprägt. Zugleich spiegeln sie kulturell sedimentierte Muster biographischer Selbstreflexion, aber auch gesellschaftsstrukturell geprägte biographische Muster wider.

Dieser Zusammenhang wird im folgenden so entfaltet, daß zunächst die Leseerfahrungen mit ‚Ulysses' und ‚Manhattan Transfer' im Kontrast zu Leseerfahrungen mit klassischer Romanliteratur beschrieben werden. Sodann werden die Leseerfahrungen biographietheoretisch interpretiert und zu zwei kulturellen Mustern biographischer Selbstreflexion stilisiert, die kombiniert eine Alternative zum Muster von Biographien als Lebensgeschichten darstellen.

Natürlich drängt sich sogleich der Einwand mangelnder gesellschaftlicher Relevanz beider Romane auf: Wer hat schon ‚Ulysses' beziehungsweise ‚Manhattan Transfer' gelesen! Zweifellos ist der Leserkreis beider Romane winzig. Doch zum einen stellen sie als bereitstehende Lektüreofferten ein nicht mehr eliminierbares kulturelles Potential dar, das prinzipiell verfügbar ist und ja vielleicht zukünftig noch verstärkt genutzt werden wird. Noch wichtiger ist zum anderen, daß es verschiedene Arten der Diffusion dessen gibt, was dem Leser dort an Mustern biographischer Selbstreflexion vermittelt wird - unter anderem darüber, daß populärere Schriftsteller und Filmemacher, bis hin zur Massenunterhaltung von *Joyce* und *Dos Passos*, gelernt haben.[3] Auch die Werke Immanuel Kants beispielsweise wurden und werden kaum im Original gelesen; und doch haben Kants Ideen bekanntermaßen immense gesellschaftliche Wirkungen gehabt.

1 Neue Leseerfahrungen: Vom geführten zum alleingelassenen Leser

Die klassischen Romane des 19. Jahrhunderts - gleichgültig, ob nun von *Lew Tolstoj* oder *Gustave Flaubert*, *Gottfried Keller* oder *George Eliot* - vermitteln bei aller Unterschiedlichkeit eine allen gemeinsame Lesehal-

---

[3]   Ganz abgesehen davon, daß noch weitere Schriftsteller der literarischen Avantgarde - zum Beispiel *Alfred Döblin* in ‚Berlin Alexanderplatz', *William Faulkner* oder *Virginia Woolf* in verschiedenen Romanen - zu ähnlichen Darstellungsweisen gekommen sind.

tung. Dem Leser wird eine Geschichte präsentiert: ein in sich geschlossener und für die Romanhelden biographisch bedeutsamer Vorgang. Solche Geschichten können das gesamte Leben der betreffenden Figur, aber auch kürzere Lebensabschnitte oder nur sehr kurze Zeiträume umfassen. Am Ende des Romans ist der Held jedenfalls, zum Guten oder zum Schlechten, nicht mehr derselbe Mensch, der er vorher war. Er ist gereift oder endgültig vom Pfad der Tugend abgekommen, hat sein Glück gemacht oder ist gescheitert.

Der Leser geht davon aus, daß ihm die jeweiligen Geschichten von Anfang bis Ende erzählt werden - nicht unbedingt in strikter Chronologie, aber doch so, daß sich ihm diese früher oder später erschließt. Der Leser darf ferner erwarten, daß ihm alles für die jeweiligen Geschichten Wichtige und nichts dafür Unwichtiges berichtet wird. Diese auf den Abschluß fixierte Darstellungsökonomie macht die Lektüre, wie verwickelt auch immer die Geschichte sein mag, letztlich einfach. Die Inszenierung der Geschichte ist aber nicht bloß überschaubar, sondern zugleich auch spannend. Beides scheint einander auf den ersten Blick zu widersprechen; doch tatsächlich trägt es sich wechselseitig. Daß die Geschichte spannend ist, der Leser also mit unerwarteten Verwicklungen rechnet, steigert seine Lesemotivation und dadurch sein Lesetempo, wodurch er den geschilderten Prozeß besser im Kopf behält; umgekehrt kann erst ein überschaubar angelegter Plot Spannung erzeugen, die daraus erwächst, daß der Leser mit einem bestimmten Fortgang rechnet und dadurch immer wieder auf eine falsche Fährte gelockt werden kann.

Ein in dieser Lesehaltung eingeübter Leser ist ein *geführter Leser*. Er wird vom Roman auf einen bestimmten Weg gebracht und kann sicher sein, daß er, wenn er nur weiter liest, am Ende wissen wird, worum es bei all dem eigentlich ging. Vor diesem Hintergrund läßt sich nun fragen: Was widerfährt einem auch heute noch zunächst einmal so sozialisierten Leser, wenn er ‚Ulysses‘ und ‚Manhattan Transfer‘ liest? Gemeint ist dabei ein Leser, der beide Romane nicht mit literaturwissenschaftlicher Methodik und entsprechenden professionellen Ambitionen, sondern als Freizeitvergnügen liest.

Beide Romane haben, wie etwa *Dieter Wellershoff* herausstellt, den Inhalts- und Formenkanon dieser literarischen Gattung revolutioniert (vgl. *Wellershoff* 1988: 183-213, 239-253). ‚Ulysses‘ schildert die Ereignisse eines einzigen Tages im Leben eines Dubliner Annoncenakquisiteurs, seiner Frau und eines verkrachten Literaten. In ‚Manhattan Transfer‘ geht es um Ereignisse aus dem Leben einer Vielzahl von Menschen, die sich irgendwann im Zeitraum von 25 Jahren in Manhattan aufgehalten haben. Das eine ist also eine minutiöse Momentaufnahme vom Mikrokosmos subjektiver Alltagserfahrungen - das andere der Langzeitblick auf den gesellschaftlichen Makrokosmos des intersubjektiven Nebeneinanders und Ineinanders von Lebenswegen. Beide Thematiken ließen sich durchaus in der Machart klassischer Romane behandeln - was *Joyce* und *Dos Passos* aber ganz bewußt nicht tun. Ein Romanleser, der es gewohnt ist, Geschichten erzählt zu bekommen, wird vielmehr in zweierlei Hinsicht tiefgreifenden Irritationen ausgesetzt.

Erstens haben die Vorgänge, die ihm hier präsentiert werden, fast nie einen Anfang und ein Ende. Sie nehmen nicht die Form eines in sich abgeschlossenen Prozeßzusammenhangs an. Die Alltagsaktivitäten, die im ‚Ulysses' berichtet werden, hängen wie alle Alltagsaktivitäten mit den entsprechenden Aktivitäten des Gestern und Morgen zusammen. Der small talk mit einem Bekannten beispielsweise ist hochgradig ‚indexikalisch' (vgl. *Garfinkel/Sacks* 1976) in dem Sinne, daß das Gesprochene ebenso wie das dabei Gedachte an zurückliegende small talks anschließt - über die *Joyce* aber nichts sagt. Und erst aus ihrer Zukunftswirksamkeit gewinnen derartige Alltagsaktivitäten ihren Sinn im Lebenszusammenhang der Beteiligten - sei es als Elemente eines längerfristig angelegten Plans, sei es als Sedimentierungen des Eingelebten. Auch darüber erfährt der Leser kaum einmal etwas. Ihm werden die Alltagsaktivitäten des Heute hochgradig dekontextualisiert geschildert. Denn die in sich schon fragmentarischen Kontextualisierungen, die die jeweiligen mitgeteilten Reflexionen der Figuren liefern, werden dem Leser nur selten verständlich, weil sie wiederum ohne Mitlieferung der von ihm benötigten Kontexterläuterungen aufgezeichnet werden.

‚Manhattan Transfer' liefert seine zahlreichen Berichte aus dem Leben einzelner Menschen zwar im Duktus ganz anders ab: nicht wie labyrinthische ‚stream of consciousness'-Aufzeichnungen, sondern wie nüchterne, das Nacheinander der Tatsachen auflistende Zeitungsberichte. Doch auch *Dos Passos* springt völlig abrupt irgendwo in eine Biographie hinein und verläßt sie ebenso plötzlich wieder. Zwar findet im Berichtszeitraum stets - anders als bei *Joyce*, der die biographische Bedeutsamkeit des von ihm Wiedergegebenen völlig offenläßt - irgendeine für die betreffenden Personen bedeutsame Entwicklung statt. Jemand macht sein Glück oder verliert es, verliebt sich oder wird verlassen usw. Doch anders als bei den klassischen Romanen, die die von ihnen jeweils selektiv herausgegriffenen biographischen Entwicklungen zu einem - wenn auch stets als fiktive Stilisierung erkennbaren - Ende bringen, so daß der Leser sich am Schluß nicht fragt, was wohl weiter aus dem Helden geworden ist, bleibt in ‚Manhattan Transfer' alles vorläufig. Das lernt der Leser spätestens daraus, daß einzelne Schicksale irgendwann wieder aufgegriffen werden und scheinbar abgeschlossene Entwicklungen - zum Beispiel biographische Selbstbindungen - sich als unabgeschlossen erweisen. Kein Leser fragt sich, ob etwa die Ehe von *Charlotte Brontë*s ‚Jane Eyre' auf Dauer gehalten hat; bei *Dos Passos* muß man sich derartige Fragen hingegen ständig stellen.

Die in ‚Ulysses' und ‚Manhattan Transfer' erzählten Vorgänge sind zweitens kaleidoskopisch durcheinander gemischt. Beide Romane bestehen aus einer Vielzahl von Berichten, die sich nicht zu einem in sich geschlossenen Ganzen zusammenfügen. So wie jeder einzelne Bericht nach hinten und vorne in lose Fäden ausfasert, sind auch die Romane selbst als Ganzheiten ‚loosely coupled' bis hin zur ‚near decomposability'.[4] Man könnte einzelne Schilderungen weglassen oder weitere hinzufügen oder auch Umstellungen in der Reihenfolge vornehmen, ohne daß sich Wesentliches änderte. Zwar gibt es insbesondere zu ‚Ulysses' nicht nachlassende Bemühungen literaturwissenschaftlicher Interpreten, die Nichtkontingenz der Vielfalt und Anordnung des Berichteten, gleichsam die ganzheitliche Gestalt des Romans, herauszuarbeiten; und auch *Joyce* selbst hat ja in der Parallelisierung der Kapitel zum Homerschen Epos ein, wenn auch äußerst locker gehandhabtes, Gestaltvorbild bemüht. Doch ersteres sind ersichtlich vergebliche Versuche, ‚Ulysses' in die Tradition klassischer Romane einzureihen, und letzteres ist ein ironischer Kommentar dieser Tradition. Ganz abgesehen davon wäre diese Gestalt, gäbe es sie, jedenfalls für den hier betrachteten Typ von Leser nicht erkennbar. ‚Manhattan Transfer' wurde hingegen von *Dos Passos* ganz bewußt wie eine Zeitung oder eine Wochenschau im Kino konzipiert - Berichtsformen, von denen niemand erwartet, daß es zwischen ihren einzelnen Berichten einen Sinnzusammenhang gibt.[5]

Berichte ohne Anfang und Ende sowie ohne Bezug untereinander: also eindeutig keine Geschichte, wie sie der durch klassische Romane eingeübte Leser erwartet. Ihm werden zusammenhanglose und zerstückelte Ereignissukzessionen berichtet, die er zwar vielleicht anfänglich als Fragmente von Geschichten und Andeutungen eines zwischen ihnen bestehenden Zusammenhangs deuten mag. Er wird aber sehr bald erkennen, daß das die Überstülpung einer unangemessenen Form ist. Hat der Leser sich von dieser enttäuschten Erwartungshaltung gelöst, wird ihm die ei-

---

[4]   Siehe zu solchen Arten von Struktur generell *Weick* (1976) beziehungsweise *Simon* (1962).

[5]   In der späteren Romantrilogie ‚USA' treibt *Dos Passos* dies noch weiter, indem er immer wieder als ‚Newsreel' beziehungsweise ‚Camera Eye' titulierte Textabschnitte einfügt.

gentliche Radikalität der Irritation, die beide Romane auslösen, bewußt. Anfangs fragt sich der Leser noch ratlos, warum ihm der Autor an einer bestimmten Stelle gerade das erzählt, was er ihm dort erzählt. Bald gibt der Leser diese Frage ganz auf. Aber wenn sich diese Frage nicht mehr stellt, heißt das nichts anderes, als daß der Roman für den Leser keine Spannung mehr erzeugt. Der Leser klassischer Romane weiß, daß der sich ursprünglich abzeichnende Pfad sehr oft nicht der ist, der sich am Ende herausstellt, sondern eine die Erzählung spannend gestaltende Finte des Autors. Doch wenn ‚Ulysses' und ‚Manhattan Transfer' erst gar keine Erwartungen über den Fortgang des Erzählten aufbauen, können sie auch keine diesbezüglichen Erwartungen enttäuschen - und beim Leser keine Erwartung dieser Erwartungsenttäuschung schaffen. Der Leser muß mit nahezu allem rechnen - rechnet also mit nichts.

Er wird, aus jeweils unterschiedlichen Gründen, aber im Ergebnis sehr ähnlich, zum *allein gelassenen Leser*. Dieser nimmt - falls er weiterliest - eine Haltung des sporadischen Lesens ein. Sie manifestiert sich auf dreierlei Weise. Erstens liest der sporadische Leser über vieles hinweg, was er nicht begreift, weil er ‚Indexikalität' in den geschilderten Hinsichten gleichsam fatalistisch hinzunehmen lernt.[6] Zweitens liest der sporadische Leser unaufmerksam, mit Unterbrechungen und - sich aus beidem ergebend - Erinnerungslücken. Er vermag die kontinuierliche Aufmerksamkeit, die benötigt würde, um der Erzählung von vorne bis hinten zu folgen, nicht nur wegen des kaleidoskopischen Aufbaus beider Romane, sondern mehr noch aufgrund der fehlenden Spannung nicht aufzubringen. Er liest vielmehr mit stark variierender Intensität, je nachdem, ob ihn die Passage, an der er sich gerade befindet, aus irgendeinem Grunde anspricht oder nicht. Das Leseverhalten ähnelt einem Einkaufsbummel, bei dem man vieles sehr schnell passiert, einiges zumindest flüchtig mustert und nur weniges genauer ins Auge faßt. Drittens schließlich erwartet der sporadische Leser von ‚Ulysses' und ‚Manhattan Transfer' keine Auflösung der Unmenge von Rätseln jeglicher Art, die beide Romane stellen. Fast auf jeder Seite könnte der Leser sich fragen: Und was wird aus dieser Figur - dieser Beziehung - diesem Ereignis? Aber der Leser, der sehr schnell merkt, daß er oft keine Antworten auf solche Fragen bekommt, lernt daraus, sie erst gar nicht mehr zu stellen.

---

[6]   Auch klassische Romane enthalten zwar vielfältige Anspielungen und Unterstellungen - aber doch nur derart, daß der Leser sich das jeweilige generell zugängliche Zeit- und Milieubewußtsein vergegenwärtigen muß.

Die biographietheoretisch interessante Frage ist nach alledem: Welche Muster biographischer Selbstreflexion vermitteln solche Leseerfahrungen?

2   Der biographische Verunsicherungseffekt von ‚Ulysses‘ und ‚Manhattan Transfer‘: Lebensgeschichten als Illusion

Die Leseerfahrung, die ein geführter Leser mit einem klassischen Roman macht, erzeugt und bestätigt immer wieder das traditionelle Muster biographischer Selbstreflexion: das Muster von *Lebensgeschichten*. Die zeitliche Abfolge von Lebensereignissen nimmt in dem Maße den Charakter einer Geschichte an, in dem vorgängige Ereignisse die Ausprägung der nachfolgenden determinieren, also eine kausal *geschlossene* Dynamik vorliegt. Je schwächer hingegen diese Eigendetermination des Lebensablaufs ist, je größer also die kausale Kraft koinzidentieller ‚exogener‘ Einwirkungen ist, desto mehr handelt es sich um eine nicht mehr als Geschichte faßbare *offene* Dynamik.[7] Reale Biographien, also die Lebensabläufe wirklicher Menschen, sind freilich niemals auch nur annähernd Geschichten, sondern stets in erheblichem Maße offen für vielfältigste Koinzidenzen. Das wissen selbstverständlich auch die Leser klassischer Romane. Daß diese Romane Biographien als Geschichten stilisieren, in denen es letztlich nur scheinbar Zufälle gibt, weil jeder dieser Zufälle, dramaturgisch betrachtet, die jeweilige Geschichte ihrem zwar für den Leser noch nicht gleich absehbaren, aber von vornherein vorgesehenen Telos entgegentreibt, mag auf den ersten Blick lebensfern und damit auch nicht relevant für die biographische Selbstreflexion der Leser erscheinen. Es handelt sich hierbei jedoch, funktional betrachtet, um eine identitätsabstützende normative kulturelle Fiktion. Das von den klassischen Romanen vermittelte Muster biographischer Selbstreflexion hält die Leser dazu an, die eigene Biographie in Form einer Geschichte zu ordnen und daran festzuhalten, obwohl und gerade weil diese Geschichte immer wieder, anders als in Romanen, durch Koinzidenzen gestört und sogar zunichte gemacht wird.

---

[7]   Siehe generell zu offenen und geschlossenen Dynamiken *Schimank/Wasem* (1995: 200/201) - in Anknüpfung an Raymond *Boudon*s Erörterung von ‚Cournot-Effekten‘ (vgl. *Boudon* 1986: 173-179) sowie an *Luhmann*s Unterscheidung von ‚Prozeß‘ und bloßer ‚Ereignissukzession‘ (vgl. *Luhmann* 1984: 484/485). Siehe ferner auch das Konzept pfadabhängiger Prozesse bei *David* (1985) und *Arthur* (1989) sowie schon früher das Konzept der ‚deviation-amplifying processes‘ von *Maruyama* (1963).

Indem also der Leser klassischer Romane, von den Romanhelden auf sich selbst schließend, so tut, *als ob* sein eigenes reales Leben sich in Form einer Geschichte ordnen ließe, setzt er sich selbst einer wirkmächtigen self-fulfilling prophecy aus. Weil und insoweit jemand daran glaubt und darauf beharrt, seine eigene Biographie in dieser Weise ordnen zu können, vermag er dies zumindest in höherem Maße, als wenn er dieser Fiktion nicht anhinge. Genau diese Fiktion der Lebensgeschichte geben ‚Ulysses' und ‚Manhattan Transfer' auf; und zwar geschieht dies nicht über eine entsprechende explizite Botschaft an die Leser, sondern implizit durch die geschilderten Leseerfahrungen.[8]

Die in beiden Romanen geschilderten Welten sind einander in zweierlei Hinsicht sehr ähnlich. Bereits angesprochen worden ist die formale Dimension: Sowohl ‚Ulysses' als auch ‚Manhattan Transfer' versetzen den Leser durch die Art, wie sie geschrieben sind, in eine unüberschaubare, ihm in vielerlei Hinsichten rätselhaft bleibende Welt. Darüber hinaus gibt es aber auch trotz ganz unterschiedlicher Thematiken im einzelnen eine wichtige inhaltliche Gemeinsamkeit: Beide Romane behandeln unspektakuläre, oft geradezu banale, alltägliche Sachverhalte. Für ‚Ulysses' ist dies völlig offensichtlich. Aber auch ‚Manhattan Transfer' erzählt Allerweltsvorgänge, auch wenn einige davon - zum Beispiel steile Karrieren - zweifellos außergewöhnlich und für den Betreffenden nicht alltäglich sind. Doch selbst solche Episoden werden lakonisch im selben Tonfall wie andere völlig erwartbare, geradezu sozialen Klischees entsprechende Ereignisse dargestellt und bewertet.[9] Damit entzaubert *Dos Passos* das Besondere - so wie jemand, der einen Hauptgewinn in der Lotterie mit der zutreffenden Einschätzung kommentiert, daß dieses Resultat genauso wahrscheinlich wie irgendein bestimmtes anderes ist.

Rätselhaftigkeit auf der einen, Alltäglichkeit auf der anderen Seite: Das scheinen auf den ersten Blick konträre Gegensätze zu sein. Doch sowohl ‚Ulysses' als auch ‚Manhattan Transfer' versetzen den Leser in eine Welt, die von der Ambivalenz zwischen beidem lebt. Die Rätselhaftigkeit des Alltäglichen, die Alltäglichkeit des Rätselhaften: Das sind die Erfahrungen, die ein Leser mit beiden Romanen macht.

---

[8]   Siehe auch die entsprechende Unterscheidung zwischen inhaltlichen Erziehungszielen zum Beispiel der Schule und dem ‚hidden curriculum' des Schulunterrichts als Interaktionsform (vgl. *Dreeben* 1980).

[9]   In klassischen Romanen werden demgegenüber oft völlig banale Geschehnisse mit einer die Perspektive der Helden übernehmenden Außergewöhnlichkeit gleichsam veredelt - siehe zum Beispiel die Themen *Jane Austens*.

Joyce führt ihm in ‚Ulysses' die Alltagsverhaftetheit des Menschen vor. Es gibt dort nur ein Hier-und Jetzt-Bewußtsein. Auch ausgreifendere biographische Reflexionen bleiben tief darin verfangen, wie sich etwa im Monolog Molly Blooms zeigt. Dieser Monolog transzendiert eben nicht den momentanen Bewußtseinsstrom in Richtung auf eine sinnhaft geordnete Lebensgeschichte; jeder Ansatz in dieser Richtung bleibt in den Fängen von Augenblickseingebungen, vermag im Bann solcher von überallher kommenden Irritationen keine Gestalt anzunehmen. Gleiches gilt für alle Figuren des Romans in sämtlichen Situationen, in denen sie sich befinden. Damit vermag sich Biographie nicht zur - wie auch immer fiktiven - Geschichte zu ordnen.

Das bedeutet nicht nur, daß die Romanhelden ihre jeweilige Vergangenheit nicht eindeutig und ein für alle Mal als einen geschlossenen Prozeß konstruieren. Lebensgeschichten wirken, was viel wichtiger ist, als geordnete ‚Vergangenheitsbewältigung' projektiv, konstituieren stillschweigend oder ausdrücklich in die Zukunft verlängerte Selbstansprüche. Kennzeichnend für das Selbstbild des modernen Menschen ist diesbezüglich der Anspruch, die eigene Zukunft entsprechend der eigenen Geschichte selbst zu gestalten.[10] Die bisherige Biographie wird als etwas verstanden, aus dem jemand etwas machen kann und soll - und zwar etwas ganz Bestimmtes: sich selbst als darin angelegte Individualität. Dieser Selbstgestaltungsanspruch kommt in der Welt von ‚Ulysses' nicht vor. *Joyce*s Figuren fehlt eine solche Zukunftsperspektive. Sie sind im wahrsten Sinne des Wortes ‚no-future'-Menschen. Das basale Muster biographischer Selbsterfahrung ist vielmehr der *Alltagstrott.* Die Figuren lassen sich vom Strom alltäglicher Verrichtungen, in seiner ganzen Formlosigkeit widergespiegelt im Bewußtseinsstrom, treiben - heute wie gestern und morgen wie heute. So gesehen ist ‚Ulysses' nichts anderes als eine detailgenaue Wiedergabe dessen, was in *Iwan Gontscharow*s Roman ‚Oblomow' idealtypisch modelliert und moralisierend aufbereitet vorliegt. Oblomow lebt und erleidet noch die Spannung zwischen Selbstschöpfungsanspruch und träger Alltagsverhaftetheit. Genau das führt Gontscharow dem Leser mit pädagogischer Emphase vor. *Joyce*s Helden fehlt diese tragische Note. Der Alltagstrott erscheint nicht mehr als menschliche Unzulänglichkeit, gegen die es - wenn auch vielleicht vergeblich - anzukämpfen gilt, sondern als nur noch zu konstatierendes So-und-Nicht-

---

[10]   Siehe dazu etwa *Steven Lukes'* Untersuchungen zur Semantik von Individualität (vgl. *Lukes* 1973).

Anders-Sein menschlicher Existenz. Biographie geht im Hier-und-Jetzt auf.[11]

So wie *Joyce* in ‚Ulysses' Biographien gleichsam durchs Mikroskop betrachtet und dann nur noch Alltagstrott ausmacht, schaut *Dos Passos* in ‚Manhattan Transfer' Biographien durchs Fernrohr an und identifiziert dann nur noch soziale Makrokoinzidenzen. *Dos Passos* schildert Biographien beziehungsweise mehr oder weniger große Ausschnitte daraus; aber er schildert sie nicht in Form von Geschichten. Er akzentuiert vielmehr die vielfältigen äußeren Umstände, die als ‚Cournot-Effekte' Lebensläufe erratisch umlenken. Neben anonymen sozialen Kräften, wie zum Beispiel dem Ausbruch eines Krieges oder dem Anstieg der Arbeitslosigkeit, gehören dazu nicht zuletzt auch Interferenzen mit den Biographien bestimmter anderer Menschen. Einige der Romanfiguren haben durchaus noch längerfristig angelegte Lebensentwürfe. Aber gerade an diesen Figuren wird deutlich, wie sie immer wieder aus der Bahn geworfen werden.

Menschliche Existenz besteht in ‚Manhattan Transfer' somit zum einen und größtenteils darin, Opfer immer neuer Koinzidenzen zu sein, die oftmals völlig unbeabsichtigte Nebeneffekte des Handelns anonymer oder persönlich bekannter anderer sind. Zum anderen ist jeder Mensch mit allem, was er tut, auch einer von zahllosen Mittätern in bezug auf die Biographien einer Vielzahl anderer Menschen. Letzteres ist natürlich oftmals nur in infinitesimal geringem Ausmaß der Fall - wenn zum Beispiel die patriotische Kriegsbegeisterung des einen im Zusammenwirken mit vielen Gleichgesinnten dazu beiträgt, daß die Nation sich in einen Krieg begibt, der dann wiederum gravierende persönliche Folgen für einen anderen hat. ‚Manhattan Transfer' präsentiert so etwas nicht nur an einer einzigen Figur, sondern an einer großen Anzahl von Figuren aus allen gesellschaftlichen Lebensbereichen. Das unterstreicht natürlich zum einen, daß es sich beim Geschilderten um ein ubiquitäres Phänomen handelt. Zum anderen wird so jedoch - was noch wichtiger ist - die vielfältige kausale Vernetztheit von Biographien demonstriert. Derselbe Vorgang kann den einen positiv, den anderen negativ treffen; die Interessenverfolgung des einen kann von ihm überhaupt nicht bemerkte, oder zwar bemerkte, aber gleichgültig in Kauf genommene negative oder auch positive Auswirkungen für einen anderen haben; weil zwei unabgestimmt und

---

[11]   Zwar tauchen gelegentlich insbesondere in Blooms Gedankenwelt noch Zukunftsentwürfe auf - aber sie bleiben so unbestimmt und flüchtig, daß ihnen jegliche Handlungsverbindlichkeit fehlt.

vielleicht ohne voneinander zu wissen, dasselbe wollen, bekommen es beide nicht usw. *Dos Passos* führt so vor, wie wir alle einander wechselseitig unsere Lebensgeschichten kaputtmachen - teils über direkte Interaktionen, teils über Aggregationseffekte des handelnden Zusammenwirkens vieler.

Mit alledem wird in ‚Manhattan Transfer' auf eine andere, zu ‚Ulysses' komplementäre Weise ebenfalls der biographische Selbstgestaltungsanspruch des modernen Menschen als faktisch hochgradig illusionär diagnostiziert. Zerbröselt Selbstgestaltung in ‚Ulysses' im Alltagstrott der Figuren, so wird sie in ‚Manhattan Transfer' von der sprichwörtlichen ‚*Macht der Verhältnisse*' stranguliert; und so, wie in ‚Ulysses' die Alltäglichkeit des *Gontscharow*schen ‚Oblomow'-Syndroms vorgeführt wird, so demonstriert ‚Manhattan Transfer' die Alltäglichkeit des *Kafka*-Syndroms. Denn die Welt von ‚Manhattan Transfer' ist zwar nicht in der grüblerischen Selbstquälerei der Figuren, wohl aber in dem, was ihnen widerfährt, im strikten Sinne kafkaesk. Jeder verfolgt seine Pläne; fast immer kommt es anders, und meist schlechter, als man denkt; und kaum einer weiß, warum gerade ihm hier und jetzt das passiert, was ihm passiert.

Damit läßt sich als erstes Teilergebnis einer biographietheoretischen Betrachtung der Lektüre von ‚Ulysses' und ‚Manhattan Transfer' festhalten: Beide Romane vermitteln ihrem Leser auf jeweils andere Weise einen grundlegenden Zweifel an der Realitätsadäquanz des biographischen Selbstgestaltungsanspruchs des modernen Menschen. Dieser Anspruch war im klassischen Roman dadurch als realisierbar dargestellt worden, daß die Figuren ihre Biographien als Geschichten gestalten konnten. Das war, wie wohl jedem Leser immer bewußt blieb, eine idealisierende Überzeichnung des real Möglichen, blieb aber nichtsdestoweniger der normativ formulierte kulturelle Maßstab. *Joyce* und *Dos Passos* lassen diesen Maßstab, ohne dies auch nur als kommentarbedürftig zu erachten, einfach fallen. Man kann daher diesen beiden literarischen Beiträgen zum Arsenal kultureller Orientierungsmuster biographischer Selbstreflexion zunächst einen massiven *biographischen Verunsicherungseffekt* attestieren. Dies ist aber nur die eine, destruktive und dadurch zunächst einmal bedrohlich wirkende Seite. Es gibt aber auch die andere, konstruktive Seite eines ebenso gewichtigen *biographischen Entlastungseffekts*, der nun ins Auge gefaßt werden soll.

3   Der biographische Entlastungseffekt von ‚Ulysses' und ‚Manhattan Transfer': Inkrementalismus und konsumatorisches Ethos

Der biographische Entlastungseffekt, den eine Lektüre von ‚Ulysses' und ‚Manhattan Transfer' dem Leser vermitteln kann, ist eine mögliche - keine zwingende - Folgewirkung des Verunsicherungseffekts. Genau dadurch, daß dem Leser Geschichten als biographische Ordnungsmuster kommentarlos verweigert werden, ohne daß die Romanfiguren als darüber existentiell verzweifelte dargestellt werden, wird vorgeführt: Es geht auch ohne dieses traditionelle kulturelle Orientierungsmuster biographischer Selbstreflexion. Die Figuren in beiden Romanen nehmen den Tatbestand, die eigene Biographie nicht in Form von Geschichten konstruieren zu können, einfach hin. Der Leser wird - anders als etwa bei *Robert Musil*, *Franz Kafka* oder *Gottfried Benn* - gar nicht erst auf den Gedanken gebracht, dies beklagenswert zu finden. Das ist die Bedingung der Möglichkeit dafür, den Tatbestand nicht als Verlust, sondern als Chance deuten zu können.

Als Chance wozu? Für ‚Manhattan Transfer' lautet die Antwort hierauf: zum *biographischen Inkrementalismus*.[12] Inkrementalismus ist ein ‚Sich-Durchwursteln', eine sich mit einigermaßen befriedigenden Ergebnissen begnügende ‚Politik der kleinen Schritte' anstelle der zwangsläufig scheiternden Verfolgung großer Pläne (vgl. *Lindblom* 1959). Genauso gehen die Helden in ‚Manhattan Transfer' mit ihren Biographien um. Sie versuchen gar nicht erst, ihr Leben detailliert langfristig zu planen und diesen Lebensplan dann Schritt für Schritt genauso, wie er konzipiert wurde, in die Tat umzusetzen. Statt dessen wursteln sie sich durch: lassen sich ihre Ziele ebenso wie die Mittel der Zielverfolgung immer wieder neu aus der jeweils aktuellen Lebenssituation vorgeben; setzen sich nur kurz- bis höchstens mittelfristig erreichbare Ziele, die dann auch nicht allzu radikal vom jeweiligen Status quo abweichen; rechnen überdies damit, daß sich Ziele im Verlauf ihrer Verfolgung erheblich verschieben können, weil unvorhersehbare Umstände dies erzwingen; gehen opportunistisch mit sich bietenden Gelegenheiten um, was ebenfalls Zielverschiebungen zur Folge haben kann; und nehmen als möglich, wenn nicht wahrscheinlich hin, daß unbeeinflußbare äußere Umstände viele Ziele nur höchst unzulänglich oder überhaupt nicht erreichen lassen. Zu all dem kommt noch eine Einsicht in die eigene Unfähigkeit hinzu, beurteilen zu können, was längerfristig gut oder schlecht für einen selbst ist. Momentanes Pech oder Unglück kann sich immer noch morgen als

---

[12]   Siehe dazu genauer *Schimank* (1988a: 66-68; 1988b).

Glück und umgekehrt herausstellen. Nicht die Entwicklung *hin* auf ein Fernziel, sondern die Fluchtbewegung *weg* von einem momentanen Problem bestimmt die Lebensläufe dieser Figuren. Sie wissen nicht, was sie positiv längerfristig wollen - ihnen reicht aus zu wissen, was sie je momentan nicht wollen. An die Stelle eines als Geschichtsentwurf teleologisch fixierten, nach vorne festgelegten Prozesses tritt beim biographischen Inkrementalismus ein nach hinten Anschluß haltendes Voranschreiten ins Ungewisse. Die Person wahrt ihre Identität dadurch, daß sie alle Irritationen ‚lernbereit' verarbeitet.[13]

Biographischer Inkrementalismus ist also ein Muster biographischer Selbstreflexion, das zum einen nur kurzfristige und eng begrenzte Selbstgestaltungsansprüche erhebt und diese ebenso wie oft viel gravierendere äußere Einwirkungen in eine auf die eigene Vergangenheit rekurrierende Selbstvergewisserung einbettet. Komplementär dazu gehört ein weiteres Muster biographischer Selbstreflexion, das in ‚Ulysses' vermittelt wird: das Aufgehen der Person im Hier-und-Jetzt des Augenblicksgenusses. Dieses *konsumatorische Ethos* wendet sich gegen das ‚deferred gratification pattern', das der Auffassung von Biographie als Lebensgeschichte untrennbar innewohnt. Eine Geschichte erfüllt sich erst in ihrem Ende. Die eigene Biographie so aufzufassen, bedeutet damit einen enormen - und höchst riskanten - Bedürfnisaufschub. Man verweigert sich selbst die ‚in-process benefits' des tagtäglichen Geschehens. Die Welt von ‚Ulysses' zeigt demgegenüber, daß das Genießen der unmittelbaren Gegenwart nicht nur in seltenen Momenten höchsten Glücks stattfinden,[14] sondern sowohl als ästhetische Sinnlichkeit als auch als dialogische Sozialität eine alltägliche Lebenshaltung sein kann.[15]

Zwei kurze Beispiele müssen genügen, um das anzudeuten. Im vierten Abschnitt des Romans wird der Annoncenakquisiteur Leopold Bloom bei seinen morgendlichen Verrichtungen geschildert: Zubereitung

---

[13]   Siehe zu einem solchen ‚reflexiven Subjektivismus' *Schimank* (1985). Ferner auch *Cohler* (1982) zu ‚personal narratives'.

[14]   In traditionellen Romanen, die Biographien in die Form von Geschichten bringen, gibt es neben den positiven Enden solcher Geschichten - wenn also beispielsweise die Liebenden einander endlich in die Arme fallen - noch zwei andere Arten von Glücksmomenten: zum einen die Antizipationen zukünftiger Erfüllung in Tagträumereien und zum anderen kurze ‚Auszeiten', in denen den Helden gleichsam Ruhepausen bei der Abarbeitung ihrer Geschichten gegönnt werden. Unmittelbare Bedürfnisbefriedigung wird, selbst wenn diese zwei punktuellen ‚in-process benefits' eingerechnet werden, äußerst knapp gehalten.

[15]   Zu diesen beiden Ausprägungsformen identitätsbestätigender Erfahrungen vgl. *Schimank* (1983: 26-32, 42-73).

des Frühstücks, Füttern der Katze, Gang zum Fleischer, Bringen der Post und des Frühstücks ans Bett seiner Frau, kurze Unterhaltung mit ihr, zurück in die Küche, Stuhlgang auf dem Abort im Hof. Überhaupt nichts Bedeutsames und Spannendes geschieht. Die Schilderung all dessen läßt indessen den Leser miterleben, welche vielfältigen Ausprägungen ästhetischer Sinnlichkeit Alltagsvorgänge haben können: vom Duft der gebratenen Niere über die erotische Rückenansicht eines Dienstmädchens auf dem Weg zum Fleischer bis zur Erleichterung beim Stuhlgang. Viele ästhetische Reize, die Bloom in dieser Szene erlebt, sind nur schwer in Worten faßbar, einige nicht einmal zugebbar, weil sie Tabuschranken unterliegen. Doch auch das Unaussprechliche kann sich, wie *Joyce* klarmacht, ganz natürlich in einen lapidaren, unfestlichen, aber nichtsdestoweniger äußerst intensiven Augenblicksgenuß einfügen.

Das zweite Beispiel ist *Joyce*s Schilderung - im neunten Abschnitt - einer turbulenten Szene in einer Bibliothek. Die kleine Gruppe der Bibliotheksbesucher, zu der auch der Literat Stephen Daedalus, die zweite Hauptfigur des Romans, gehört, amüsiert sich köstlich bei einem Streitgespräch über Shakespeare, in dem biographischer Tratsch, Literaturinterpretation, Parodie, Slapstick und anzügliche Bemerkungen über Ab- und Anwesende bunt durcheinandergemengt werden. Das läuft ganz schnell auf Kommunikation um ihrer selbst willen hinaus, ohne irgendeinen instrumentellen Gesprächsanlaß, als dialogische Sozialität des augenzwinkernden wechselseitigen Verstehens und Aufeinandereingehens. Auch das vollzieht sich, wie Leopold Blooms morgendliche Erlebnisse, in alltäglicher, nicht weiter bemerkenswerter Weise. Doch trotz der Belanglosigkeit und Oberflächlichkeit geht es den Beteiligten, wie unschwer zu spüren ist, darum, wechselseitige Identitätsbestätigungen auszutauschen; und sie haben ihre die Kommunikation in Gang haltende Freude daran, einander gegenseitig die Stichworte der Selbstdarstellung zu liefern.

Die Allgegenwärtigkeit ästhetischer Sinnlichkeit und dialogischer Sozialität im Alltag und die sich mit beidem bietenden Möglichkeiten des Augenblicksgenusses - das ist das Muster biographischer Selbsterfahrung, das ‚Ulysses‘ dem Leser in zahllosen Beispielen vor Augen führt. So wie ‚Manhattan Transfer‘ biographischen Inkrementalismus trotz aller ‚Macht der Verhältnisse‘ demonstriert, führt ‚Ulysses‘ das Ausleben eines konsumatorischen Ethos im Alltagstrott vor. Beide Romane sprechen damit Erfahrungen an, die ihre Leser auch schon selbst gemacht haben, und regen sie dazu an, diesen Erfahrungen in der biographischen Selbstreflexion stärker Geltung zu verschaffen.

Verunsicherung und Entlastung: zwei Momente eines Entwöhnungsvorgangs. Die sprachliche Assoziation an Drogenentzug ist durchaus beabsichtigt. Man kann das von den klassischen Romanen vermittelte Muster biographischer Selbsterfahrung, die sich in Form einer Lebensgeschichte selbst gestaltende Person, in seinem unerreichbar übersteigerten Anspruch durchaus als Sucht - und nicht bloß verharmlosend als Sehnsucht - einstufen; und man kann biographischen Inkrementalismus und konsumatorisches Ethos als Entwöhnung von der Lebensgeschichte, als psychisch bekömmlicheres alternatives Angebot biographischer Selbstreflexion verstehen.

4   Gesellschaft - Biographie - Kultur

Für *Pierre Bourdieu* ist die Vorstellung von Lebensläufen als Lebensgeschichten prinzipiell inadäquat. Denn „... das Leben als eine Geschichte zu behandeln, also als eine kohärente Erzählung einer bedeutungsvollen und gerichteten Abfolge von Ereignissen...", läuft für *Bourdieu* darauf hinaus, sich „... einer trivialen Vorstellung von der Existenz ..." zu unterwerfen. Interessanterweise verweist er bei seiner Zurückweisung dieser ‚biographischen Illusion' auch auf die ‚Anti-Geschichten' der modernen Romanliteratur (vgl. *Bourdieu* 1990: 75-77 - Zitate: 76). In diesem Punkt stimmen die hier vorgestellten Überlegungen ganz mit *Bourdieu* überein. Allerdings ist dieser Standpunkt historisch zu relativieren, indem man aufzeigt, daß sich Lebensläufe und Lebenserfahrungen von Personen immer weniger glatt zu Lebensgeschichten zusammenfügen, je weiter die funktionale Differenzierung der modernen Gesellschaft voranschreitet (vgl. *Schimank* 1988b). Denn erst funktionale Differenzierung individualisiert die Gesellschaftsmitglieder und setzt sie dadurch zunehmenden Erfahrungen der Asynchronität und Desintegration ihrer Lebensläufe aus. Biographien als ‚Anti-Geschichten' anzusehen, gewinnt also im Laufe der Entwicklung der modernen Gesellschaft immer mehr an Plausibilität - auch im Alltagswissen, das vermutlich keineswegs so stark, wie *Bourdieu* annimmt, einer ‚biographischen Illusion' anhängt.

Eine solche - hier nicht auszuführende - gesellschaftstheoretische Verortung von *Bourdieu*s Argument verweist auf das Dreieck von biographie-, gesellschafts- und kulturtheoretischen Facetten der hier behandelten Thematik. Man kann die charakteristischen Muster der Lebensläufe von Personen in modernen Gesellschaften nicht begreifen, wenn man sich nicht vergegenwärtigt, durch welche gesellschaftsstrukturellen Muster Biographien geprägt werden. Wie die Personen aber ihre so bestimmten Lebenserfahrungen verarbeiten, wird wiederum durch kulturell verfügbare Orientierungsmuster biographischer Selbstreflexion geprägt. Passen diese

Muster nicht zu den gesellschaftsstrukturell geprägten Lebensläufen, sind die Gesellschaftsmitglieder bei ihren Bemühungen biographischer Selbstreflexion auf sich allein gestellt - mit der entsprechenden Gefahr biographischer Desorientierung. Das kulturelle Muster, Biographie als Geschichte aufzufassen, ist in diesem Sinne mit fortschreitender funktionaler Differenzierung der modernen Gesellschaft immer mehr ‚out of step with' reality geraten. Demgegenüber ermöglichen die Muster von biographischem Inkrementalismus und konsumatorischem Ethos, die sich in ‚Ulysses' und ‚Manhattan Transfer' auffinden lassen, mittlerweile adäquatere Verarbeitungen der Lebenserfahrungen der Gesellschaftsmitglieder.

In diesem Dreieck tut sich ein weites Feld auf, das der vorliegende Beitrag nur an einer Stelle streifen konnte. Der bereits an anderer Stelle behandelte Zusammenhang zwischen funktionaler Differenzierung der Gesellschaft und den Lebensläufen der Gesellschaftsmitglieder blieb hier aus dem Blick, zugunsten einer eingehenden Beschäftigung mit den kulturellen Orientierungsmustern biographischer Selbstreflexion. In einem nächsten Schritt könnten beide Bilder zusammengefügt werden.[16]

Literatur

Arthur, Brian 1985: Competing Technologies, Increasing Returns, and Lock-In By Historical Events. In: The Economic Journal 99, 116-131.

Berger, Peter L. 1988: Robert Musil und die Errettung des Ich. In: Zeitschrift für Soziologie 17, 132-142.

Boudon, Raymond 1986: Theories of Social Change. A Critical Appraisal. Cambridge: Polity Press (Ersterscheinung 1984).

Bourdieu, Pierre 1990: Die biographische Illusion. In: BIOS 3, 1, 75-81 (Ersterscheinung 1986).

Cohler, Bertram J. 1982: Personal Narrative and Life Course. In: Life-Span Development and Behavior 4, 205-241.

David, Paul A. 1985: Clio and the Economics of QWERTY. In: American Economic Review 75, 332-337.

Dos Passos, John 1953: Manhattan Transfer. Boston: Houghton Mifflin (Ersterscheinung 1925).

---

[16]   Doch bevor das geschieht, sollte zunächst einmal die Triftigkeit und Relevanz der hier vorgestellten Überlegungen vor allem in zwei Hinsichten näher überprüft werden. Erstens wäre zu klären, ob die Lektüre der beiden hier betrachteten Romane tatsächlich die dargestellten Muster biographischer Selbstreflexion vermittelt; und zweitens müßte untersucht werden, ob überhaupt mittlerweile eine nennenswerte gesellschaftliche Verbreitung dieser Muster stattgefunden hat.

Dreeben, Robert 1980: Was wir in der Schule lernen. Frankurt/M.: Suhrkamp (Ersterscheinung 1968).

Fowles, Bridget 1979: ‚True to Me Always‘: An Analysis of Women's Magazine Fiction. In: British Journal of Sociology 30, 91-119.

Garfinkel, Harold/Harvey Sacks 1976: Über formale Strukturen praktischer Handlungen. In: *Elmar Weingarten/Fritz Sack/Jim Schenkein* (Hg.): Ethnomethodologie - Beiträge zu einer Soziologie des Alltagslebens. Frankfurt/M.: Suhrkamp, 130-176 (Ersterscheinung 1970).

Joyce, James 1979: Ulysses. Harmondsworth: Penguin (Ersterscheinung 1921)

Lindblom, Charles 1959: The Science of ‚Muddling Through‘. In: Public Administration Review 13, 79-88.

Luhmann, Niklas 1982: Liebe als Passion. Frankfurt/M.: Suhrkamp.

Luhmann, Niklas 1984: Soziale Systeme. Frankfurt/M.: Suhrkamp.

Luhmann, Niklas 1996: Die Realität der Massenmedien. Opladen: Westdeutscher Verlag.

Lukes, Steven 1973: Individualism. Oxford: Blackwell.

Maruyama, Magoroh 1963: The Second Cybernetics: Deviation-Amplifying Mutual Causal Processes. In: General Systems Yearbook, 233-241.

Messner, Rudolf/Cornelia Rosebrock 1987: Ein Refugium für das Unerledigte - Zum Zusammenhang von Lesen und Lebensgeschichte Jugendlicher in kultureller Sicht. In: *Michael Buttgereit* (Hg.): Lebensverlauf und Biografie. (Werkstattbericht des Wissenschaftlichen Zentrums für Berufs- und Hochschulforschung. 18). Kassel: Gesamthochschule Kassel, 155-196.

Schimank, Uwe 1983: Neoromantischer Protest im Spätkapitalismus. Der Widerstand gegen Stadt- und Landschaftsverödung. Bielefeld: AJZ.

Schimank, Uwe 1985: Funktionale Differenzierung und reflexiver Subjektivismus. In: Soziale Welt 36, 447-465.

Schimank, Uwe 1988a: Biographie als Autopoiesis - Eine systemtheoretische Rekonstruktion von Individualität. In: *Hanns-Georg Brose/Bruno Hildenbrand* (Hg.): Vom Ende des Individuums zur Individualität ohne Ende. Opladen: Leske + Budrich, 55-72.

Schimank, Uwe 1988b: Biographischer Inkrementalismus: Lebenslauf - Lebenserfahrung - Lebensgeschichte in funktional differenzierten Gesellschaften. In: *Werner Fuchs* (Hg.): Biographie oder Lebenslauf? (Studienbrief der Fernuniversität - Gesamthochschule Hagen, Fachbereich Erziehungs-, Sozial- und Geisteswissenschaften. 3636/1/01/S). Hagen: Fernuniversität, 41-64.

Schimank, Uwe/Jürgen Wasem 1995: Die staatliche Steuerbarkeit unkoordinierten kollektiven Handelns. In: *Renate Mayntz/Fritz W. Scharpf* (Hg.): Gesellschaftliche Selbstregelung und politische Steuerung. Frankfurt/M.: Campus, 197-232.

Simon, Herbert A. 1962: The Architecture of Complexity. In: Proceedings of the American Philosophical Society 106, 467-482.

Weick, Karl. E. 1976: Educational Organizations as Loosely Coupled Systems. In: Administrative Science Quarterly 21, 1-19.

Wellershoff, Dieter 1988: Der Roman und die Erfahrbarkeit der Welt. Köln: Kiepenheuer & Witsch.

Die biographische Illusion[1]

Pierre Bourdieu

Die ‚Lebensgeschichte' ist eine jener vertrauten Alltagsvorstellungen, die sich in das wissenschaftliche Universum hineingeschmuggelt haben; zunächst ohne Pauken und Trompeten bei den Ethnologen, dann in jüngerer Zeit und nicht ohne Getöse bei den Soziologen. Über Lebensgeschichte zu sprechen setzt mindestens voraus, und das ist nicht nichts, daß das Leben eine Geschichte ist und daß, wie in dem Buch ‚*Ein Leben*' von *Maupassant*, ein Leben unauflöslich das Gesamt der Ereignisse einer individuellen Existenz ist, aufgefaßt als eine Geschichte und als die Erzählung dieser Geschichte. Genau dies sagt die Alltagsvorstellung aus, die gewöhnliche Rede also, die das Leben als Weg, Straße, Karriere mit ihren Kreuzungen (Herkules zwischen dem Laster und der Tugend), ihren Gefährdungen, zumal ihren Hinterhalten (*Jules Romains* spricht von den „sukzessiven Hinterhalten der Zwischenprüfungen und Examen") beschreibt, oder als ein Weitergehen, also als einen Weg, den man macht und der gemacht werden muß, eine Strecke, ein Wettrennen, Kursus, Passage, Reise, vorgezeichneter Parcours, eine lineare Bewegung, mit einer Richtung (die ‚Mobilität'), bestehend aus einem Anfang (‚einem Eintritt ins Leben'), Abschnitten und einem Ende im doppelten Sinn, nämlich im Sinn von Ziel (‚Er wird seinen Weg machen' bedeutet: er wird Erfolg haben, eine gute berufliche Karriere machen) und im Sinne von Ende der Geschichte. Das bedeutet, stillschweigend die Philosophie der Geschichte im Sinne des Aufeinanderfolgens historischer Ereignisse zu akzeptieren, *Geschichte* (im Original deutsch), die in einer Philosophie der Geschichte im Sinne der historischen Erzählung impliziert ist. Historie also - kurz, in einer Theorie der Erzählung, sei es eines Historikers oder eines Roman-Autors, was in dieser Hinsicht nicht zu unterscheiden ist. Biographien oder Autobiographien sind dafür besonders prädestiniert.

---

[1] In deutscher Sprache erschienen 1990 unter dem Titel ‚Die biographische Illusion'. In: BIOS 3, 1, 75-81 (Erstausgabe 1986: L'illusion biographique. In: Actes de la recherche en sciences sociales 62/63, 69-72). Der französische Beitrag wurde von *Eckart Liebau* für BIOS übersetzt. Der Nachdruck erfolgt mit freundlicher Genehmigung von *Pierre Bourdieu* und den Herausgebern der Zeitschrift BIOS. Verwiesen sei in diesem Zusammenhang auf die Kommentare von *Eckart Liebau* und *Lutz Niethammer*, die ebenfalls 1990 in BIOS 3, 1 erschienen sind.

Ohne Absicht auf Vollständigkeit kann man doch versuchen, einige der Vorannahmen dieser Theorie freizulegen. Zunächst die Tatsache, daß ‚das Leben‘ ein Ganzes konstituiert, einen kohärenten und orientierten Zusammenhang, der als ein einheitlicher Ausdruck einer subjektiven und objektiven ‚Intention‘, eines Projekts aufgefaßt werden kann und muß: *Sartres* Bestimmung des „projet original", des ursprünglichen Projekts, bringt lediglich explizit zum Ausdruck, was in den ‚schon‘, ‚von nun an‘, ‚seit seinen jungen Jahren‘ etc. der gewöhnlichen Biographien impliziert ist oder in den ‚immer‘ (‚Ich habe immer die Musik geliebt‘) der ‚Lebensgeschichten‘. Dieses Leben, das als eine Geschichte organisiert ist, spielt sich nach einer gleichzeitig chronologischen und logischen Ordnung ab, von einem Anfang an, einem Ursprung im doppelten Sinne des örtlichen Ausgangspunkts und des zeitlichen Anfangs, aber ebenso nach einem Prinzip, einer ‚raison d'être‘, einem ersten Grund, bis zu seinem Ende, das zugleich ein Ziel ist. Die biographische oder autobiographische Erzählung, wie die des Untersuchten, der sich einem Befrager ‚öffnet‘, schlägt Ereignisse vor, die, ohne immer ganz und vollständig in ihrer strikten chronologischen Reihenfolge dargestellt zu sein (jeder, der Lebensgeschichten zusammengetragen hat, weiß, daß die Befragten regelmäßig den Faden der strikt chronologischen Abfolge verlieren), dazu tendieren oder neigen, sich in nach einsehbaren Beziehungen geordneten Sequenzen zu organisieren.

Das Subjekt und das Objekt der Biographie (der Fragende und der Untersuchte) haben in gewisser Weise das gleiche Interesse, das Postulat der Sinnhaftigkeit der berichteten Existenz (und, implizit, der gesamten Existenz) zu akzeptieren. Man ist zweifellos berechtigt zu unterstellen, daß die autobiographische Erzählung sich immer, mindestens teilweise, von dem Ziel anregen läßt, Sinn zu machen, zu begründen, eine gleichzeitig retrospektive und prospektive Logik zu entwickeln, Konsistenz und Konstanz darzustellen, indem sie einsehbare Beziehungen wie die der Folgewirkung von einem verursachenden oder letzten Grund zwischen aufeinanderfolgenden Zuständen herstellt, die so zu Etappen einer notwendigen Entwicklung gemacht werden. (Und es ist wahrscheinlich, daß der Ertrag von Kohärenz und Notwendigkeit prinzipiell interessengeleitet ist, variabel je nach Position und Laufbahn, die die Befragten in das biographische Unternehmen hereintragen - vgl. *Muel-Dreyfus* 1983). Diese Neigung, sich dadurch zum Ideologen seines eigenen Lebens zu machen, daß man im Dienst einer allgemeinen Intention gewisse signifikante Ereignisse auswählt und zwischen ihnen eigene Beziehungen stiftet, um ihnen Kohärenz zu geben - wie die, die ihre Setzung als etwas, was Ursachen hat oder häufiger als etwas, das auf ein Ziel führt -, findet die natürliche Komplizenschaft des Biographen, der alles, angefangen bei seinen Dispositionen des professionellen Interpreten, dazu beiträgt, diese artifizielle Kreation von Sinn zu akzeptieren.

Es ist bemerkenswert, daß die Aufgabe der Struktur des Romans als lineare Erzählung zusammengefallen ist mit der Infragestellung der Sicht des Lebens als Existenz mit gegebenem Sinn, in der doppelten Bedeutung der Bestimmung und der Richtung. Dieser doppelte Bruch, der durch *Faulkners* Roman ,*The Sound and the Fury*' symbolisiert wird, drückt sich in aller Klarheit in der Definition des Lebens als Anti-Geschichte aus, die *Shakespeare* am Schluß von ,*Macbeth*' vorschlägt: „Dies ist eine Geschichte, die ein Idiot erzählt, eine Geschichte voll von Lärm und Wut, aber ohne Sinn". Eine Lebensgeschichte zu produzieren, das Leben als eine Geschichte zu behandeln, also als eine kohärente Erzählung einer bedeutungsvollen und gerichteten Abfolge von Ereignissen, bedeutet vielleicht, sich einer rhetorischen Illusion zu unterwerfen, einer trivialen Vorstellung von der Existenz, die eine ganze literarische Tradition nicht aufgehört hat und nicht aufhört zu unterstützen. Deshalb ist es logisch, bei jenen um Hilfe zu fragen, die einen Bruch mit dieser Tradition gerade auf dem Feld seiner exemplarischen Erfüllung gemacht haben. Wie *Alain Robbe-Grillet* 1984) darlegt,

„ist die Inthronisierung des modernen Romans in einem präzisen Sinn an diese Erkenntnis gebunden: Die Wirklichkeit ist diskontinuierlich, geformt aus nebeneinandergesetzten Elementen ohne Grund, deren jedes einzigartig ist, umso schwieriger zu fassen, als sie immer unerwartet auftauchen, unpassend, zufallsbedingt." (*ibid.: 208*)

Die Erfindung einer neuen literarischen Ausdrucksform macht a contrario die Willkür der traditionellen Repräsentation des romanhaften Diskurses als kohärente und totalisierende Geschichte und Existenzphilosophie deutlich, die diese rhetorische Konvention impliziert. Nichts verpflichtet dazu, die Existenzphilosophie zu übernehmen, die für einige ihrer Initiatoren mit dieser rhetorischen Revolution untrennbar verbunden ist[2], aber man kann keinesfalls der Frage nach den sozialen Mechanismen ausweichen, die die gewöhnliche Erfahrung des Lebens als Einheit und als Ganzheit begünstigen und bestätigen. Wie also, ohne die Grenzen der Soziologie zu verlassen, auf die alte empiristische Frage nach der Existenz eines Ich

---

[2]   „All' das, das ist vom Wirklichen, also Fragmentarischen, Flüchtigen, Vergeblichen, so zufällig und so partikular, daß jedes Ereignis hier in jedem Moment als grundlos erscheint, und jede Existenz schließlich als der mindesten vereinheitlichenden Kennzeichnung entzogen" (*Robbe-Grillet* 1984: 208).

antworten, das nicht auf die Rhapsodie der einzelnen Empfindungen reduzierbar ist? Zweifellos kann man im Habitus das aktive Prinzip der
Vereinheitlichung der Praktiken und Repräsentationen finden, das nicht
auf passive Wahrnehmungen reduzierbar ist (also das historisch konstituierte und dementsprechend historisch situierte Äquivalent dieses Ich,
dessen Existenz man nach *Kant* postulieren muß, um der Synthese der
wahrnehmbaren Vielfalt, wie sie der Empfindung gegeben ist und der
Verbindung der Repräsentationen in einem Bewußtsein Rechnung zu
tragen). Aber diese praktische Identität öffnet sich zur Intuition nur in der
unerschöpflichen Serie seiner aufeinanderfolgenden Manifestationen, so
daß die einzige Art, sie als solche zu empfinden, vielleicht darin besteht
zu versuchen, sie in der Einheit einer totalisierenden Erzählung wieder zu
ergreifen (wie es die verschiedenen, mehr oder weniger institutionalisierten Formen des ‚Redens von sich‘, vertrauliche Mitteilung etc. erlauben).

Die soziale Welt, die dazu neigt, die Normalität mit der Identität zu
identifizieren, die als Konstanz eines vernünftigen Wesens mit sich selber
aufgefaßt wird - also vorhersehbar oder, mehr oder weniger, verständlich
im Sinne einer gut konstruierten Geschichte (im Gegensatz zu der Geschichte, die ein Idiot erzählt) -, verfügt über alle möglichen Institutionen
der Totalisierung und Vereinheitlichung des Ich.

Die offensichtlichste ist natürlich der Eigenname, der nach dem
Ausdruck von *Kripke* (1982) als „rigider Bezeichner dasselbe Objekt in
jedem beliebig möglichen Universum bezeichnet", also konkret: in den
verschiedenen Zuständen desselben sozialen Feldes (diachrone Konstanz)
oder im selben Moment in verschiedenen sozialen Feldern (synchrone
Einheit über die Vielfalt der eingenommenen Positionen hinaus - vgl.
Engel 1985). Und *Ziff* (1960), der den Eigennamen als einen „Fixpunkt
in einer Welt in Bewegung" beschreibt, hat Recht, in den ‚Taufriten‘ die
notwendige Art zu sehen, eine Identität zu erzwingen (*ibid.*: 102-104).

Durch diese ganz und gar einzigartige Form der Namensgebung, die
den Eigennamen konstituiert, findet sich eine konstante und haltbare
soziale Identität eingerichtet, die die Identität des biologischen Individuums in allen möglichen Feldern garantiert, wo es als Handelndes eingreift,
also in allen seinen möglichen Lebensgeschichten. Es ist der Eigenname
Marcel Dassault - zusammen mit der biologischen Individualität, für die
er die sozial instituierte Form darstellt -, der die Konstanz durch die Zeit
und die Einheit in den sozialen Räumen der verschiedenen sozialen Akteure sichert, die der Ausdruck jener Individualität in den verschiedenen
Feldern sind: der Patron des Unternehmens, der Patron der Zeitung, der
Abgeordnete, der Filmproduzent etc.; und es ist kein Zufall, daß die Un-
terschrift, signum authenticum, die diese Identität bestätigt, die juristische

Bedingung der Übertragungen von einem Feld in ein anderes ist, also von einem Akteur zu einem anderen, von zugeordneten Eigentumstiteln an das so instituierte Individuum. Als Institution ist der Eigenname aus Raum und Zeit und aus den Veränderungen nach Orten und Zeiten herausgenommen: Dadurch garantiert er für die bezeichneten Individuen, durch alle Änderungen und alle biologischen und sozialen Fluktuationen hindurch, die Konstanz durch den Namen (*constance nominale)*, die Identität im Sinne der Identität mit sich selbst, der *constantia sibi*, die die Sozialordnung erfordert. Und man versteht, daß im Namen des sozialen Universums die heiligsten Notwendigkeiten gegenüber sich selbst die Form von Notwendigkeiten gegenüber dem Eigennamen annehmen (der immer auch in dieser Hinsicht ein gemeinsamer Name ist, als Familienname, der durch einen Vornamen spezifiziert ist). Der Eigenname ist die sichtbare Bestätigung der Identität seines Trägers durch die Zeit und die sozialen Räume, die Grundlage der Einheit seiner aufeinander folgenden Äußerungen und der sozial anerkannten Möglichkeit, seine Äußerungen in den offiziellen Eintragungen zusammenzufassen: als curriculum vitae, cursus honorum, Strafregister, Nekrolog oder Biographie, die das Leben im ganzen konstituieren, beendet durch das Urteil, das über eine provisorische oder definitive Bilanz gefällt wurde.

Als ‚rigider Bezeichner‘ ist der Eigenname die Form par excellence der willkürlichen Setzung, die die Instituierungsriten bewirken: Die Namensgebung und die Klassifikation führen scharf getrennte, absolute Teilungen ein, die indifferent gegenüber umständebedingten Partikularitäten und individuierenden Ereignissen in der Vagheit und der Bewegung der biologischen und sozialen Realitäten sind. So erklärt es sich, daß der Eigenname keine Eigenschaften beschreiben kann, und daß er keinerlei Information über das, was er bezeichnet, transportiert: Da das, was er bezeichnet, niemals etwas anderes ist als eine Rhapsodie, zusammengesetzt und getrennt von biologischen und sozialen Eigenschaften in dauerndem Wandel, wären alle Beschreibungen nur in den Grenzen eines Entwicklungsabschnitts oder eines Raumes gültig. Anders gesagt: Er kann die Identität der Persönlichkeit (‚personnalité‘), da es sich um eine sozial konstituierte Individualität handelt, nur um den Preis einer massiven Abstraktion bestätigen.

Das ist es, was sich in dem gewöhnlichen Gebrauch äußert, den *Proust* vom Eigennamen macht, der durch den bestimmten Artikel begleitet wird (‚der Swann des Buckingham Palace‘, ‚die Albertine von damals‘, ‚die gummibemantelte Albertine der Regentage‘), eine komplexe Art und Weise, durch die sich zugleich die „plötzliche Enthüllung eines fraktionierten, vielgesichtigen Subjekts" und die Dauerhaftigkeit durch die

Pluralität der Welten der Identität hindurch ausdrücken, die durch den Eigennamen sozial bestimmt ist (*Nicole* 1981: 200-216).

So bildet der Eigenname den Kern (man könnte dazu neigen, die Substanz zu sagen) dessen, was man den bürgerlichen Stand nennt, also jenes Ensembles von Eigenschaften (Nationalität, Geschlecht, Alter etc.), die Personen zugeordnet sind, denen das bürgerliche Recht juristische Effekte zuordnet und die, unter dem Vorwand, sie zu konstatieren, in Wirklichkeit die Akte des bürgerlichen Stands instituieren. Ergebnis des einführenden Instituierungsritus, der den Eintritt in die soziale Existenz markiert, ist er das zentrale Objekt all jener aufeinander folgenden Riten der Instituierung oder der Namensgebung, an denen entlang sich die soziale Identität konstruiert: diese Akte (oft öffentlich und feierlich) der Zuschreibung, ausgeführt unter der Kontrolle und mit der Garantie des Staates, sind auch rigide Ernennungen, also wertvoll für alle möglichen Welten, die eine veritable offizielle Beschreibung von dieser Art der sozialen Essenz, die die Sozialordnung über den Eigennamen instituiert, entwickeln, die gegenüber den historischen Veränderungen transzendent ist; sie beruhen alle im Effekt auf dem Postulat der Konstanz des Namens, das alle Akte der Namensgebung unterstellen, und ebenso im allgemeinsten Sinn alle juristischen Akte, die sich auf eine langfristige Zukunft beziehen, das betrifft Zertifikate, die auf irreversible Art und Weise eine Fähigkeit (oder eine Unfähigkeit) garantieren, Verträge, die für eine entfernte Zukunft binden wie Kredit- oder Versicherungsverträge, oder Strafen, wobei jede Verurteilung die Bestätigung der Identität desjenigen, der sich das Verbrechen zuschulden kommen läßt, und desjenigen, der die Strafe verbüßt, über die Zeit beinhaltet[3].

Alles spricht dafür zu unterstellen, daß die Lebenserzählung umso mehr dazu neigt, sich dem offiziellen Modell der offiziellen Selbst-Präsentation - Personalausweis, Nachweis des bürgerlichen Standes, curriculum vitae, offizielle Biographie, und der Philosophie der Identität, die dieses unterstellt - anzunähern, je mehr man sich den offiziellen Fragen offizieller Befragungen - deren Grenzfall die gerichtliche oder

---

[3]   Die im eigentlichen Sinne biologische Dimension der Individualität - die der bürgerliche Stand in der Form der Personalia und des Paßfotos ergreift - ist gewissen Variationen nach Zeiten und Orten unterworfen, also den sozialen Räumen, die dafür (allerdings) eine wesentlich weniger gesicherte Grundlage zur Verfügung stellen als die reine namensbezogene Definition. (Über die Variationen der körperlichen Hexis nach sozialen Räumen könnte man *S. Maresca* [1981] lesen: La représentation de la paysannerie. Remarques ethnographiques sur le travail de représentation des dirigeants agricoles'. In: Actes de la recherche en sciences sociales 38, 3-18).

polizeiliche Befragung ist - nähert, wobei man sich gleichzeitig von den privaten Austauschformen zwischen Bekannten und der dementsprechenden Logik des Vertrauens, die auf diesen geschützten Märkten gilt, entfernt. Die Gesetze, die die Produktion der Diskurse in der Beziehung zwischen einem Habitus und einem Markt regieren, drücken auch dieser speziellen Form des Ausdrucks, die der Diskurs über sich selbst darstellt, ihren Stempel auf; und die Lebenserzählung wird sich in Form und Inhalt nach der sozialen Qualität des Marktes unterscheiden, auf dem sie angeboten wird - wobei die Befragungssituation selbst unvermeidlich dazu beiträgt, den notierten Diskurs zu bestimmen.

Aber das eigentliche Ziel dieses Diskurses, die öffentliche Darstellung, also die ‚Offizialisierung‘ einer privaten Vorstellung vom eigenen Leben, dem öffentlichen oder privaten, impliziert ein Mehr an spezifischen Zwängen und Zensuren (hier bilden die juristischen Sanktionen gegen Usurpierungen von Identität oder das illegale Tragen von Auszeichnungen die Grenze). Und alles erlaubt zu unterstellen, daß die Gesetze der offiziellen Biographie dazu neigen werden, sich über die offiziellen Situationen hinaus durchzusetzen: über die unbewußten Vorannahmen der Befragung (wie das Ziel der Chronologie und all das, was der Vorstellung vom Leben als Geschichte inhärent ist); auch über die Befragungssituation selbst, die nach der objektiven Distanz zwischen Befragendem und Befragtem und nach der Fähigkeit des ersten, diese Beziehung zu ‚manipulieren‘, von jener sanften Form offizieller Befragung, die die häufigste ist, bis hin zur Vertraulichkeit variieren können wird - gegen den Willen des Soziologen, die soziologische Untersuchung; über, schließlich, die mehr oder weniger bewußte Vorstellung, die der Untersuchte sich von der Untersuchungssituation machen wird, auf dem Hintergrund seiner direkten oder vermittelten Erfahrung von entsprechenden Situationen (Interview mit einem bedeutenden Schriftsteller, oder einem Politiker, Examenssituation etc.) und die (dementsprechend) seine gesamte Anstrengung der Selbstdarstellung oder, besser, der Produktion seines Selbst orientieren wird.

Die kritische Analyse der schlecht analysierten und schlecht beherrschten sozialen Prozesse, die sich gegen den Willen und doch mit der Komplizenschaft des Forschers bei der Konstruktion des perfekten sozialen Artefakts abspielen, das da ‚Lebensgeschichte‘ heißt (und hier besonders bei der Privilegierung, die der longitudinalen Abfolge der konstitutiven Ereignisse im Blick auf den sozialen Raum gewährt wird, in dem sie geschehen sind, wenn das Leben als Geschichte betrachtet wird), hat ihr Ziel nicht in sich selbst. Sie führt dazu, den Begriff der Laufbahn (*trajectoire*) als eine Abfolge von nacheinander durch denselben

Akteur (oder eine bestimmte Gruppe) besetzten Positionen zu konstruieren, in einem (sozialen) Raum, der sich selbst ständig entwickelt und
der nicht endenden Transformationen unterworfen ist.

Den Versuch zu unternehmen, ein Leben als eine einzigartige und
für sich selbst ausreichende Abfolge aufeinander folgender Ereignisse zu
begreifen, ohne andere Bindung als die an ein Subjekt, dessen Konstanz
zweifellos lediglich in der des Eigennamens besteht, ist beinahe genauso
absurd wie zu versuchen, eine Metro-Strecke zu erklären, ohne das
Streckennetz in Rechnung zu stellen, also die Matrix der objektiven
Beziehungen zwischen den verschiedenen Stationen. Die biographischen
Ereignisse definieren sich also als Plazierungen und Deplazierungen im
sozialen Raum, also, genauer, in den verschiedenen aufeinander folgenden
Zuständen der Verteilungsstruktur der verschiedenen Kapitalsorten, die in
dem betreffenden Feld im Spiel sind. Der Sinn von Bewegungen, die von
einer Position zu einer anderen führen (von einem professionellen Posten
zu einem anderen, von einem Verleger zu einem anderen, von einem
Bistum zu einem anderen etc.) definiert sich in aller Klarheit in der
objektiven Beziehung in einem bestimmten Moment zwischen dem Sinn
und dem Wert dieser Positionen mitten in einem betimmten Raum.

Man kann also eine Laufbahn (also das soziale Altern, das
unabhängig vom biologischen Altern ist, obwohl das eine das andere
unvermeidlich begleitet) nur verstehen, wenn man vorher die aufeinander
folgenden Zustände des Feldes, in dem sie sich abgespielt hat, konstruiert
hat, also das Ensemble der objektiven Beziehungen, die den betreffenden
Akteur - mindestens in einer gewissen Zahl anhaltender Zustände -
vereinigt haben mit der Gesamtheit der anderen Akteure, die im selben
Feld engagiert sind, und die demselben Möglichkeitsraum gegenüber-
stehen.

Diese Vorab-Konstruktion ist auch die Bedingung jeder rigorosen
Evaluation dessen, was man die soziale Oberfläche nennen kann, als
rigorose Beschreibung der Personalität, wie sie durch den Eigennamen
gekennzeichnet ist, also das Gesamt der gleichzeitig in einem gegebenen
Moment von einer biologischen, sozial instituierten Individualität
besetzten Positionen, wobei sie mit Hilfe eines Ensembles von Attributen
und eigenen Attributionen handelt, die es ihr erlauben, als effizienter
Akteur in verschiedenen Feldern einzugreifen[4].

---

[4]   Die Unterscheidung zwischen dem konkreten und dem konstruierten Individuum,
dem wirksamen Akteur, verdoppelt sich durch die Unterscheidung zwischen dem Akteur,
der in einem Feld wirksam ist, und der Person, die sozial durch die Namensgebung
(Fortsetzung...)

Die Notwendigkeit dieses Umwegs durch die Konstruktion des Raumes erscheint, erst einmal aufgezählt, so evident - wer würde davon träumen, sich eine Reise vorzustellen, ohne eine Idee von dem Land zu haben, in dem sie sich ereignet? -, daß man Mühe hätte zu verstehen, daß sie sich nicht sofort allen Forschern aufdrängt, wenn man nicht wüßte, daß das Individuum, die Person, das Ich, „das Unersetzlichste des Seins", wie *Gide* sagte, dem wir unwiderstehlich mit einer sozial unterstützten narzißtischen Bewegung begegnen, auch scheinbar das Realste der Realitäten ist, das ens realissimum, sofort unserer faszinierten Eingebung geöffnet, intuitus personae.

Literatur

Engel, Pascal 1985: Identité et référence. Paris: Pens.

Kripke, Saul A. 1982: La logique de norms propres (Naming and necessity). Paris: Éditions de Minuit (deutsch 1993: Name und Notwendigkeit. Frankfurt/M.: Suhrkamp).

Liebau, Eckart 1990: Laufbahn oder Biographie? Eine Bourdieu-Lektüre. In: BIOS 3, 1, 83-89.

Muel-Dreyfus, Francine 1983: Le métier d'éducateur. Paris: Éditions de Minuit.

Nicole, Eugene 1981: Personnage et rhétorique du nom. In: Poétique, 46.

Niethammer, Lutz 1990: Kommentar zu Pierre Bourdieu: Die biographische Illusion. In: BIOS 3, 1, 91-93.

Robbe-Grillet, Alain 1984: Le miroir qui revient. Paris: Éditions de Minuit (deutsch: Der wiederkehrende Spiegel. Übersetzt von Andrea Spingler. Frankfurt/M.: Suhrkamp).

Ziff, Paul 1960: Semantic Analysis. Ithaka: Cornell University Press.

---

[4](...Fortsetzung)
instituiert und Träger von Eigentum(srechten) und Macht ist, die ihr (in gewissen Fällen) eine soziale Schnittfläche sichern, also die Fähigkeit, als Akteur in verschiedenen Feldern zu existieren. Das macht eine gewisse Anzahl normalerweise, besonders im statistischen Ansatz ignorierter Probleme sichtbar. So werden zum Beispiel die Untersuchungen über die ‚Eliten' die Frage nach der sozialen Schnittfläche dadurch verschwinden lassen, daß sie die Individuen mit mehreren Positionen durch eine ihrer Eigenschaften charakterisieren, die als dominant oder determinierend angesehen wird, wobei dann der Industriepatron, der zugleich Pressepatron ist, in die Kategorie der Patrons eingeordnet wird usw. Das wird unter anderem dazu führen, aus den Feldern der kulturellen Produktion alle die Produzenten zu eliminieren, deren Hauptaktivität in anderen Feldern situiert ist, wobei man auf diese Weise einige Eigenschaften des Feldes verschwinden läßt.

Anmerkung

1998 wurde ‚L'illusion biographique' (Ersterscheinung 1986), neu übersetzt von *Hella Beister*, abgedruckt in: *Pierre Bourdieu* 1998: Praktische Vernunft. Zur Theorie des Handelns. Frankfurt/M.: Suhrkamp, 75-81.

Wie man ein neuer Mensch wird, oder: Die Logik der Bekehrung[1]

Hartman Leitner

I

Die Geschichte, in der man sich und sein Leben erfaßt, mag auf Wahrheit beruhen - für manche entsteht gerade deshalb die Frage, ob sie auch die wahre Geschichte sei.

„Zahllose Fragen gingen mir durch den Kopf. ... Ich betete inbrünstig zu Gott, er möge mir ein Zeichen geben. War das göttliche Prinzip die neue Wahrheit? ... Ich saß auf der Bettkante, unfähig, mich auf meine Arbeit zu konzentrieren. Ich griff nach einem meiner Philosophiebücher und schlug es rein zufällig an einer Stelle auf, die davon handelte, daß die Geschichte bestimmte Zyklen durchläuft, um der Menschheit zu einer Entwicklung auf höherer Ebene zu verhelfen. Wie konnte es passieren, daß ich das Buch ausgerechnet an dieser Stelle aufschlug? Ich war überzeugt, daß Gott mir bedeuten wollte, Mr. Millers Vorlesungen zu beachten. Ich fühlte mich aufgerufen, dorthin zurückzugehen und mehr über die Bewegung zu erfahren. ... Am Ende dieser drei Tage gab es jenen Steve Hassan, der in den ersten Workshop gegangen war, nicht mehr; er war ersetzt durch einen ‚neuen' Steve Hassan. Ich war stolz, von Gott ‚auserwählt' zu sein und mein Leben nunmehr auf den einzig ‚wahren Pfad' gebracht zu haben." (*Hassan* 1993: 41ff.)

Für den Bekehrten bezeichnet ‚Bekehrung' nicht einfach nur einen Wendepunkt *im* Leben, für ihn ist sie der Wendepunkt *des* Lebens; Philip Jacob Spener, der Begründer des Pietismus, hat das so ausgedrückt: „Wir sind tot. Wo sich also Lebenshandlungen zeigen, so muß Auferweckung geschehen sein, welches eine unfehlbare Wahrheit ist." (*Spener* 1965 [1680/81]: 56)

Wer von sich sagt, er habe seine Bekehrung erlebt, für den ist nicht so sehr entscheidend, daß er sich etwa in Handeln, Verhalten und Auffassungen verändert hat oder noch verändern wird. Entscheidend ist vielmehr, daß in der Darstellung seiner Bekehrung der Bekehrte sich als ein ‚neuer Mensch' beschreiben kann, als einer, der buchstäblich aus seiner Biographie herausgetreten ist, seine bisher gültige Identität von sich abgetrennt hat und der sich nun erst zum ‚einzig wahren' Leben gebracht sieht, soll heißen: in einen unverfügbar gegebenen Rahmen ‚richtiger' Lebensführung aufgenommen wurde.

---

[1]   Für Rat und Hilfe danke ich Dr. Bert Hardin, Universität Tübingen.

Bekehrung ist deshalb keine Möglichkeit für ein Individuum, das sich, gemäß der neuzeitlich-europäischen Konzeption der Person, selbst bestimmen kann und soll, mithin Veränderung *von sich selbst* erwartet und daher seine Einheit autobiographisch, als Geschichte seiner Veränderungen, konstruiert. ‚Bekehrung' gehört nicht zu der Klasse von Ereignissen und Prozessen, denen - wie Altern, historischen Ereignissen und gesellschaftlichen Umwälzungen, Glücks- und Unglücksfällen, kurz: dem ‚Leben' selbst - zugestanden wird, daß sie die Person verändern; erst recht nicht gehört sie zu denjenigen Veränderungen, die man, um sich in ihnen zu ‚verwirklichen', an sich selber zu bewirken sucht. Demgegenüber erscheint Bekehrung als eine regressive Form: Ihrem Sinne nach kennt sie nicht nur keine lebensgeschichtliche Entwicklung, noch weniger kontingente Geschichte; aber vor allem läßt sie Identitätswandel nur einmalig zu, beschränkt also die Möglichkeiten der Person auf die eine Alternative von ‚falschem' und ‚wahrem Pfad'.

Für die moderne Kultur gehört Bekehrung daher entweder zu den Beständen einer Religiosität, die sie historisch hinter sich glaubt, zumal auch die großen christlichen Kirchen die Konversion längst entdramatisiert haben. Oder sie wird zeitgenössisch den Rand- und Außenbezirken des Normalen - religiösen Sekten und quasi-religiösen Bewegungen - zugeordnet. Bekehrung wird in dieser Sicht vor allem auf ihren sozialen Aspekt, den Beitritt zu einer solchen Gruppierung, reduziert und wird für die Außenstehenden erst verständlich, wenn sie wiederum in eine biographische Geschichte eingestellt wird, als ein kontingentes Ereignis, das seine Ursachen in der ‚normalen' Wirklichkeit hat[2]: Nahezu unausweichlich erscheint dann die Bekehrung als ein pathologisches Phänomen, vergleichbar einer Krankheit, nach deren Ursachen man forschen und die man überwinden muß. Dann sucht man in Psyche, sozialer Herkunft und Umwelt und in der bisherigen Lebensgeschichte - den üblichen Verdächtigen - nach Gründen und Dispositionen, welche den ‚Betroffenen' ‚anfällig' gemacht haben könnten. Oder man führt die Bekehrung auf ‚psychische Tricks' (so kürzlich eine Illustrierte), ‚Bewußtseinskontrolle' (mind control, *Hassan* 1993) oder gar ‚Gehirnwäsche' zurück, denen die Person zum Opfer gefallen sei. So oder so nehmen biographisch-ätiologische Erklärungen der Bekehrung gerade das, was sie für den Bekehrten zu einer sinnhaften Selbstbeschreibung macht.

---

[2]   Wobei dann allerdings die gleichen logischen Probleme auftauchen, wie sie *Bateson* für ätiologische Erklärungen des Alkoholismus aufgezeigt hat; vgl. *Gregory Bateson* 1985: 401f.

Gegenüber der paradigmatischen Konkurrenz der Beschreibungen beziehungsweise Erklärungen kann die Frage natürlich nicht sein, welches nun die ‚richtige‘ wäre, zumal die empirische Konversionsforschung weder Persönlichkeitsmerkmale finden konnte, die für Bekehrungen prädisponieren, noch die populäre Annahme erhärten, einer Bekehrung müßte eine persönliche Krise vorausgegangen sein. In biographietheoretischer Hinsicht ohnehin interessanter als die ‚Ursachen‘ von Bekehrungen ist allemal die Bekehrung[3] selbst als ein Typus[4] oder eine Form von Selbstbeschreibung. Von *dessen* Logik soll hier die Rede sein: Was sind die Voraussetzungen und was bedeutet es, wenn jemand von sich sagt, er sei ein ‚neuer Mensch‘ geworden? Dabei könnte sich zeigen, daß die Form der Bekehrung einmal am Anfang derjenigen Entwicklung stand, von deren (vorläufigem) Endpunkt aus sie als eine regressive Form erscheint.

II

„Saulus wütete immer noch mit Drohung und Mord gegen die Jünger des Herrn. Er ging zum Hohenpriester und erbat sich von ihm Briefe an die Synagogen in Damaskus, um die Anhänger des (neuen) Weges, Männer und Frauen, die er dort finde, zu fesseln und nach Jerusalem zu bringen. Unterwegs aber, als er sich bereits Damaskus näherte, geschah es, daß ihn plötzlich ein Licht vom Himmel umstrahlte. Er stürzte zu Boden und hörte, wie eine Stimme zu ihm sagte: Saul, Saul, warum verfolgst du mich? Er antwortete: Wer bist du, Herr? Dieser sagte: Ich bin Jesus, den du verfolgst. Steh auf und geh in die Stadt; dort wird dir gesagt werden, was du tun sollst. ... Saulus erhob sich vom Boden. Als er aber die Augen öffnete, sah er nichts. ... Und er war drei Tage blind, und er aß nicht und trank nicht. ... [Hananias] legte Saulus die Hände auf und sagte: Bruder Saul, der Herr hat mich gesandt, Jesus, der dir auf dem Weg hierher erschienen ist; du sollst wieder sehen und mit dem Heiligen Geist erfüllt werden. Sofort fiel es ihm wie Schuppen von seinen Augen und er sah wieder; er stand auf und ließ sich taufen. ... Einige Tage blieb er bei den Jüngern in Damaskus; und sogleich verkündete er Jesus in den Synagogen und sagte: Er ist der Sohn Gottes.“[5]

Die Bekehrung des Saulus zum Paulus, wie sie in der Apostelgeschichte dargestellt wird, gilt zumindest im Umkreis der christlichen Bekenntnisse als das Muster von Bekehrung par excellence. Zwar keine selbstbiogra-

---

[3]   Der Begriff Konversion wird hier wegen seiner noch engen Bindung an das katholische Kirchenrecht vermieden.
[4]   Im übrigen kann nur die Konzentration auf die Form rechtfertigen, die intellektuelle Fallhöhe etwa zwischen der Bekehrungsgeschichte Augustins einerseits und derjenigen eines Adepten der Mun-Sekte unberücksichtigt zu lassen.
[5]   Apg. 9, 1-21, zitiert nach der Einheitsübersetzung.

phische Darstellung, ist sie der christlichen Überlieferung ebenso Zeugnis für das Geschehen dieser Bekehrung geblieben, wie sie zum Muster der Beschreibung von Bekehrung wurde. Indessen sind die Darstellung der Apostelgeschichte und - kaum weniger einflußreich - die Schilderung, die *Augustinus* (1967) von seiner Bekehrung in seinen ‚Confessiones' gibt, nur spezifische Beispiele eines Typus (selbst-)biographischer Texte, Konversionserzählungen, der auf die christlichen Konfessionen nicht beschränkt ist, sondern sich überall dort findet, wo es Bekehrung als Form der Identitätstransformation gibt. Von einem Typus von Texten kann man sprechen, weil über die Grenzen von Sprache und Glaubenssystem hinweg die Darstellung fast immer dem gleichen Formschema folgt: Die Bekehrung wird *erzählt*, das heißt als Geschehen der Bekehrung dargestellt und dabei so in den Lebenslauf eingeordnet, daß sie in der selbstbiographischen Erzählung zum Scheidepunkt wird, der das Leben in ein Zuvor und Danach teilt. Die Erzählung besteht dann im wesentlichen aus drei Elementen: (1) Eine Vor-Geschichte, welche das Leben des noch nicht Bekehrten als Zeit des Irrtums zeigt, einer ‚falschen', ‚schlechten', unglücklichen oder wie immer sonst, einer gegenüber dem bekehrten Leben jedenfalls negativ qualifizierten Zeit; und diese Zeit wird, ohne dessen Ursache zu sein, (2) vom ‚Ereignis' der Bekehrung beendet, in welchem die eigentliche Transformation der Identität ‚geschieht': die Benennung des Gottes, der Lehre, des Prinzips oder der Wahrheit, die man damit als die fortan eigene übernimmt, was zumeist - und ikonographisch bestimmend - als ein zustoßendes Erlebnis gezeichnet wird und dabei zum ekstatischen Erleben gesteigert werden kann. Mit dem Abschluß des Bekehrungserlebnisses oder genauer: der nun fern aller Ekstase unzweideutigen Benennung jener ‚Wahrheit', ist der ‚einzig wahre Pfad' eingeschlagen, und die Erzählung läuft (3) darin aus, daß sie zeigt, wie aufgrund der Bekehrung ein neuer Horizont - genauer: ein feststehender Rahmen sinnhafter Lebensführung - sich eröffnet, in dem sich alle Krisen und Rätsel auflösen, die das Leben vor der Bekehrung bestimmt hatten; die Bekehrung wird zum Ausgangspunkt symbolischer und praktischer Neukonstruktion subjektiver Wirklichkeit. In der Gegenüberstellung des Zuvor und Danach der Bekehrung umspannen Konversionserzählungen nach Sinn und Anspruch stets das Leben als ganzes.

Da nun Konversionserzählungen auch wesentlich das Material sind, auf das sich die Konversionsforschung stützen kann und muß, so ist für alles weitere die Frage entscheidend, in welchem Verhältnis die Konversionserzählung zur Bekehrung steht. Offenbar der Suggestion der Erzählform folgend, hält die Forschung immer noch überwiegend an der Auffassung fest, Konversionserzählungen seien als *Berichte* zu verstehen,

die den ‚Verlauf' der Konversion rekonstruieren sollen[6], auch wenn darin
„die Biographie nur gebrochen und gefiltert durch die Gegenwartsper-
spektive des Konvertiten zutage" trete (*Ulmer* 1990: 287). Für diese ‚Brechung' hat sich in der Literatur die Umschreibung ‚biographische Rekonstruktion' eingebürgert, eine Formel, die entgegen der Plausibilität, die sie
auf den ersten Blick hat, doch den entscheidenden Punkt verfehlt: Daß,
wer *seine* Bekehrung erzählt, nicht einfach rückblickend Geschehen rekonstruiert, sondern in der Sprache seines (neuen) Glaubens buchstäblich
sich selbst beschreibt[7]. Die Konversionserzählung ist nichts anderes als
ein Akt der Selbstbeschreibung, in dem der Sprecher erzählend seine
Identität als Bekehrter konstruiert, sich als Bekehrter *darstellt*. Die Form
des Erzählens verweist dabei nicht auf ein von der Erzählung unabhängiges Geschehen, sondern ist selber schon eine Ebene der Darstellung[8].

Wer seine Bekehrungsgeschichte erzählt, blickt dabei so wenig
zurück, wie seine Erzählung etwas rekonstruiert, weil das, was in dieser
Erzählung als Vergangenheit erscheint: der Zustand des noch nicht
Bekehrten, erst als die *gegenwärtige* Vergangenheit des (nunmehr) Be-
kehrten überhaupt konstituiert wird.[9] Es ist ja nicht einfach ‚Saulus' die
Vergangenheit des Paulus, sondern dies als derjenige Saulus, zu dem ihn
erst die Bekehrung macht, nämlich Saulus im Stande von Irrtum und
Sünde, eben der, von dem Paulus in seiner Bekehrung sich trennt. Was
der Bekehrte als seine Vergangenheit erzählt, ist eine Vergangenheit des
Bekehrten - dies nicht, weil sie abgeschlossen ‚hinter' ihm läge oder weil

---

[6]   So, wenn *Ulmer* im Anschluß an *Luckmann* Konversionserzählungen als
‚rekonstruktive Gattung' untersucht, als einen Typus also, durch den „vergangene
Ereignisse und Erlebnisse nach gesellschaftlich verfestigten und intersubjektiv verbindlich
vorgeprägten kommunikativen Mustern rekonstruiert werden" (*Ulmer* 1988: 20), wobei
das Bezugsproblem, das dadurch gelöst werden soll, darin bestehe, eine außeralltägliche,
persönliche, religiöse Erfahrung glaubwürdig zu vermitteln - aber welche Realität hat
eine ‚außeralltägliche, persönliche, religiöse Erfahrung' jenseits ihrer Darstellung als
‚außeralltägliche, persönliche, religiöse Erfahrung' in der Konversionserzählung?
[7]   Darauf hatte in ethnomethodologischer Argumentation bereits *Taylor* (1976,
1978) nachdrücklich hingewiesen.
[8]   Vgl. dazu *Leitner* 1990. Das schließt selbstverständlich nicht aus, daß die
Konversionserzählung auch berichtet, und es geht auch nicht darum, ob die Erzählung
‚wahr' ist oder nicht; ‚Wahrheit' heißt hier ohnehin eher ikonographische Richtigkeit,
ob nämlich die Beschreibung des Bekehrten derjenigen Konzeption von Bekehrung
entspricht, die in dem jeweiligen Glaubens- und Symbolsystem, zu dem die Bekehrung
führt, gilt.
[9]   „The conversion account, never disinterested, is a condensed, or disguised
description of the convert's *present*, which he legitimates through his retrospective
creation of a past and a self." (*Fredriksen* 1986: 33; Hervorhebung im Original).

sie gar die ‚Ursache' der Bekehrung wäre, sondern weil sie der Hintergrund ist, vor welchem die Gegenwart: der Status des Bekehrten, überhaupt erst ins Profil tritt. Die Differenz Nicht-Bekehrter/Bekehrter zeigt als solche nicht zuerst eine temporale Folge an, sondern eine *logische* Konsekution: Man kann nicht Bekehrter sein, ohne den noch nicht Bekehrten mitzudenken. Der ‚neue Mensch' als die eine Seite der Differenz hat seine andere Seite, den ‚alten Adam', stets bei sich und muß ihn bei sich haben, weil anders die Differenz selbst nicht darstellbar ist. Aber diese Differenz ist - darauf weist sehr nachdrücklich auch *Jödicke* (1993: 226f.) hin - asymmetrisch, sie läßt sich nicht umkehren und wird erst dem Bekehrten sichtbar: Alter Adam und Neuer Mensch sind Möglichkeiten erst und nur des Bekehrten, erst der Bekehrte ‚sieht', daß er vor der Bekehrung im ‚Irrtum' lebte. *Diese* ‚Vergangenheit' tritt an die Stelle derjenigen, die das Subjekt hatte, als es noch nicht der ‚Nicht-Bekehrte' war, *diese* Vergangenheit läßt der Bekehrte hinter sich.

Den Übergang von der einen zur anderen Seite verdankt sich der Bekehrte nicht selbst, er geschieht dadurch, daß er in diese Differenz gleichsam eintritt: als seine Verwandlung. Das ist dargestellt in der temporalen Struktur der Erzählung; denn die Konversionserzählung entwirft darin zwar prinzipiell einen diachronen Zeithorizont und zeigt insofern auch Veränderung an. Aber dieser Zeithorizont ist diskontinuierlich, bloße Sukzession der Zustände, die untereinander nur dadurch verbunden sind, daß sie in parataktischer Reihung aufeinanderfolgen. Keinerlei konditionale, erst recht keine kausale Verknüpfung bindet das Zuvor und das Danach derart zusammen, daß sie als die zeitlichen Phasen *eines* Prozesses, *eines* Ichs als der Einheit der Differenz vorgestellt werden könnten. Gerade deshalb wäre die Rede von ‚biographischer Re-Konstruktion' hier mindestens mißverständlich[10], weil zu einer Änderungsgeschichte die diachrone Einheit eines Ichs als Subjekt gehören müßte, an dem die Veränderungen als die *seinen* erscheinen. Eine solche Einheit sparen die

---

[10]   Ohnehin kann man sich ‚biographische Rekonstruktion' nicht gut als einen im Strom des Erlebens und Handelns kontinuierlich mitlaufenden Prozeß der Reorganisation der Zeitperspektiven der Identität vorstellen - denn das ist schlechterdings unmöglich: Abgesehen vielleicht davon, daß wir in der Zeit unseres Körpers älter werden, ändert sich niemand kontinuierlich; soziale Typisierungen vielfältigster Art fixieren Erwartungen und kanalisieren Erfahrungen. Entgegen der Auffassung von *Snow/Machalek* (1984: 177): Am allerwenigsten definiert der Bekehrte seine Biographie immer neu, gerade er muß die einmal geschehene Transformation festhalten und ganz umgekehrt Handeln und Erleben dieser ‚Fest-Schreibung' unterordnen. Freilich ist er hier von der Dogmatik abhängig, die ihm dafür die entsprechende Semantik liefert. Vgl. auch *Staples/Mauss* 1987: 136.

Konversionserzählungen durchgängig, geradezu demonstrativ aus. Statt dessen der Moment[11], den der Bekehrte dann als den eigentlichen ‚Vorgang' der Bekehrung bezeichnet, der seinerseits weder dem Vorher noch dem Nachher angehört, der sich ereignet[12] - und in dem, wenn er als Erlebnis geschildert wird, das Ich auch als seiner selbst nicht mächtig gezeigt wird: Saulus, so erzählt es die Apostelgeschichte, geblendet und gestürzt, passiv hörend, nur Objekt, ja, Schauplatz des Geschehens. Die Erzählung bringt ihr Subjekt gerade dort gleichsam zum Verschwinden, wo es anders dem Zuvor und dem Danach die verbindende Gegenwart, der Differenz die Einheit sein könnte. Mit anderen Worten: Die Bekehrungsgeschichte stellt das (erzählende) Ich in einer Entscheidungslage dar und führt die Unvermeidlichkeit der Entscheidung vor Augen, aber sie zeigt das Ich nicht auch als ‚Autor' der Entscheidung: Der Bekehrte ist nicht Urheber seiner Verwandlung, nicht Schöpfer seiner selbst; er tritt vielmehr in eine schon geschriebene Geschichte ein[13].

---

[11]   Zuweilen ist das ganz wörtlich gemeint, so bei *August Hermann Francke*: „In solcher großen Angst legte ich mich nochmals am erwähnten Sonntagabend nieder auf meine Knie und rief an den Gott, den ich noch nicht kannte noch glaubte, um Rettung aus solchem elenden Zustand, wenn anders wahrhaftig Gott wäre. Da erhörte mich der Herr ... da ich noch auf meinen Knien lag. So groß war seine Vaterliebe, daß er mir nicht nur nach und nach solchen Zweifel und solche Unruhe des Herzens wieder benehmen wollte, daran mir wohl hätte genügen können, sondern, damit ich desto mehr überzeugt sein würde und meiner verirrten Vernunft ein Zaum angeleget würde, gegen seine Kraft und Treue nichts einzuwenden, so erhörte er mich plötzlich. Denn wie man eine Hand umwendet, so war all mein Zweifel hinweg, ... alle Traurigkeit des Herzens ward auf einmal weggenommen, hingegen ward ich wie mit einem Strom der Freude plötzlich überschüttet ... Ich stand anders auf, als ich mich niedergelegt hatte." (*August Hermann Francke* 1965 [1692]: 77f).

[12]   Dazu paßt, daß die Bekehrung häufig präzise datiert und dabei typischerweise nicht auf eine subjektive Zeit des Ichs bezogen, sondern chronologisch-kalendarisch bestimmt wird, also die Bekehrung gleichsam kosmologisch als Moment der Weltzeit bezeichnet. Am eindrücklichsten wohl findet sich das im ‚Memorial' Blaise Pascals: „+/JAHR DER GNADE 1654/Montag, den 23. November, Tag des heiligen Klemens, Papst und Märtyrer, und anderer im Martyrologium. Vorabend des heiligen Chrysogonos, Märtyrer und anderer./Seit ungefähr abends zehneinhalb bis ungefähr eine Stunde nach Mitternacht./FEUER/‚Gott Abrahams, Gott Isaaks, Gott Jakobs', nicht der Philosophen und Gelehrten./Gewißheit, Gewißheit, Empfinden: Freude, Friede./Gott Jesu Christi ..." (*Pascal* 1956 [1654]: 15). *John Wesley*, der Begründer des Methodismus, datiert seine Bekehrung auf „Mittwoch den 24. Mai [1738] ... Am Abend ... ungefähr ein Viertel vor 9 Uhr" (*Wesley* 1965 [1738]: 252).

[13]   In der Bekehrungsgeschichte *Johann Georg Hamann*s ist dies ganz buchstäblich gemeint; für *Hamann* ist die Sprache das Medium der Schöpfung - „Gott ist Poet", „der

(Fortsetzung...)

Eben dies zu zeigen, war übrigens auch das Programm der Apostelgeschichte (*Fredriksen* 1986). Weder Lukas in der Apostelgeschichte, noch Augustin in den Confessiones schildern Bekehrungen, weil sie so geschehen wären, wie sie sie erzählen. Sie erzählen, weil die Erzählung jeweils das Bild eines Bekehrten so erzeugt, daß es die theologische Botschaft des Textes illustrieren kann: Den im Irrtum befangenen Sünder, der durch die göttliche Gnade auf den rechten Weg gebracht wird. Und nach seiner Paulus-Interpretation modelliert wiederum *Augustinus* (1967) seine Bekehrung - deren ursprünglichen Horizont nachgerade umkehrend[14] - geradezu zum Beweismittel in dogmatischer Auseinandersetzung: Seine Darstellung soll zeigen, daß auch der Glaube nicht durch eigenes Verdienst erworben, sondern allein durch die Gnade Gottes geschenkt werden kann. Weil sie diese theologische Konzeption - welche die antike Vorstellung von der Unwandelbarkeit der Person durchbricht - *darstellen*, sind beide Bekehrungsgeschichten Mustertexte der europäischen Geistesgeschichte geworden, nicht weil sie Ereignisse berichten.

III

„Wer glaubt und sich taufen läßt, wird gerettet; wer aber nicht glaubt, wird verdammt werden." (*Mk.*16,16)

„... daß wir also inwendig gesinnt seien, wie wir äußerlich tun, dazu der liebe Apostel ... das Ablegen des alten und Anziehen des neuen Menschen erfordert, zu zeigen, daß es nicht um die Änderung des äußerlichen Tuns, sondern auch des innerlichen Wesens zu tun sei. Wir sollen nicht nur anders tun, sondern andere Leute geworden sein. Wo wir solches bei uns finden da ist es eine Probe und Kennzeichen der neuen oder Wiedergeburt." (*Spener* 1965 [1680/81]: 60)

Daß eine Konversionserzählung die Identität des Bekehrten darstellt, nicht aber ein vorausliegendes, von der Darstellung unabhängiges Ereignis berichtet, besagt durchaus nicht, es sei gar nichts geschehen: Geschehen ist oder ereignet hat sich der kommunikative Akt der Bekehrungserzählung.

---

[13] (...Fortsetzung)
Schöpfer der Welt ein Schriftsteller" - und so liest er in der Bibel sich und seinen Lebenslauf als einen von Gott geschriebenen Text (*Hamann* 1988 [1758], S.42f.). *Hamann* ist bekanntlich für den Geniegedanken des Sturm und Drang wichtig gewesen - man brauchte nur den bei Hamann freilich immer zentralen Gedanken der Abhängigkeit von Gott aufzugeben, um bei der Idee des sich selbst schaffenden Genies anzukommen, vgl. dazu *Schmidt* 1985: 96ff.; vgl. auch *Bayer* 1988: 80ff.

[14]   *Flasch* weist darauf hin, daß in den früheren Berichten „von einer gnadenhaften Aktivität Gottes nicht die Rede" war (*Flasch* 1994: 47; vgl. auch *Brown* 1973: 96).

Dieser Akt der Selbst-Beschreibung ist der Vollzug der Bekehrung, und er bringt in der Tat einen ‚neuen Menschen' hervor, dadurch nämlich, daß durch ihn das Individuum in ein neues, reflexives Verhältnis zu sich selbst kommt. Das kommt nicht zureichend in den Blick, wenn man, wie häufig der Fall, Bekehrung entweder nur als einen Vorgang charakterisiert, in dem grundlegende Muster der subjektiven Wirklichkeitsauffassung umgebaut werden[15], oder darin überhaupt nur den ‚Eintritt' in eine neue soziale Gruppe sieht. Die Verwandlung besteht also - eingekleidet jeweils in die Semantik der neuen Glaubenslehre - darin, daß der Bekehrte jenes binäre Schema als eine Unterscheidung *an sich selbst* in seine Selbstdefinition einschreibt und so zur Grundstruktur seiner Identität macht[16]. Weil die Zustände ‚nicht bekehrt/bekehrt' in der Sprache der jeweiligen Glaubenslehre grundlegende Modi des Menschseins überhaupt bezeichnen ‚verworfen' oder ‚auserwählt', so sieht sich, wer diese Differenz für sich selbst übernimmt, als einen, der das eine *oder* das andere sein kann[17]. Kommt dem Sinne nach in dieser Modalisierung seiner selbst das Leben als ganzes in den Blick, so bleibt für den Bekehrten doch, wenn und solange er diese Unterscheidung an sich selbst durchhält, die Möglichkeit weiterer Veränderung virtuell stillgestellt, und er muß seine neue Identität nicht als eine bloß gegenwärtige verstehen gegenüber einer früheren - und vielleicht einer späteren -, sondern kann sie als die ‚wahre' gegenüber einer (im Prinzip schon immer) ‚falschen' behaupten[18]. Vor allem aber läßt sich diese Unterscheidung zugleich als praktische Regel der Lebensführung verwenden: Der Status des Bekehrten wird - nun freilich nach Maßgabe der Regeln der Glaubensgemeinschaft -zum Kriterium, an dem sich das Handeln orientieren und kontrollieren läßt; die eigentümliche,

---

[15] Was bei pietistischen Bekehrungen etwa gar nicht der Fall sein muß.

[16] Eine Substantialisierung von Identität wäre es, wollte man gar, wie noch *Snow/ Machalek* (1984), die Tatsache der Bekehrung von ‚objektiven Indikatoren' abhängig machen. Veränderungen in Auffassungen, Verhalten, sozialen Beziehungen usw. sind gewiß - auch zur subjektiven Plausibilisierung - unerläßlich (abgesehen davon, daß sie auch unvermeidlich sind), aber die ‚Echtheit' der Bekehrung ist ja für den Bekehrten selbst wie für seine (neue) Glaubensgemeinschaft regelmäßig gerade deshalb ein Problem, weil es keine objektiven Indikatoren gibt und statt dessen kommunikative Strategien der Beglaubigung eingesetzt werden müssen.

[17] *Taylor* spricht davon, daß sich der Bekehrte als „a typically convertible person" beschreibt (*Taylor* 1978: 319).

[18] Die Frage, wie lange man ‚Bekehrter' ist, also ob dies möglicherweise nur ein transitorischer Status auf dem Weg zum Gläubigen ist, mag hier offenbleiben (vgl. die diesbezügliche Überlegung bei *Staples/Mauss* 1987: 144f.) und hängt im übrigen natürlich von der Dogmatik der jeweiligen Glaubenslehre ab.

Außenstehende immer wieder irritierende Selbstgewißheit von Bekehrten hat hierin ihre Wurzel.

Bekehrung läßt sich natürlich nicht einfach ‚herbeireden'. Als (kulturelle) Form setzt Bekehrung zunächst eine Semantik der Selbst- und Wirklichkeitsbeschreibung voraus, welche die binäre Struktur des Selbst, die in der Bekehrung konstituiert wird, ihrerseits begründet, aber in diese Wirklichkeit nicht schon alternativenlos eingeschrieben ist. Und es bedarf sodann eines sozialen Arrangements, in dem die Bekehrung jeweils ‚Ereignis' werden kann.

Daher ist Bekehrung kein universales Phänomen. Die Vorstellung zwar von Verwandlung und Wiedergeburt ist keineswegs exklusiv an die Bekehrung gebunden. Sie findet sich auch in den *rites de passage*[19], durch welche in einfachen Gesellschaften Statusübergänge, zumal der Übergang zwischen Kindheit und Erwachsenenstatus, vollzogen und dargestellt werden. Weit verbreitet ist der Gedanke, daß in diesem Übergang die Folge von Tod und Geburt durchschritten wird, wobei die Transformation in jener liminalen Phase stattfindet, in welcher der Initiand ausserhalb der Kontrolle der sozialen Struktur, für diese unsichtbar, ‚tot', vorgestellt wird[20]. ‚Bewirkt' wird die Transformation durch die Mitteilung zentraler Bestände von Religion, Mythos und Kosmologie der jeweiligen Kultur, sozusagen nach ihrem Bilde, durch Wissen. Man könnte sagen, der Initiand sei in der Schwellenphase des Ritus ein ‚unbeschriebenes Blatt', in das jenes Wissen eingeschrieben und dadurch neu hervorgebracht wird. Dieser Übergang ist jedoch nicht individuell verfügbar, man kann sich nicht entscheiden, ob man erwachsen werden will oder nicht; er muß aber auch nicht individuell motiviert werden, und der Initiand muß nicht - könnte nicht einmal - diese Statussequenz als zeitlichen Sinnzusammenhang des eigenen Lebens begründen und vertreten. Es gibt hier, mit anderen Worten, keine individuierte Konversionserzählung. Die soziale Struktur selbst ist es, welche den Lebenszusammenhang repräsentiert; das Individuum tritt zwar in der Initiation

---

[19]   Klassisch beschrieben bei *van Gennep* (1986 [1909]); daran anschließend hat insbesondere *Turner* solche Riten untersucht, vgl. *Turner* 1989 [1969], 1972.

[20]   *Turner* betont, daß diese Transformation als ‚ontological transformation' gedacht wird. „The arcane knowledge or ‚gnosis' obtained in the liminal period is felt to change the inmost nature of the neophyte, impressing him, as a seal impresses wax, with the characteristics of his new state. It is not a mere acquisition of knowledge, but a change in being. His apparent passivity is revealed as an absorption of powers which will become active after his social status has been redefined in the aggregation rites." (*Turner* 1972: 343, Hervorhebung im Original).

temporär aus ihr heraus, aber niemals ihr so gegenüber, daß es seine Stellung in ihr und seine Lebensführung als ganze reflektieren könnte.

Auch zu den Göttern Griechenlands hätte man sich nicht bekehren können, sie sind je nach ihrer Zuständigkeit zu dicht in die konkrete Praxis der Lebensführung verwoben, sind zu sehr selbst als Teil der Welt gedacht, als daß ihnen gegenüber die eigene Lebensführung insgesamt als ein Problem der Wahrheit oder von Schuld und Sünde in Frage stehen könnte; und sowenig ihrerseits diese Götter Heil oder Erlösung verheißen, sowenig muß man oder kann man an sie ,glauben'.[21]

Dagegen findet sich die Form Bekehrung in Erlösungsreligionen oder -lehren: in antiken Mysterienkulten[22] ebenso wie im Buddhismus[23], im Judentum, im Islam ebenso wie in allen christlichen Konfessionen, in Sekten verschiedenster Provenienz, aber auch quasi-religiösen Weltanschauungsgruppen und Bewegungen, bis hin zu revolutionären Glaubensgemeinschaften (vgl. dazu *Riegel* 1985). Sie alle operieren - auf welchem Niveau von Intellektualität und Anschlußfähigkeit auch immer - mit einer Art transzendentalem Dualismus (vgl. *Bellah* 1973: besonders: 284ff.). Sie alle legen über die in der Praxis der Lebensführung erfahrbare Realität eine Ebene ,eigentlicher', transzendenter Wirklichkeit, ein System theoretischer, das heißt empirisch nicht einholbarer und *deshalb* sinnhafter Aussagen über die Ordnung der Welt, derart, daß Leben und Lebensführung als Ganze deutungsfähig, und das heißt praktisch immer deu-tungs- und rechtfertigungsbedürftig, zu einer Frage der Wahrheit werden. Darin bietet eine solche Glaubenslehre also ein Differenzschema an, unter welchem das Individuum sich selbst zur Sprache bringen und seine Lebensführung kontrollieren kann und dann freilich auch muß. Das meta-physische Schema von Heil und Verdammnis - oder was immer die spezifische Semantik dafür sein mag -, in dessen Horizont das Individuum als entweder erlöst oder verdammt erscheinen kann, ist die Sinnkonstruktion, welche die binäre Modalisierung des Selbst

---

[21]   Auch die antike Ethik bis zur Stoa denkt die Kontrolle der Lebensführung als Verwirklichung prinzipiell gegebener Möglichkeiten, etwa im Sinne von Tugenden, kennt aber nicht die Verwandlung des Individuums.

[22]   Die Darstellung einer Bekehrung zum spätantiken Isis-Kult findet sich in den aus dem 2. Jh. n. Chr. stammenden ,Metamorphosen' des *Lucius Apuleius* (vgl. dazu *Schneider* 1978: 136), einem Roman, der unter dem Titel ,Der goldene Esel' in die Weltliteratur eingegangen ist, *Apuleius* 1965 [ca. 170]: 259.

[23]   Literaturhinweise in: *Bischofberger* 1992. *Bitter* (1988) behandelt Konversionen westlicher Jugendlicher und junger Erwachsener zum Buddhismus.

trägt.[24] Hierin ist der Status begründet, von dem aus der Gläubige sich der Welt gegenüberstellen kann: Seinem Sinne nach übersteigt dieser Status alle sozialen Kategorisierungen, ist ihnen gegenüber mindestens indifferent, insofern universalistisch. Und weil gegenüber dem (jenseitigen) Heil alle übrigen Bin-dungen sekundär werden, so kann von hier aus der Gläubige auch alle ihn bisher bindenden Sinnbezüge und Verpflichtungen - in seinen Augen legitim - außer Kraft setzen und hinter sich lassen. Dies freilich im Rahmen und nach Maßgabe dessen, was in der jeweiligen Glaubenslehre und -gemeinschaft als diesem Status angemessen gilt. - „Wenn du zum ewigen Leben gesegnet werden möchtest, *mußt du zu Jehovas Organisation gehören ...*“.[25].

Anders aber als der Initiationsritus in einer einfachen Gesellschaft, verlangt der Eintritt in den Status des Gläubigen das Zutun des Subjekts: Eine Glaubenslehre kann nicht in kognitiven Akten bloß ‚gewußt‘, sondern muß in Akten des *Glaubens* persönlich angeeignet und ‚bekannt‘ werden.[26] Nicht nur im Christentum, aber hier in aller Schärfe ausgebildet, meint Glauben wesentlich eine ‚Gesinnungsqualität‘ (*Max Weber*): Gerade aufgrund des Hiatus, der sie von der Praxis der Lebensführung

---

[24]   Daß der Gläubige dadurch ein neuer Mensch wird, stellt auch die christliche Taufe vor, die bekanntlich als ‚Tod und Auferstehung in Christus‘ gedacht ist.

[25]   Aus: *Wachtturmgesellschaft* 1982: „Du kannst für immer im Paradies auf Erden leben“, zitiert nach *Hemminger* 1995: 112, Hervorhebung H.L.

[26]   Die Zeugen Jehovas (zum folgenden vgl. *Beckford* 1978) deklarieren ihre Lehre nicht als Glauben, sondern als Wissen: Diese adventistische Sekte definiert sich selbst als Gesellschaft von ‚Bibelforschern‘, die ‚sichtbare Organisation Gottes‘, und betrachtet ihre Lehre als positives Wissen, das aus der Bibel - in einer der Lehre angepaßten Übersetzung - und eigenen, das heißt ihrem Verständnis nach wiederum von unmittelbar Gott stammenden Schriften gezogen werden kann; dieses Wissen verheißt beim (nahe) bevorstehenden Weltende die Errettung. Entsprechend verstehen die Zeugen Jehovas ihre Bekehrung als einen durch einen geistlichen Führer angeleiteten Lernprozeß, als allmählichen Erwerb dieses Wissens, in dem es keinen zeitlich fixierbaren Wendepunkt der Bekehrung noch irgendein enthusiastisches Erlebnis gibt. Die Glaubensentscheidung besteht in diesem Fall also gerade darin, daß die Glaubenslehre als ein Wissen anerkannt wird, das gar nicht geglaubt, sondern kognitiv angeeignet werden kann und das daher als ‚Tatsachenwahrheit‘ auch keinerlei Deutungsspielraum zuläßt: der Konvertit setzt sich ihm aus und wird eben dadurch schon beschrieben. Der Weg des Begreifens mag lang sein, aber das entspricht der Vorstellung der Zeugen Jehovas von der Art, wie Gott seine Pläne enthüllt, und am Ende ist es die ‚Wahrheit‘, die für sich selbst spricht und überzeugt; so ist der ‚Zeuge‘ zwar tätig, aber doch nicht Urheber des Wissens. Parallel dazu werden Novizen schon sehr frühzeitig in den Apparat der ‚Verkündigung‘ einbezogen, die Glaubenspropaganda wird so zur Praxis der Bekehrung: Die Erfahrungen an Haustüren und Straßenecken werden zum Erleben der Bekehrung, sie bestätigen dem, der ihnen standhält, zu den ‚Auserwählten‘ zu gehören.

trennt und der die reflexive Selbstthematisierung ermöglicht, kann eine
Glaubenslehre nicht in konkreten Handlungen, aber auch nicht in der
Selbstperfektion der Tugendhaftigkeit ‚erfüllt' werden, sie muß jenseits
der konkreten Handlungen geglaubt und jedenfalls muß das Tun in der
‚rechten' Gesinnung geführt und so auch gewußt werden[27]. Über das
hinaus, was sie an Regeln der Lebensführung immerhin festsetzen mag,
verzichtet deshalb keine Glaubenslehre auf ein ‚Bekenntnis', auf einen
bewußten Akt der Unterstellung, des ‚Gehorsams' oder der Hingabe an
den jeweiligen Gott oder die jeweilige Wahrheit und deren Verheißungen.
Das Christentum sieht bekanntlich in diesem Akt, der hier als ‚Buße', als
subjektiv-persönliches Eingeständnis der Verschuldung gegenüber Gott[28]
verstanden ist, die eigentliche Wendung, die ‚Umkehr', die Konversion
des Men-schen. Dieser subjektive Akt des Glaubensbekenntnisses, in dem
Symbole des Glaubens zu der Sprache werden, in der sich das Individuum
beschreibt, wird so zur Bedingung für den Zugang in den Status des
Gläubigen. ‚Glauben' verlangt also stets die *Entscheidung* des Subjekts -
eine Entscheidung, die nicht anders zustandekommt als dadurch, daß sie
getroffen wird. Das ist hier natürlich nicht als theologische Aussage zu
verstehen, auch nicht existentialistisch als ‚Sprung' im Kierkegaardschen
Sinn. Gemeint ist lediglich, daß ‚Glauben' weder aus Erfahrungen noch
Umständen oder gar Regeln ableitbar ist, erst recht dann nicht, wenn es
konkurrierende Glaubenslehren gibt, zu deren jeder man sich prinzipiell
bekehren könnte.

IV

„Eine Konversion ist etwas zu Ernstes und Wunderbares, als daß ich dem Gedanken
Raum geben könnte, irgendein lebender Mensch vermöchte dabei mehr als das an sich
vollkommen nebensächliche Werkzeug zu sein." (*Paul Claudel* an *André Gide* unter dem
10. Juni 1912, in: *Claudel/Gide* 1965 [1949]: 217)
    „Ein Glaube wird nicht durch sachliche Überlegungen erworben. Wer sich in
eine Frau verliebt oder in den Schoß einer Kirche eingeht, tut dies nicht aufgrund

---

[27]   Vgl. das oben angeführte Spener-Zitat (*Spener* 1965 [1680/81]: 60).
[28]   Dies ist in der Zuspitzung der augustinischen Lehre von der Erbsünde für die
Entstehung des ‚reflexiven Selbst' grundlegend gewesen, vgl. *Stroumsa* 1992. Die
praktische Einübung dieser Vorstellung im Institut der Beichte, die einhergeht mit der
Verlagerung des Schuldbegriffs von den einzelnen Handlungen in die Intention des
Handelns, gehört dann, wie insbesondere *Hahn* gezeigt hat, zu den Konzeptionen und
Techniken der Selbstkontrolle, die das moderne Selbst hervorgebracht haben, vgl. *Hahn*
1982, 1984a.

logischer Denkvorgänge. Die Vernunft mag zwar einen Glaubensakt begründen - aber erst, nachdem er vollzogen worden ist und der Mensch sich auf ihn verpflichtet hat. Ein Glaube läßt sich nicht »erwerben«.. Die Lektüre des Feuerbach und vor allem Lenins Staat und Revolution löste in mir die seit langem fällige Explosion aus. Der Ausdruck, es sei einem plötzlich »ein Licht aufgegangen« ist eine armselige Bezeichnung für das geistige Entzücken, das dem Bekehrten widerfährt - ganz gleich zu welchem Glauben er bekehrt worden ist." (*Arthur Koestler* 1962: 9, 17) „Denn wo wir müssen von neuem geboren werden ..., so kann solches nicht anders als von oben herab geschehen: Denn die neue Geburt muß durch eine Schöpferkraft geschehen, die Gott allein zukommt und also von oben her geschehen muß. Es soll aber sein eine Geburt und also etwas Wirkliches, daß wahrhaftig alsdann etwas wird und geworden ist, was vorhin nicht gewesen war ..." (*Spener* 1965 [1701]: 45)

Hat nicht jedes Glaubensbekenntnis die Form der Bekehrung, so ist umgekehrt Bekehrung nicht ohne Glaubensbekenntnis denkbar, schon weil ihr eine Glaubenslehre die Semantik bereitstellen muß, in welcher die Verwandlungsfähigkeit der Person begründet ist; deshalb impliziert die Bekehrung immer auch den Anschluß an eine Glaubensgemeinschaft. Darüber hinaus aber ist die Form der Bekehrung eine spezifische Antwort auf das Problem, das überhaupt erst dadurch entsteht, daß diese Verwandlung nicht mehr nur, wie in den oben angesprochenen Initiationsriten, als ‚Neuschöpfung' der Person begriffen und durch die Ausstattung mit den Symbolen des neuen Status auch bewirkt werden kann, sondern, als eine Unterscheidung an sich selbst, eben auch ein Bekentnnis verlangt, in dem eine individuell-persönliche Bindung an die Symbole des neuen Glaubens hergestellt und bezeugt werden muß. Wie auch sonst bei vielen reflexiven Konstruktionen, so ist auch hier die Geltung der Selbstbeschreibung durch ihre eigenen Operationen, den Akt der Selbstbeschreibung, zumindest latent gefährdet: Gegen das, was durch sich selbst bewirkt wurde, kann immer - vor allem durch sich selbst - der Verdacht mobilisiert werden, es sei auch nicht ‚wirklich', nicht ‚echt', daher ungültig oder unwirksam[29]. Die Bekehrung entschärft dieses Problem dadurch, daß sie die dem Bekenntnis zugrundeliegende Entscheidung als *Erleben*, mithin fremdem ‚Handeln' und jedenfalls nicht eigener Intentionalität zurechnet, wie dies in der Konversionserzählung regelmäßig auch dargestellt ist, die hier fast immer einen Vorgang persönlicher Adressierung oder Berufung erzählt.

---

[29]   In der pietistischen Tradition ist ‚Heuchelei' dafür das Stichwort, das allerdings nicht nur die absichtsvolle Täuschung meint, sondern überhaupt die Möglichkeit, daß der Glaube (noch) nicht den innersten Kern der Person durchdrungen hat. „Bei alledem aber hat der Mensch sich wohl in acht zu nehmen, daß seine Buße nicht Heuchelei sei, sondern daß er schaffe, daß er selig werde mit Furcht und Zittern." So *Francke* (1965 [1690/91]: 93).

Nicht nur nimmt diese Zurechnung dem Faktum der Glaubensentscheidung (virtuell) die ihr als einer Entscheidung unvermeidlich anhaftende Kontingenz, und nicht nur läßt sie die dabei konstituierte Bindung als eine individuell gar nicht verfügbare Fügung erscheinen. In praktischer Hinsicht wird damit vor allem erreicht, daß die als ‚Erlebnis‘ verstandene Glaubensentscheidung zwar einerseits als ein stets individuell zustoßendes Ereignis behandelt, andererseits aber zugleich in seiner Darstellung objektiviert sowie dadurch auch kommunikativ kontrolliert werden kann.

Darauf basieren jene (mehr oder weniger) enthusiastisch-ekstatischen Bekehrungserlebnisse, welche die Ikonographie der Bekehrung so nachhaltig geprägt haben, daß sie nicht selten selber als Auslöser oder gar ‚Ursache‘ der Bekehrung betrachtet werden. Sofern überhaupt Bekehrungserlebnisse erzählt werden - und das ist keineswegs notwendig der Fall -, sind sie aber Teil eines kommunikativen Arrangements, und ihre Funktion besteht darin, das Zustandekommen jener persönlichen Bindung an den und im neuen Glauben zu dokumentieren[30]. Gegenüber der Suggestion der *Erlebnis*schilderung darf man ja nicht aus dem Auge verlieren, daß man es immer mit einer Erlebnis*schilderung* zu tun hat. Ein Bekehrungserlebnis ist dies nur im Medium seiner sprachlichen Repräsentation[31], also Produkt sinnhafter Deutung, und das erfordert einerseits eine Semantik, welche einen Vorrat von Symbolen oder wenigstens Zeichen verfügbar hält, andererseits einen spezifisch definierten situativen Kontext, in bezug auf den Symbole und Zeichen indexikalische Ausdrücke werden -, der erleuchtende Blitz oder die Gewißheit der Sprachlosigkeit blieben sonst eben ein Blitz und ein vorübergehendes Stottern, bedeutungslos und niemanden auszeichnend. Ein Bekehrungserlebnis geht der Bekehrung also so wenig voraus, wie die Konversionserzählung ihr folgt: Beide sind, einander wechselseitig plausibilisierend, Elemente der Bekehrung selbst.

---

[30]   Allerdings ist dies in der Konversionsforschung bisher kaum untersucht worden. *Stromberg* (1990, 1991) immerhin hat den interessanten Versuch gemacht, die Herstellung dieser Bindung als Austausch von Symbolen in Konversionserzählungen zu beschreiben: Er unterscheidet dabei die referentielle Funktion des Symbols von einer ‚konstitutiven‘, welche für jene Bedeutungselemente steht, die situativ spezifisch sind, gleichsam die Indexikalität des Symbols konstituieren, auf die es also nicht verweist, ohne die es aber auch nichts bedeuten würde. Eine persönliche Bindung würde demnach dadurch erzeugt, daß ein Austausch in beiden Richtungen stattfindet: referentielle wird in konstitutive, also individuell bezeichnende Bedeutung transformiert, und umgekehrt werden konstitutive Momente, also etwa persönliche Erfahrungen, auf die Ebene referentieller Bedeutung gehoben.

[31]   Eingeschlossen die Möglichkeit, daß ein Bekehrungserlebnis als nicht kommunizierbar dargestellt wird.

Bekehrungserlebnisse sind daher ebenfalls an einen kommunikativen Rahmen gebunden, in dem sie gültige Darstellungen sind[32], und das heißt praktisch, daß sie der (dogmatischen) Erwartung der jeweiligen Glaubenslehre beziehungsweise Glaubensgemeinschaft entsprechen[33] (müssen).

Bekehrung ist denn auch niemals Bekehrung zu einer dem Konvertiten bislang unbekannten Glaubenslehre[34]; erst recht stellen sich Bekehrungserlebnisse nirgends unvorbereitet von selbst ein. Insbesondere solche Glaubensgemeinschaften, die sakramentale oder sonstwie institutionalisierte Heilsvermittlung ablehnen und den Status des Gläubigen von einem Bekehrungserlebnis in der Art einer persönlichen Offenbarung und Berufung abhängig machen[35], müssen natürlich auch dafür sorgen, daß solche Erlebnisse gültig mitgeteilt werden können. Zu den einschlägigen Praktiken gehört daher so gut wie überall, daß Bekehrungsgeschichten, vorzugsweise die eines Sektengründers, (gemeinde-)öffentlich erzählt beziehungsweise immer wieder in Erinnerung gerufen werden, so daß sich in der Regel ein bestimmter Typus oder Stil zum Muster verfestigt, dessen Reproduktion vom Konvertiten erwartet wird. Die pietistische Methodisierung des Bekehrungserlebnisses - gar das ‚hallische Bekehrungssystem‘[36] - bezeichnet dabei gewiß eine eher extreme Möglichkeit.

---

[32]   Dementsprechend erzählen Bekehrte ihre Geschichte anders, je nachdem, ob sie es mit Glaubensgenossen oder Außenstehenden zu tun haben, vgl. dazu *Ulmer* 1988: 21f.; *Jödicke* 1993: 222; *Jules-Rosette* 1976a: 136.

[33]   Das bedeutet auch, daß - wie etwa *Beckford* (1978: 258f.) für die Zeugen Jehovas gezeigt hat - Bekehrungsgeschichten im Falle von Veränderungen in der Glaubenslehre diesen folgend ‚umgeschrieben‘ werden. Auch darin bestätigt sich, daß Bekehrungsgeschichten eben nicht Ereignisse berichten, sondern Selbstbeschreibung sind: Es ist für den Gläubigen natürlich von grundlegender Bedeutung, sich als solcher wissen zu können, - und die Glaubenslehre ist dafür das Kriterium.

[34]   Diese Bekanntschaft kann auch medial vermittelt sein. Die Konjunktur ‚östlicher‘ und sogenannter esoterischer Sekten lebt ja nicht zuletzt von der Vermittlung durch Bücher, Beispiele unter anderem bei *Bitter* 1988.

[35]   In der Typologie *Wilsons* also die ‚konversionistischen Sekten‘, wozu etwa die Pfingstbewegungen, aber auch die Heilsarmee gehören, vgl. *Wilson* 1970: 39f.

[36]   So heißt in *Goethes* Wilhelm Meister (Bekenntnisse einer schönen Seele) die von *August Hermann Francke* inaugurierte Bekehrungsmethodik. „Nach diesem Lehrplan muß die Veränderung des Herzens mit einem tiefen Schrecken über die Sünde anfangen; das Herz muß in dieser Not bald mehr bald weniger die verschuldete Strafe erkennen und den Vorgeschmack der Hölle kosten, der die Lust der Sünde verbittert. Endlich muß man eine sehr merkliche Versicherung der Gnade fühlen, die aber im Fortgange sich oft versteckt und mit Ernst wieder gesucht werden muß." (*Goethe* 1985 [1795/96]: 390) Einen (fehlschlagenden) Versuch nach diesem System schildert *Moritz* in seinem

(Fortsetzung...)

Gleichwohl gilt, was *Jödicke* für pietistisch-evangelikale Bekehrungen feststellt, in abgeschwächter Form sicherlich für alle Bekehrungen: daß nämlich den Bekehrten nicht überrascht, „was geschieht, sondern der Umstand, daß etwas geschieht" (*Jödicke* 1993: 227).

Die amerikanische Ethnologin *Benetta Jules-Rosette* spricht - *Alfred Schütz* folgend - von einem ‚Schock', der den Übergang in den besonderen Wirklichkeitsbereich des neuen Glaubens begleitet, der aber nicht aus der Erfahrung der Neuheit des Neuen kommt, sondern aus der Erfahrung der Tatsächlichkeit des mehr oder weniger Erwarteten (*Jules-Rosette* 1976a: 135). Ihre eigene Bekehrung zu einer afrikanischen Freikirche mag das illustrieren. *Jules-Rosette* kennt die Riten und Zeremonien dieser Sekte - die sie als Kulturanthropologin auch untersucht und beschrieben hat (*Jules-Rosette* 1976b) -, sie ist mit der Lebensweise und den zum Teil strengen Verhaltensvorschriften vertraut, die für die Anhänger gelten, und man hat ihr sorgfältig das hier gültige ‚vocabulary of conversion' nahegebracht: „My growing interest in the church's teachings made membership seem plausible ... I would never have considered joining without belief. *I simply had no idea what belief was.*" (*Jules-Rosette* 1976a: 145, Hervorhebung H.L.) Die ‚Apostles of John Maranke' erwarten, daß der Glaube als individuelle Erfahrung bezeugt wird, zumeist in einer oder mehreren ‚Visionen', in welchen die ‚Berufung' zum Eintritt in die Sekte dargestellt wird.[37] Die Konversionserzählungen, die im wesentlichen von solchen Visionen sprechen, folgen dem Muster, das der Sektengründer John Maranke geprägt hat (der seinerseits in verschiedenen Visionen zur Gründung der Sekte ‚berufen' wurde), und mit dem werden die ‚Kandidaten' von Anfang an bekannt gemacht. Da nach ihrer Lehre die Apostel durch ihre Taufe die Fähigkeit erhalten, „to perform miracles, to heal, preach and overcome deadly poisons" (*Jules-Rosette* 1976a: 149), so erfordert die Glaubensentscheidung nicht zuletzt, eine Realitätskonstruktion als eigene Wirklichkeit zu übernehmen, in der diese Möglichkeiten sinnhafte Möglichkeiten sind, in der also Ereignisse des Alltags auf andere Weise sowohl zustandekommen als auch erklärt werden können,

---

[36](...Fortsetzung)
(autobiographischen) Roman ‚Anton Reiser', (*Moritz* 1972 [1785]: 51). *Kant* hat diese ‚Spener-Franckische' Methode ironisierend als die ‚herzzermalmende' von der ‚Mährisch-Zinzendorfschen' als der ‚herzzerschmelzenden' unterschieden (*Kant* 1992 [1798]: 55).

[37]   Da aber die Fähigkeit, Visionen als solche auszulegen, erst in der Bekehrung selbst erworben wird, zu deren Erfahrung sie zugleich gehören, wird nicht selten eine auf die Bekehrung vorausweisende Vision erst von dem bekehrten Apostel erkannt.

als es der Erwartung der Normalität entspricht. *Jules-Rosette* sieht in diesem Akt der Erwartungsumstellung - in der Terminologie der Apostel ,acceptance' - eine Epoche im Husserlschen Sinn, Einklammerung normaler Erwartungen zugunsten der Realität, welche die Glaubenslehre konstruiert.

Ihre Bekehrungsgeschichte beschreibt das in einem ganz buchstäblichen Sinn: als Reise. Sie wird im September 1971 gebeten, von Zaïre aus eine Botschaft an einen geistlichen Führer der Apostel bei der zentralen Zeremonie der Glaubensgemeinschaft in Malawi zu überbringen - „Most convincing in my decision to convert was the absolute certainty of the Apostles whom I encountered that I had been sent on a spiritual mission for that very purpose."[38] Auf der Reise in der Gesellschaft ausschließlich von Aposteln, wird sie von diesen in ihrer Glaubenslehre und der Geschichte der Gemeinschaft dabei vor allem darüber belehrt, daß formale Bildung und abstrakte Beobachtung - also das, was sie zur Wissenschaftlerin macht - nicht zur Erfahrung des Glaubens führen könnten. Noch unterwegs läßt sie durch einen Apostel eine ,Gebetsheilung' an sich selbst praktizieren, und dies ist bereits das erste Bekehrungserlebnis. Am Zielort angelangt, willigt sie schließlich in die Taufe ein. Die Vorbereitungen dazu gleichen denen einer ,degradation ceremony'. „That I was already being instructed in ways of detaching myself from worldly concerns did not occur to me." (*Jules-Rosette* 1976a: 152) Und sie fährt fort: „When I had dressed, I sat alone looking at the straw wall of the enclosure. ... Suddenly ... a radiant six-pointed star appeared. ... Momentarily this star, about five feet in width, was vividly present, flashing three times like a neon sign. Then it disappeared." (*Jules-Rosette* 1976a: 152) Dies ist die erste von drei Erscheinungen; Bennetta Jules-Rosette kommentiert sie gar nicht weiter, sondern führt sie als Tatsachen ein, ganz so, wie sie es für die Konversionserlebnisse anderer Mitglieder beschrieben hat. Danach beginnt die Taufzeremonie, bei der ein ,Prophet' den Neophyten zunächst einen neuen Namen zuteilt; die Taufe selbst wird durch dreimaliges Untertauchen in einem Tümpel vollzogen, - unmittelbar danach erscheint ihr der Stern zum zweiten Mal. Und, zurück in ihrer Hütte, ein drittes Mal, diesmal zusammen mit einer Stimme, die ihr einen Missionsauftrag erteilt. Nachdem der Stern verschwunden ist, erscheinen drei Medizinflaschen, zwei davon als Giftflaschen markiert, eine Stimme

---

[38]   *Jules-Rosette* 1976a: 145. Nach der Taufe habe man sie davon unterrichtet, daß ihre Taufe bereits in einer Prophezeiung des Sektengründers über die Ausbreitung der Sekte nach Europa und Amerika aus dem Jahre 1942 vorausgesagt worden sei.

gebietet, diese Flaschen zu meiden, nur die dritte, die das Taufwasser symbolisiert, sei ihr erlaubt. *Jules-Rosette* sagt, sie habe sich in einem ‚elated, almost dazed' Zustand befunden, der noch längere Zeit anhielt. Die Zeremonie geht über in eine Abendmahlsfeier, danach eine öffentliche Beichte in Form einer ‚Feuerprobe' und mit der Weihe zu einer ‚Heilerin' - eine der beiden ‚Gaben des Geistes', die auch Frauen zuteil werden können - ist sie in die Glaubensgemeinschaft aufgenommen. Mit dem Erwerb dieses Status ist auch die Bekehrung vollzogen, und dies ist die Voraussetzung der nun beginnenden religiösen Erziehung der Novizin: „All aspects of life were subject to doctrinal examination and I was held accountable for them to the elders of the church. ... The new member gradually learns to characterize the world differently. ... a vocabulary of membership through which I could achieve a new personal and social scrutiny of my behaviour. These instructions for a new life were gradually revealed." (*Jules-Rosette* 1976a: 157, 159, 162)

Nach der Lehre der Apostel ist durch die Bekehrung der Status der Gläubigen spirituell, jenseits der Verfügung von Gemeinschaft und Individuum begründet, weil die Bekehrung selbst als ein objektives, nicht durch Gemeinschaft oder Individuum bewirktes Geschehen vorgestellt wird, - und genauso schildert *Jules-Rosette* ihre Bekehrung: als ob es einer autonomen Logik gefolgt sei, als ein Geschehen, das sie *erlebt*, in dem sie aber nicht handelt, das sie noch weniger selber steuert, sie läßt es geschehen. „In retrospect, this choice seemed inevitable and could be traced to almost every prior contact with Apostles. It was difficult to reflect on the ways in which I had changed. As a neophyte, I had encountered so many unaccustomed experiences that I was ready to surrender to almost anything. It was hard to tell whether I was passive and receptive or simply stunned. My conversion hat not been cataclysmic but the final steps were abrupt, and the visions were of another order of power and clarity than anything I had experienced before. Nor had my conversion experience been the product of brooding, rebelliousness or growing disenchantment with my former life. My search had been almost inadvertent. Yet, somehow, both inevitably and wilfully it had led me to become an Apostle." (*Jules-Rosette* 1976a: 156f.) Das ist die Sicht der Bekehrten; für die Wissenschaftlerin hätte kein Weg zum Wunderglauben und zu den magischen Praktiken der Apostel geführt. Da die Bereitschaft zur Konversion prinzipiell gegeben war, so wurde der Weg zum Glauben - symbolschwer genug: eine Reise, nachgerade buchstäblich zu einer Epoche - zum Ausgang aus der bisher gültigen Normalität. Die Parallele zu den Inszenierungen der Liminalität in den Initiationsriten einfacher Gesellschaften ist unübersehbar, nur ist hier sozusagen die Initiation insgesamt reflexiv geworden: War dort der Initiand als außerhalb der Kontrolle der sozialen Struktur gedacht und als Glied der undifferenzierten communitas dargestellt, so hier jenseits der Kontrolle seiner selbst - elated, almost dazed - in jener gleichsam metaphysischen Nacktheit bloßen Menschseins, in der man - nach der jeweiligen Lehre - der transzendenten Macht ausgesetzt ist. In dieser Lage wird dann das Bekehrungserlebnis, die dreifache Vision, möglich. Nicht, daß überhaupt solche - vergleichsweise einfachen - Bilder auftauchen, macht das Bekehrungserlebnis, sondern daß die Situation so definiert ist, daß es die nächstliegende Interpretation ist, sie als eine Vision zu lesen, deren Botschaft dann auch nicht mehr zweifelhaft sein kann: die persönliche ‚Berufung' zum Apostel. Es ist ganz gleichgültig, was sie da ‚wirklich' gesehen und gehört hat, aber man braucht das auch gar nicht in Zweifel zu ziehen: Entscheidend ist, daß Bildern und Stimme nicht etwa, wie es die ‚Normalität' verlangte, als flüchtiger Einbildung jede Bedeutsamkeit verweigert wird, sondern die Erscheinungen nun über die Gegenwart des Erscheinens hinaus als bedeutsames Erlebnis festgehalten, festgeschrieben werden und die Konvertitin darin sich als Gläubige bezeichnet finden kann, in einer Form, die auch für die Glaubensgemeinschaft die Echtheit der Bekehrung bestätigt.

V

„Am Morgen des letzten Tages der Deprogrammierung machte ich die unbeschreibliche Erfahrung, daß sich mein Geist mit einem Schlag öffnete, so, als hätte jemand plötzlich das Licht angemacht. ... Ich bat alle, den Raum zu verlassen. Der Schmerz des Unfalls war nichts im Vergleich zu meiner momentanen Verfassung. Ich weinte sehr lange. Jemand kam zurück und gab mir eine kalte Kompresse für meine Stirn. Mein Kopf hämmerte, und ich fühlte mich wie eine einzige große offene Wunde. Die folgende Nacht war die schmerzlichste Zeit in meinem ganzen Leben. ... Nachdem ich mich wiederentdeckt hatte, stellte ich mir plötzlich ganz neue Fragen. Wie hatte ich nur jemals glauben können, der Messias sei ein millionenschwerer Industrieller aus Korea? ... Ich fühlte mich, als wäre ich aus einem Traum erwacht und wüßte noch nicht recht, was die Realität ist ... Die Begegnung mit Lifton änderte mein Leben. Ich sah mich plötzlich nicht mehr als Studienabbrecher ... und als ehemaliges Sektenmitglied, sondern sah, daß da vielleicht ein höherer Sinn war. ... Zu dieser Zeit hatte ich bereits begonnen, an Sektenaufklärungstreffen von Betroffenen teilzunehmen. Viele Eltern von Munies kamen auf mich zu und fragten mich, ob ich mit ihren Kindern sprechen würde. Ich erklärte mich dazu bereit." (*Hassan* 1993: 57ff.)

Die zuweilen gewiß ‚außeralltägliche' Darstellung von Bekehrungserlebnissen darf nicht den Blick darauf verstellen, daß diese Form der ‚persönlichen Berufung' die funktional höchst angemessene Weise ist, Zugang zu einer Wirklichkeitskonstruktion zu finden, die ja in der Tat ganz zentral darauf gründet, daß schon die Zugehörigkeit zu, besser: die Anwesenheit in ihr gerade nicht auf je schon gegebenen Status oder Rollenverpflichtungen beruht oder sich daraus ergibt, sondern diese überspannt, durchbricht oder sogar gänzlich aufhebt. Dieser Universalismus[39] war ebenso eine der Bedingungen für die Ausbreitung des Christentums in der Spätantike, wie er heute zur Attraktivität von Sekten beiträgt, ungeachtet, wie beschränkt dies faktisch sein mag[40]. Auch in dieser Hinsicht ist der Modus des Zugangs bereits ein Moment derjenigen Wirklichkeit, zu der er führt: Die ‚wahre Welt‘, in der der Bekehrte der ‚neue Mensch‘ sein kann, zu dem ihn die Bekehrung hat werden lassen. Welche Möglichkeiten hierbei geöffnet und welche - mehr oder weniger explizit - ausgeschlossen werden, hängt natürlich von der jeweiligen Glaubenslehre, ihrer Auslegung und Praxis in der zugehörigen Glaubensgemeinschaft ab; das muß (und kann) hier nicht erörtert werden. Für die Plausibilität von Bekehrung wesentlich - auf dieser Ebene der Allgemeinheit gesprochen - ist aber stets, was per definitionem natürlich alle Glaubenslehren auszeichnet, daß in der von ihnen entworfenen Weltkonstruktion Kontingenz nur begrenzt zugelassen ist.

Ermöglicht es also der Status des Bekehrten beziehungsweise Gläubigen, aus gegebenen sozialen Bindungen herauszutreten und diese hinter sich zu lassen oder sie wenigstens einem transzendent übergeordneten Prinzip zu unterstellen, so ist die Bekehrung nicht nur das die Lebensgeschichte diachron ordnende Datum, sondern auch das Schema, über das je synchron die Lebensführung organisiert wird. Das Differenzschema, das der Identität des Bekehrten zugrundeliegt, kann ganz unmittelbar als der Gesichtspunkt fungieren, von dem her sich Handeln und Erleben führen und kontrollieren lassen. Das muß nicht immer in jener ‚Engführung‘ geschehen, wie sie insbesondere aus pietistischen Zirkeln bekannt ist, wo man, wie Jödicke berichtet, etwa auch Kaufentscheidun-

---

[39]   *Luhmann* (1977: 170ff.) betont im Hinblick darauf insbesondere die Generalisierungsfähigkeit von ‚Offenbarung‘.

[40]   *Wilson* (1970: 52) weist darauf hin, daß deshalb bei der Erschließung des amerikanischen Westens Erweckungsbewegungen und konversionistische Sekten eine bedeutende Rolle gespielt haben. Die ‚Apostles of John Maranke‘ betrachten sich als „universal family which ... disregards all distinctions of tribe, ethnicity, custom and social class" (*Jules-Rosette* 1976a: 144).

gen Gott anheimstellen kann[41]. Immerhin illustriert dies das Funktions-
prinzip solcher Steuerung: Entscheidungsspielräume, an denen Kontingenz
und Handlungsunsicherheit erfahrbar wären, werden in Glaubensfragen
übersetzt, - man kann dann zwar Glaubenszweifel haben, muß aber nicht
die Wahrheit und Eindeutigkeit göttlicher Entscheidungen in Zweifel
ziehen, und für die Glaubenszweifel stehen entsprechende Bewältigungs-
praktiken bereit.[42] So öffnet das Differenzschema der Bekehrung einen
Horizont von Zukünftigkeit, nicht als Raum kontingenter Handlungs-
chancen, sondern definiert und vor allem umgrenzt dadurch, daß Rahmen
und Regel des Handelns prinzipiell feststehen.

Darauf beruht, daß Bekehrte, wie immer wieder bezeugt wird -
„ich sah, daß da ein höherer Sinn war"[43] -, als Befreiung empfinden
(können), was den Außenstehenden gerade als Verlust von Freiheit gilt:
Die Unterstellung unter nicht selten ja rigide Rituale und Regeln des
Glaubens und der Glaubensgemeinschaft kann dem Gläubigen als Durch-
brechung und Öffnung ‚bloß' sozialer Konventionen erscheinen, wo der
Außenstehende nur das Netz ihm unverständlicher Normierungen sieht,
in dem die Autonomie individuellen Handelns verlorengeht.

Freilich, und das bringt uns zum Ausgangspunkt zurück, *diese*
Sicht auf die Bekehrung ergibt sich wiederum erst unter der (still-
schweigenden) Voraussetzung eines autonom gedachten Individuums, das
sich prinzipiell selbst bestimmen, also auch selbst verwandeln und verändern kann. Aber das versteht sich ja nicht von selbst. Hinter der Form
der Bekehrung steht, diese konstituierend, die Frage, wie sich das Individuum als ein veränderbar-veränderliches und *dadurch* in seinen Möglichkeiten gesteigert denken und konstruieren läßt; die Form gehört - jedenfalls in ihrer christlichen Variante - insofern in den weiten Zusammen-

---

[41]   *Jödicke* 1993: 221. Berüchtigt ist die nachgerade ins Deterministische um-
schlagende Rechnungslegung *Jung-Stilling*s in seinem ‚Rückblick auf Stillings bisherige
Lebensgeschichte' (1969 [1804]).

[42]   Der Appell an die Bekehrungserfahrung kann selbst dann noch wirksam sein,
wenn jegliche unmittelbare Unterstützung durch Glaubensgenossen fehlt. Für die Zeit
nach ihrer Rückkehr in die Vereinigten Staaten schreibt *Jules-Rosette*: „The possibility
of vision and exhilaration that the [conversion] experience had given me made it difficult
to return completely to the mundane faiths of a prior life. In the midst of doubts, I lived
with the promise of the charismatic powers that I had seen the Apostles of Africa display
- the firewalking, prophecy, exorcism and all night singing." (*Jules-Rosette* 1976a: 163).

[43]   Wie man sieht, hat auch die Apostasie die Form einer Bekehrung - in der die
vorausgegangene, erste Bekehrung (s.o.) durch ihre Historisierung ungültig gemacht wird
- eine Bekehrung, die sich ihre Glaubenslehre durch die Umkehrung des früheren Mis-
sionsauftrages (bei der Mun-Sekte) selber erst produziert.

hang der Entstehung des modernen Ichs. Und wenn es richtig ist, daß dieses Ich, „das abendländische Selbstbewußtsein vor allem über die Einschärfung von Schuldbewußtsein" (*Hahn* 1984b: 13) entfaltet worden ist, dann stammen autonomes Ich und Bekehrung nicht nur aus *einer* Wurzel, dann ist die Bekehrung gewissermaßen Pate dieses Ichs. Denn nicht zuletzt jene radikale Verschärfung dieses Schuldbewußtseins, die seither für die christliche Theologie, im Protestantismus noch stärker ausgeprägt als im Katholizismus, bestimmend geworden ist, war das theologische Programm, das *Augustinus* (1967) in der Darstellung seiner eigenen Bekehrung verfolgt hatte. Dabei hatte sich *Augustinus* (1967) selber vor allem gegen den Pelagianismus gerichtet, jene christliche Strömung, für die asketischer Gehorsam gegen Gott eine Möglichkeit war, durch eigenen Willen und eigenes Tun das Heil zu erwirken, und in der die alte stoische Vorstellung von der Selbstperfektion des im Kern unwandelbaren Individuums fortwirkte. Die Lehre von Erbsünde, Gnade und Prädestination also ließ sich schon bei Augustin selber nicht mehr in einmaliger Bekehrung fassen und brachte in Beichte und Buße Praktiken der Selbstkontrolle und Selbstkorrektur hervor, in denen die Bekehrung gleichsam routinisiert ist. Das zitierte ‚hallische Bekehrungssystem' ist eine Illustration davon. Die derart ‚permanente Konversion' eröffnet nicht nur *ein* neues Leben, sondern produziert offene Zukunft; und zwar schließlich in eigener Regie, das Individuum sozusagen als der ‚Poet' seiner selbst.[44] In dem Maße, wie dies der Fall ist, sind dann nicht Bekehrungen und Sekten weniger pathologische Phänomene denn Sinnkonstruktionen, die nur den Grad der Unwahrscheinlichkeit nicht erreichen, den die zivilisatorisch erwartbare Normalität hat?

Literatur

Apuleius, Lucius 1965 [ca. 170 n.Chr.]: Der goldene Esel. Aus dem Lateinischen übertragen von Carl Fischer. München: Winkler.
Augustinus, Aurelius 1967 [397/401]: Bekenntnisse. Übersetzt von W. Thimme. Stuttgart: Reclam.

---

[44]   Es ist insofern ein passender Abschluß, wenn *Goethe*, der in ‚Dichtung und Wahrheit' das Programm des autonomen Individuums formuliert, darin im 3. Buch erzählt, man habe ihn, als er mit dem Gedanken spielte, sich dem Pietismus anzuschließen, nicht für einen Christen gelten lassen wollen und ihm in einer ‚Strafpredigt' vorgehalten, seine Auffassung vom Menschen und dessen Fähigkeiten sei der ‚wahre Pelagianismus' (*Goethe* 1985 [1814]: 675f.).

Bateson, Gregory 1985: Die Kybernetik des ‚Selbst‘: Eine Theorie des Alkoholismus. In: *Ders.*, Ökologie des Geistes. Anthropologische, psychologische, biologische und epistemologische Perspektiven. Frankfurt/M.: Suhrkamp, 400-435.

Bayer, Oswald 1988: Zeitgenosse im Widerspruch. Johann Georg Hamann als radikaler Aufklärer. München: Piper.

Beckford, James A. 1978: Accounting for Conversion. In: British Journal of Sociology 29, 249-262.

Bellah, Robert N. 1973: Religiöse Evolution. In: *Constans Seyfarth/Walter M. Sprondel* (Hg.): Seminar: Religion und gesellschaftliche Entwicklung. Studien zur Protestantismus-Kapitalismus-These Max Webers. Frankfurt/M.: Suhrkamp, 267-302.

Bischofberger, Otto 1992: Bekehrungsgeschichten: ihr Stellenwert und ihre Interpretation. In: Neue Zeitschrift für Missionswissenschaft 48, 117-130.

Bitter Klaus 1988: Konversionen zum tibetischen Buddhismus. Eine Analyse religiöser Biographien. Göttingen: Verlag Ernst Oberdieck.

Brown, Peter 1973: Augustinus von Hippo. Frankfurt/M.: Societätsverlag (Ersterscheinung: London 1967).

Claudel, Paul/André Gide 1965 [1949]: Zweifel und Glaube. Briefwechsel 1899-1926. Deutsch von Yvonne Gräfin Kanitz. München: dtv.

Flasch, Kurt 1994: Augustin. Einführung in sein Denken. 2. durchgesehene und erweiterte Ausgabe. Stuttgart: Reclam (Ersterscheinung: 1980).

Francke, August Hermann 1965 [1692]: Anfang und Fortgang der Bekehrung August Hermann Franckes. Aus der autobiographischen Handschrift. In: *Martin Schmidt/Wilhelm Jannasch* (Hg.): Das Zeitalter des Pietismus. [= Klassiker des Protestantismus. Herausgegeben von Christel Matthias Schröder, Bd. VI]. Bremen: Schünemann, 68-82.

Francke, August Hermann 1965 [1690/91]: Von der Christen Vollkommenheit. In: *Martin Schmidt/Wilhelm Jannasch* (Hg.): Das Zeitalter des Pietismus. [= Klassiker des Protestantismus. Herausgegeben von Christel Matthias Schröder, Bd. VI]. Bremen: Schünemann, 89-93.

Fredriksen, Paula 1986: Paul and Augustine: Conversion Narratives, Orthodox Traditions and the Retrospective Self. In: Journal of Theological Studies NS 37, 3-34.

Gennep, Arnold van 1986 [1909]: Übergangsriten. Frankfurt/M.: Campus (Ersterscheinung: 1909).

Goethe, Johann Wolfgang 1985 [1795/96]: Wilhelm Meisters Lehrjahre. Sämtliche Werke (Münchner Ausgabe) Bd. 5. München: Hanser.

Goethe, Johann Wolfgang 1985 [1814]: Dichtung und Wahrheit. Sämtliche Werke (Münchner Ausgabe) Bd. 15. München: Hanser.

Hahn, Alois 1982: Zur Soziologie der Beichte und anderer Formen institutionalisierter Bekenntnisse: Selbstthematisierung und Zivilisationsprozeß. In: Kölner Zeitschrift für Soziologie und Sozialpsychologie 34, 408-434.

Hahn, Alois 1984a: Religiöse Wurzeln des Zivilisationsprozesses. In: *Alois Hahn/Hans Braun* (Hg.): Kultur im Zeitalter der Sozialwissenschaften. Festschrift für F. H. Tenbruck. Berlin: Reimer, 229-250.

Hahn, Alois 1984b: Beichte und Biographie. In: *Johannes Horstmann* (Hg.): Beichte und Buße. Veröffentlichungen der Katholischen Akademie Schwerte. Schwerte: Katholische Akademie, 11-28.

Hamann, Johann Georg 1988 [1758]: Gedanken über meinen Lebenslauf. In: *Ders.*: Vom Magus im Norden und der Verwegenheit des Geistes. Ein Hamann-Brevier, mit einem Nachwort herausgegeben von Stefan Majetschak. München: dtv, 9-48.

Hassan, Steven 1993: Ausbruch aus dem Bann der Sekten. Psychologische Beratung für Betroffene und Angehörige. Reinbek: Rowohlt.

Hemminger, Hansjörg 1995: Was ist eine Sekte? Erkennen-Verstehen-Kritik. Stuttgart: Quell-Verlag; Mainz: Matthias-Grünewald-Verlag.

Jödicke, Ansgar 1993: Die moderne Religiosität von Bekehrten. Eine Studie zum Evangelikalismus in der Schweiz. In: *Jörg Bergmann/Alois Hahn/Thomas Luckmann* (Hg.): Religion und Kultur. (KZSS Sonderheft. 33), 218-230.

Jung gen. Stilling, Johann Heinrich 1969 [1777/78]: Heinrich Stillings Jugend (1777), Heinrich Stillings Jünglingsjahre (1778), Heinrich Stillings Wanderschaft (1778), Rückblick auf Stillings bisherige Lebensgeschichte (1804), herausgegeben von Karl Otty Conrady. Reinbek: Rowohlt.

Jules-Rosette, Bennetta 1976a: The Conversion Experience. The Apostles of John Maranke. In: Journal of Religion in Africa 7, 132-164.

Jules-Rosette, Bennetta 1976b: Verbale und visuelle Darstellungen einer rituellen Situation. In: *Elmar Weingarten/Fritz Sack/Jim Schenkein* (Hg.): Ethnomethodologie. Beiträge zu einer Soziologie des Alltagshandelns. Frankfurt/M.: Suhrkamp, 203-243.

Kant, Immanuel 1992[2] [1798]: Der Streit der Fakultäten, herausgegeben und mit einem Nachwort von Steffen Dietzsch. Leipzig: Reclam.

Koestler, Arthur 1962: Ignazio Silone, Richard Wright, André Gide, Stephen Spender, Ein Gott der keiner war. München: dtv (Ersterscheinung: Zürich 1950).

Leitner, Hartman 1990: Die temporale Logik der Autobiographie. In: *Walter Sparn* (Hg.): Wer schreibt meine Lebensgeschichte? Biographie, Autobiographie, Hagiographie und ihre Entstehungszusammenhänge. Gütersloh: Mohn, 315-359.

Luhmann, Niklas 1977: Funktion der Religion. Frankfurt/M.: Suhrkamp.

Moritz, Karl Philipp 1972 [1785]: Anton Reiser. Ein psychologischer Roman. Stuttgart: Reclam.

Pascal, Blaise 1956 (1654): Gedanken. Eine Auswahl. Übersetzt, herausgegeben und eingeleitet von Ewald Wasmuth. Stuttgart: Reclam.

Riegel, Klaus-Georg 1985: Konfessionsrituale im Marxismus und Leninismus. Graz; Wien; Köln: Styria.

Schmidt, Jochen 1985: Die Geschichte des Genie-Gedankens in der deutschen Literatur, Philosophie und Politik 1750-1945. Bd. 1: Von der Aufklärung bis zum Idealismus. Darmstadt: Wissenschaftliche Buchgesellschaft.

Schmidt Martin/Wilhelm Jannasch (Hg.) 1965: Das Zeitalter des Pietismus. [= Klassiker des Protestantismus. Herausgegeben von Christel Matthias Schröder. Bd.VI]. Bremen: Schünemann.

Schneider, Carl 1978: Geistesgeschichte der christlichen Antike. München: dtv.

Snow David A./Richard Machalek 1984: The Sociology of Conversion. In: Annual Review of Sociology 10, 167-190.

86   Hartman Leitner

Spener, Philip Jacob 1965 [1680/81]: Von der Wiedergeburt und Kennzeichen an ihren Früchten (1. Joh. 2, 29) [ca.1680/81]. In: Martin Schmidt/Wilhelm Jannasch (Hg.): Das Zeitalter des Pietismus. [= Klassiker des Protestantismus. Herausgegeben von Christel Matthias Schröder. Bd. VI]. Bremen: Schünemann, 56-61.

Staples, Clifford L./Armand L. Mauss 1987: Conversion or Commitment? A Reassessment of the Snow and Machalek Approach to the Study of Conversion. In: Journal for the Scientific Study of Religion 26, 2, 133-147.

Stromberg, Peter G. 1990: Ideological Language in the Transformation of Identity. In: American Anthropologist 92, 42-56.

Stromberg, Peter G. 1991: Symbols into Experience: A Case Study in the Generation of Commitment. In: Ethos [Journal of the Society for Psychological Anthropology, Washington DC] 19, 102-126.

Stroumsa, Gedaliahu G. 1992: Die Entstehung des reflexiven Selbst im frühchristlichen Denken. In: Shmuel N. Eisenstadt (Hg.): Kulturen der Achsenzeit II. Ihre institutionelle und kulturelle Dynamik. Teil 3: Buddhismus, Islam, Altägypten, westliche Kultur. Übersetzt von Ruth Achlama. Frankfurt/M.: Suhrkamp, 298-329.

Taylor, Brian 1976: Conversion and Cognition. An Area for Empirical Study in the Microsociology of Religious Knowledge. In: Social Compass XXIII, 5-22.

Taylor, Brian 1978: Recollection and Membership: Convert's Talk and the Ratiocination of Commonality. In: Sociology 12, 316-324.

Turner, Victor W. 1972: Betwixt and Between. The Liminal Period in Rites des Passage, in: William A. Lessa/Evon Z. Vogt (eds.): Reader in Comparative Religion. New York: HarpCollege, 338-347.

Turner, Victor W. 1989: Das Ritual. Struktur und Antistruktur. Frankfurt/M.; New York: Campus (Ersterscheinung: The Ritual Process. Structure and Antistructure, New York: Aldine 1969).

Ulmer, Bernd 1988: Konversionserzählungen als rekonstruktive Gattung. Erzählerische Mittel und Strategien bei der Rekonstruktion eines Bekehrungserlebnisses. In: Zeitschrift für Soziologie 17, 19-33.

Ulmer, Bernd 1990: Die autobiographische Plausibilität von Konversionserzählungen, in: Walter Sparn (Hg.): Wer schreibt meine Lebensgeschichte? Biographie, Autobiographie, Hagiographie und ihre Entstehungszusammenhänge. Gütersloh: Mohn, 287-295.

Wesley, John 1965 [1738]: Bericht über seine Bekehrung, [Auszug aus dem Tagebuch John Wesleys] in: Martin Schmidt/Wilhelm Jannasch (Hg.): Das Zeitalter des Pietismus. [= Klassiker des Protestantismus. Herausgegeben von Christel Matthias Schröder. Bd.VI]. Bremen: Schünemann, 249-254.

Wilson, Bryan 1970: Religiöse Sekten. München: Kindler.

Psychoanalytische Überlegungen zur biographischen Sozialisation[1]

George E. Vaillant[2]

Ein Psychoanalytiker nähert sich Biographien aus einer völlig anderen Perspektive als eine Soziologin oder ein Soziologe. Während ein Soziologe seine Aufmerksamkeit darauf richten mag, wie Herkunft und Bildung spätere Persönlichkeitsmerkmale gestalten, befaßt sich der Psychoanalytiker damit, wie Persönlichkeitsmerkmale den Bildungsprozeß und die erreichte soziale Klasse formen. Ich werde hier aus meinen biographischen Studien von College-Frauen und männlichen Ghettobewohnern berichten, die über 50 Jahre prospektiv beobachtet wurden. Unser Schwerpunkt lag darin, die für den Betroffenen nicht sichtbaren Abwehrmechanismen zu finden und deren Effekte auf die spätere soziale Anpassung zu untersuchen. Die spezielle Methode der Abwehr, die ich hier beschreiben werde, liegt in der Beziehung zwischen dem kreativen Produkt (oder dem psychiatrischen Symptom), den biographischen Tatsachen (oder der objektiven psychiatrischen Geschichte) und dem autobiographischen Bericht (das ist die Patientenbeschreibung der aktuellen Krankheit). Wenn man seine Aufmerksamkeit auf die *Diskrepanzen* zwischen diesen drei biographischen Komponenten richtet, so kann man eine übereinstimmende Gültigkeit von Abwehrmechanismen erkennen und zeigen, daß Abwehrmechanismen die erreichte soziale Klasse fortschreiben und nicht, daß soziale Klasse und Bildung Abwehrmechanismen hervorbringen.

* . *

Psychoanalytiker haben im Vergleich zu Soziologen eine recht unterschiedliche Sozialisation. Deshalb mag dieses Kapitel vielen Lesenden fremd vorkommen. Ein Teil der Fremdheit erklärt sich daraus, daß Psychoanalytiker in Biologie und den Lehren des ‚Darwinismus‘ ausgebildet werden, nicht in Sozialwissenschaften und ‚Marxismus‘. Psychoanalytiker

---

[1]   Titel des amerikanischen Beitrages: „Psychoanalytic Considerations of Biographical Socialization"; übersetzt von Bianka Ralle.
[2]   Die Forschungsarbeiten wurden durch Mittel des National Institute of Mental Health (KO5-MH00364 and MH42248) gefördert.

haben gelernt, sich mit dem ‚Inneren' von Menschen zu beschäftigen, nicht mit ihrer Umgebung. *Sigmund Freud*, der Vater der Psychoanalyse, war ein wesentlich besserer Neurologe als Anthropologe. Stark vereinfacht glauben Soziologen, daß die Geschichte große Frauen und Männer hervorbringt, während Biologen glauben, daß große Frauen und Männer Geschichte machen. *Robert White*, ein Psychologe aus Harvard, der versuchte Soziologie und Psychoanalyse zu verbinden, formulierte die Notwendigkeit, diese beiden Sozialisationsstile zu integrieren, kurz und bündig: „Wir wissen eine Menge über die Bedingungen, die Menschen formen, und dieses Wissen ist wichtig; wir wissen sehr wenig darüber, wie Menschen Bedingungen formen, und dieses Wissen kann man kaum als weniger wichtig bezeichnen." (*op cit.* 1952)

In einem Aufsatz erinnert uns *Hoerning* daran, daß die Gesellschaft Karriereentwicklungen vorschreibt. „Der Mensch erfährt, daß es vorgefertigte Wahrnehmungen über ‚ihr' oder ‚sein' berufliches Fortkommen gibt, die nicht unbedingt mit ihren oder seinen eigenen, subjektiv oder objektiv, übereinstimmen, ihm/ihr aber aufgestülpt werden" (1991: 20). Meine Art zu denken, erinnert mich daran, daß die beiden neuzeitlichen Eroberer Madrids, Napoleon und Franco, bereits in ihren frühen Zwanzigern Generäle waren, lange also, bevor die Gesellschaft befindet, daß ein Mann das Recht hat, eine Armee zu führen. Die Soziologie beschäftigt sich häufig damit, wie mentale Gesundheit durch die soziale Klasse geprägt wird, ein Beispiel dafür, wie Bedingungen Menschen und ihre Wahrnehmung von sich selbst formen. Im Gegensatz dazu hat es mich immer interessiert, wie mentale Gesundheit soziale Klassen prägt und Bedingungen formt, und ich bin der Überzeugung, daß wir beide Gesichtspunkte brauchen.

Seit 25 Jahren habe ich das Privileg, zunächst als Forscher, dann als Direktor der *Study of Adult Development* (*Grant Study)* an der Harvard Universität zu arbeiten. Deshalb habe ich drei prospektive Lebenslaufstudien (Langzeitstudien) eng verfolgen können, die über ein halbes Jahrhundert und drei Generationen liefen. Diese drei Studien sind: Die *Grant-Studie* von Harvard-Absolventen, die *Glueck-Studie* von nichtstraffälligen Ghetto-Jugendlichen und die *Lewis-Terman-Studie* über hochbegabte Kinder (*Vaillant* 1980; 1983; 1993).

Aufgrund meiner Sozialisation als Psychoanalytiker mit dem Glück, Lebensläufe prospektiv studieren zu können, ist mir eingeprägt worden, daß die Veränderung der eigenen Lebensinterpretationen nicht nur durch gesellschaftlichen Einfluß von außen erfolgt, sondern auch aufgrund innerer Bedürfnisse, zum Beispiel um Konflikte zu bereinigen. Häufig erfolgt die Veränderung in der Lebensgeschichte durch innere Entwicklung oder durch Reifung, die es ermöglichen, zuvor verneinte Wahrheiten zu ertragen.

Als Beispiel dafür, wie ‚Menschen Bedingungen formen‘, erbrachte meine seit 35 Jahren laufende prospektive Studie über nicht-straffällige Ghettojugendliche unerwartete Ergebnisse. Die soziale Klasse der Eltern und emotionale Probleme in der Kindheit hatten keinen Einfluß auf den Alkoholkonsum oder -mißbrauch der Untersuchten oder auf ihre mentale Gesundheit als Erwachsene (*Vaillant* 1983). Stattdessen hatten ihre mentale Gesundheit als Erwachsene und Alkoholismus einen starken Einfluß auf ihre eigene soziale Klasse, auf Arbeitslosigkeit und auf ihre Sozialisationserfahrungen. Dieses Ergebnis überraschte sogar den Psychoanalytiker.

Da man menschliche Leben aus vielen Perspektiven und über die Zeit beobachten muß, mögen zwei Berichte über dasselbe Leben sehr unterschiedlich sein und einen Mangel an wissenschaftlicher Zuverlässigkeit darstellen, und dennoch können beide biographischen Berichte wahr sein. Deshalb hat *Monet* seine Heuhaufen zu verschiedenen Tageszeiten gemalt, und deshalb muß Biographieforschung sowohl von den Schülern von *Habermas, Boas* und *Weber* und denen von *Erikson* und *Freud* geschrieben werden.

Sigmund Freud half uns zu verstehen, wie Menschen Bedingungen formen, und durch seine Hinwendung zum ‚milieu interieur‘ bot er uns zwei Zugänge für unser Verständnis von Biographie, und diese beiden Zugänge waren nicht die Träume und nicht die Psychoanalyse. *Freud* half uns, Biographie zu verstehen, als er unsere Aufmerksamkeit auf die Abwehrmechanismen und die psychologische Entwicklung lenkte. Biographische und autobiographische Berichte werden nicht nur durch Sozialisation oder von außen, sondern auch durch Persönlichkeitsentwicklung und durch den Aufbau psychologischer Abwehr von innen verändert.

Freud begann seine Karriere als klinischer Neurologe, der beobachtete, wie Menschen sich selbst betrügen. Er studierte, wie die Symptome (die autobiographischen Illusionen), die einige paralysierte Patienten aufwiesen, mit keiner neurologischen Realität übereinstimmten. Er lehrte uns, daß Biographieforschung, wie klinische Medizin, nicht auf berichteten Symptomen beruhen sollte (zum Beispiel: „Ich habe Fieber"), sondern auf Zeichen (zum Beispiel einem Thermometer, das 39 Grad anzeigt). Durch die Gegenüberstellung von Zeichen und Symptomen zeigt sich in den Abwehrhaltungen die systematische Art, in der Biographien verzerrt sind. Der Soziologe ist sozialisiert zu glauben, daß Zeichen und Symptom gleiche Wertigkeit haben; der Biologe glaubt, daß Symptome Verzerrungen von Zeichen sind.

Anders gesagt, die Gesellschaft - das soziale Milieu - entscheidet
darüber, welche Symptome wichtig sind, und diese ändern sich, wie die
Rocksäume der Frauen mit der Zeit; wohingegen Zeichen die biologische
und hoffentlich die historische Wahrheit reflektieren. Aber, wie wir alle
wissen, kommt die historische Wahrheit, wenn überhaupt, erst nach Jahrzehnten zum Vorschein. Durch seinen Glauben an den biologischen Determinismus erkannte *Freud*, daß innere Wahrheiten sich durch Entwicklung
verändern.

Lassen Sie mich einige Illustrationen geben. Zunächst, ganze historische Epochen praktizieren Selbstbetrug. Ich erinnere mich an meine
Bemerkung einem Soziologen gegenüber, daß während meiner Mediziner-
ausbildung in den 1950er Jahren kaum ein Kinderarzt in den Bostoner
Notaufnahmen Kindesmißhandlung diagnostizierte. Der Soziologe räso-
nierte sofort darüber, wie der Charakter von Boston (die soziale Biographie) sich im letzten Viertel des Jahrhunderts verändert habe. Er reflektierte über die sozialen Faktoren, die zur Zunahme von Kindesmißhandlung geführt hatten. Aber er verstand meinen Punkt nicht. Die Anzahl von Kindesmißhandlungen in Boston hat sich vermutlich nicht besonders verändert. Was sich verändert hat, ist die Fähigkeit von Kinder-
ärzten, Kindesmißhandlungen als solche wahrzunehmen und einzugeste-
hen. In den 1950er Jahren haben Eltern und Kinderärzte vor sich selbst
und anderen auch die offensichtlichsten Fälle von Inzest und Kindesmißhandlung abgestritten. Das Aufgeben der inneren Verleugnung solcher
elterlichen Gewalttaten erweckt den Eindruck, als habe die Geschichte
selbst sich gewandelt. Aber, so könnte jeder Soziologe einwenden, es war
ja die Veränderung in der gesellschaftlichen Akzeptierung von Kindes-
mißbrauch, die dem Individuum erlaubte, diese klaren Auges zu sehen.
Wie dem auch sei, die Symptome hatten sich geändert, die Zeichen nicht.

Mein zweites Beispiel erhielt ich durch die Befragung einer Gruppe
von hochbegabten 78jährigen Amerikanerinnen (Durchschnitts-IQ 155),
die um 1919 geboren waren. Sie wurden gefragt, „ob die Gesellschaft
ihnen eine faire Chance zur Entwicklung ihrer intellektuellen Fähigkeiten
gegeben hat" (*Vaillant* 1993). Fast jede von ihnen antwortete erstens, daß
die Gesellschaft fair und zweitens, daß es ihre Faulheit war, die sie nicht
mehr im Leben erreichen ließ. Beide Teile ihrer Antwort waren offensichtlich unwahr. Die prospektiv gesammelten Lebensgeschichten der
Frauen zeigten deutlich, daß sie tatsächlich Opfer gesellschaftlicher
Vorurteile über die Fähigkeiten von Frauen waren. Diese hochbegabten
Frauen, die *Lewis Terman* und seine Mitarbeiter seit 1920 studiert hatten,
hatten Abschlüsse von Berkeley oder Stanford, zwei der besten amerikanischen Universitäten. Nach 30 Jahren Vollbeschäftigung erreichten sie ein

maximales inflationsbereinigtes Jahreseinkommen vergleichbar dem der Ghetto-Männer meiner Studie, die gewöhnlich nicht einmal einen Gymnasialabschluß und einen Intelligenzquotienten von 95 hatten! Die prospektiven Berichte zeigten auch, daß niemand diese Frauen jemals für faul gehalten hatte. Tatsächlich war ihr Durchhaltevermögen oft besonders aufgefallen. Hinzu kam, daß viele dieser Frauen in ihrer Lebensmitte offen über erlebte Diskriminierungen gesprochen hatten. Erst in ihren späten biographischen Rekonstruktionen bestanden sie zur Minimierung ihrer inneren Konflikte darauf, daß es ihre eigene, nicht die Schuld der Gesellschaft war. Erst in den letzten 30 Jahren haben gebildete Frauen in Amerika gelernt zu glauben, und ich finde zu Recht, daß die Gesellschaft, nicht sie selbst, für ihren Mangel an Erfolg zu tadeln ist. Daß sie nicht sehr viel erreicht haben und dies dem Sympton der Faulheit zuschrieben, war in Wirklichkeit ein Zeichen von Diskriminierung durch ihre Umwelt.

Ein drittes Beispiel, in dem sich zugeschriebene zu biographischer Sozialisation wandelt, kann manchmal ein Artefakt von Selbstbetrug sein wie er sich in dem Glauben des *American Foreign Service* von 1947 bis 1953 darstellte, daß die Vergöttlichung von *Josef Stalin* - oder sollte ich sagen die Zarifizierung - in den russischen Medien das Resultat eines rationalen Versuchs der biographischen Sozialisierung eines bescheidenen Führers durch das Politbüro war (*Tucker* 1988). *Robert Tucker*, der spätere Direktor für Rußlandstudien an der Princeton Universität, war zu dieser Zeit ein junger Botschaftsangestellter in Moskau, der erfolglos die umstrittene These vertrat, daß *Stalin* Bedingungen formte. *Tucker* hatte seinen Vorgesetzten zu verstehen gegeben, Stalin sei paranoid - „ein Selbst-Idealisierer mit unstillbarem Hunger nach Glorifizierung, die der öffentliche Kult ihm gab. Stalin erregte sich leicht bis zu rachsüchtiger Feindseligkeit über alles, was ihn von seiner aufgeblasenen Vision von sich selbst als Führer abzulenken schien" (*op cit.* 1988: 73). Bis zu *Chruschtschows* Machtübernahme wurde *Tucker*s These abgelehnt. Vielmehr nahm das *American Foreign Service* einen *Stalin* wahr, der in seinen unregelmäßigen öffentlichen Auftritten „bescheiden, ohne Anmaßung, blind gegen seine eigene Persönlichkeit zu sein schien" (*op cit.* 1988: 76). *Tucker*s autobiographische Erinnerung offenbart jedoch auch die Weisheit des soziologischen Gesichtspunktes. *Tucker* gibt nämlich zu, daß ein großer Teil seines früheren Interesses, *Stalin* als Schurken darzustellen, auf das Konto seiner eigenen biographischen Sozialisation geht. Weil *Stalin Tucker*s Frau kein Ausreisevisum erteilte, wurde *Tucker*s Sozialisation durch einen neunjährigen unfreiwilligen Aufenthalt in Moskau beeinflußt. Das zeigt, daß wir bei einem Streit zwischen Psychoanalytikern und Soziologen ihre Gesichtspunkte integrieren müssen und uns nicht auf eine

Seite schlagen können, denn *Bedingungen formen Menschen, und Menschen formen Bedingungen.*

Mein wichtigster Punkt ist hier, daß prospektive Langzeitbeobachtungen uns ein klareres Bild der wahren Biographie hinter der Sozialisation geben. Durch prospektive Studien des Lebensverlaufs über längere Zeit können wir beides, die psychologischen Abwehrmechanismen und die Entwicklung einschätzen.

Wenn ich als Biologe darauf bestehe, daß es eine biographische Wahrheit gibt, und daß manche Soziologen zu weit gehen in ihrem Insistieren auf kultureller Relativität, so müssen gewisse Vorsichtsmaßnahmen beachtet werden. Weil sich die Entwicklung Erwachsener teils von Innen heraus vollzieht und weil der Reifungsprozeß uns alle zu ‚Lügnern' macht, müssen biographische Daten prospektiv über viele Jahre erhoben werden, denn unsere Erinnerung an vergangene Dinge ist immer verzerrt.

Weil unsere psychische Ökonomie uns zum Selbstbetrug verleitet, muß Biographieforschung Erkenntnisse über die Abwehrmechanismen des Subjekts berücksichtigen. Da ein solcher systematischer Selbstbetrug unsichtbar ist, muß man ein Verfahren anwenden, das der *Triangulierung des Landvermessers* ähnelt. Biographie, Autobiographie und das kreative Produkt (Abwehr) müssen kombiniert werden, um das zu messen, was nicht direkt beobachtet werden kann. Um psychologischen Selbstbetrug zu erkennen, brauchen wir sowohl den objektiven prospektiven (die Zeichen), als auch den subjektiven retrospektiven Bericht (die Symptome). Ich werde dieses Verfahren später genauer beschreiben. *Tuckers* Erfahrungen über die Schwierigkeiten, die er und das *American Foreign Office* bei der Einordnung *Stalins* hatten, sind dafür ein Beispiel.

Lassen sie mich zunächst die Vorsichtsmaßnahmen prospektiver Studien betonen. Wir können nicht hoffen, ein menschliches Leben zu verstehen, wenn wir uns (nur) auf die Erinnerung stützen. Halo-Effekte lassen die meisten Biographien regelmäßiger erscheinen als sie es sind. Damit man den Erkenntnissen der Biographieforschung vertrauen kann, muß sie prospektiv vorgehen. Umgekehrt gilt, wenn wir beurteilen, ob ein Individuum gut oder schlecht gealtert ist, so sollten wir nichts über seine Vergangenheit wissen. Mit anderen Worten, um den gesetzmäßigen Zusammenhang eines menschlichen Lebens zu verstehen, brauchen wir Berichte von Beobachtern zu verschiedenen Zeitpunkten, die gegenseitig von ihren Beobachtungen nichts wissen.

Weiter glaube ich, daß die innere Entwicklung eine ebenso wichtige Kraft für Veränderung der Biographie ist wie die Sozialisation. Im Alter von 19 Jahren versicherte ein College-Forschungsteilnehmer, *Robert Jordan*, den Mitarbeitern der *Study of Adult Development* (*Grant Study*), daß *Freud*s Sexualtheorien keinerlei Wahrheit enthielten. Mit 50 hatte sich seine Meinung verändert. Warum? Dieser Wandel war nicht bewußt herbeigeführt worden. Er hatte keinen Psychologiekurs besucht, es lag nicht an seiner Sozialisation, und er hatte keine beeinflussende Psychoanalyse mitgemacht. Der Wandel schien auf eine Entwicklung seiner Persönlichkeit zurückzugehen. Entwicklung ereignet sich von innen und von außen.

Es gab sicherlich keinen Heranwachsenden in der Studie, der ein besseres Beispiel für die *Freud*schen Ideen über unterdrückte Sexualität abgab. Mit 19 Jahren hatte *Jordan* vor den Psychiatern der Studie geprahlt, daß er eine Freundin, die vorehelichen Geschlechtsverkehr hätte, fallen lassen würde. Der Psychiater vermerkte dennoch, daß „obwohl *Jordan* sexuelle Beziehungen ablehnt, ist er offen gesagt an Sex als gedanklichem Thema sehr interessiert". Wie nur wenige andere Subjekte beschrieb er bereitwillig Wiederholungsträume, die deutlich sexuelle Konflikte widerspiegelten.

Im College lehnte er nicht nur *Freud* ab, sondern er hatte schreckliche Vorurteile gegen ‚kriechende Liberale'. Er zerriß, was er für ‚Propaganda' der *Harvard Liberal Union* hielt. Es war eine Tatsache, daß er viermal in der Woche der katholischen Messe beiwohnte. Gegenüber der Studie bekannte er, „ich habe einen schrecklichen Antrieb; ich habe immer Ziele und Ehrgeiz gehabt, die jenseits von irgendetwas Praktischem lagen".

Mit 30 Jahren war *Mr. Jordan* herangereift. Ihm wurde jetzt deutlich, daß seine früheren ‚schrecklichen' intellektuellen Ziele und Ambitionen tatsächlich von seiner Mutter stammten. „Mein ganzes Leben", erzählte er nun der Studie, „mußte ich gegen die Dominanz meiner Mutter ankämpfen." Dann fügte er hinzu: „Eine wichtige Veränderung in meiner Philosophie hat Auswirkungen auf meine Lebensziele. Diese bestehen nicht mehr darin, in der Wissenschaft gut zu sein, sondern die Arbeit mit Menschen zu genießen und die Frage, die ich mir jeden Tag stelle, ‚hast du heute das Leben genossen?', mit ‚ja' zu beantworten."

Mit 50 Jahren war *Jordan* ein überzeugter Anhänger von *Freud*s Theorien. Als er heranreifte, warf er sein Verbot vorehelicher Sexualität über Bord. Dieser Junge, der im College vier Mal in der Woche zur Messe ging, verkündete nun: „Gott ist tot, und der Mensch ist äußert lebendig und hat eine wunderbare Zukunft." Als er 50 war, hatte es in Amerika einen Rechtsruck gegeben, aber *Jordan* fürchtete die ‚kriechenden Liberalen' nicht mehr. Stattdessen behauptete er, daß „die Armen der Welt die Verantwortung der Reichen der Welt sind", und sah in „Recht und Ordnung ein repressives Konzept". Was war passiert? In seinem Erwachsenenleben hatte *Jordan* den Entwicklungsprozeß rekapituliert, der junge Heranwachsende in den Tumult der Adoleszenz stürzt. Er hatte sich von elterlicher Herrschaft befreit; er hatte eine weniger rigide Moral erreicht. Natürlich spielten auch Veränderungen in seiner Kultur eine Rolle - aber nur teilweise. Viele kognitiven Wissenschaftler glauben, daß Erinnerungen nicht als ordentliche Spuren, die in ihrer Realität auffindbar sind, wiedergewonnen werden können, sondern daß Erinnerungen eine kreative Reproduktion davon sind, wie es hätte passieren sollen. Bei dem Versuch, subjektive und objektive biographische Fakten gegenüberzustellen, war es sehr hilfreich, daß die Kohorten der *Study of Adult Development* seit ihrer Kindheit untersucht worden waren. Im Alter von 50 Jahren leugnete der Agnostiker *Jordan*, jemals im College zur Messe gegangen zu sein, obwohl die prospektiven Zeugnisse aufdeckten, daß er vier Mal wöchentlich der Messe beigewohnt hatte.

Ebenso konnten wir prospektive Studien nutzen, um nicht nur psychologische Entwicklung zu dokumentieren, sondern auch die Verwendung psychologischer Abwehrmechanismen. Ego-Abwehrmechanismen sind Metaphern, die den unbewußten Selbstbetrug reflektieren, mit dem Individuen ihnen unerträgliche innere und äußere Realitäten verändern. Abwehr ist ein Weg, die Welt dazu zu bringen, die eigenen Bedingungen zu akzeptieren, anstatt zu lernen, die Bedingungen zu akzeptieren, die die Welt anbietet. Die Wahl der Abwehrmechanismen hat einen wesentlichen Einfluß auf die soziale Mobilität von Individuen und darauf, wie sie von der Gesellschaft behandelt werden. In meiner Forschung habe ich herausgefunden, daß die individuelle Wahl der Abwehrmechanismen unabhängiger von ihrer sozialen Umgebung sein kann als ihre getestete Intelligenz (*Vaillant* 1993). Mit anderen Worten, *Abwehr stellt ein wichtiges Mittel dar, mit dem Menschen Bedingungen formen und mit dem sie ihre biographischen Interpretationen verändern*, von innen mehr als von außen.

Prospektive Untersuchungen erlauben experimentelle Tests solcher *Freud*schen Annahmen. Um Selbstbetrug zuverlässig zu erkennen, erlaubt die Benutzung öffentlicher und subjektiver Berichte dem Beobachter, das Vorhandensein von Abwehr zu triangulieren, Abwehr, die er nicht sehen kann, ebenso wie die Triangulierung es Landvermessern erlaubt, die Höhe eines Berges zu schätzen, den sie nicht besteigen können.

Die Psychobiographie eines kreativen Künstlers gibt uns ein Beispiel dafür, wie man Abwehr durch eine solche ‚Triangulierung‘ erkennen kann, indem man Biographie (Zeichen), Autobiographie (Symptome) *und* das kreative Produkt (Abwehr) untersucht. Zunächst verfügt der Psychobiograph über biographische Fakten, konkrete, beobachtbare Fakten über den Künstler, die schwarz auf weiß vorliegen. Zweitens mag der Psychobiograph Zugang haben zu Briefen des Künstlers, zur Autobiographie, zu dessen eigenen Erklärungen zu seinem emotionsgetriebenen Werk und zu dem Bericht des Künstlers über seine Gefühle während des kritischen Ereignisses der Werkerschaffung. Mein Augenmerk liegt auf *Freud*schen Gefühlen und Affekten und nicht auf *Kant*schen Ideen. Drittens wird der weise Biograph sich auch mit den kreativen Produkten beschäftigen, diesen seltsamen Stücken phantasievollen Verhaltens, die so erschreckend, so farbenfroh und so einmalig sind wie die Wahnvorstellungen eines Verrückten. *Tucker* schrieb Berichte und dann Bücher, um das, was er als Mißhandlung zunächst von *Stalin* und dann vom State Department erfahren hatte, zu zerstreuen. In der Zusammenführung dieser drei Ausgangspunkte - Biographie, Autobiographie und kreativem Produkt - können wir den Beweis für die veränderte Interpretation des Lebens erhalten.

Lassen Sie mich dies mit einem konkreten Beispiel illustrieren. Ich interviewte einen Arzt, der mir lebhaft und mit Enthusiasmus über sein Hobby erzählte, nämlich Gewebekulturen anzulegen - und dies in seinem Keller. Er erzählte mir dann mit noch mehr Interesse und Enthusiasmus, daß die Zellen für eine dieser Gewebekulturen aus einem Tumor im Bein seiner Mutter entnommen waren. Er beschrieb sein Interesse an Gewebekulturen als ein Hobby, als ob dies die normalste Beschäftigung auf der Welt sei. Aber ich habe noch nicht erlebt, daß Zuhörer, denen ich von seinem Hobby erzählte, die Tumorzellen seiner Mutter im Keller zu züchten wie ein Kind Goldfische züchten mag, nicht in Lachen ausbrachen. Kurzum, mein Klient fand sein Benehmen völlig normal. Außenstehende hielten es für merkwürdig und, wie es uns häufig mit anderer Leute Religion, Politik und Träume passiert, für möglicherweise unpassend.

Aber jeder kann ein ungewöhnliches Hobby haben. Der Enthusiasmus dieses Internisten war deshalb so bemerkenswert, weil er mir fünfzehn Minuten vor Ende des Interviews ganz sachlich eröffnete, daß seine Mutter erst vor drei Wochen gestorben war. Da ich aus der prospektiven Studie wußte, daß er seine Mutter sehr gern hatte, fragte ich ihn, wie er mit ihrem Tod fertig geworden war. Er bot mir sozialisierte Autobiographie an. Er erzählte mir, daß er, da er ja Arzt war, die Zeit damit zugebracht habe, seinen Vater zu trösten. Auf der bewußten Ebene hatte dieser Mann rationalisiert - und darin war er gut -, daß er den Verlust seiner Mutter durch die Sorge für eine andere Person erträglicher machte.

Anders ausgedrückt, hätte ich mich nur für bewußte Bewältigungsmechanismen interessiert, hätte ich als Biograph seine Art, den Tod seiner Mutter zu bewältigen, vielleicht als Altruismus bewertet. Stattdessen sah ich darin eine Art von Trost. Ich stellte den Zusammenhang zwischen seinem merkwürdigen Verhalten, das er selbst vermutlich nicht merkwürdig fand, und seiner Trauer her. Ich schloß, daß das Wissen, daß seine Mutter lebendig und guter Dinge in seinem Keller war, ihm eine geheime Quelle des Trostes sein konnte. Er hatte mir tatsächlich seine Gewebekultur mit einem Enthusiasmus und einer Wärme beschrieben, wie man sie gewöhnlich Menschen entgegenbringt, und er hatte den Verlust seiner Mutter durch ihren Tod mit einer Ungerührtheit beschrieben, die man normalerweise Gewebekulturen entgegenbringt. Dennoch wußten wir von den prospektiven Berichten, von der Einschätzung durch Auswerter (rater), die seine Nach-College-Zeit nicht kannten, daß er seiner Mutter sehr nahe stand. So war es möglich zu triangulieren, daß das Leben des Internisten - um eine Metapher zu benutzen - sich von seiner verstorbenen Mutter abgewandt und sich ihrem noch lebenden Gewebe zugewandt hatte. Psychoanalytiker bezeichnen oftmals diesen Prozeß als *Verschiebung*. Das ist mit dem Ego-Mechanismus von Abwehr gemeint. Darüber hinaus zeigte der Arzt das leidenschaftslose, intellektuelle Interesse am Tod seiner Mutter, welches für Chirurgen sehr nützlich ist, um blutige Operationen zu bewältigen und die Schmerzen und die Sterblichkeit ihrer Patienten zu ertragen. Psychoanalytiker bezeichnen diesen Vorgang oft als Intellektualisierung oder Isolierung von Affekten. Kurzum, Abwehr ist kreativ, gesund, tröstlich und bewältigend, obwohl sie den Beobachtern häufig absonderlich vorkommt. Die Entfaltung von Abwehr bringt das Gefühlsleben von innen hervor, das Gefühlsleben, das eine ebenso wichtige Rolle wie die Sozialisation bei der Veränderung von Biographien spielt.

Ich fasse das Beispiel des Internisten zusammen. Sein Symptom oder sein kreatives Produkt war das imaginative Züchten eines Tumors seiner Mutter im Keller, für die meisten von uns keine Routinetätigkeit. Sein autobiographischer Bericht zeigte deutlich, daß er wenig Gefühl ausdrückte, wenig Trauer oder Verstörung bei der Beschreibung des kürzlichen Todes seiner Mutter zeigte. Stattdessen zeigte er große Begeisterung, Erregung und Sorge um eine kaum lebende Gewebekultur. Von äußerster Wichtigkeit war meine dritte Beweisquelle. Es waren sorgfältig gesammelte biographische Fakten durch unvoreingenommene Auswerter (‚*raters blind to the future‘*). Diese ‚Fakten‘ beruhten weder auf meiner Erinnerung noch auf meiner Interpretation. Es war eine Tatsache, daß seine Mutter tatsächlich erst vor drei Wochen gestorben war. Aussagen darüber, daß der Arzt seine Mutter sehr gern hatte und aus einer liebevollen Familie stammte, gab es schon aus der Zeit als er 18 Jahre alt war, und sie waren von unvoreingenommenen Auswertern evaluiert worden. Letztlich zeigt das erneute Studium seiner Unterlagen, daß dies nicht das erste und nicht das letzte Mal war, daß dieser Mann seine Ideen von seinen Gefühlen isolierte und die *Verschiebung* zur Abwehr benutzte, um seine Aufmerksamkeit von echtem Schmerz und Konflikt auf andere, besser zu bewältigende und weniger gefühlsbeladene Bereiche zu richten. 25 Jahre später (1995), als er um seine Frau trauerte, verstand er die Anwendung von Verdrängung als eine nun bewußte Strategie. Aber als ich ihn 1995 nach seinen aufregenden Gewebekulturen (1977) befragte, stritt er ab, jemals daran interessiert gewesen zu sein. Die Gewebekulturen waren jetzt nur eine Aufgabe, die er sich zur Sozialisierung eines scheuen Mitarbeiters ausgedacht hatte. Der Reifungsprozeß macht uns alle zu Lügnern.

Aber bevor wir Abwehrmechanismen im Subjekt identifizieren, müssen wir uns klarmachen, wie projektiv, wie voreingenommen der Biograph und seine Datenquellen sind. Eine verbreitete Abwehr von Biographen ist die Projektion, und wir müssen uns immer fragen, wie sich auch *Robert Tucker* fragte, welchen inneren Konflikt der forschende Biograph zu besänftigen versucht?

Ich erinnere mich an die Beerdigung eines Kollegen. Es gab drei Eulogen, alle von bekannten Psychiatern. Eine war sehr sachlich, relativ objektiv, und zumindest schien sie nach meiner Ansicht den Kollegen zu beschreiben, den ich seit Jahren gekannt hatte. Die anderen beiden Eulogen, die von Männern gehalten wurden, die ihn ebenso lange gekannt hatten, beschrieben nicht meinen verstorbenen Kollegen, sondern waren idealisierte Versionen des Mannes, der jeder der Trauerredner gerne werden wollte. Teilweise waren die Verzerrungen und ihre Konzentration auf ihr ideales Selbst eine Funktion ihres Versuchs, die eigene Trauer zu lindern, aber es waren armselige biographische Darstellungen.

Natürlich kommen solche Schieflagen nicht nur aus inneren Projektionen, sondern auch durch äußere Sozialisation. So wurden zum Beispiel die Männer in meiner Longitudinal-Studie von 1938 bis 1942 anthropometrisch vermessen. In diesen Jahren glaubten nicht nur die Nazis, daß die Rasse Auswirkungen auf die Persönlichkeit hat. Die Begründer der Harvard *Study of Adult Development* glaubten, daß der Körperbau signifikante Effekte auf die individuelle psychologische Entwicklung habe. Sie publizierten einen positiven Bericht, in dem Männern eine schlechte mentale Gesundheit attestiert wurde, die - in der Bewertung des physischen Anthrplogen der Studie - eine ‚disproportionale' Körperbeschaffenheit aufwiesen (*Seltzer* 1946). Longitudinalstudien wiesen nach, daß dieses Konzept aus den Vorurteilen des Beobachters resultierte. Statt der Körperbeschaffenheit hatte eine liebevolle kindliche Umgebung der Männer einen wesentlich tiefgreifenderen Effekt auf die soziale und sogar auf die biologische Entwicklung der Männer (*Vaillant* 1979).

Aber Fehler haben Auswirkungen in beide Richtungen. Der Rassismus der Nazis stellte die Eugenik und den genetischen Determinismus der 1920er und 1930er Jahre in den 1960er Jahren in ein schlechtes Licht. Da ich von der Sozialwissenschaft nach dem Zweiten Weltkrieg sozialisiert wurde, enthält meine Datensammlung über die College-Männer einen Schwerpunkt auf deren innerspsychischer Abwehr und ihrer kindlichen Umwelt. In den 1990er Jahren jedoch werde ich immer wieder gefragt, warum ich nicht mehr genetische Daten erhoben habe. Wie der Reifungsprozeß so macht uns auch die Sozialisation zu Lügnern.

Um es zusammenzufassen: Ich habe angeregt, daß Änderungen in biographischen Skripten ebenso eine Funktion des inneren Zustands wie der Sozialisation sind. Wenn wir Veränderungen im biographischen Wissen verstehen wollen, so müssen wir begreifen, wie Menschen ihre Bedingungen formen und wie Bedingungen Menschen formen. Es steht außer Frage, daß Psychobiographen große Aufmerksamkeit auf den sozialen und historischen Kontext richten müssen. Aber sie müssen sich ebenso mit dem Reifeprozeß und den Abwehrmechanismen beschäftigen.

Literatur

Bennett, Margaret E./Lewis M. Terman 1941[2]: College and Life: Problems of Self-Discovery and Self-Direction. New York et al.: McGraw-Hill.

Glueck, Sheldon/Eleanor T. Glueck 1934: One Thousand Juvenile Delinquents. Their Treatment by Court and Clinic. With an Introduction by Felix Frankfurter. (Survey of Crime and Criminal Justice in Boston. 1). Cambridge, Mass.: Harvard University Pr.

Glueck, Sheldon/Eleanor T. Glueck 1968: Delinquents and Nondelinquents in Perspective. Cambridge, Mass.: Harvard University Pr.

Hoerning, Erika M. 1991: Biographical Knowledge: Life Experiences as Human Resources. In: *Ulla Björnberg* (ed.): Methods for the Study of Changing Forms of Life. Wien: International Social Science Council. European Coordination, Centre for Research and Documentation in Social Sciences, 13-22.

Riley, Matilda W. 1952: Lives in Progress. New York: Dryden Pr.

Seltzer, Carl C. 1946: Body Disproportions and Dominant Personality Traits. In: Psychosomatic Medicine 8, 75-97.

Terman, Lewis M./Melita Oden 1959: The Gifted Child Grows Up: 25 Years' Follow-Up of a Superior Group. (Genetic Studies of Genius. 4). Stanford, Cal.: Stanford University Pr.

Tucker, Robert C. 1988: A Stalin Biographer's Memoir. In: *William M. Runyan* (ed.): Psychology and Historical Interpretation. New York; Oxford: University Pr., 63-81.

Vaillant, George E. 1979: Natural History of Male Psychological Health: Effects of Mental Health on Physical Health. In: New England Journal of Medicine 301, 1249-1254.

Vaillant, George E. 1980: Werdegänge. Erkenntnisse der Lebenslauf-Forschung. Reinbek b. Hamburg: Rowohlt (Ersterscheinung: Adaptation to Life. Boston: Little, Brown and Co., 1977).

Vaillant, George E. 1983: The Natural History of Alcoholism. Cambridge, Mass.: Harvard University Pr.

Vaillant, George E. 1993: Wisdom of the Ego. Cambridge, Mass.: Harvard University Pr.

Gatekeeping im Lebensverlauf -
Wer wacht an Statuspassagen?

Ein forschungspragmatischer Vorschlag, vier Typen von Gatekeeping aufeinander zu beziehen[1]

Johann Behrens und Ursula Rabe-Kleberg

Einleitung

Das Schlüsselkonzept der Mikrosoziologie, die Handlung und Struktur zusammenbringen will, ist die Analyse der Situation. Der Beitrag der Lebensverlauf- wie der Biographieforschung zu diesem Konzept ist bemerkenswert, aber eher zweideutig. Einerseits hat vor allem die Biographieforschung viel zur sogenannten mikrosoziologischen Wende beigetragen, andererseits endeten nicht wenige ihrer Ansätze - wie wir im ersten Abschnitt diskutieren werden - in einem extremen Normativismus.

Typisches Beispiel hierfür ist die Rede von ‚Altersnormen‘, die eine Art prästabilisierter Harmonie zwischen gesellschaftlichen Anforderungen und individuellen Kontinuitätsbedürfnissen herstellen sollen. Die Existenz solcher Normen würde das Leben von Soziologinnen und Soziologen zweifellos einfacher machen. In unseren empirischen Analysen fanden wir allerdings wenig empirische Evidenz für ihre Existenz!

Daher wollen wir versuchen, ohne eine normativistisch prästabilisierte Harmonie zwischen Anforderungen gesellschaftlicher Integration und individuellen Kontinuitätsbedürfnissen auszukommen. Wir wollen vermeiden, sozial integrative Normen mit individuellen Bedürfnissen gleichzusetzen oder gar zu verwechseln. Statt dessen sehen wir solche

---

[1]   Dieser Text ist die nur wenig überarbeitete, von uns selbst übersetzte Fassung unseres Aufsatzes: Gatekeeping in Life Course: A Pragmatic Proposal for Interrelating Four Gatekeeper Types, erschienen in Band III der Reihe des DFG-Sonderforschungsbereichs 186 „Statuspassagen und Risikolagen im Lebenslauf": *Heinz, Walter R.* (ed.), Institutions and Gatekeeping in the Life Course. (Statuspassages and the Life Course. III). Weinheim 1992: Deutscher Studien Verlag. Wir danken der DFG für die Förderung unserer diesen Überlegungen zugrundeliegenden Projekte und den KollegInnen des Sonderforschungsbereichs, insbesondere *Walter R. Heinz* und *Werner Dressel*, für hilfreiche Vorschläge zur ersten Fassung. Ihnen und dem Deutschen Studien Verlag danken wir auch für die freundliche Zustimmung zur Veröffentlichung der deutschen Übersetzung.

Normen zunächst als Anforderungen und Deutungsangebote von unterschiedlichen, untereinander keineswegs harmonisierten Gatekeeping-Instanzen, die über Zugänge zu Status zu entscheiden, zu verhandeln und Passagen zu unterstützen haben.

Gatekeepern begegnen wir an den meisten Statusübergängen in unserem Lebensverlauf. Statuspassagen (vgl. auch *Glaser/Strauss* 1971) im Lebensverlauf sind Übergänge zwischen sozialen Positionen, bei denen es etwas zu gewinnen oder zu verlieren gibt. Nur wenige Statuspassagen kann das Individuum ganz allein für sich wahrnehmen (wie zum Beispiel religiöse Erweckungserlebnisse, die vor anderen Menschen verborgen werden). In allen anderen Fällen hat es mit Gatekeepern zu verhandeln.

Aber wie sind Gatekeeper zu identifizieren und Gatekeeping-Situationen abzugrenzen? Buchstäblich jede Person kann als Gatekeeper fungieren: Mutter und Vater, an denen *Lewin* (1951) den Begriff der Gatekeeper in den 1940er Jahren diskutierte (siehe unten), ebenso wie Vorgesetzte und Gutachter. Solche diffusen Bestimmungen machen das Konzept forschungspraktisch eher unbrauchbar. Erst wenn es gelingt, zwischen unterschiedlichen Typen von Gatekeepern zu unterscheiden und Regelmäßigkeiten in ihren Beziehungen zueinander zu erkennen, wird die Heuristik für Biographie- und Lebensverlaufforschung pragmatisch interessant.

Die Beziehungen von vier Typen von Gatekeepern scheinen uns besonders relevant. Drei davon handeln im eigenen Interesse: Mitglieder von Primärgruppen wie Familien und Freunde, direkte Vorgesetzte und Repräsentanten von Organisationen. Unser Interesse richtet sich darüber hinaus vor allem auf einen vierten Typ, den des entscheidungsexternen, auf universalistische und objektivierbare Kriterien verpflichteten ‚Gutachters‘. Wir meinen nämlich, in rechtsstaatlich verfaßten Wohlfahrtsstaaten einen historischen Trend erkennen zu können, der die Bedeutung von Altersnormen stärkt, ohne auf irgendwelche kulturellen Traditionen oder Vorstellungen über ‚Alter‘ fußen zu müssen. Mit der Verrechtlichung und damit auch mit der Formalisierung von Statuszugängen steigt der Bedarf an universalistisch einsetzbaren, standardisierbaren und zugleich objektivierbaren persönlichen Merkmalen bei der Legitimation von Verteilungsentscheidungen, an denen Gutachter beteiligt sind.

Überhaupt sind derartige Merkmale knapp und werden immer weniger. Geschlecht zum Beispiel ist als ein solches Merkmal immer weniger legitim einsetzbar. Alter und in einem Status verbrachte Verweildauer sind nicht deshalb immer wichtiger geworden, weil sie in kulturellen Traditionen oder medizinisch-biologischen Theorien fester verankert wären als früher (das Gegenteil ist der Fall), sondern weil andere, ebenfalls leicht objektiv erfaßbare persönliche Merkmale, wie das Geschlecht, die Staatsangehörigkeit und die ethnische Herkunft, als Zuteilungskriterien zunehmend unter Diskriminierungsverdacht gerieten.

Sind Kriterien erst einmal als legitim etabliert, wird es für Statusbewerber und -bewerberinnen lohnend, sich in ihren Selbstdarstellungen auch auf sie zu beziehen. Biographische Normen sind so weniger als Vorschriften, vielmehr als Ressourcen zur Darstellung der eigenen Haltung wirksam.

1   Situation, Handlung und Struktur in der Lebensverlauf- und Biographieforschung

Wir beziehen uns in diesem Abschnitt auf Erklärungsansprüche, die unter anderem *Giesen* (1991) mit dem Namen der mikrosoziologischen Revolution belegt: Verteilungen, wie sie die Sozialstrukturanalyse dokumentiert, müßten als erklärungsbedürftiges Ergebnis sozialen Handelns, als ein Nebenprodukt sozialer Routinen und lokaler Konstruktionsprozesse begreifbar zu machen sein. Soziale Realität ist danach als unaufhörlicher Prozeß des Abstimmens, Anpassens, Verhandelns und Entscheidens aufzufassen, wenn auch diese Entscheidungen nicht unbedingt bewußt getroffen werden müssen, sondern sich auch wie selbstverständlich als Ausfluß fragmentierter Routinen ergeben können.

Damit wurden zum bevorzugten Untersuchungsfeld einer konstruktivistischen Soziologie die Handlungssituation und die Codes, derer sich die Handelnden in einer gegebenen Situation bedienen. Dabei kann Situation nicht die voraussetzungslos gegebene empirische Welt, sondern nur der beim Handeln gemeinte jeweilige Ausschnitt der Welt sein. Code und Situation werden im Interaktionsprozeß, im praktischen Handeln, miteinander in Beziehung gebracht. Diese Beziehung ist nicht gänzlich willkürlich: Symbolische Codierungen können einer Situation mehr oder minder angemessen sein, sie können Mißverständnisse auslösen und dadurch zusätzlichen Aufwand notwendig machen. Die Situation ist der selektive Prüfstein von Code und Handeln. Institutionen reproduzieren sich in Situationen.

Um diese Überlegungen in Forschungsstrategien umzusetzen, konzentrieren wir uns auf die Biographie- und Lebensverlaufforschung. Sie ist einer der Forschungszweige, die die mikrosoziologische Umorientierung am meisten verbreitet haben. Es zeigt sich allerdings, daß sich die Fremdheit zwischen Handlungs- und Strukturtheorie auch in diesen Forschungssträngen wiederholt. Das hat zu zwei sehr voraussetzungsvollen

Überbrückungsversuchen geführt: makrosoziologisch zur impliziten Vorstellung einer hoch normativ prästabilisierten Harmonie von Handlung und Struktur, mikro- und biographiesoziologisch zur Verankerung biographischer Normen in einem zum menschlichen Grundbedürfnis zu zählenden Kontinuitäts- und Kohärenzsinn.

Wir wollen zeigen, daß diese Vorannahmen nicht nur unerfüllbar ‚heroisch‘, sondern glücklicherweise auch unnötig sind. Der Bedarf an einer konsistenten Biographie muß, das ist unsere These, nicht gleich als fundamentales menschliches Bedürfnis beim Individuum gesucht werden. Es genügt zu zeigen, daß Gatekeeping-Instanzen, die über Verteilung und Auswahl zu entscheiden und diese zu rechtfertigen haben, biographische Darstellungen abverlangen.

Die Anforderungen der Gatekeeping-Instanzen müssen dabei keineswegs untereinander harmonisiert sein - und sind es auch nicht. Sie fordern unterschiedliche Lebensverlaufdarstellungen ab. Gerade die Unterschiedlichkeit der abgeforderten Bilanzierungen verweist darauf, daß es sich nicht um einheitlich geltende und verinnerlichte Normen handelt, sondern um Ergebnisse von Darstellungsprozessen.

1.1   Die normativistische und die biographiesoziologische Überbrückung von Handlung und Struktur

Der Graben zwischen Handlung und Struktur reproduziert sich in der Lebensverlaufforschung zunächst als zwei Zugangsweisen zu einem gemeinsamen Gegenstand, zwischen denen eine Brücke nur schwer zu schlagen ist. Da Statuspassagen zugleich Individuen in Positionen und Funktionen kanalisieren und individuelle, subjektive Wendepunkte markieren, hat der Lebensverlauf zugleich eine sozialstrukturelle wie eine sozialpsychologische Dimension (*Hagestad* 1991; *Fry/Keith* 1982; *Behrens* 1981; *Foner/Kertzer* 1978). Lebensverläufe können zugleich als institutionalisierte Muster, kulturelle Leitbilder oder Biographien untersucht werden.

Im Forschungsalltag fallen dann die Dimensionen wieder in spezifische, je für sich durchaus überzeugende Ansätze auseinander: Einige Forscher untersuchen statistisch beobachtbare Muster von Verläufen, andere den Lebensverlauf als subjektive Erfahrung; einige untersuchen Gatekeeper, andere Statuspassanten.

Die Brücke zwischen diesen Ebenen und damit auch die Berechtigung, von einer Ebene auf die andere zu schließen, liegt in hoch normativistischen Ansätzen, die den Bedarf der Gesellschaft an sozialer Integration und das individual-psychologische Grundbedürfnis nach biographischer Kontinuität und Kohärenz als parallel postulieren und dies mit dem Verweis auf Altersnormen belegen: In den meisten Diskussionen um Altersnormen wird Alter mit dem gesellschaftlichen Bedürfnis nach sozialer Integration, zum Beispiel im Zusammenhang von Arbeitsteilung und sozialer Kontrolle, mit dem individuellen Bedürfnis nach biographischer Kohärenz theoretisch verknüpft (vgl. *Hagestad* 1991; *Marris* 1974). „The impulse to define the predictability of life is a fundamental and universal principle of human psychology" (*Marris* 1974: 3). Auch *Erikson* (1968), *Neugarten/Hagestad* (1976), *Atchley* (1989) betonen, daß Kontinuität und Kohärenz zu den fundamentalen menschlichen Bedürfnissen gehört. Altersnormen erfüllen danach zugleich gesellschaftlichen Bedarf und grundlegende und universale Bedürfnisse der menschlichen Psyche. Wir gehen statt dessen davon aus, daß es sich in beiden Fällen um eine unzulässige Generalisierung handelt.

1.2   Gibt es ein menschliches Grundbedürfnis nach biographischer Kohärenz?

Die Vorhersehbarkeit des Lebens - historisch wohl eher eine Seltenheit - zum fundamentalen and universalen menschlichen Bedürfnis zu erklären, verallgemeinert die Fiktion des ‚Und-so-weiter‘ und ‚Ich-kann-immer-wieder‘ auf die gesamte Lebensspanne (vgl. *Schütz/Luckmann* 1975).

Grundsätzlich setzt zwar alles Handeln die Überzeugung von der Kontinuität der Welt voraus und die Überzeugung von meinen Wirkchancen in ihr (vgl. schon *Schütz* 1932). Im Zuge der gesellschaftlichen Freisetzung der Individuen mag das Ablaufprogramm der Normalbiographie zur Grundlage solcher Kontinuitätserfahrung geworden sein (vgl. *Kohli* 1986). Die Abfolge von Wechseln von Mitgliedschaften und ‚Wendepunkten‘ im Lebensverlauf ist dann nicht mehr krisenhaft, wenn sie als normal betrachtet und erwartet wird (vgl. *Hagestad* 1991). Aber wir überzögen dieses für jede einzelne Handlungssituation richtige Argument, wenn wir aus ihm schlössen, die vorgestellte Normalbiographie müsse, um handlungsnotwendige Kontinuität zu sichern, in aufeinanderfolgenden Situationen eines Lebens immer dieselbe bleiben.

Die Gegenthese lautet vielmehr: In jedem Moment des Lebens ist eine Vorstellung vom zu erwartenden und erwarteten Normalverlauf handlungsnotwendig, aber diese Vorstellungen können im Lebensverlauf mehrfach wechseln. Weiterhin soll gezeigt werden, daß gerade Statuspassagen und Aushandlungsprozesse mit Gatekeepern ein Einfallstor für solche Wechsel in den Vorstellungen vom eigenen Leben sind, ohne daß deswegen die Fiktion eines Ichs, das sein Leben selbst plant, aufgegeben werden muß.

Die Darlegung konsistenter Biographien wird eher von Gatekeeping-Instanzen abgefordert, als daß Individuen sie sich selber abverlangen. Die Verortung eines solchen Bedarfs im Individuum hat zu der bekannten Diskussion geführt, ob es überhaupt Biographien gebe oder sie eine narrative Illusion seien (vgl. *Bourdieu* 1990). Das aber ist eine falsche Alternative. Denn beide Entwicklungen entfalten sich gleichzeitig. Zur selben Zeit, in der im Roman die Biographie obsolet wird (worauf *Bourdieu* sich beruft), haben die gesellschaftlichen Anforderungen an geschlossene biographische Darstellungen in Folge von Verrechtlichung und der Ausdifferenzierung wohlfahrtsstaatlicher Institutionen enorm zugenommen. Alltägliches Geschäftsgebaren wie auch die Sozialversicherung stützen die Fiktion des sein Leben planenden biographischen Ichs viel mehr, als es Soziologie und Literatur je tun könnten. Das sein Leben planende Ich ist eine wie auch immer kontrafaktische Unterstellung, ohne die weder Geschäfte gemacht noch Bildung vermittelt noch Strafe organisiert werden könnten.

1.3   Gesellschaftlicher Integrationsbedarf

Bei dem enorm hohen sozialintegrativen Effekt, der Altersnormen zugeschrieben wird, fällt auf, daß die Sanktionen bei Verletzung dieser Normen kaum untersucht wurden (vgl. *Hagestad* 1991).

‚Normen' haben zwei Eigenschaften: Sie drücken kollektive Erwartungen an das richtige Verhalten aus und sind mit Sanktionen verbunden (vgl. *Udry* 1982). Es scheint sich bei Altersnormen aber um Normen zu handeln, die so konsensuell verinnerlicht sind, daß sie eigentlich keiner Sanktion bedürfen. So schreibt *Nydegger* (1986: 710): „Timetables are assumed to be norms, but the only evidence that timetables are normative has been the consensus about them".

Und in der Tat würde die Existenz derartig vollständig verinnerlichter Normen die Kluft zwischen handlungs- und strukturtheoretischen, mikro- und makrosoziologischen Analysen überbrücken. Denn je mehr individuelle Handlungsstrategien durch kollektive, individuell verinnerlichte Normen determiniert wären, um so weniger fielen Handlung und Struktur auseinander. Von Interpretations- und Aushandlungsnotwendigkeiten in der Handlungssituation müßte keine Rede mehr sein. Eine Art prästabilisierte Harmonie zwischen subjektiven Deutungsmustern und Strukturen ließe eine Kluft, die Interpretationsleistungen verlangte, gar nicht erst auftreten.

Eine solche technisch elegante, aber möglicherweise empirisch kaum vorfindbare Lösung wählt ein großer Teil der Autoren, für die *Anderson* (1985) hier als Beispiel zitiert wird. In dieser Literatur wird von einer eigentümlich geschichtslosen prästabilisierten Harmonie zwischen Lebenserwartungen der Subjekte und faktisch gleichförmigem Lebensablauf ausgegangen. So diagnostiziert *Anderson* (1985: 69) eine Übereinstimmung zwischen demographischen Homogenisierungen sowie Altersgradierungen und Altersnormen der Individuen. „Reviewing the 1960s and 1970s, we can reasonable talk about a normal life cycle that most people's experience quite closely followed. Most people, indeed, it seems, planned their lives on the assumption that they would follow the ‚normal‘ pattern at about a ‚normal‘ age."

Es wäre dies ein Leben ohne unerwartete Ereignisse, ohne Widersprüche zwischen den Normalitätsstandards verschiedener Institutionen, ja, und das verblüfft besonders, die Statuspassagen von einer Lebensphase in die andere gingen ohne Perspektivenwechsel ihrer Absolventen einher. *Anderson*s ‚most people‘ änderten ihre Vorstellung von ihrem Lebensplan nie. Die Pläne und Erwartungen ihrer Jugend behielten sie bei, über die Statuspassagen ins Erwachsenenleben hinweg bis ins hohe Alter. Und, am erstaunlichsten von allem, ihr Leben folgte tatsächlich sehr eng ihren Plänen. Sie nähmen alles in ihren Plänen vorweg.

*Anderson*s Meßmethode setzt seine hier als prästabilisierte Harmonie bezeichnete These allerdings bereits voraus: Er mißt nämlich Variationen. Häufigste Werte und Abweichungen zwischen Quartilen können nur dann als Ausdruck einer Institutionalisierung aufgefaßt werden, als Ausfluß von Altersnormen erklärt werden, wenn Vorstellungen über die richtige Zeit zur Schule zu gehen oder zu heiraten, Ausbildung und Heirat tatsächlich regulieren könnten.

Wie ist ein solches Leben denkbar? Unter welchen Bedingungen ist eine solche prästabilisierte Harmonie zwischen Erwartungen und tatsächlich eintretenden Ereignissen möglich? Drei Bedingungen sind denkbar:

- wenn Erwartungen Ereignisse herbeiführten, also unser Wille es wäre, der alles geschehen ließe, oder
- wenn umgekehrt zukünftige Ereignisse heutige Erwartungen herbeiführten, oder
- wenn nichts Neues unter der Sonne geschähe.

Mit anderen Worten, die Harmonie zwischen den folgenden vier Größen müßte prästabilisiert sein:

- Altersnormen und Alterserwartungen,
- wohlfahrtsstaatliche Bedingungen und wohlfahrtsstaatliche Deutungs-
  Angebote,
- kohortenspezifische demographische und andere sozialhistorische Ereignisse und Bedingungen sowie nicht zuletzt
- individuelle Entscheidungen.

Wenn diese Elemente aber unabhängig voneinander sind, können tatsächliche Verläufe nicht auf Normen zurückgeführt werden. Im Gegenteil:
Gerade traditionelle, also unveränderte Normen können unter veränderten
Bedingungen zu unbeabsichtigten Neuerungen führen. Verhaltensänderungen müssen nicht umstandslos auf normative Änderungen zurückgeführt
werden, sie können gerade auf unveränderte Normen zurückgehen.

Zum Beispiel wohnt dem Bildungssystem - in West-Deutschland,
nicht in den USA oder Norwegen - eine spezifische Normalitätsunter-
stellung inne: Studierende haben in der Regel - trotz fortgeschrittenen
Alters - keine Kinder aufzuziehen, ja, sind nicht verheiratet. Allein schon
diese Regel kann bei wachsenden Studentenanteilen an einer Kohorte und
verlängerten Studiendauern späte Heirat und geringere Kinderzahl erklären, ohne auf einen Wertewandel und Orientierungen zu Ehe und Kindern argumentativ zurückgreifen zu müssen. Die spätere Heirat und die
daraus folgende geringere Kinderzahl ist eine Folge gerade nicht von
Normänderung, sondern der Beharrung der Norm, Adoleszente gründeten
keine Familie, und Studierende seien Adoleszente.

2   Vier Typen von Gatekeeping

Wir haben es also mit einem Fall von Normativismus zu tun, dessen Problemen die mikrosoziologische Analyse von Entscheidungssituationen ihre
in den letzten Jahren wachsende Reputation verdankt. Der folgende Vorschlag geht dahin, biographische und Altersnormen nicht ultrastabil als
Bedürfnisse in den Individuen zu verankern, sondern als Anforderungen
und Angebote von untereinander nicht harmonisierten Gatekeeping-Instanzen zu behandeln, die über Verteilungen und Auswahlen zu entscheiden haben. Deren Angebote und Anforderungen nehmen Individuen auf
und reproduzieren in ihren Handlungen Strukturen.

Voraussetzung für diesen Vorschlag ist natürlich, daß Gesellschaft
wie individuelles Leben auch ohne normativ prästabilisierte Harmonie
möglich sind, das heißt, daß die Vorhersehbarkeit des Lebens doch keine
so fundamentale Voraussetzung ist (vgl. auch *Mills* 1940).

Hier bieten sowohl die ursprünglich von *Lewin* bereits in den 40er Jahren in der ‚group theory' und ‚channel theory' innerhalb der psychologischen Ökologie entwickelten Konzepte des Gatekeepings (*Lewin* 1951) als auch die ‚local justice'-Debatte (*Elster* 1990) Anknüpfungspunkte. *Lewins* theoretisches Konzept erklärt Ereignisse innerhalb sozialer Gruppen durch die Kanäle, über die die Gruppe mit ihrer Umwelt in Verbindung tritt, und damit durch die Gatekeeper, die diese Kanäle eröffnen und an ihnen wachen. Eßgewohnheiten und politische Einstellungen einer Familie wurden zum Beispiel mit den unterschiedlichen Gatekeeping-Positionen von Ehefrau und Ehemann erklärt.

Ein wichtiger Teilaspekt davon findet sich neuerdings in der empirischen Analyse derjenigen Verfahren und Kriterien, die bereichsspezifische Institutionen bei der Allokation knapper Ressourcen, wie es zum Beispiel Stellen sind, anwenden (vgl. *Elster* 1990).

In der ursprünglichen Untersuchung von Gatekeeping, in der Group Theory und Channel Theory *Lewins*, sind, wie wir sahen, fast alle Menschen für je spezifische Gruppen und Situationen in der Position von Gatekeepern. Der Vorteil liegt auf der Hand. Der *Lewin*sche Gebrauch des Begriffs ist allgemein genug, um die mikrosoziologische Analyse von Situationen generell zu bedienen. Der Nachteil ist vielleicht, daß die Unterschiede zwischen sehr unterschiedlichen Typen von Gatekeepern, zwischen Müttern, Chefs und ärztlichen oder psychologischen Gutachtern diffus werden und die Beziehungen, in denen sie zueinander stehen, kaum selber zum Gegenstand werden können.

Einen ähnlichen Nachteil weisen allerdings auch Versuche auf, jeweils nur eine Gruppe - etwa Professionen - als Gatekeeper zu nehmen. Auch solche Versuche können unterschiedliche Gruppen von Gatekeepern nicht aufeinander beziehen. Wir wollen daher den Vorschlag machen, zwischen vier Gruppen von Gatekeepern zu unterscheiden und ihre Beziehung zueinander zu untersuchen. In dieser Differenzierung soll zugleich die Bedeutung der unterschiedlichen Gatekeeper für die Konstitution des Lebensverlaufs besser faßbar werden.

Es erleichtert das handlungstheoretische Verstehen von Institutionen, daß wir Gatekeeping gleichzeitig von innen und von außen betrachten können. Von außen betrachtet, treffen Gatekeeper Zugangsentscheidungen und regeln damit Statuspassagen und ihre Verkettung im Lebensverlauf. Von innen betrachtet, beeinflussen sie Gruppen durch die Bestimmung ihrer Zusammensetzung.

Für die Diskussion der Bedeutung von Normen und subjektiven Bedürfnissen wird es im folgenden von Relevanz sein, nicht nach Institutionen und Organisationen oder nach der Parteinahme für den Statuspassierenden, sondern nach Formalisierungsgrad und Dichte der Interaktion mit den jeweiligen Gatekeepern zu unterscheiden. Entlang der Dimensionen Dichte und Formalisierunggrad lassen sich vier Typen von Gatekeepern in eine Reihenfolge bringen: der Formalisierunggrad nimmt zu, die Dichte der Interaktion ab.

Typ I   Primärgruppen: Peers, Freunde, Ehepartner

Typ II   Organisationsangehörige mit intensiven Kontakten unter Anwesenden wie zum Beispiel KollegInnen und ChefInnen

Typ III   OrganisationsrepräsentantInnen: Persönlich unbekannte SachwalterInnen, PrüferInnen von Anspruchsberechtigungen und Eignungen

Typ IV   GutachterInnen für die ebengenannten (Schaubild nächste Seite).

Diese vier Typen legen sich in der Regel schalenförmig um einen Zugang zu einem Status; zumindest in wichtigen Fällen sind alle vier Typen involviert. Sie beziehen sich aufeinander, sich gegenseitig interpretierend und für ihre eigenen Entscheidungen argumentativ nutzend. Dieser wechselseitige Bezug geht so weit, daß es nur Verwirrung stiftete, bezeichnete man alle vier ohne systematische Differenzierung als Gatekeeper.

Die vier Typen von Gatekeepern werden deutlich an jedem beliebigen Beispiel einer Stellenbewerbung (vgl. *Behrens* 1984): Hier sind Peers, Ehepartner und andere funktional diffuse, primäre Gruppen die ersten Gatekeeper überhaupt (Typ I). Von Peers, Verwandten, Ehepartnern wird eine Person zwar selten auf eine Stellenausschreibung aufmerksam gemacht; immer aber wird deren mutmaßliche oder ausgesprochene Meinung in die Entscheidung zur Bewerbung einbezogen. Wenn die Freunde meinen, daß die Stelle nicht recht zu der Person paßt, oder der Ehepartner die familiären Folgen anspricht, kann der Gatekeeping-Prozeß hier schon zu Ende sein: Es kommt erst gar nicht zu einer Bewerbung. Kenner der Person, zum Beispiel aus ihrer Arbeitsorganisation (Typ II), müssen aber deswegen noch nicht nachlassen, die Person zur Bewerbung aufzufordern oder weiterzuempfehlen. Kommt es zur Bewerbung, müssen formale Kriterien erfüllt sein, die die Weiterbearbeitung entscheiden (Typ III). Immer häufiger werden auch spezielle Gutachter, die selber nicht entscheiden, eingeschaltet, um ‚neutral = objektiv' etwas in der Person zu finden, das die einstellende Organisation nicht sehen kann oder nicht auf die eigene Kappe nehmen will (Typ IV).

Tabelle 1   Vier Typen von Gatekeeping

	Formalisierung der Interaktion	Dichte der Interaktion
Typ I *FreundInnen* *Familie*	+	++++
Typ II *ChefInnen* *KollegInnen*	++	+++
Typ III *RepräsentantInnen* *von Organisationen*	+++	++
Typ IV *GutachterInnen*	++++	+

+ steht für schwache und ++++ steht für starke Formalisierung beziehungsweise Dichte der Interaktion

Die genannten vier Typen von Gatekeepern finden sich keineswegs nur bei Stellenbewerbungen, sondern in Rechtsstaaten erstaunlich ubiquitär bei Statuspassagen aller Art: Beim Übergang in weiterführende Schulen eben- ebenso wie bei Entscheidungen über größere Operationen (nicht nur bei Organtransplantationen), beim Übergang in Frührenten und Rehabilita- tionsmaßnahmen ebenso wie bei Aufnahmen in Vereine und Mannschaf- ten, bei Konfirmationen and Habilitationen. Offensichtlich ist diese Vierer-Konstellation von Gatekeepern weder auf das Erwerbsleben be- schränkt noch auf die staatliche Sozialpolitik, sie findet sich beim Staat ebenso wie in der Privatwirtschaft und im privaten Bereich. Diese Ubiqui- tät in Rechtsstaaten ist es, die uns zu der Faustregel führte, in empirischen Analysen von Situationen immer nach allen vier Typen von Gatekeepern zu fragen.

Alle vier Typen beziehen einander wechselseitig, wenn auch in unterschiedlichem Ausmaß, in ihre Ratschläge und Entscheidungen mit ein. So führen zum Beispiel die Gatekeeper der primären, funktional dif- fusen Beziehungen, die Freunde, Ehepartner usw., das mutmaßliche Ver- halten von Organisationen, Standardabprüfern und Gutachtern als Argu- mente für ihre Ratschläge und Entscheidungen an. Es handelt sich also bei ihnen nicht um verschiedene, sondern vor allem um aufeinander bezogene Typen von Gatekeepern.

Nach dem normativistischen Erklärungsmuster könnte es keine wirkliche Differenz zwischen diesen vier Typen von Gatekeepern geben, da sie alle denselben Normen, zum Beispiel des Normallebensverlaufs, anhingen. Differenzen wären lediglich auf Gedankenlosigkeit, mangelnde Objektivität, mangelnden Weitblick, fehlendes Wissen oder mehr oder weniger gezielte Abweichung zurückzuführen. In den Normen selber bestünde keine Differenz, und die Normen wären für jeden Einzelfall präzise genug. Diese Voraussetzung erscheint uns, wie gesagt, im Lichte empirischer Forschung als kaum haltbar, wenn sie auch zumindest implizit weit verbreitet ist.

Die vier Typen von Gatekeepern sind Ergebnis von gesellschaftlichen Differenzierungsprozessen (vgl. *Mayer/Müller* 1986; *Meyer* 1986; *Mayer/Wagner/Featherman* 1989). Sie verändern unser Verständnis von dem, was es heißt, einer Norm zu folgen, einen Lebensverlauf zu haben. Alle vier Gruppen wirken als Gatekeeper an Statuspassagen, fordern zum Beispiel biographische Bilanzierungen ab und bieten Muster für solche an. Dennoch sind die Unterschiede zwischen ihnen offensichtlich. Sie hängen mit der Herausbildung von Verrechtlichung - insbesondere, aber nicht nur - in Wohlfahrtsstaaten zusammen.

Zwischen den vier Typen von Gatekeepern zu differenzieren, bietet für die Analyse von Interaktionssituationen an Statuspassagen drei Vorteile.

Erstens: Zwar fordern alle vier Typen von Gatekeepern Selbstdarstellungen und Bilanzierungen ein, aber mit steigender Interaktionsdistanz wird es für den Passierenden immer leichter, die biographischen Darstellungen und sonstigen Bilanzierungen strategisch einzusetzen; und für die Gatekeeper wird es immer weniger angemessen, dem Passierenden als *ganzer* Person gerecht werden zu müssen.

Einen Beleg hierfür liefert die deutsche Arbeitsverwaltung: Die Zentralstelle für Arbeitsvermittlung sammelt auf identischen Formularen pro arbeitsuchender Person bis zu vier verschiedene Lebensverläufe ein, also auf mögliche Stellen bezogene Lebensbilanzierungen. Es müssen mehrere Formulare sein, weil jedes ja ein anderes Leben bilanziert, andererseits müssen alle vier Lebensverläufe lückenlos belegt sein (vgl. *Behrens* 1981).

Anders formuliert: Es ist einfacher, Gatekeepern, mit denen man nicht seit langem täglichen Umgang hat, unterschiedlich ‚frisierte‘ Lebensverläufe und Argumente vorzustellen als den Peers und den gewohnten KollegInnen. Aus Sicht der ausdifferenzierten Institutionen wird es entsprechend immer weniger relevant, ja, immer weniger angemessen, sich auf alle Umstände der Person anstatt auf die wenigen kodifizierten Merkmale zu beziehen.

Die Frage, wer ist der Autor einer biographischen Darstellung, kann mit dem Verweis auf die Gatekeeping-Institution beantwortet werden, die die Kategorien der Selbstbeschreibung bereitstellt und abfordert. Damit wird nicht behauptet, Gatekeeping-Institutionen, die Handlungen abfordern und ausstatten, müßten als generative Strukturen von Handlungen hypostasiert werden. Sie erlauben nur einen klareren Blick auf generative Strukturen.

Damit wird ein Zweites deutlich: Kategorien, die Gatekeeper benutzen, müssen keineswegs, wie ein großer Teil der Literatur achtlos meint, in der Motivstruktur der Handelnden verankert sein. Kategorien können statt als Motive oder als verinnerlichte Normen viel unaufwendiger auch als Ressourcen des Handelns verstanden werden, als Begründungs- und Darstellungsmöglichkeiten, auf die Individuen bei Bedarf zurückgreifen. Damit ist die Soziologie davon entlastet, allzu schnell bei Motiven und quasi determinierenden Deutungsmustern ihre Erklärung suchen zu müssen. Motive sind sehr schwer erfaßbar, und die meisten soziologischen Untersuchungen leisten den Aufwand auch gar nicht erst (vgl. *Behrens/Voges* 1996). Es ist auch mit wenigen Ausnahmen, wie dem anerzogenen Ekel vor bestimmten Speisen, nicht davon auszugehen, daß Normen, aber auch Motive Handlungen im einzelnen determinieren. Damit ist nicht gesagt, daß Kategorien nie in die Motivstruktur eingelassen und nie verinnerlichte determinierende Normen sind. Aber es ist aus Gründen der Sparsamkeit erfreulich, daß eine Theorie des Handelns in Situationen ohne die Behauptung auskommt, zur Erklärung von Handeln bedürfe es determinierender Motive und Normen.

Der dritte Vorteil dieser Typendifferenzierung von Gatekeeping-Prozessen liegt darin, an der mikrosoziologischen Analyse von Akteuren in Situationen festhalten und sich gleichwohl des Hereinragens von Institutionen vergewissern zu können. Nur Personen können handeln und Gatekeeper sein. Aber nicht alle Gatekeeper sind so allumgreifend wie ‚Mum and Dad‘ in *Lewins* Beispiel.

2.1   Die vier Typen von Gatekeepern in verrechtlichten Sozialstaaten

Nun können die vier Typen von Gatekeepern erörtert werden, die als Ergebnis von relativ verbreiteten Differenzierungsprozessen zu sehen sind. Dabei ist die soziale Figur des Gutachters die neueste Entwicklung, die innerfamilialen Gatekeeper sind die älteste Schicht. Daher die Reihenfolge: Beginnend mit den Gutachtern, sollen die Typen von Gatekeepern in ihrem Zusammenhang bis zu den Peer Groups dargestellt werden.

a) GutachterInnen

Historisch hat sich die Gruppe der gutachterlich Tätigen, also selber nicht für Entscheidungen verantwortlichen ExpertInnen erst in jüngster Zeit entwickelt und am stärksten ausgeweitet. Als ihr Urbild hat sich der Gatekeeper Petrus mit den Himmelsschlüsseln herumgesprochen. Das Bild ist richtig, nicht nur aus den Gründen, die *Stone* (1991) dafür anführt. Darüber hinaus ist das Bild vor allem deshalb zutreffend, weil Petrus ja nicht in eigener Verantwortung entscheidet, sondern nur die Seelen nach vorgegebenen Merkmalen unter vorgegebene Kategorien ordnet. Generationen von Himmels- und Sozialkundigen haben allerdings darauf hingewiesen, daß er und seinesgleichen bei dieser scheinbar bloßen Anwendung erst die Kategorien schaffen.

An der Geschichte der ÄrztInnen als GutachterInnen können wir Evidenz dafür entfalten, daß deren gutachterliche Tätigkeit weder aus der Entwicklung medizinischen Wissens und medizinischer Untersuchungsmethoden noch allein aus den materiellen Interessen der Ärzteschaft an monopolisierbaren Betätigungsfeldern, sondern nur oder auch im Zusammenhang mit den Bedürfnissen der Rechtsprechung zu erklären ist (vgl. *Behrens/Milles/Müller* 1990). Diese Standardisierungsbedürfnisse der Rechtsprechung waren dem am einzelnen Patienten orientierten ärztlichen Denken zunächst fremd, so daß sich viele ÄrztInnen fehl am Platz vorkamen. Erst im Verlauf von - in Deutschland - 80 Jahren hat sich die Entsprechung medizinischer und rechtlicher Standardisierungen entwickelt, die heute die medizinischen GutachterInnen zum Vorbild aller anderen macht (vgl. *Behrens/Milles/Müller* 1990; *Stone* 1991).

Derselbe Verrechtlichungsprozeß hat eine Institutionalisierung des Lebensverlaufs begünstigt: Ausdifferenzierte, jeweils einem spezifischen Rationalitätskriterium verpflichtete Institutionen (wie Schulen, Betriebe) und gesellschaftlicher Status (wie die Verrentung, die Arbeitsunfähigkeit) machen zunehmend standardisierbare, durch GutachterInnen leicht erkennbare Merkmale zur Voraussetzung für Statuspassagen. Solche Merkmale sind neben Bildungszertifikaten jeder Art zuallererst das Alter. Alter und Dauer, die in bestimmtem Status verbracht wurden, sind allein deswegen in verrechtlichten Gesellschaften von so großer Bedeutung, weil sie leicht meßbar und standardisierbar sind.

Obwohl die Korrelation von Lebensjahren und Verweildauer in einem Status mit Fähigkeiten immer zweifelhafter erscheinen, werden Alter und Dauer als standardisierbare Maße immer wichtiger.

GutachterInnen werden bevorzugt, wie das Beispiel zeigt, aus dem Kreis der traditionellen Professionen rekrutiert. Das hat mindestens drei Gründe.

Erstens: Das Recht, unter definierten Bedingungen in die persönliche Existenz anderer in einer Weise eingreifen zu können, die bei anderen Berufsgruppen als Körperverletzung geahndet würde, ist ein Professionsmonopol, hier das von ÄrztInnen. Zu den definierten Bedingungen gehören vorrangig die Professionszugehörigkeit und die Einhaltung von Kunstregeln. Daß die bloße Einhaltung von Kunstregeln allein Nicht-Professionsangehörige nie vom Vorwurf der Körperverletzung befreit, zeigt, daß hier das einem Berufsstand öffentlich zuerkannte Monopol das entscheidende ist (*Behrens/Müller* 1987; *Abbott* 1988; *Rabe-Kleberg* 1993a, 1993b).

Zweitens: Die zuerkannte Fähigkeit, Dinge in der Person sehen und sichtbar machen zu können, die für gewöhnliche Laien unsichtbar sind (vgl. *Stone* 1991 über clinical reasoning).

Drittens: Die Praxis, einen Einzelfall im Lichte allgemeiner theoretischer Modelle zu interpretieren und dabei doch zu wissen, daß die Theorie allein dem Einzelfall nie ganz angemessen ist und daher ein Handeln nie restlos deduzierbar, sondern immer eine Entscheidung unter Ungewißheit ist (*Behrens/Müller* 1987; *Abbott* 1988).

Diese drei Gründe erklären, warum als GutachterInnen gerne ÄrztInnen und die sich an ihnen orientierenden Berufsgruppen der PsychologInnen, SozialarbeiterInnen usw. herangezogen werden. Aber Gutachten machen die Profession keineswegs aus. Gutachten, das versuchten wir zu zeigen (vgl. *Behrens/Milles/Müller* 1990), sind eher ein - wenn auch assimilierter - Fremdkörper im professionellen Handeln. Die gutachterliche Autorität ist eine geliehene, nämlich von der Therapie geliehene Autorität, die für eine nichttherapeutische Argumentation, nämlich die der Rechtsprechung, reichen soll.

Gutachter unterscheiden sich von der nächsten Gruppe, den Repräsentanten von Organisationen aller Art, einfach darin, daß sie nur für die Korrektheit ihres Gutachtens verantwortlich sind, nicht aber für die Entscheidungen, die mit den Gutachten begründet werden oder sogar aus ihm folgen. Daher finden wir in allen modernen bürokratischen Staaten die Differenzierung zwischen Gutachtern und Entscheidern. Gutachter treten im Unterschied zu Entscheidern nie im Namen des wohlverstandenen Interesses der sie beauftragenden Organisationen oder Individuen auf, sondern nur im Namen der Wahrheit in einer vorgegebenen Teilfrage. Wie wir in unseren Studien (Betriebsärzte bei Umsetzungen, Rehabilitations-Gutachten) sahen, führt die Differenzierung zwischen Entscheidern und Gutachtern zu einem ganz eigenartigen Verschwinden der Sichtbarkeit von Entscheidungen: Die Entscheider berufen sich auf Gutachten; die Gutachter berufen sich darauf, daß sie nur zu Teilaspekten begutachtet hätten; dazwischen verschwindet die Entscheidungsverantwortung auf Nimmerwiedersehen in Sachzwängen und Verfahrensautomatismen. Dieses Verschwinden ist es, das mit ‚Medikalisierung sozialpolitischer Konflikte' (*Behrens/Milles/Müller* 1990) oder mit ‚transformation of political conflict through medical gatekeeping' (*Stone* 1991; vgl. auch schon *Weizsäcker* 1929) gemeint ist[2].

b)   Persönlich unbekannte RepräsentantInnen von Organisationen, PrüferInnen von Anspruchsberechtigungen und Eignungen

Diese und die nächste Gruppe haben im Unterschied zu Gutachtern das Interesse einer ausdifferenzierten Organisation zu vertreten. Nach deren Rationalitätsstandards haben sie nicht zu gutachten, sondern zu entscheiden. Entsprechend ist ihr Gatekeeping letztlich nicht durch ein besonderes Wissen legitimiert, sondern durch die Verantwortung für die Organisationseinheit, deren Geschäfte sie führen. Dafür können sie zur Entscheidungshilfe oder Entscheidungsbegründung Gutachter hinzuziehen.

Natürlich können solche Sachwalter einer ausdifferenzierten Organisation außerhalb ihrer Organisation auch als Gutachter auftreten. In der Regel weiß aber jede Person, ob sie gerade als Sachwalter oder als Gutachter auftritt. Wo diese Regel durchbrochen wird - häufig im öffentlichen Dienst, beispielsweise bei Lehrern, die gleichzeitig den Schulzweck verfolgend unterrichten und den Erfolg ihres Unterrichts in Zeugnissen begutachten -, wird typischerweise im Streitfall sofort nach einem Zweitgutachten gerufen.

Die Sachwalter von Organisationen haben wir nach dem Grad der Formalisierung ihres Gatekeepings und ihrer Interaktionsdichte mit den Statuspassanten in zwei Gruppen geteilt. Die erste Gruppe - charakterisiert durch hohe Formalisierung und geringe Interaktionsdichte - hat wahrscheinlich den größten Anteil daran, daß es so etwas wie eine Institutionalisierung des Lebensverlaufs gibt: Besonders nur einem einzigen Rationalitätskriterium verpflichtete Institutionen (wie Schulen, Betriebe) scheinen empirisch die größte Realisierungschance dann zu haben, wenn sie organisatorisch das jeweilige Rationalitätskriterium standardisierbar

---

[2]   Entscheidungen in Sachzwänge umzudeuten, ist berufsethisch - womit wir uns an dieser Stelle nicht befassen - zweifellos ein Niedergang professionellen Handelns.

machen und einem autonomen, auf dieses eine Rationalitätskriterium spezialisierten Stab überantworten (vgl. im Anschluß an *Weber: Lepsius*
1991; *Behrens* 1994b; *Behrens/Westerholm* 1996; *Behrens/Braun/Stone/
Morone* 1996)[3].

Formalisierungen von Status (wie die Verrentung, die Arbeitsunfähigkeit) machen zunehmend auch standardisierbare, durch Gutachter
erkennbare Merkmale zur Voraussetzung für Statuspassagen. Solche
Merkmale sind neben Bildungszertifikaten jeder Art zuallererst das Alter,
dann die Verweildauer im Status.

c)   CheflInnen und KollegInnen

Diese Gruppe von Gatekeepern unterscheidet sich von der gerade genannten durch den simplen Umstand der hohen Interaktionsdichte in einer
Organisation und der geringeren Formalisierung, während die nächste
Gruppe, die der Peers und der Familienangehörigen, aus der *Lewin* seine
Beispiele nahm, zusätzlich zur hohen Interaktionsdichte auch noch das
Merkmal der funktional diffusen primären Beziehung aufweist.

Die Folge höherer Interaktionsdichte und geringerer Formalisierung ist, daß der Spielraum größer wird, Tatbestände, also sowohl Entscheidungen als auch Statuskandidaten, nach den Kriterien der beiden
erstgenannten Gruppen von Gatekeepern ‚hinzufrisieren‘. Für die Gatekeeper dieser Ebene sind die Kriterien der beiden erstgenannten Ebenen

---

[3]   Diese empirische Entwicklung hat selbst in der Demokratietheorie und dem
öffentlichen politisch-moralischen Raisonnement ihren Niederschlag gefunden. Ein prominentes Beispiel ist die im Gesetz festgeschriebene autonome Stellung der deutschen
Zentralbank (‚Bundesbank‘) und vor allem die Anerkennung, die dieses Modell in der
politischen Diskussion auch in Ländern mit eher der Regierungsverantwortung unterstehenden Zentralbanken hat. Deren relative Abgehobenheit von demokratischen Kontroll- und Einflußstrukturen stellt eine Art Selbstabdankung des Souveräns, des Wahlbürgers dar. Das mit demokratischen Kontroll- und Einflußstrukturen verbundene Aushandeln konkurrierender Ziel-Rationalitätskriterien gibt er zugunsten der Institutionalisierung eines einzelnen Rationalitätskriteriums auf, auf das allein ein spezialisierter
Expertenstab verpflichtet wird. *Lepsius* (1991: 313 f.) hat darauf hingewiesen, daß diese
Art der ‚Expertokratie‘ in den Organisationen der europäischen Gemeinschaft unter der
Hand eine ‚besondere Ausprägung‘ erfahren habe, wie sie innerhalb der Bundesrepublik
nur noch von der Bundesbank und vom Bundesverfassungsgericht erreicht wird. Uns ist
wichtig, daß auch einem bedeutenden Teil der öffentlichen Meinung die Abgehobenheit
von demokratischen Kontroll- und Einflußstrukturen bei eigens geschaffenen monoteleologischen Institutionen die beste Gewähr für eine vernünftige gesellschaftliche Ordnung
zu bieten scheint.

einerseits Einschränkungen, andererseits gut zu nutzende Argumente. Das heißt, sie determinieren das eigene Handeln keineswegs, sind andererseits aber auch kaum zu ändern und begünstigen daher diejenigen unter allen Strategien, die sich gemäß diesen Kriterien darstellen lassen.

d)   Primärgruppen: FreundInnen, Familie

Gegenüber bisher vorgestellten Gruppen sind primäre Gatekeeper in einem dichten Interaktionsnetz mit den Statuspassierenden verknüpft. Sie haben in der Regel ihre eigenen Vorstellungen von und Erfahrungen mit den bisherigen Biographien der ihnen nahestehenden Passierenden. Ihnen gegenüber eine neue Bilanz des Lebensverlaufs zu präsentieren, bedürfte es geradezu übermenschlicher Überzeugungskraft auf seiten der Statuspassierenden. Das ist aber in der Regel auch gar nicht nötig, weil sich große Entscheidungen, wie die über die Einleitung oder die Vereitelung von Statuspassagen, eher aus vielen kleinen Entscheidungen zusammensetzen, die in Alltagsdiskursen eher nebenbei gefällt werden. Die Gatekeeping-Situation ist nur schwer zu identifizieren, sie bleibt eher diffus.

Nicht zu unterschätzen ist die Tatsache, daß Gatekeeper, die den Statuspassierenden so nahestehen wie die Mitglieder von Primärgruppen, von den Statuspassagen, die ihre Kinder, Eltern, Partner oder Freunde durchlaufen, oftmals mittelbar oder unmittelbar selber in ihrer Lebensgestaltung betroffen sind, zum Beispiel, wenn sie gerade selbst eine Statuspassage antreten möchten. Dies führt zum Beispiel in sogenannten Dual-Carrier-Families zu komplizierten Abstimmungsdiskussionen.

Art und Stärke des Einflusses von Mitgliedern der Primärgruppen auf Entscheidungen in Statuspassagen wurden vor allem in solchen Fällen untersucht, wo Passagen in ihrem sozialen Umfeld ungewöhnlich oder historisch neu waren, zum Beispiel im Fall des Aspirationsniveaus von Arbeitereltern an die Bildungslaufbahn ihrer Kinder oder im Fall der Wahl von geschlechtsuntypischen Berufen bei Töchtern.

Angesichts der Entwicklung von Verrechtlichungstendenzen und der Vergesellschaftung der Beratungskompetenz schwindet mit dem Wissen um die richtige Entscheidung in Passagen auch der Einfluß von Familienmitgliedern und Freunden. Wesentlich aber ist für ihren Anteil an Gatekeeping-Prozessen zum einen ihr nach Bildung und Schicht unterschiedliches Wissen über Gatekeeping-Prozesse in der Gesellschaft und ihre Fähigkeit und Bereitschaft, ihre Familienangehörigen oder Peers in der risikoreichen Statuspassage zu unterstützen und ihnen Handlungsmuster im Sinne von Habitus (*Bourdieu*) zu vermitteln, mit denen die Statuspassage erfolgreich durchlaufen werden kann.

Im Unterschied zu traditionellen Familien- und Sozialbeziehungen gelten heute für die Eltern-Kind- wie für die ehelichen Partnerschaftsinteraktionen eher Aushandlungs- denn Gehorsamkeitsparadigmen. Die soziale Kontrolle von Nachbarschafts- und Freundesbeziehungen orientiert sich an höchst diversifizierten Vorstellungen. Individualisierte Lebensverläufe werden auch in ehemals sehr starren Milieus wie auf dem Lande heute weitgehend akzeptiert (*Brüggemann/Riehle* 1986; *Rabe-Kleberg* 1991). Auf diesem Hintergrund verändern sich auch Gatekeeping-Funktionen von Verwandten und Freunden; entscheidend für Statuspassagen ist ihr Unterstützungshandeln - oder im negativen Fall das Fehlen der Unterstützung.

Zusammenfassend wollen wir noch einmal die Beziehungen zwischen den verschiedenen Typen von Gatekeepern mit den Annahmen des Normativismus kontrastieren. Für einen solchen Vergleich beziehen wir uns auf drei Ebenen: die alltäglich interpretative, die kulturell normative und die der Reproduktion von Strukturen.

Für den Normativismus ist die Verknüpfung immer schon gesichert durch eine Art prästabilisierter Harmonie zwischen dem tatsächlichen Lebensverlauf auf der einen Seite und den Integrationsbedürfnissen der Gesellschaft sowie den subjektiven Lebensplänen auf der anderen Seite. In unserer Vorstellung von Gatekeeping-Prozessen muß eine solche Harmonie auf keiner der drei Ebenen gegeben sein: Alltagstheoretisch kann und muß nicht unterstellt werden, daß Statuspassanten Gatekeeper verstehen oder daß Gatekeeper untereinander die gleiche Sprache sprechen - allein schon in dem einfachen Sinne, daß einer die Argumente des anderen kennt oder diese wiederholen kann. Es genügt, daß einer die Bedingungen des anderen zu erfüllen scheint. Abhängigkeiten und Machtverhältnisse lassen es Statuspassanten angeraten sein, nach den Kritierien der Gatekeeper zu spielen und die eigene Lebensgeschichte in den abverlangten Kategorien darzustellen.

Kulturelle Normen können mikrosoziale Prozesse nicht hinreichend determinieren. Dabei stellen wir nicht die Vorstellung in Frage, daß es letzte Werte und kulturell geteilte Werte für ganze Gesellschaften gibt. Aber sie sind fast nie spezifisch genug, um Entscheidungen an Statuspassagen zu determinieren. Die meisten Entscheidungen, die von Gatekeepern getroffen werden, sind - wie wir zeigen werden - zugleich normativ eher unspezifisch und überdeterminiert: Überdeterminiert insoweit, als ein und dieselbe Entscheidung auch anderen Normen genügt, unspezifisch insoweit, als die gleiche Norm auch für eine andere Entscheidung herangezogen werden kann. Da also kulturelle Normen nicht spezifisch genug sind, um konkrete Anweisungen für Statuspassagen zu beinhalten, kann eine Übereinstimmung zwischen verschiedenen Institutionen auch nicht erwartet werden.

Als drittes haben wir es mit einem Problem zu tun, das der Normativismus durch die prästabilisierte Harmonie gesellschaftlicher und persönlicher Bedarfe erledigt hat: die Reproduktion gesellschaftlicher Strukturen. Strukturen von Statussequenzen können sich nicht selbst reproduzieren - sie müssen durch menschliches Handeln in sozialer Interaktion immer wieder neu geschaffen werden (vgl. *Giddens* 1988). Häufig wird an dieser Stelle auf systemische Integration Bezug genommen, weil davon ausgegangen wird, daß sie Strukturen verläßlicher reproduziert als soziale Integration. Systemische Integration durch Institutionen wäre allerdings nicht denkbar, wenn nicht dauernde Anpassungsleistungen durch Gatekeeper und Statuspassanten erbracht würden.

3   Gatekeeping-Situationen - Probleme bei der Untersuchung von Entscheidungsprozessen in Statuspassagen

Haben wir bisher Gatekeepern und Typen von Gatekeepern nach eher abstrakten Kriterien, wie dem rechtlichen Formalisierungsgrad und Dichte der Interaktion, unterschieden, so wollen wir uns im folgenden auf den Weg zu empirisch erforschbaren Situationen machen, in denen Gatekeeping geschieht, und dabei konkret handelnde Personen ausmachen, die angemessenerweise als Gatekeeper bezeichnet werden können.

Offensichtlich handelt es sich bei unserer oben getroffenen Unterscheidung und Bestimmung von Gatekeeper-Gruppen um empirisch zwar relevante, aber für den Forschungsprozeß selbst noch nicht ausreichend handhabbare Kategorien. Erste Forschungserfahrungen[4] haben gezeigt, daß Personen oder Personengruppen, die in einer Handlungssituation, in einem bestimmten Statuspassagenzusammenhang Gatekeeping-Funktionen ausüben, zwar auszumachen sind, daß dabei aber nicht garantiert ist, daß sie dies offen zugeben und/oder gar, daß sie reflektiert über ihre Handlungsbedingungen und -strategien informieren können oder möchten. Sind alle drei Anforderungen erfüllt, so muß dies eher als ein Glücksfall für die empirische Forschung bezeichnet werden.

Die Bestimmung der Personen, die in einer zu untersuchenden Entscheidungssituation Gatekeeping-Funktionen wahrnehmen, ist bereits

---

[4]   In den folgenden Beispielen beziehen wir uns in erster Linie auf eigene Forschungsprojekte. Wir sind aber auch Kolleginnen und Kollegen aus dem Sonderforschungsbereich 186 „Statuspassagen und Risikolagen im Lebenslauf" für einschlägige Hinweise aus ihren Forschungskontexten dankbar.

Ergebnis eines ersten Untersuchungsschrittes. Diese Schwierigkeit speist sich vermutlich aus *drei* Konstellationen, die der Klärung bedürfen, bevor ein Handlungskontext als Gatekeeping-Situation bestimmt wird und bevor die handelnden Subjekte als Statuspassierende oder als Gatekeeper eindeutig zu definieren sind.

Erstens: Wollen wir nur solche Handlungen Gatekeeping nennen, die entscheidend auf Statuswechsel einwirken, so müßten aus dem Ensemble aller Handlungen diejenigen ausgewählt werden, die intendiert oder nicht intendiert auf den Statuswechsel gerichtet sind. Dies ist nur in hochformalisierten und deshalb in der Regel dokumentierten Handlungsprozessen, wie zum Beispiel in Gutachter- oder Gerichtsverfahren, anhand von Daten oder durch aufwendige Beobachtungen nachvollziehbar. Falls dies nicht möglich ist, müssen die Gatekeeping-Situationen auf der Basis von Interviewmaterialien rekonstruiert werden. Dabei erweisen sich die oben erwähnten Tendenzen der Gatekeeper-Typen, bei ihrem Handeln jeweils auf antizipierte Handlungen anderer Gatekeeper-Typen zu verweisen, als erschwerend für die Lokalisierung und damit empirische Rekonstruktion von Gatekeeping-Prozessen.

Jenseits dieser eher forschungspraktisch formulierten Problemebene scheint hier das Grundsatzproblem des Verhältnisses von Struktur und Handeln in der Untersuchung von Statuspassagen auf, nämlich nicht nur zu bestimmen, wann die Passage von einem Status zum nächsten beginnt und wann sie endet, sondern auch, welches Handeln für die Ausgestaltung der Passage relevant ist. Deswegen ist es leichter, das Woher und Wohin, also den alten und neuen Status zu untersuchen als die Situationen, in denen Gatekeeper darüber entscheiden. Oftmals werden solche Situationen von den Gatekeepern auch inszeniert und mit bestimmten Ritualen geschmückt: Zeugnis- oder Prüfungskonferenzen in Schule und Hochschule, aber auch Feierstunden zur Ernennung von Funktionsträgern oder bei der Pensionierung verdienter Mitarbeiter sind Situationen, in denen die Besiegelung von getroffenen Entscheidungen öffentlich gemacht werden. Sie dürfen nicht mit den Gatekeeping-Situationen selbst verwechselt werden. Diese gehen in der Regel der Besiegelung voraus und stellen eine ganze Kette - oder auch ein Knäuel - von Entscheidungssituationen dar. Diese in ihrer Gesamtheit verstehen wir als Statuspassage unter der Perspektive von Gatekeeping.

Zweitens: Wollen wir Gatekeeping-Prozesse jenseits vorhandener Akten oder sonstiger Dokumente rekonstruieren, so können wir dies aufgrund von Befragungen oder Beobachtung der daran Beteiligten tun. Dazu müßten Akteure, konkrete Personen ausgemacht werden (siehe oben, zum Beispiel Petrus), deren Handeln als Gatekeeping analysiert werden kann.

Dabei reicht es eben nicht, nur einen Verweis auf ihre formale rechtliche Funktion zu machen. Wie wir oben schon ausgeführt haben, gibt es nämlich Koalitionen von Gatekeeper-Gruppierungen, Konstellationen von Gatekeeper-Hierarchien in Institutionen, aber auch Konkurrenzen zwischen Gatekeepern und den dazugehörigen Institutionen um den Einfluß auf Statuspassagen. Es gibt auch Gatekeeper, die ihre Funktion minimieren oder gar leugnen wollen, obwohl sie diese nachweisbar haben. Nicht zuletzt gibt es Gatekeeping-Positionen, die in Prozessen gesellschaftlicher Transformationen (oder Revolutionen) leergeworden sind und es unbekannt ist, ob an anderen Stellen - und wenn ja, wo - längst andere Gatekeeper darauf warten, in eben diese Funktion treten zu können.

Es reicht auch nicht, auf traditionelle Autoritätsstrukturen zu verweisen, wie zum Beispiel auf den Ehemann, der über seine Ehefrau oder den Vater, der über die Passagen der Kinder bestimmt. Diese Personen könnten fiktive Gatekeeper sein, denen eine solche Macht nur aus Höflichkeit oder aus Tradition zugeschrieben wird, die diese aber gar nicht (mehr) haben.

Es ist also eine erste Aufgabe empirischer Forschung, überhaupt herauszufinden, welche Gatekeeper für welche Statuspassagen ‚zuständig‘ sind, das heißt, mit ihrem Handeln in welcher Weise auf das Passagengeschehen wirklich einwirken. Diese Frage ist keineswegs nur akademischer Natur, sondern auch in politischen Prozessen von äußerster Dringlichkeit und deshalb aufklärungsbedürftig.

Drittens: Die nächste Schwierigkeit bei der Bestimmung von Gatekeeper-Situationen und Gatekeepern als Akteuren bezieht sich auf die Vermischung von Handlungsketten der Statuspassagiere und der Gatekeeper-Akteure im Aushandlungsprozeß über zukünftige Statuspositionen. Gatekeeping - so haben wir oben formuliert - ist ein Interaktionsprozeß, an dem Gatekeeper und Statuspassanten teilhaben, jeweils mit höchst spezifischen Einflußmöglichkeiten auf Ende und Ergebnis der Statuspassage. In unseren bisherigen Argumentationen haben wir - um die Komplexität erst einmal zu reduzieren - eher die Perspektive der Gatekeeper geteilt und das Handeln der Statuspassierenden in Abhängigkeit von dem der Gatekeeper gesehen, auch dort, wo sie diese Abhängigkeit vielleicht geschickt und taktisch für sich einsetzen.

Dies wäre eine traditionelle Sicht, die - würden wir auf dem Standpunkt verharren - kaum wirklich neue Einsichten bringen würde. Aus der Literatur sind uns Coping- und Bargaining-Prozesse vor allem zwischen kranken Patienten, medizinischem Personal und Angehörigen bekannt (*Gerhardt* 1986). Hier geht es um Vorstellungen von Krankheit in ihrem zeitlichen Verlauf, die am Ort des Geschehens, sozusagen am

Krankenbett, ausgehandelt werden. Dieses Beispiel verweist auf die Fähigkeit von Individuen, nicht nur Objekt von Gatekeeping-Prozessen zu sein, sondern Zumutungen und Unterstellungen zurückweisen aber auch provozieren zu können. Aber sich zuzutrauen, als Subjekt in solche Verhandlungen einzugreifen, hängt nicht nur vom physischen Zustand ab, sondern von einer Reihe anderer Variablen: Bildung und damit Herkunft sowie Geschlecht sind wohl die wichtigsten Gesichtspunkte. Diese Variablen mögen deswegen als die wichtigsten erscheinen, weil es den Gatekeepern häufig darauf ankommt, die Passanten davon zu überzeugen, daß sie weitgehend selbst für das Scheitern, aber auch für das Gelingen der Passage verantwortlich sind. Mit steigendem Bildungsniveau sind Individuen offensichtlich in der Lage, zum einen das Double-Bind-Set in seiner Ambivalenz zu durchschauen, zum andern aber auch die vielfältigen Risiken als Chance zu deuten und die sozialpolitisch definierten Überbrückungsleistungen und Statusdefinitionen instrumentell für sich zu nutzen.

Gegenüber Frauen und Männern werden offensichtlich unterschiedliche Gatekeeping-Strategien angewandt. Dabei müssen wir nicht nur auf Formen aktiver Diskriminierung zurückgreifen. Aufregender wäre es herauszufinden, ob Frauen und Männer in gleichen Gatekeeping-Situationen unterschiedlich handeln und behandelt werden. So hat es sich zum Beispiel gezeigt, daß Frauen in einem traditionellen Frauenberuf (Sozialarbeit) angesichts schwieriger Arbeitsmarktlage für BerufseinsteigerInnen in der Konkurrenz gegenüber männlichen Bewerbern deutlich zurückstehen (*Rabe-Kleberg* 1993b).

An einem weiter unten noch einmal angesprochenen Beispiel können wir deutlich machen, was wir unter Gatekeeping als Interaktion verstehen: Geschäftsführer im Bereich sozialer Dienstleistungen stellen mit Vorliebe solche Sozialarbeiter und Sozialarbeiterinnen ein, die eine kontinuierliche berufliche Praxis vorweisen können, obwohl der Arbeitsmarkt so gut wie keine Stellen für den beruflichen Nachwuchs bietet. Stellenbewerber und -bewerberinnen, die ihre Biographie so umdeuten, daß sie alle kurzfristigen Jobs und unbezahlte, sogenannte ‚ehrenamtliche‘ Tätigkeiten als berufliche Praxis darstellen, bekräftigen diese Norm und haben so - wenn auch ungewollt - teil an der Reproduktion prekärer Arbeitsverhältnisse im Sozialbereich. Dieses Beispiel verweist auf Produktionsprozesse von sozialen Strukturen, die zwar in der Interaktion zwischen Gatekeepern und Passanten angelegt werden, die aber zeitlich und sozial weit über diese hinauswirken. Wesentlich für diese Interaktionsprozesse ist es, auch solche Handlungen miteinander zu verknüpfen, die nicht unmittelbar zeitlich und räumlich aufeinander bezogen sind, sich aber in ihren Einwirkungen auf die Statuspassagen zueinander ordnen lassen.

Fragen wir nun danach, wie Gatekeeper ihr Handeln legitimieren, so müssen wir voraussetzen, daß im Zentrum des Gatekeeping-Prozesses das durch gesellschaftliche Ungleichheit gekennzeichnete Verhältnis zwischen dem Gatekeeper und dem Statuspassanten steht. Schauen wir also genauer, das heißt empirisch, auf Gatekeeping-Prozesse, so geraten die *Gatekeeper als Individuen* mit ihrem Handeln und ihren Handlungsbedingungen ins Blickfeld. Im Kern hat jedes Gatekeeping mit der Ausübung von Herrschaft zu tun, diese aber muß immer doppelt legitimiert werden,

- *sozial* durch allgemein anerkannte Prinzipien, die für alle gelten, die von der Ausübung von Herrschaft betroffen sind; zu diesen gehören in unserem Fall Vorstellungen und Unterstellungen von normalen Lebensverläufen, von erwarteten Zeitpunkten für Statuspassagen und von angemessenen Strategien zur Bewältigung der dabei anfallenden Risiken. Das hier angezielte Lebensverlaufsmuster ist wesentlich von der Vorstellung der Kontinuität des Lebensverlaufs bestimmt, das für alle gleichermaßen zu Norm und Maß erhoben wird. Mit der Bilanzierung von Diskontinuitäten in den realen Lebensverläufen messen Gatekeeper den Abstand von der Norm. Differenz wird sichtbar auf der Folie idealgesetzter Gleichheit, Allokationsprozesse auf ungleiche Positionen werden so legitimierbar. Dabei interessieren uns vor allem solche Gatekeeping-Prozesse in ihrer Mikrostruktur, die selektiven Charakter haben und den Statuspassierenden nach Klasse und Nationalität, Alter und Geschlecht unterschiedlich gute Positionen zuweisen;

- *personal* durch die Fähigkeit des Herrschenden, für sein Tun qualifiziert und deshalb in der Lage zu sein, die Verantwortung für sein Tun zu übernehmen.

Vor allem auf diesen letzten der beiden Aspekte aber auch auf ihre Verknüpfungen soll im folgenden geschaut werden.

Es liegt nahe, neuere Ansätze der Professionstheorie (vor allem *Abbott* 1988; *Burrage/Torstendahl* 1990; vgl. *Behrens* 1994a; *Rabe-Kleberg* 1993a, 1993b) daraufhin zu überprüfen, ob sie Hinweise für eine theoretische Schärfung des Begriffs Gatekeeper und seine empirische Erforschung geben.

Abbott stellt die Arbeit der ‚Professionals' und das Verhältnis, das die Professionellen zu ihrer Arbeit haben, ins Zentrum seiner Überlegungen. Die Arbeit der Professionellen kennzeichnet er als Eingriff in die Existenz anderer Personen, sei es in die Physis bei medizinischen Interventionen, in die Psyche bei Therapien oder auch in die bürgerliche Existenz im Falle juristischer Beratung. Legitimiert wird diese Art, Entscheidungen über andere zu treffen, sich also in die personale Sphäre anderer einzumischen, zum einen durch die spezifische Qualifikation der Professionellen, zum anderen durch die ihnen gesellschaftlich zugesprochene, oftmals formal definierte Zuständigkeit („Jurisdiction') für das zu entscheidende Problem.

Die Spezifik der professionellen Qualifikation beruht auf einer breiten Basis abstrakten theoretischen Wissens und der Fähigkeit, dieses auf den jeweiligen Einzelfall angemessen anzuwenden. Das dabei systematisch entstehende Problem der Ungewißheit in der Ziel-Mittel-Relation ist nur begrenzt durch Techniken und Standards einzudämmen. Es gehört zu den spezifischen Qualifikationen der Professionellen, diese innere Ungewißheit aushalten zu können.

Gerade wegen dieser systematischen Ungewißheit aber bedarf das Handeln der Professionellen nach außen einer besonderen Legitimierung. Diese unterstellt *Abbott* dem Begriff der Jurisdiction, indem er das Ergebnis eines gesellschaftlichen Auseinandersetzungsprozesses zusammenfaßt, in dessen Verlauf verschiedene Gruppen von Professionellen darum gerungen haben, berechtigt zu sein, in bestimmten existentiellen Problemlagen zu intervenieren. Dieses Recht bedarf der Kodifizierung und muß ständig gegen konkurrierende und nachdrängende Professionengruppen verteidigt werden, *Abbott* spricht hier sogar von einem ‚professional war'.

Sprechen wir in unserem Zusammenhang von Gatekeepern, so haben wir es oft mit Professionellen im oben angesprochenen Sinne zu tun, für die die Handlungsprobleme in Gatekeeping-Situationen mit den grundsätzlichen Problemen professionellen Handelns zusammenfallen. Aber auch auf die anderen Gatekeeper-Gruppen oder -Personen dürften die Erklärungen strukturell ähnlich anwendbar sein. Wenn Gatekeeper nämlich nicht aus eigener Machtherrlichkeit und willkürlich handeln, stehen sie grundsätzlich vor der Aufgabe, abstrakte, das heißt allgemeine gesellschaftliche Normen auf einen spezifischen Einzelfall zu übertragen und dabei den gesellschaftlichen Normen wie auch der individuellen Lebenslage gerecht zu werden. Sie stehen vor der Frage, zu welchem Anteil sie für das Statuspassagengeschehen (mit-)verantwortlich sind und aufgrund welcher gesellschaftlich zugesprochenen Position beziehungsweise individuellen Fähigkeit sie eigentlich in der Lage sind, Gatekeeping-Aufgaben zu übernehmen. Auch Gatekeeper, die diese Funktion nicht beruflich ausüben, müssen sich über ihre ‚Jurisdiction' im Sinne Abbotts verständigen, das heißt ihre Zuständigkeit für bestimmte Statuspassagen gegenüber anderen, die sich diese vielleicht anmaßen, behaupten oder diese Zuständigkeit in anderen Fällen auch gegenüber gesellschaftlichen Zumutungen negieren.

4   Beispiele

Daß Gatekeeping-Prozesse häufig gleichzeitig individuelle Lebensverläufe und die Zusammensetzung von Kollektiven regulieren, macht sie zum Moment der Wahrheit, in dem sich Handlungs- und Strukturtheorien leichter zusammenbringen lassen als sonst. Dies wollen wir zum Schluß beispielhaft an den Ergebnissen von drei Untersuchungen aufzeigen.

Beispiel 1: Ein großer Anbieter von Hard- und Software beschäftigt in seinem Wartungsdienst 341 Kundenbetreuer, von denen - wegen ihrer fast gleichzeitigen Einstellung - 111 zwischen 45 und 50 Jahre alt sind. Nach Meinung der Vorgesetzten, der Personalabteilung und sogar des Betriebsrates sind diese ‚in der Regel' zu alt für ihre Tätigkeit. Damit meinen diese aber keineswegs physische Einschränkungen (etwa beim Autofahren), sondern beziehen sich dabei auf die unterstellte Altersnorm: Die Kundschaft erwarte - so die Meinung -, daß ihre Computer von dynamischen jungen Männern betreut würden und sei beim Anblick von 50jährigen - ähnlich wie im Friseurhandwerk - leicht irritiert. Einige der 50jährigen würden aber sehr wohl akzeptiert.

Zum ‚Problem' wird diese Situation für Vorgesetzte und Betriebsrat nun besonders, weil so viele Gleichaltrige gleichzeitig betroffen sind: Die 111 Kundenbetreuer sind einfach zu viele, als daß sie firmenintern versetzt werden könnten, und sie sind zu alt, um über die ‚natürliche' Fluktuation von sich aus in andere Tätigkeiten zu wechseln. Das ‚Problem' sollte aber in relativ kurzer Zeit bewältigt sein.

Die außergewöhnlich hohe Zahl der gleichzeitig Betroffenen allein sichert, daß wir innerhalb von fünf Jahren quasi experimentell untersuchen können, wie sich in Gatekeeping-Prozessen Vorstellungen über Arbeitsbedingungen und Altersnormen erst herausbilden. Die außergewöhnliche Situation zwingt die institutionellen Gatekeeper zu Strategien und deren Explizierung, um etwas zu erreichen, was sich sonst über natürliche Fluktuation wie von selbst erledigt hätte.

Das Management zusammen mit dem Betriebsrat auf der einen Seite und die Kundenbetreuer auf der anderen haben den nun notwendig gewordenen Aushandlungsprozeß mit Eröffnungsstrategien begonnen, die zum einen lauten: ‚Die Kundenbetreuer sind zu alt', und zum anderen: ‚Sie sind nicht zu alt.' Nun gibt es eine Reihe raffinierter Ausschluß-Strategien: von sozialpolitisch abgesicherten, insbesondere gesundheitlich begründeten Statuspassagen (in die Früh-Rente) über die Gründung von Zulieferer-Unternehmen (Outsourcing und Franchising) bis zur Beauftragung von Head Huntern zur Abwerbung eigener Mitarbeiter. Daneben gibt es die Strategie Weiterbildung. Diese ist von Interesse, weil sie das Problemverständnis der altersbedingt mangelnden Lernfähigkeit implizit widerruft. Dazwischen steht die Strategie Einrichtung neuer Geschäftsfelder - hier ist ein interner Reparaturservice gegründet worden -, weil hier die vorhandene, nicht ‚verscheuchbare' Belegschaft zu Marketing-Initiativen drängt. Die Entwicklung ist offen. Am Ende des Prozesses werden wir wissen, welche Strategie dominiert hat und was das angemessene Alter, die angemessene Tätigkeitsdauer und damit die angemessenen Tätigkeitsbedingungen für einen Kundenbetreuer in der Computer-Branche sind. Es ist aber deutlich geworden, daß Maß und Ausprägung der angeblich gesellschaftlich geltenden Normen Ergebnis eines Aushandlungsprozesses sind, den wir bei diesem Beispiel beobachten konnten (vgl. *Behrens* 1993).

Beispiel 2: Die Vorliebe deutscher Firmen, möglichst nur Bewerber und Bewerberinnen mit Berufserfahrung einzustellen, generiert typische Gatekeepingprobleme: Wenn alle Beschäftiger Berufserfahrung zur Voraussetzung der Einstellung machen, wird kein Schulabgänger je eingestellt werden können. Selbst wenn alle Betriebe volkswirtschaftlich einsähen, daß zumindest einige Firmen auch Berufsanfänger einstellen und Berufserfahrung vermitteln sollten, ist es doch für keine einzige Firma einzelwirtschaftlich rational, damit den Anfang zu machen. Volkswirtschaftliche Einsicht begründet keine einzelwirtschaftliche Rationalität. Dieses Dilemma zwischen individuellem und kollektivem Handeln führt zu den bekannten Staus an der Statuspassage des Übergangs von der Ausbildung in den Beruf: Die Ausbildungsabsolventen und -absolventinnen sind arbeitslos, und die Beschäftiger klagen über den Mangel an erfahrenen Fachkräften.

Was - personalwirtschaftlich gesprochen - als Allokation erscheint, erweist sich als Produktion der Qualitäten, die zu allozieren sind. In diesem Stau an der Statupassage lassen sich zwei Bewegungsformen beobachten, je nachdem, wie leergefegt der Arbeitsmarkt ist: Nur wenn es eine Übernachfrage nach Arbeitskräften gibt, ist oft die Einstellung von Berufsanfängern die einzige Möglichkeit für Beschäftiger, überhaupt an Arbeitskräfte zu kommen. Bei einem großen Angebot an Arbeitskräften beginnen diese, den Erwerb von Berufserfahrung vor die Statuspassage zu ziehen, also als Teil der Ausbildung auszugeben: sei es unter dem Titel des formellen unentgeltlichen Praktikums, sei es als jugendtypisches ehrenamtliches Engagement, sei es als bloße Selbstverwirklichung. Alle diese Formen des Erwerbs von Berufserfahrung vor der Berufstätigkeit scheinen einige überraschende Eigenschaften gemeinsam zu haben:

- Sie sind so gut wie unentgeltlich (weil gefördert aus Bildungsbudgets oder der Arbeitslosigkeitsversicherung);
- sie fördern die Einstellungsaussichten und werden so allmählich zu allgemeinen Einstellungsvoraussetzungen;
- sie finden im Kontakt mit oder sogar bei den potentiellen Beschäftigern statt.

Wir finden sie keineswegs nur in kleinen Betrieben, sondern gerade auch in hochformalisierten Bereichen staatlichen und parastaatlichen Handelns (Kirchen, Wohlfahrtsverbände, Kliniken). Und wie zur Bestätigung unserer Statuspassagenkonzepte diskutieren die einschlägigen Gatekeeper nun, ob Berufserfahrung vor der Statuspassage in die Berufstätigkeit je so gut sein könne wie die danach erworbene.

Tatsache ist, daß eine Reihe von Waren und Diensten gar nicht konkurrenzfähig oder finanzierbar wären, gäbe es diese unentgeltliche Arbeit vor der Statuspassage in den Beruf nicht. Tatsache ist auch, daß in Deutschland, wo seit geraumer Zeit jeder 14- bis 16jährige Lehrstellenbewerber außer Eignung auch Neigung demonstrieren muß, sich in vielen Feldern die Statuspassage in den Beruf in eine eigene Phase vorberuflicher Quasi-Erwerbstätigkeit ausdehnt.

Auch an diesem Fall lassen sich die drei Gatekeeping-Ebenen erkennen, von denen wir eingangs sprachen. Auf der Ebene der Sozial- und Bildungspolitik gibt es die Statusübergänge Bildung - Beruf mit ihren sozialpolitischen Bilanzierungs- und Finanzierungsangeboten. Diese Situation wird von Betrieben und Primärgruppen in der oben gezeigten Weise instrumentalisiert. Als nichtintendiertes Ergebnis dieser Gatekeeping- und Aushandlungsprozesse entsteht der neue Status der vorberuflichen Berufstätigkeit und -erfahrung (vgl. *Rabe-Kleberg* 1993a, 1993b).

Beispiel 3: Die Transition von der Ausbildung in professionelle Frauenberufe im Dienstleistungsbereich ist durch prekäre Arbeitsverhältnisse gekennzeichnet und persönlich unbeschadet nur mit einem Verhaltensrepertoire zu bewältigen, in dem eigene Ressourcen sozusagen biographieökonomisch eingesesetzt und sozialpolitische Angebote genutzt werden müssen, ohne daß die eigenen Ziele aus dem Auge verloren werden.

Solche Frauenberufe selbst aber zeichnen sich durch Karrierearmut und eine Orientierung am selbstlosen Helfen aus. Wenn nun nur solche Absolventen eine Chance haben, die Statuspassage in den Beruf zu schaffen, die es gelernt haben, sich selbst und die eigene Karriere ins Zentrum zu stellen, entsteht eine paradoxe Situation: Es sieht so aus, daß die erfolgreichen Berufseinsteiger - in unserem Sample überproportional viele Männer - beginnen, das Berufsfeld von innen her zu verändern. Einen Anhaltspunkt für diese Prognose gibt die Beobachtung, daß die aktuelle Protestbewegung gegen die unprofessionellen Arbeitsbedingungen unter Erziehern und Krankenpflegern vor allem von der Minderheit der Männer in diesen Frauenberufen getragen wird. Dieses Beispiel verweist auf den geschlechtsspezifischen Effekt von Einstiegs-Gatekeeping (vgl. *Rabe-Kleberg* 1993a, 1993b).

Diese Fallstudien zeigen, warum sich Gatekeeping-Prozesse und Statuspassagen besonders fruchtbar in Längsschnittuntersuchungen mit natürlicher Interaktion erfassen lassen.

Zwar existieren, wie wir sahen, vielgestaltige kulturell geteilte biographische Altersnormen und Altersbilder. Aber sie erklären allein nicht sehr viel. Es läßt sich ein zweistufiger Prozeß ausmachen, in dem Normen auf beiden Stufen ihre Bedeutung entfalten: Auf der ersten Stufe mögen biographische Normen, vor allem aber institutionelle Vorgaben und Normalitätsunterstellungen die Situation definieren, indem sie beschränken, was überhaupt möglich sein kann. Welche dieser Möglichkeiten Wirklichkeit wird, entscheidet sich in einem Interaktionsprozeß, der selber wieder Normen, kollektive Vorstellungen angemessenen Lebens, konkretisiert und erzeugt. Man weiß daher nicht viel, wenn man zu irgendeinem Zeitpunkt die notwendig vielgestaltigen Normen abfragt, statt die Interaktionsprozesse zu beobachten, in denen sich Normen ausdifferenzieren und Handlungen entschieden werden (vgl. *Behrens* 1981).

Die eingangs genannte mittlere Ebene von Gatekeeping-Prozessen, also die Ebene der Organisationen zwischen den institutionellen Vorgaben, insbesondere der Sozial- und Bildungspolitik, sowie den individuellen familiären und Peer-Group-Gatekeeper-Vorgaben, hat wahrscheinlich für die Strukturierung gesellschaftlicher Ungleichheit eine eher unterschätzte Bedeutung. Wie lange welcher Beruf ausübbar ist, also welche Inhalte und welche Anforderungen eine Tätigkeit auszeichnen, wie kombinierbar Erwerbsarbeit und Familie sind, ob Deutschland ein Land männlicher Vorgesetzter bleibt, alle diese von Demographen, Rentenexperten und Makrosoziologen zu Recht vieldiskutierten Fragen werden nirgendwo anders als in zahllosen Gatekeeping-Prozessen in Organisationen entschieden.

Fazit

Statuspassagen im Lebensverlauf sind überwiegend Übergänge zwischen sozialen Positionen, bei denen es etwas zu gewinnen oder zu verlieren gibt. Nur wenige Statuspassagen kann das Individuum allein für sich vollziehen (wie zum Beispiel religiöse Erweckungserlebnisse, die vor allen anderen Menschen verborgen werden). In allen anderen Fällen begegnet es Gatekeepern, also Menschen, die Statuszugänge kontrollieren, Ereignisse in den Interpretationsrahmen von Statusübergängen stellen oder Krisen als vorübergehende überbrücken (vgl. *Behrens/Dreyer-Tümmel* 1994).

Solche Aushandlungsprozesse sind typische Gegenstände der Mikrosoziologie. Besonders in der Biographieforschung wurden viele Versuche gemacht, die Kluft zwischen Handlungs- und Strukturtheorie zu überbrücken. Viele theoretische Lösungen kamen dabei allerdings zu einem impliziten Konstrukt einer prästabilisierten Harmonie zwischen Handlung und Struktur - zum Beispiel in Altersnormen, die individuelle Bedürfnisse nach Kohärenz und Vorhersehbarkeit des Lebens und zugleich den gesellschaftlichen Integrationsbedarf befriedigen.

Wir haben dagegen versucht, sozial integrative Normen nicht mit individuellen Bedürfnissen gleichzusetzen oder gar zu verwechseln. Statt dessen sehen wir solche Normen zunächst als Anforderungen und Deutungsangebote von unterschiedlichen, untereinander keineswegs harmonisierten Gatekeeping-Instanzen, die über Zugänge zum Status zu entscheiden, zu verhandeln und Passagen zu unterstützen haben. Normalitätsunterstellungen können als Zugangsregeln wirksam werden, ohne daß es irgendeine gemeinsame Zustimmung zwischen Einrichtungen und Individuen gäbe. (Das gilt natürlich auch für das Personal der Einrichtungen: Die Wirksamkeit von Zugangsregeln hängt nicht davon ab, daß sie der persönlichen Überzeugung der Funktionsträger entsprechen.) Für die handelnden Individuen sind solche Bilanzierungs- und Darstellungsanforderungen an Statuspassagen zunächst nur Deutungsangebote und Anforderungen, die sie aktiv nutzen können und denen sie sich bei Interesse an den Statusgütern zumindest taktisch anzupassen haben. Es kann gut sein, daß sie über all diesen jahrelangen Darstellungsbemühungen beginnen, sich selber mit denselben Augen zu sehen wie die sehr unterschiedlichen Gatekeeping-Instanzen. Das muß aber nicht sein: So oder so reproduzieren sie durch ihr Handeln die Struktur der Statusübergänge (vgl. *Behrens* 1981; *Heinz/Behrens* 1991). Es gibt kaum eine Situation, die vollständig durch Normen determiniert wäre.

Was haben wir gegenüber dem Normativismus mit diesem Rückgriff auf die schon bei *Lewin* (1951) konzeptualisierten Gatekeeper- und Gatekeeping-Situationen gewonnen? Es könnte eingewendet werden: Nicht viel. Zwar lassen sich jetzt, da Gatekeeper immer Menschen aus Fleisch und Blut sind, wechselseitige Bargaining- und Deutungsprozesse besser in mikrosoziologischen Interaktionsanalysen verfolgen. Aber, so

könnte eingewendet werden, worauf sollten die Interaktionspartner zurückgreifen, wenn nicht auf Normen? Wäre es da nicht einfacher, gleich
die verkürzende Redeweise des Normativismus zu übernehmen, anstatt
sich auf die komplizierten Interaktionen der Statusbewerber und der Gatekeeper einzulassen?

An der Analyse von Gatekeeping-Prozessen kommt man wahrscheinlich kaum vorbei (das haben wir in den ersten beiden Kapiteln
dieses Aufsatzes diskutiert); diese Analyse wird aber um so lohnender, je
mehr sich Typen von Gatekeepern systematisch aufeinander beziehen und
sich in ihrem Verhältnis zueinander historische Trends ausmachen lassen.

Wir haben für vier vorläufig und forschungspragmatisch ausgerich-
tete Typen von Gatekeepern an Fallbeispielen diskutiert, wieweit sich in
der Soziologie die Brücke zwischen Institutionen und Individuen besonders an Statuspassagen herstellen läßt. Formalisierte Statuszugangs- und
Abgangskriterien definieren Erwartungen, und Gatekeeping-Prozesse fördern die, die ihre Biographie und ihren Lebensverlauf in den entsprechenden Kategorien darstellen können. Gerade wenn Normen weniger allgemein ‚internalisiert‘ sind, nimmt heute der Bedarf an standardisierbaren,
unpersönlich meßbaren Kriterien bei Statusübergängen zu. Zu den beiden
Typen von Gatekeepern, die sich auf persönliches Urteil, persönliche
Nähe und häufigen Kontakt berufen (also im abnehmenden Ausmaß Familienmitglieder, Freunde, Kollegen bis hin zu den nächsten Vorgesetzten),
kommen zwei Typen hinzu, deren Bedeutung steigt. Es sind Repräsentanten von Organisationen, die kaum in Kontakt zu einem Statusbewerber
stehen, und externe Gutachter. Ihren persönlichen Beitrag zu ‚Entscheidungen an Statuspassagen‘ suchen sie fast unsichtbar zu machen, wenn sie
ihre Stellungnahmen als zwingende formale Ableitung aus von ihnen selber nicht gesetzten Kriterien darstellen können.

Diese vier Typen legen sich in der Regel schalenförmig um den
Zugang zu einem Status; zumindest in wichtigen Fällen sind alle vier
involviert. Sie beziehen sich aufeinander, sich gegenseitig interpretierend
und für ihre eigenen Entscheidungen argumentativ nutzend. Dieser wechselseitige Bezug geht so weit, daß es nur Verwirrung stiftete, bezeichnete
man alle vier ohne systematische Differenzierung als Gatekeeper.

Bei weitreichenden Verteilungsentscheidungen, wie Statusent-
scheidungen sie darstellen, ist der Konsens im Einzelfall weder spezifisch
noch gesellschaftsweit genug; höchstpersönlichen Urteilen fehlt in vielen
Fällen jede Legitimität. Verrechtlichung begünstigt eine Institutionalisierung des Lebensverlaufs und schafft einen großen Bedarf an einfach beobachtbaren Zugangskriterien: Ausdifferenzierte, jeweils einem spezifi-

schen Rationalitätskriterium verpflichtete Institutionen (wie Schulen, Betriebe) und Status (wie die Verrentung, die Arbeitsunfähigkeit) machen zunehmend standardisierbare, durch GutachterInnen leicht dokumentierbare Merkmale zur Voraussetzung für Statuspassagen. Solche Merkmale sind neben Bildungszertifikaten jeder Art zuallererst das Alter. Alter und Dauer, die in einem bestimmten Status verbracht wurden, sind allein deswegen in verrechtlichten Gesellschaften von so großer Bedeutung, weil sie leicht meßbar und standardisierbar sind. Während die Korrelation von Lebensjahren und Statusdauern mit Fähigkeiten immer zweifelhafter wird, werden Alter und Dauer als standardisierbare Maße immer wichtiger. Denn vergleichbar leicht meßbare Merkmale sind knapp und werden immer knapper. Geschlecht zum Beispiel ist als ein solches Merkmal immer weniger legitim einsetzbar. Alter und in einem Status verbrachte Verweildauer sind nicht deshalb immer wichtiger geworden, weil sie in kulturellen Traditionen oder medizinisch-biologischen Theorien fester verankert werden als früher (das Gegenteil ist der Fall), sondern weil andere, ebenfalls leicht objektiv erfaßbare persönliche Merkmale wie das Geschlecht, die Staatsangehörigkeit und die ethnische Herkunft als Zuteilungskriterien zunehmend unter Diskriminierungsverdacht gerieten.

Daher nehmen zur selben Zeit, in der im Roman die Biographie obsolet wird (worauf *Bourdieu* sich 1990 beruft), für Statusbewerber die Anforderungen an geschlossene biographische Darstellungen als Folge von Verrechtlichung und der Ausdifferenzierung wohlfahrtsstaatlicher Institutionen enorm zu. Wahrscheinlich gäbe es ohne Gatekeeper so gut wie keine Biographie.

Literatur

Abbott, Andrew 1988: The System of Professions. An Essay on the Division of Expert Labor. Chicago; London: University of Chicago Press.

Anderson, Michael 1985: The Emergence of the Modern Life Cycle in Britain. In: Social History 10, 1, 69-87.

Atchley, Robert C. 1989: A Continuity Theory of Normal Aging. In: The Gerontologist 29, 2, 183-190.

Behrens, Johann 1981: Nicht nur Katzen haben viele Leben. Arbeitsmarktstruktur, Habitus und biographische Thematisierung. In: *Werner Schulte* (Hg.): Soziologie in der Gesellschaft. Referate aus den Veranstaltungen der Sektionen der Deutschen Gesellschaft für Soziologie, der Ad-hoc-Gruppen und des Berufsverbandes Deutscher Soziologen beim 20. Deutschen Soziologentag, Bremen 1980. (Tagungsberichte. Universität Bremen. 3). Bremen: Universität, 640-644.

Behrens, Johann 1984: Die Reservearmee im Betrieb. Machttheoretische Überlegungen zu den Konzepten der ‚Kontrolle', der ‚Eigentumsrechte' und der ‚Sozialen Schließung'. In: *Ulrich Jürgens/Frieder Naschold* (Hg.): Arbeitspolitik. Materialien zum Zusammenhang von politischer Macht, Kontrolle und betrieblicher Organisation der Arbeit. (Leviathan. Sonderheft 5). Opladen: Westdeutscher Verlag, 133-154.

Behrens, Johann/Rainer Müller 1987: Regulierung von Statuspassagen im Erwerbsleben durch Experten und Professionen am Beispiel beruflicher Dilemmata und Habitusformen von Betriebsärzten (unveröffentlichtes Manuskript).

Behrens, Johann/Dietrich Milles/Rainer Müller 1990: Zur Medikalisierung sozialpolitischer Konflikte. Gutachtermedizin zwischen Sozialstaat und Individuum. In: *Werner Dressel et al.* (Hg.): Lebenslauf, Arbeitsmarkt und Sozialpolitik. (Beiträge zur Arbeitsmarkt und Berufsforschung. 133). Nürnberg: Institut für Arbeitsmarkt- und Berufsforschung, 151-174.

Behrens, Johann 1993: Anforderungen und Lösungen zum Arbeits- und Gesundheitsschutz: Laufbahnen, Service-Märkte und die drei Komponenten des Alterns. Das Beispiel Laufbahngestaltung für Service-Ingenieure im Außendienst von Computerfirmen. In: *Hans-Jörg Bullinger/Volker Volkholz/Annegret Köchling/ Wolfram Risch* (Hg.): Alter und Erwerbsarbeit der Zukunft. Arbeit und Technik bei veränderten Alters- und Belegschaftsstrukturen. Berlin: Springer, 227-232.

Behrens, Johann 1994a: Der Prozeß der Invalidisierung - Das demographische Ende eines historischen Bündnisses. In: *Christoph Behrend* (Hg.): Frühinvalidität- ein ‚Ventil' des Arbeitsmarktes? Berlin: DZA, 105-136.

Behrens, Johann 1994b: Anvertraute Unversehrtheit. Eine soziologische und sozialökonomische Analyse von public health als Beruf (unveröffentlichtes Manuskript).

Behrens, Johann/Anne Dreyer-Tümmel 1994: Rehabedürftigkeit. Frankfurt/M.: ISIS.

Behrens, Johann/Wolfgang Voges (Hg.) 1996: Kritische Übergänge. Statuspassagen und ihre sozialpolitische Institutionalisierung. (Schriften des Zentrums für Sozialpolitik. 4). Frankfurt/M.; New York: Campus.

Behrens, Johann/Bernard Braun/Deborah Stone/James Morone (Hg.) 1996: Gesundheitssystementwicklung in den USA und Deutschland - Wettbewerb und Markt als Ordnungselemente im Gesundheitswesen auf dem Prüfstand des Systemvergleichs. Baden-Baden: NOMOS.

Behrens, Johann/Peter Westerholm 1996: Occupational Health. Kopenhagen: WHO.

Bourdieu, Pierre 1990: Die biographische Illusion. In: BIOS 3, 1, 75-81.

Brüggemann, Beate/Rainer Riehle 1986: Das Dorf. Über die Modernisierung einer Idylle. Frankfurt/M.; New York: Campus.

Burrage, Michael/Rolf Torstendahl (eds.) 1990: Professions in Theory and History. Rethinking the Study of the Professions. (SCASS Series). London; Newbury Park/Ca.; New Delhi: Sage.

Elster, Jon 1990: Local Justice. In: Archives Européennes de Sociologie XXXI, 117-140.

Erikson, Erik H. 1968: Identity: Youth and Crisis. New York: Norton.

Foner, Anne/David Kertzer 1978: Transitions over the Life Course: Lessons from Age-Set Societies. In: American Journal of Sociology 83, 5, 1081-1104.

Fry, Christine L./Jennie Keith 1982: The Life Course as a Cultural Unit. In: *Matilda W. Riley/Ronald P. Abeles/Michael S. Teitelbaum* (eds.): Aging from Birth to Death, Vol 2: Sociotemporal Perspectives. (AAAS Selected Symposium. 79). Boulder/Co.: Westview Press, 51-70.

Gerhardt, Uta 1986: Patientenkarrieren. Eine medizinsoziologische Studie. Frankfurt/M.: Suhrkamp.

Giddens, Anthony 1988: Die Konstitution der Gesellschaft. Grundzüge einer Theorie der Strukturierung. Frankfurt/M.; New York: Campus.

Giesen, Bernd 1991: Entzauberte Soziologie oder: Abschied von der klassischen Gesellschaftstheorie. In: *Wolfgang Zapf* (Hg.): Die Modernisierung moderner Gesellschaften. Verhandlungen des 25. Deutschen Soziologentages in Frankfurt am Main 1990. Frankfurt/M.; New York: Campus, 770-783.

Glaser, Barney G./Anselm L. Strauss 1971: Status Passage. Chicago: Aldine/Atherton.

Hagestad, Gunhild O. 1991: Trends and Dilemmas in Life Course Research: An International Perspective. In: *Walter R. Heinz* (ed.): Theoretical Advances in Life Course Research. (Status Passages and the Life Course. I). Weinheim: Deutscher Studien Verlag, 23-57.

Heinz, Walter R./Johann Behrens 1991: Statuspassagen und soziale Risiken im Lebensverlauf. In: BIOS 4, 121-139.

Heinz, Walter R. (ed.) 1992: Institutions and Gatekeeping in the Life Course. (Status Passages and the Life Course. III). Weinheim: Deutscher Studien Verlag.

Kohli, Martin 1986: Die Institutionalisierung des Lebenslaufs. In: Kölner Zeitschrift für Soziologie und Sozialpsychologie 37, 1, 1-29.

Lepsius, M. Rainer 1991: Die Europäische Gemeinschaft; Rationalitätskriterien der Regimebildung. In: *Wolfgang Zapf* (Hg.): Die Modernisierung moderner Gesellschaften. Verhandlungen des 25. Deutschen Soziologentages in Frankfurt am Main 1990. Frankfurt/M.; New York: Campus, 309-317.

Lewin, Kurt 1951: Field Theory in Social Science. Selected Theoretical Papers. New York: Harper.

Marris, Peter 1974: Loss and Change. London: Routledge and Kegan Paul.

Mayer, Karl Ulrich/Walter Müller 1986: The State and the Structure of the Life Course. In: *Aage B. Sørensen/Franz E. Weinert/Lonnie R. Sherrod* (eds.): Human Development and the Life Course: Multidisciplinary Perspectives. Hillsdale/N. J.; London: Erlbaum, 217-245.

Mayer, Karl Ulrich/Gert Wagner/David L. Featherman 1989: Methodological Problems in Cross-National Research on Retirement. In: *David I. Kertzer/Klaus W. Schaie* (eds.): Age Structuring in Comparative Perspective. Hillsdale/N. J.; London: Erlbaum, 263-267.

Meyer, John W. 1986: The Institutionalization of the Life Course and Its Effects on the Self. In: *Aage B. Sørensen/Franz E. Weinert/Lonnie R. Sherrod* (eds.): Human Development and the Life Course: Multidisciplinary Perspectives. Hillsdale/N. J.; London: Erlbaum, 199-216.

Mills, Charles W. 1940: Situated Actions and Vocabularies of Motives. In: American Sociological Review 5, 904-914.

Neugarten, Bernice L./Gunhild O. Hagestad 1976: Age and the Life Course. In: *Robert H. Binstock/Ethel Shanas* (eds.): Handbook of Aging and the Social Sciences. (The Handbooks of Aging. 3). New York: Van Nostrand Reinhold Co., 35-55.

Nydegger, Corinne N. 1986: Timetables and Implicit Theory. In: American Behavioral Scientist 29, 6, 710-729.

Rabe-Kleberg, Ursula 1991: Verwaltete Kindheit? In: *Ulf Preuss-Lausitz u.a.*: Kriegskinder, Konsumkinder, Krisenkinder. Zur Sozialisationsgeschichte seit dem Zweiten Weltkrieg. Weinheim: Beltz, 168-175.

Rabe-Kleberg, Ursula 1993a: Strategien zur Bewältigung der Statuspassage von der Hochschule in den Beruf: Zwischen Baum und Borke. In: WSI-Mitteilungen 4, 214-220.

Rabe-Kleberg, Ursula 1993b: Verantwortlichkeit und Macht. Ein Beitrag zum Verhältnis von Geschlecht und Beruf angesichts der Krise traditioneller Frauenberufe. (Wissenschaftliche Reihe. 54). Bielefeld: Kleine.

Schütz, Alfred 1932: Der sinnhafte Aufbau der sozialen Welt. Eine Einleitung in die verstehende Soziologie. Wien: Springer.

Schütz, Alfred/Thomas Luckmann 1975: Strukturen der Lebenswelt. Frankfurt/M.: Suhrkamp.

Stone, Deborah 1991: Gatekeeping Experts and the Control of Status Passages. In: *Walter R. Heinz* (ed.): The Life Course and Social Change: Comparative Perspectives. (Status Passages and the Life Course. II). Weinheim: Deutscher Studien Verlag, 203-220.

Udry, J. Richard 1982: The Effect of Normative Pressures on Fertility. In: Population and Environment 5, 2, 109-122.

Weizsäcker, Viktor von 1929: Kranker und Arzt. Berlin: Junker & Dünnhaupt.

Biographische Sozialisation und narrative Kompetenz

Implikationen und Voraussetzungen lebensgeschichtlichen Denkens in der Sicht einer narrativen Psychologie[1]

Jürgen Straub

Nach einer geläufigen Vorstellung haben Menschen eine Lebensgeschichte gerade so, wie sie ein Herz und eine Lunge besitzen. Zumindest in bestimmten Kulturen und Gesellschaften gilt eine Lebensgeschichte heute als eine gleichsam naturwüchsige Selbstverständlichkeit, als etwas Unvermeidliches. Diese Vorstellung prägt nicht allein das Alltagsbewußtsein. Sie ist durchaus auch in jenen wissenschaftlichen Disziplinen anzutreffen, welche sich in der einen oder anderen Weise mit Lebensgeschichten befassen. Freilich sind es gerade auch einige Arbeiten aus diesen Disziplinen, die zeigen, daß Biographien als kulturelle und historische Besonderheiten *Konstruktionen* sind, die von vielerlei sozialen und psychologischen Voraussetzungen abhängen. An diese Einsicht, nach der es alles andere als eine Selbstverständlichkeit ist, eine Lebensgeschichte zu ‚haben‘, knüpft die vorliegende Abhandlung an. Im folgenden sollen einige psychologische Implikationen und Voraussetzungen biographischen Bewußtseins untersucht werden. Damit ist ein Beitrag zur Klärung der Frage angestrebt, was Individuen denn eigentlich tun und können müssen, wenn sie ihre Lebensgeschichte bilden und präsentieren.

Offenkundig ist, daß sie diese Fähigkeit, die im folgenden als biographische Kompetenz bezeichnet werden soll, erwerben müssen. Die Entwicklung biographischer Kompetenz kann als ein wichtiger Aspekt der Sozialisation betrachtet werden. Biographische Sozialisationsforschung hat es nicht zuletzt mit der Frage zu tun, wie Heranwachsende zu Personen werden, die sich selbst eine bestimmte Lebensgeschichte zu-

---

[1] Der vorliegende Beitrag gehört zu einer Gruppe von Arbeiten, die im Rahmen einer ‚Fellowship‘ am Zentrum für interdisziplinäre Forschung der Universität Bielefeld begonnen wurden und die auf die Grundlegung einer theoretischen und empirischen Psychologie biographischer und historischer Sinnbildung abzielen. Der genannten Institution bzw. allen dort Tätigen danke ich für die vielfältige Unterstützung, den Mitgliedern der von Jörn Rüsen koordinierten Forschungsgruppe für Anregungen und Kritik.

schreiben und auf diesem Wege eine diachrone Identität sowie damit verwobene Handlungs- und Lebensorientierungen ausbilden. Die Worte ‚Biographie‘ und ‚Lebensgeschichte‘ werden damit als Begriffe aufgefaßt, die reflexionsfähige Subjekte *voraussetzen*, sprachfähige Subjekte zumal, die über die besagten Konzepte verfügen. Eine Biographie oder Lebensgeschichte kann damit als (situations- und kontextabhängiges) Produkt einer retrospektiven und reflexiven Selbstkonstitution von Subjekten betrachtet werden, die im Laufe ihrer Sozialisation gelernt haben, ihr eigenes Selbst *als gewordenes* und *temporal strukturiertes* aufzufassen. Begriffe wie Lebensgeschichte und Biographie stehen nicht bloß für den *empirischen Prozeß der Genese subjektiver Strukturen*[2] und *qualitativer Bestimmungsmerkmale menschlicher Subjektivität* in einem soziokulturellen und historischen Kontext. Diese Begriffe stehen auch und unabdingbar für die *Thematisierung* dieses ‚Prozesses‘, für dessen symbolische, insbesondere sprachliche Repräsentation und Reflexion. Lebensgeschichten sind Reflexions- und Kommunikationsprodukte, die Subjekte sich selbst und anderen Personen zuschreiben. Im weiteren soll es in erster Linie um Akte der biographischen *Selbst*thematisierung gehen.

Die Lebensgeschichte oder Biographie im hier gemeinten Sinne ist eine besondere *Form* der Selbstthematisierung, in der Individuen spezielle Aspekte ihrer ‚Identität-Für-Sich‘ artikulieren können (vgl. *Hahn* 1987: 12)[3]. Wer seine Lebensgeschichte erzählt, macht diese beziehungsweise die temporale Tiefenstruktur seiner Identität nicht als etwas ausdrücklich, was *vor* und *unabhängig von diesem Akt* bereits bestand. Lebensgeschichtliche Erzählungen *schaffen* Wirklichkeiten, und zwar Wirklichkeiten *sui generis*. Sie artikulieren, was sie im Medium der Sprache erst bilden. Sie produzieren die Biographie als eine Wirklichkeit, die sich durch *Kontinuität* auszeichnet und deswegen die Persistenz und Identität einer Person ‚sichert‘. Jede Lebensgeschichte bildet nicht zuletzt wegen dieser inneren Kontinuität des fraglichen Lebens einen *Zusammenhang*, eine *Gestalt* beziehungsweise *Einheit*. Was auf der synchronen Ebene die logische Konsistenz von Satzsystemen sowie die Kohärenz vor allem moralisch-normativer und ästhetischer Maximensysteme verbürgen soll

---

[2]   So etwa definiert *Geulen* (1989: III) im Vorwort zur Taschenbuchausgabe seines bekannten Buches den Begriff der ‚Sozialisation‘.

[3]   Vgl. hierzu auch *Leitner* (1982, 1990), *Nassehi* (1994, 1996), *Nassehi/Weber* (1990), *Straub* (1989, 1993b). Wenn im folgenden einfach von ‚Identität‘ die Rede ist, ist immer jener Begriff gemeint, welcher ein vor allem sprachlich-kommunikativ vermitteltes Selbstverhältnis und Selbstverständnis reflexiver Subjekte voraussetzt (vgl. zum Identitätsbegriff *Straub* 1991, 1996b).

(vgl. hierzu *Straub* 1996b), leistet in der Zeitdimension jene innere Kontinuität, auf welche lebensgeschichtliche Selbstthematisierungen im Grunde genommen abzielen. Dies heißt natürlich nicht, es gebe in Lebensgeschichten keine ‚Brüche' oder radikalen Änderungen, ganz im Gegenteil: Von Kontinuität kann prinzipiell nur dort die Rede sein, wo es auch um Diskontinuität, Kontingenz, temporale (und sachliche: physisch-materielle, soziale und/oder psychische) Differenz geht. Die Tatsache, daß eine Lebensgeschichte als eine Gestalt aufgefaßt werden kann, die ihren Einheitscharakter nicht zuletzt den reflexiven und kommunikativen *Selbstkontinuierungsleistungen* der betreffenden Subjekte verdankt, bedeutet also nicht, in einer Lebensgeschichte hätten Kontingenz, Diskontinuität und Veränderung keinen Platz. Auch in ihrer Zeitdimension ist die Identität einer Person als Einheit *ihrer Differenzen* zu denken. Kontinuität und damit diachrone Identität ist nicht zuletzt dann möglich, wenn Kontingenz und Differenz akzeptiert und in die sinnhaft strukturierte Verlaufsgestalt *eines* Lebenszusammenhangs integriert werden können.

Biographische Selbstthematisierungen unterliegen soziokulturellen Regelungen und Ressourcen, die festlegen, was für die Angehörigen einer Kultur oder Gesellschaft als biographische Wirklichkeit *gelten* kann und soll. Zuerst einmal ist es gar nicht ausgemacht, daß Personen ihr eigenes Leben *überhaupt* in der Form einer zeitlichen Verlaufsgestalt und in diesem Sinne *im ganzen* zum Thema machen. Wie *Hahn* und andere zeigen, hängt es von der Existenz besonderer sozialer Institutionen ab - sogenannter ‚Biographiegeneratoren' -, ob „das Ich über Formen des Gedächtnisses verfügt, die symbolisch seine gesamte Vita thematisieren" (*Hahn* 1987: 12)[4]. Solche Biographiegeneratoren können vielfältig sein und wichtige Unterschiede aufweisen (vgl. hierzu *Hahn* 1987: 16f.). Im-

---

[4]   Demgemäß ist es zumindest ungenau zu behaupten, daß „the self-told life narrative" ein universales Phänomen sei, das das menschliche Dasein seit jeher auszeichne (so *Bruner* 1987: 16). Es scheint mir zu wenig, historische und soziokulturelle Unterschiede in der erzählerischen Thematisierung des je eigenen Lebens allein auf Variationen der narrativen *Form* zu reduzieren. Es mag sein, daß Menschen immer und überall imstande waren und sind, etwas über ihr Leben zu erzählen: „can tell you some intelligible account of their lifes" (*ibid.*). Nur, ob es sich dabei um Selbstthematisierungen im hier interessierenden Sinne, zumal um eine *autobiographische* Erzählung handelt, in der das ‚Leben' als eine um ein ‚Subjekt' zentrierte ‚Einheit' oder ‚Gesamtgestalt' erscheint, ist mehr als fraglich. Nicht nur die Autobiographie als ein literarisches Genre ist etwas relativ ‚Neues unter der Sonne' (so *Bruner* 1987), gebunden an historische und soziokulturelle Konstellationen und Lebensformen, sondern auch die mündliche, erzählerische Konstruktion und Präsentation des Lebens als ‚Geschichte eines Subjektes'.

mer jedoch geht es um die Thematisierung des Lebens als einheitliche Gestalt, und ausnahmslos sind biographische Selbstthematisierungen an die Sprachform des Erzählens gebunden. Biographien sind besondere und vergleichsweise komplexe, unter Umständen äußerst ‚kunstvoll‘ ausgearbeitete, *narrative* Formen der Selbstthematisierung. *Hahn* nennt sie, um den geregelten, verdichtenden und abstrahierenden Charakter der betreffenden Handlungen hervorzuheben, auch Akte der Selbst*schematisierung*. Kurz: die Biographie ist ein narratives ‚Schema‘ (*Hahn* 1987: 13ff.).

Wie kann nun in psychologischer Perspektive, speziell in sprach- und kognitionspsychologischer Sicht, genauer charakterisiert werden, was die Anwendung dieses Schemas voraussetzt und impliziert? Nun, dies ist keine einfache und schnell zu beantwortende Frage. Ich werde mich im folgenden auf einen einzigen Aspekt beschränken. Der allerdings steht, wenn ich recht sehe, im Zentrum der gestellten Frage. Wenn Gesellschaften und Kulturen die Sozialisation ihrer Angehörigen nicht zuletzt über Biographiegeneratoren institutionalisieren, lernen Individuen zwangsläufig, ihr Selbst in lebensgeschichtlicher Perspektive ausdrücklich zu machen. Sie erwerben früher oder später also die Fähigkeit, ihr Leben im angezeigten Sinne als einen kontinuierlichen Zusammenhang aufzufassen und auf diesem Wege eine diachrone Identität auszubilden. Das heißt zunächst einmal, sie lernen, Geschichten zu verstehen und sich selbst in solchen zu plazieren. Biographische Kompetenz setzt vieles voraus, sie basiert jedoch im Kern auf einer speziellen Fähigkeit. Diese Fähigkeit, die es, grob gesprochen, gestattet, Geschichten erzählen und erzählte Geschichten verstehen zu können, soll im folgenden *narrative Kompetenz* genannt werden. Diese Kompetenz betrachte ich als grundlegende und notwendige psychologische Voraussetzung dafür, das Leben als biographische Gestalt auffassen und bedenken zu können. Lebensgeschichten und Biographien werden nicht gelebt, sondern *erzählt*. Sie sind im wesentlichen *narrative* Vergegenwärtigungen gelebten Lebens.

Was nun heißt es genauer, sein Leben als Geschichte zu repräsentieren, indem man es erzählt? Was eigentlich ist eine Erzählung, was eine biographische Erzählung, was eine Geschichte und was eine Lebensgeschichte, und wie entwickelt sich, was narrative und biographische Kompetenz genannt wurde? Diese Fragen lassen sich, soweit ich sehe, heute allenfalls zum Teil beantworten. Sie verweisen auf Forschungsdesiderate nicht zuletzt der biographischen Sozialisationsforschung.

1   Narrative Kompetenz: Ergebnisse und Perspektiven der Forschung

Geht man davon aus, daß die Begriffe ‚Biographie' und ‚Lebensgeschichte' sowie verwandte Ausdrücke - etwa ‚biographisches Bewußtsein', ‚biographisches Denken' etc. - erzähltheoretisch bestimmt werden können,
erwecken Beiträge der sogenannten *narrativen Psychologie* und verwand-
ter Forschungsgebiete besonderes Interesse[5]. Wenn biographisches Bewußtsein mit der Fähigkeit in Verbindung gebracht wird, Geschichten, in
denen Ereignis- und Handlungsabläufe entfaltet werden, die für das
Leben eines bestimmten Menschen bedeutsam sind, verstehen und erzählen zu können, so muß es der biographischen Sozialisationsforschung
gerade auch um diese Fähigkeit gehen. Begreift man narrative Kompetenz zunächst einmal als eine im Kern kognitive und sprachliche Kompetenz, die es gestattet, „einen Text strukturell als Geschichte zu organisieren" (*Boueke et al.* 1995: 16) - womit alle zweifellos ebenfalls wichtigen pragmatisch-interaktiven Seiten dieser Fähigkeit vernachlässigt
werden -, so fällt auf, daß die Sozialisationsforschung hierzu nicht all-
zuviel sagt. So findet sich im 1980 erschienenen Handbuch der Sozialisationsforschung gerade einmal ein Hinweis auf die interessierende „komplexe sprachliche Handlung" (*Miller* 1980: 665), und im Kapitel über
„kognitive Sozialisation" (*Huber/Mandl* 1980) ist von der besagten Fähigkeit überhaupt nicht die Rede. Von der Erzählforschung wird im genannten Handbuch meistens nur dort gesprochen, wo es um das von *Schütze*
(vgl. zum Beispiel 1987) entwickelte narrative Interview als Forschungs-
methode, vor allem im Kontext der Biographieforschung, geht (*Gstettner*
1980, *Kohli* 1980, *Köckeis-Stangl* 1980). Selbst dort jedoch rücken
narrative beziehungsweise biographische Kompetenzen als Sozialisa-
tionsprodukte, aber auch als Bedingungen der Möglichkeit lebensge-

---

[5]   Dieser in den USA seit längerem etablierte Titel ist in der deutschsprachigen
Psychologie bislang ungebräuchlich. Einen Überblick über die Fragestellungen der
narrativen Psychologie bietet der Sammelband von *Sarbin* (1986); eine knappe Übersicht
findet sich bei *Polkinghorne* (1988: 101-124). Ein wichtiges Thema bildet das Erzählen
bei *Bruner* (1990), dem sich ohnehin wegweisende Beiträge auch zu einer narrativen
Biographieforschung verdanken (z.B. *Bruner* 1987). Neuere Entwicklungen werden - im
Rahmen einer Psychologie narrativer, vor allem historischer Sinnbildung - auch in
einem von *Straub* (1998) herausgegebenen Sammelband skizziert. Im deutschen Sprach-
raum hat aus soziologischer Sicht insbesondere *Leitner* (1982, 1990) den Zusammenhang
zwischen Biographie und Erzählung hervorgehoben; in methodischer Hinsicht waren
Beiträge *Schützes* (vgl. zum Beispiel 1987) richtungsweisend. Für die Psychologie vgl.
Wiedemann (1986), zur Konzeption und Praxis einer narrativen Biographieforschung in
dieser Disziplin siehe auch *Straub* (1989, 1993a, 1993b, 1996a).

schichtlicher Selbstthematisierungen, nicht wirklich ins Blickfeld. Daran hat sich im neu konzipierten Handbuch (*Hurrelmann/Ulich* 1991) nichts geändert, obschon keineswegs nur in der Methodologie und Methodik der interpretativen Forschung, speziell der Biographieforschung, sondern auch in der Kognitionspsychologie, speziell der Gedächtnispsychologie, in verschiedenen Sprachwissenschaften einschließlich der Spracherwerbsforschung (zum Beispiel der Linguistik und Psychologie), der klinischen Psychologie und Psychotherapieforschung, schließlich auch in der interpretativen Handlungs- und Kulturpsychologie das Erzählen zu einem Brennpunkt neuerer Forschungen avancierte. Der Mensch „as a storyteller came on the scene" (*Bruner* 1990: 111). Das Erzählen ist längst Dreh- und Angelpunkt von Forschungen, die das menschliche Denken, Fühlen, Wollen und Handeln, letztlich die gesamte Palette alltagsweltlicher, künstlerischer und wissenschaftlicher Erfahrungs- und Erwartungskonstitution, unter dem Gesichtspunkt der Narrativität betrachten. Trotz dieses allgemeinen Aufschwungs der Erzählforschung (vgl. auch *Lämmert* 1982) ist eine erzähltheoretisch orientierte Biographieforschung bis heute ein in vielerlei Hinsicht defizitäres Unternehmen. Nicht nur die Sozialisationsforschung hat sich bislang zum Beispiel so gut wie gar nicht um die Struktur, Genese und Funktion biographischer Kompetenz gekümmert. Auch in anderen Gebieten ist dieses Thema nach wie vor unterbelichtet, obwohl seine lebensweltliche Relevanz auf der Hand liegt und intensivere Forschungen seit längerem gefordert werden. Vor einem Jahrzehnt schrieb *Bruner*, nachdem er die Bedeutung des lebensgeschichtlichen Erzählens für die Subjektkonstitution und damit verbundene psychologische Funktionen wie die Wahrnehmung, die Erinnerung und das Handeln, für die Identitätsbildung und schließlich die Enkulturation hervorgehoben hat:

„I cannot imagine a more important psychological research project than one that adresses itself to the ‚development of autobiography' - how our way of telling about ourselves changes, and how these accounts come to take control of our ways of life. Yet I know of not a single comprehensive study on this subject" (*Bruner* 1987: 15).

Das trifft, soweit ich sehe, noch auf die heutige Situation zu, wenngleich die verstärkten Bemühungen im heterogenen Feld der narrativen Psychologie und in verwandten Gebieten zumindest richtungweisende Arbeiten hervorgebracht haben, die sich auch im Hinblick auf eine Psychologie biographischer Kompetenz nutzen lassen.

An solche Beiträge soll im folgenden angeschlossen werden. Dabei darf es als ausgemacht gelten, daß gerade die hier interessierende biographische Selbstthematisierung die Form einer Erzählung besitzt: „it

will be inevitably a narrative" (*Bruner* 1990: 119). Erzählungen werden
nämlich prinzipiell unumgänglich, sobald es um die zeitliche Dimension
unseres Denkens, Fühlens, Wollens und Handelns beziehungsweise um
die temporale Tiefenstruktur von Erfahrungen und Erwartungen gehen
soll. Dies hat etwa *Ricœur* (1988) in seinen Analysen des wechselseitigen
Konstitutionsverhältnisses zwischen *Zeit und Erzählung* gezeigt. Zeit und
Erzählung bilden einen *notwendigen* Zusammenhang, jedenfalls dann,
wenn unter ‚Zeit' biographische (oder historische) Zeit verstanden wird
(*Ricœur* 1988, zum Beispiel: 87). Man muß sich das klar vor Augen
halten, um nicht biographische (und historische) Zeit vorschnell der
‚physikalischen Zeit' im Sinne unserer chronometrischen Uhrzeit oder
Kalenderzeit anzugleichen. *Piagets* Untersuchungen zur Entwicklung des
Zeitbegriffs beim Kinde und alle verwandten Untersuchungen, ja überhaupt die meisten psychologischen Studien zur ‚Zeit', haben lediglich
(oder vor allem) diese chronometrische Zeit, die Zeit meßbarer Abstände,
Zeiträume und Geschwindigkeiten, im Blick. Diese Untersuchungen sind,
da sie den inneren Zusammenhang zwischen dem hier interessierenden
Zeitbegriff und dem Erzählen nicht in Rechnung stellen, biographietheoretisch nicht allzu ergiebig. Biographische Selbstthematisierungen beruhen
auf der Fähigkeit, Geschichten verstehen beziehungsweise erzählen *und
damit zugleich Zeitlichkeit entwerfen* zu können. *Angehrn* (1985: 36) hebt
zurecht hervor, daß lediglich die Erzählsprache als Zeitsprache im hier
interessierenden Sinne, als „zeitlich affizierte, Zeitlichkeit entwerfende
Sprache", gelten kann. Die temporale Struktur von Satzsystemen, die mit
der uns geläufigen Biographisierung (oder Historisierung) von Wirklichkeiten einhergeht, ist eine narrative Struktur. Zeitlichkeit ist diejenige
‚Daseinsstruktur', die, wie *Ricœur* (1988) gezeigt hat, die Sprache in der
Narrativität erreicht; umgekehrt verweist die Narrativität als Sprachstruk-
tur auf die Zeitlichkeit menschlicher Existenz.

Der Begriff der ‚Erzählung' soll im folgenden vergleichsweise
eng definiert werden, handelt es sich bei den hier interessierenden Narrativen doch grundsätzlich um Erzählungen einer *Geschichte* (oder mehrerer Geschichten). ‚Erzählung' meint eine erzählte Geschichte und/oder die
sprachliche Handlung, die zu diesem Ergebnis führt, sei es im Medium
gesprochener oder geschriebener Sprache (wobei hier ersteres im Blickfeld liegt). Eine ‚Geschichte' soll dabei als eine sprachliche oder textuelle
Einheit mit identifizierbarer formaler Struktur bestimmt werden. Geschichten besitzen, wie auch immer sie inhaltlich und funktional variieren
mögen, eine allgemeine Form, durch die sie sich von anderen Sprachfor-
men beziehungsweise Textsorten eindeutig unterscheiden lassen. Erzählte
Geschichten bilden einen Untersuchungsgegenstand der sprach- und

kognitionspsychologischen Narratologie, der, wie in der Sicht der Linguistik und anderen Sprach- und Textwissenschaften auch, aus vergleichsweise komplexen Strukturen besteht. Diese Strukturen überschreiten offenkundig den Rahmen der Phonologie, der lexikalischen Semantik und der Syntaxregeln. Eine Erzählung als eine ‚linguistische Entität‘, die im Prinzip beliebig komplex gebaut sein kann, wird nämlich *im ganzen* als eine Struktur von Satzsequenzen begriffen, das heißt: „als ein geschlossenes ganzes von inneren Beziehungen zwischen einer endlichen Anzahl von Einheiten" (*Ricœur* 1989: 53). Diese linguistische Entität als eine durch kognitive und sprachliche Operationen erzeugte komplexe Gestalt wird auch in der Psychologie im Hinblick auf ihre Basis-Struktur untersucht, sodann freilich auf weitere formale, sozio-kulturelle, pragmatischfunktionale und entwicklungspsychologische Aspekte.

Wer das Konzept der biographischen Selbstthematisierung in einem ersten Schritt erzähltheoretisch bestimmt, in einem zweiten sodann ‚narrative Kompetenz‘ als Fähigkeit auffaßt, erzählte Geschichten verstehen und selbst solche bilden zu können, muß mit einer theoretischen Klärung des Begriffs der erzählten Geschichte beginnen, um die Konturen und Forschungsperspektiven einer narrativen Psychologie biographischer Sinnbildung und Sozialisation präziser herauszuarbeiten. Was also können wir auf empirisch fundierte Weise und was sollen wir zweckmäßigerweise unter einer (erzählten) Geschichte verstehen, wenn sich nur über eine Klärung dieses Begriffs die Konzepte der narrativen und biographischen Kompetenz bestimmen lassen? Was können beziehungsweise was tun Personen, die von ihren narrativen Fähigkeiten Gebrauch machen? Was vollbringen sie eigentlich, wenn sie, etwa im Zuge biographischer Sinnbildungsleistungen, ihre Erlebnisse, wie in lockerer Anlehnung an *Labov* (1972) gesagt werden kann, in eine narrative Syntax überführen?[6]

---

[6]   *Labov* spricht von der Überführung ‚persönlicher Erfahrungen‘ in eine narrative Syntax. Diese Ausdrucksweise vermeide ich, da ich den Terminus des ‚Erlebens‘ für das noch nicht (reflexiv) begriffene Leben in seiner Leiblichkeit reserviere, von Erfahrungen dagegen als von *symbolisierten* und demzufolge *transformierten* Erlebnissen und Ereignissen, die nunmehr eine Gestalt *sui generis* besitzen, spreche. Jede Art der (diskursiv-sprachlichen oder präsentativen) Symbolisierung ist eine *formgebundene* Handlung, und speziell das Erzählen ist eine an die narrative Syntax oder Grammatik gekoppelte Transformation von Ereignissen bzw. Erlebnissen in Erfahrungen. Erfahrungen werden nach diesen terminologischen Regelungen nicht in eine narrative Syntax ‚überführt‘, sondern (unter anderem) *im Zuge des Erzählens* von Geschichten *gebildet*. Labov ging es, nebenbei bemerkt, nicht um die Konstruktion speziell von Lebensgeschichten.

Auf diese Fragen bieten Erzähltheorien unterschiedliche Antworten. Solche Differenzen mögen in partiell unterschiedlich konzeptualisierten Untersuchungsgegenständen begründet sein, da, von einfachen bis hin zu komplexen, von fiktionalen Geschichten bis zu Erzählungen eigener Erfahrungen, alles mögliche in Betracht gezogen wird. Auch die jeweiligen Untersuchungspersonen (deren Alter beziehungsweise Entwicklungsstand) sowie untersuchungsmethodische Unterschiede prägen die jeweiligen empirischen Resultate beträchtlich. Schließlich sind es die theoretischen Vorannahmen, die begrifflichen Setzungen sowie die wissenschaftlichen (oder anwendungsbezogenen) Zielsetzungen, die schon die Anlage der empirischen Studien zur Struktur, Funktion und Entwicklung narrativer Kompetenz maßgeblich mitbestimmen. Im folgenden soll das Erzählen theoretisch als eine spezifische *Sprach- oder Diskursform*, zugleich aber als *sprachliche* und *kognitive Kompetenz*, als ein spezifischer Typus des sprachgebundenen *Denkens* oder der menschlichen *Intelligenz* gelten[7]. Diese zweigliedrige Kompetenz kann nur auf der Grundlage der Analyse von Erzähl*texten* untersucht werden. Der hier interessierende Zweig der narrativen Psychologie muß *kompetenztheoretisch* konzeptualisiert und damit als *rekonstruktive* Wissenschaft begriffen werden[8]. Auf narrative Kompetenzen läßt sich ausschließlich auf der Grundlage einer Analyse der objektivierten, narrativen Performanz schließen. Wie in kompetenztheoretischer Perspektive üblich, sollen die den produktiven narrativen Akten ‚zugrundeliegenden‘, kognitiven und sprachlichen Fähigkeiten rekonstruiert werden. Narrative Kompetenz wird also in einer Art Analogieschluß rekonstruiert beziehungsweise empirisch untersucht: Der sprachlich-textuellen Struktur oder Grammatik von Erzählungen korrespondiert, so heißt es gemeinhin, eine ‚psychisch reale‘, kognitive oder mentale Struktur, die das Verstehen und Bilden von Geschichten ermöglicht und leitet. Eine ‚Geschichte zu erzählen‘, wird in

---

[7]   Inwiefern das Erzählen von Geschichten als Modus des Denkens bzw. der Intelligenz aufgefaßt werden kann, kann hier nicht näher erläutert werden. Ich nehme damit Bezug auf *Bruner*s (1986) Unterscheidung zwischen paradigmatischem, logico-szientifischem Denken einerseits, narrativem Denken andererseits (vgl. auch *Bruner* 1987). Die spezifischen Leistungen narrativer Intelligenz haben primär mit der gedanklichen ‚Behandlung‘ von Kontingenz zu tun. Vgl. hierzu meine an Überlegungen Ricœurs orientierten Ausführungen in *Straub* (2000).

[8]   Der hier verfolgte Ansatz folgt im großen und ganzen der Tradition, die beispielsweise von *Habermas* (1983) skizziert und systematisch begründet wird; *Piaget*s und *Kohlberg*s Denken oder dasjenige von *Chomsky* bieten die wohl berühmtesten Beispiele. Kritik an deren Ansätzen wäre unter anderem im Hinblick auf methodische Fragen und Universalitätsansprüche geltend zu machen.

dieser Sicht zu einer ‚idealtypischen‘ sprachlichen Handlung, die an gewisse kognitive Fähigkeiten gebunden ist und die zu einem im Detail bestimmbaren Ergebnis führt.

Als Minimalbestimmungen einer erzählten ‚Geschichte‘ möchte ich in Anlehnung an verschiedene AutorInnen die im folgenden angeführten Merkmale betrachten. Ich stimme damit im wesentlichen mit den von *Boueke et al.* (1995: 15) angeführten Kriterien überein, erläutere diese teilweise jedoch etwas anders, als es das zitierte Team tut. Die vorgenommenen Ergänzungen haben selbstverständlich mit meinen spezifischen Darstellungs- und Argumentationsinteressen zu tun.

1. Jede ‚Geschichte‘ erfordert die Organisation einer „Reihe von zusammengehörigen Ereignissen als eine kohärente Ereignisfolge" (*Boueke et al.* 1995: 15). Jede Geschichte lebt von bestimmten Ereignissen, die idealiter ‚vollständig‘ präsentiert werden müssen. Die diese Ereignisse „ausdrückenden sprachlichen Einheiten" müssen dabei „zu einer linearen Kette miteinander verknüpft sein" (*a.a.O.*). Diese Bedingung erfüllt freilich jeder Text, weswegen die Fähigkeit der *Kohäsionsherstellung* als notwendige, keinesfalls jedoch hinreichende (entwicklungslogische) Voraussetzung narrativer Kompetenz angesehen werden kann (vgl. hierzu die auf neuere Forschungen, etwa auf die Arbeiten von *Klein, Karmiloff-Smith, Bamberg* sowie *Applebee* Bezug nehmende Übersicht zum Umgang von Kindern mit Kohäsionsproblemen bei *Boueke et al.* 1995: 29-39).

2. Geschichten versuchen, „den Zuhörer in das erzählte Geschehen zu involvieren" (*Boueke et al.* 1995: 15), ihn am dramatischen Gang der Dinge emotional teilhaben zu lassen. *Boueke et al.* sind dabei der Auffassung, daß zwar auch „die Darstellungen von lange zurückliegenden Lebenserfahrungen, von erlittenem Unrecht, von vergnüglichen Ferienerlebnissen u.s.w." Anteilnahme wecken können, aber nicht unbedingt in der Weise wecken müssen, daß der Zuhörer auch emotional, wie im Fall einer erzählten Geschichte, in das narrativ präsentierte Drama mit seinen abrupten Überraschungen und Wendungen verwickelt wird, sich regelrecht in dieses verstrickt. Bei dieser Abgrenzung gilt es meines Erachtens allerdings zu bedenken, daß die exemplarisch angeführten ‚lange zurückliegenden Lebenserfahrungen‘, das ‚erlittene Unrecht‘ und die ‚genossenen Ferienvergnügungen‘ in aller Regel gar nicht anders als in Form einer Geschichte vermittelt werden können, wenn sie Sinn machen und verstanden werden sollen. Gerade die sprachliche Bildung, Gestaltung und Vermittlung persönlicher Erfahrungen der angegebenen Art ist in hohem Maße vom Erzählen einer oder mehrerer Geschichten abhängig.

Festzuhalten ist, daß das Erzählen von Geschichten mit *emotionalen und evaluativen Qualifizierungen* der dargestellten Zustände, Ereignisse, Veränderungen und Konsequenzen einhergeht. Dies kann in verschiedenen Graden der Ausdrücklichkeit geschehen. Von expliziten Qualifizierungen bis hin zu gänzlich impliziten, nur durch extensive Deutungs-, Interpretations- und Verstehensleistungen erkennbaren, ist hier alles möglich. Solche Qualifizierungen können überdies aus unterschiedlichen Perspektiven vorgenommen werden und auf verschiedene Aspekte der Erzählung bezogen sein (vgl. hierzu *Boueke et al.* 1995: 109ff.). So können sie etwa das Selbst und die Welt der zentralen Figur der Erzählung - in der autobiographischen Erzählung also den Erzähler selbst - ins Zentrum rücken und dadurch Identifikationsangebote an den Zuhörer machen. Dieser verwickelt sich auf dem Weg der Identifikation mit der zentralen Figur in die erzählte Geschichte. Er nimmt, wie *Boueke et al.* sagen, im Zuge der erzählerischen Elaboration der *psychologischen Nähe* emotional an den erzählten Ereignis- und Handlungsabläufen teil. Emotionale und evaluative Qualifizierungen finden sich nach *Boueke et al.* außerdem in Form einer *Amplifikation der emotionalen Grundqualität* ganzer ‚Ereignismengen' (also nicht bloß einzelner Ereignisse, Handlungen etc.). Dadurch wird *Valenz* artikuliert, und zwar vor allem in Form einer kontrastiven Gegenüberstellung von Vergleichshorizonten: „Bis dahin war alles ruhig und angenehm, aber dann ging es los: Mein Ehemann wurde unerträglich, und mit meiner beruflichen Karriere ging es auch bergab", mag eine explizite Amplifikation solcher emotionaler Grundqualitäten lauten. Schließlich können emotionale und evaluative Qualifizierungen sich eng an den unerwarteten, überraschenden Elementen in einer Geschichte festmachen, indem sie diese hervorheben und kommentieren. *Boueke et al.* sprechen diesbezüglich von einer *Amplifikation der Unerwartetheit* oder kurz von *Plötzlichkeit*. Auch das Plötzliche in einer Geschichte fesselt und bewegt den Zuhörer.

Insgesamt geht es, gerade wenn wir speziell das autobiographische Erzählen im Blick haben, nicht allein um die Verwicklung des *Zuhörers* in die erzählte Geschichte. Wer seinem eigenen Leben die Form einer Geschichte verleiht, verstrickt sich womöglich selbst identifikatorisch in die emotional und evaluativ qualifizierten Vorgänge und Entwicklungen. In der Erinnerung erlebt er vielleicht manches von dem wieder, was schon die erzählerisch vergegenwärtigte Erfahrung von einst auszeichnete: den Schmerz von gestern oder die Angst aus vergangenen Zeiten, den gehegten Groll, den Ärger und die Wut, natürlich auch die Freude von damals, den Stolz auf eigene Leistungen oder das Glücksempfinden an gelungenen Tagen. Analoges gilt für die Erwartungen, die in autobiographische Erzählungen Eingang finden können: Sie zur Sprache zu bringen und emotional oder evaluativ zu qualifizieren, mag bestimmte Gefühle mit sich bringen. Das Erzählen verschont also, gerade wenn es um die Vergegenwärtigung lebensgeschichtlicher Erfahrungen und Erwartungen des Erzählers geht, womöglich auch diesen selbst nicht davor, vielleicht von Gefühlen und Erlebnissen bewegt und überrollt zu werden, die die narrativ strukturierte Erinnerung und Antizipation evozierten.

Die durch die Dramatisierung des artikulierten Geschehens und speziell durch ,affektive Markierungen' hervorgerufene emotionale Verwicklung des Zuhörers und/oder des Erzählers in die präsentierte Geschichte verdankt sich, wie bereits zu erahnen ist, nicht zuletzt einem Kriterium, das für das Erzählen von Geschichten ebenfalls konstitutiv ist. Dieses Kriterium ist entscheidend für die triadische Struktur einer erzählten Geschichte.

3. Erzählte Geschichten haben einen Anfang, eine Mitte und ein Ende. Man kann dies als die einfachste Formulierung der Basisstruktur, Normalform beziehungsweise des Grundschemas einer Erzählung betrachten, das sich, von Einzelheiten einmal abgesehen, in sehr vielen und streckenweise ansonsten sehr unterschiedlichen theoretischen Ansätzen wiederfinden läßt. Man denke beispielsweise an *Bremonds* strukturalistische Funktionentrias aus ,Ausgangszustand', ,eigentlichem Handlungsprozeß' und ,Ergebnis der Handlung' (vgl. *Boueke et al.* 1995: 26, 40f.), an das enorm einflußreiche Modell von *Labov/Waletzky* (1967), *Labov* (1972) und andere Varianten der ,Highpoint-Analyse' (vgl. zur Übersicht *Boueke et al.* 1995: 43-49), die allesamt auf eine ,Orientierung' eine Art ,Komplikation' und auf diese eine ,Auflösung' folgen lassen. Schließt man auch die funktionalen Bestimmungen der von *Labov/Waletzky* unterschiedenen Erzählphasen in die Betrachtung ein, so läßt sich deren insgesamt noch etwas differenzierteres Modell wie folgt schematisch wiedergeben:

Erzählsegment	Funktion
Abstrakt	Ankündigung und Legitimation
Orientierung	Schauplatzcharakteristik
Komplikation	Ereignisdarstellung
Evaluation	Bewertung
Auflösung	Ergebnisdarstellung
Koda	Beendigung der Erzählung

Weiterhin sei daran erinnert, daß *Labovs/Waletzkys* im Kern triadisches Strukturmodell nicht zuletzt von einigen (textlinguistisch oder kognitionspsychologisch orientierten) Geschichtengrammatikern mehr oder minder berücksichtigt wurde. Dies gilt etwa für AutorInnen, die *Rumelharts* zunächst wegweisendes, hierarchisches Konstituentenmodell der Erzählung gerade wegen des Fehlens der triadischen Grundstruktur kritisierten und entsprechend ergänzten[9]. Schließlich heben auch die an der Pragmatik des Erzählens und die an den psychischen, sozialen und kulturellen Funktionen des Erzählens interessierten Textanalytiker häufig genug die im Dreischritt entfaltete dramatische Struktur der Erzählung hervor und orientieren ihre Forschungen an diesem Modell (ich verweise wiederum nur auf die Darlegungen bei *Boueke et al.* 1995: 27, sodann 49-56).

In aller Regel wird die Mitte einer Geschichte als etwas Besonderes und für den Geschichtenbegriff Entscheidendes konzeptualisiert: sie repräsentiert die Erfahrung von *Kontingenz*, etwas Überraschendes oder Ungewöhnliches, ein unerwartetes Ereignis, eine Krisis oder Komplikation, einen Einbruch in die Normalität, einen Planbruch oder dergleichen mehr. Es sei ausdrücklich darauf hingewiesen, daß auch das eigene Handeln eines Menschen ein ereignishaftes, speziell ein kontingentes Moment besitzen und damit die Funktion des ‚Zufälligen' übernehmen kann. Insofern Handlungen unter dem Aspekt ihrer Kreativität betrachtet werden, sind sie, wie immer Regeln sowie Intentionen und die bewußte Kontrolle des Akteurs das Handeln partiell strukturieren mögen, nicht zuletzt Statthalter von Kontingenz. Dies vermag eine Theorie der Kreativität des Handelns genauer darzulegen (vgl. *Joas* 1992, *Straub* 1999: 328ff.). Im vorliegenden Zusammenhang ist festzuhalten: Das außergewöhnliche, positive oder negative, im Sinne einer zeitlichen und sachlichen Scheidung eines ‚Vorher' von einem ‚Nachher' *kritische* und *kontrastbildende* Ereignis steht im Zentrum jeder narrativ dargestellten Veränderung. Es bildet die Achse und Plattform der erzählerischen Transformation eines Anfangszustandes in einen Endzustand, dem Ausgang der Geschichte. Häufig wird diese Minimalbedingung der Ungewöhnlichkeit nicht nur als notwendiges Merkmal einer jeden Geschichte betrachtet, sondern zugleich auch als entscheidender Aspekt ihrer Reportabilität oder Erzählwürdigkeit. Ohne die besagte, im Zentrum stehende *Krisis*, um die sich alles dreht, ohne den Einbruch von Kontingenz, der zu Veränderun-

---

[9]   Zumindest angemerkt sei, daß man auch zur Auffassung neigen kann, bereits Rumelharts Modell sei eine ‚kritische Mitte' im Sinne des triadischen Musters inhärent, und zwar wegen der von ihm benutzten kontrastiven, syntaktischen Strukturkategorien, die eine Veränderung implizieren.

gen führt, diese vorantreibt und die betroffenen Akteure nötigt, sich umzuorientieren und neu einzustellen, verlören Geschichten die für sie charakteristische dramatische Struktur. Sie würden belanglos, uninteressant, langweilig, ja entbehrten der Form und des Status' einer Geschichte im eigentlichen Sinn.

Während die Rolle von kontingenzbehafteten Ereignissen, Krisen oder Komplikationen von vielen als ein unabdingbares Kriterium des Geschichtenbegriffs angesehen wird, gibt es einige wenige Ansätze, die mit diesem Kriterium flexibler umgehen. In aller Regel wird damit der Begriff der ‚Erzählung' oder gar das Konzept der ‚erzählten Geschichte' aufgeweicht und dies vielleicht bis zu einem Grade, daß jede begriffliche Präzision verlorengeht. Dieser Tendenz soll hier nicht gefolgt werden. Allerdings gibt es gute Gründe dafür, im Hinblick auf eine Theorie narrativ-biographischer Kompetenz der Thematisierung auch von Zeiten der *Stabilität und Dauer* Beachtung zu schenken. Wohl in jedem Leben gibt es aus der retrospektiven Sicht der betreffenden Person Phasen, in denen sich wenig oder nichts, zumindest nichts biographisch Relevantes, änderte. Solche Zeiten der Ruhe und Beständigkeit, in denen einfach andauert, was ist, möchte ich *biographische Auszeiten* nennen. Während dieser Auszeiten bleibt alles biographisch Bedeutsame so, wie es schon vorher war, sei es zur Zufriedenheit, sei es zum Leidwesen des Betroffenen. Lebensgeschichtliche Auszeiten bewahren Anwesendes, sie stellen die Bewegung in der Zeit und damit Zeit als Bewegung still. Zeit als Andauer des Bestehenden kennt keine Veränderung und Entwicklung, auch wenn sie in der Retrospektive vielleicht als Ruhe vor dem Sturm aufgefaßt werden mag. Über solche Auszeiten lassen sich natürlich keine Geschichten im definierten Sinne erzählen, und doch finden auch sie wohl in jeder Biographie ihren Platz. Jede Biographie operiert mit ‚Zeiten des Wandels' und mit ‚Auszeiten'. Jede Lebensgeschichte kennt bewegende und bewegte Zeiten so gut wie beruhigte und beruhigende Zeiten, Zeiten des Stillstands. Auszeiten sind Zeiten ohne Spannung, Phasen, die von biographischer Kontingenz verschont bleiben. Denkt man nun solche Phasen vom skizzierten Begriff der erzählten Geschichte her, erscheinen sie zwangsläufig als Zeitspannen, in denen *etwas fehlt*. Dies heißt natürlich nicht, Kontingenz in lebenspraktischer Einstellung normativ auszuzeichnen - als gebe es ein gelingendes oder ‚lebenswertes' Leben nur im Sinne eines ‚spannenden', von Kontingenz umgetriebenen Daseins. Diese normative Auffassung wäre wohl kaum ein akzeptabler Bestandteil einer Theorie narrativ-biographischer Kompetenz. Worauf es mir ankommt, ist ein anderer Punkt.

Die Thematisierung biographischer Auszeiten läßt diese Lebensabschnitte nur dann als Zeiten erscheinen, in denen etwas fehlt, wenn man die Biographie im Kern von deren komplexer, dramatischer Geschichtenstruktur her und damit *erzähltheoretisch* konzeptualisiert. In dieser Perspektive erscheinen die besagten Auszeiten als ‚Geschichten ohne Mitte‘ und damit freilich gar nicht mehr als Geschichten im erzähltheoretisch definierten Sinne[10]. Biographische Auszeiten besitzen die sprachliche Gestalt von Verknüpfungen eines Anfangs und eines Endes, ohne daß dazwischen etwas Erzählenswertes plaziert und narrativ bearbeitet würde. Aus der eingenommenen Perspektive könnte man diesbezüglich von ‚Pseudogeschichten‘ sprechen und diese als *Grenzfall* einer ‚erzählten Geschichte‘ konzeptualisieren. Thematisierungen von Auszeiten artikulieren spannungslose Zeiten, die als solche wichtig sein mögen. Sie können jedoch keine *als Veränderung gedachte Zeit* und damit eigentlich keine Biographie zur Sprache bringen. Jede Biographie ist im Grunde genommen an lebensgeschichtliche Transformationen gebunden. Biographisches Denken ist im Kern ein Denken und gedankliches Bearbeiten lebensgeschichtlicher Kontingenz und Veränderung. Biographische Selbstthematisierungen sind demzufolge ohne das Erzählen von Geschichten im explizierten begrifflichen Sinne nicht vorstellbar, wenngleich sie auch Zeiten zur Sprache bringen mögen, die sich nicht im Sinne einer idealtypischen Geschichtenstruktur narrativ konfigurieren lassen. Insofern diese Zeiten und ihre sprachlichen Repräsentationsformen in der erläuterten Weise ‚negativ‘ bestimmt werden, können sie als Grenzfall in eine Theorie narrativer Kompetenz Eingang finden. In diesem Sinne lese ich etwa *Boothe*s Vorschlag, die Thematisierung spannungsloser Zeiten in eine *Typik formaler Verlaufsstrukturen* von Geschichten mit aufzunehmen. Das Kriterium für Boothes typisierende Differenzierungen ist die jeweilige Spannungsorganisation der Erzählung (*Boothe* 1992: 13ff.). Die Autorin unterscheidet auf der Basis des triadischen Grundmodells, logischen Kombinationsregeln gemäß, insgesamt folgende Varianten: Im Zuge der Thematisierung von Auszeiten, die die *gleichförmige und monotone Kontinuität des Bestehenden* vor Augen führen, bleibt alles beim alten. Krisen besitzen in diesem Fall, wie gesagt, keinen Stellenwert, und deshalb möchte ich diesbezüglich auch gar nicht von einer erzählten Geschichte im begrifflich festgelegten Sinne sprechen. Rein beschreibende Sequen-

---

[10]   Ich interessiere mich im Moment für biographische Auszeiten als eigenständige Lebensphasen. Natürlich kann ein über Jahre hinweg gewissermaßen ‚unveränderter Zustand‘ beispielsweise auch eine Rolle bei der Explikation des *setting* beziehungsweise des Schauplatzes einer Geschichte spielen.

zierungen von Erlebnissen, Ereignis- und Handlungsabläufen, die allein von temporalen Konnektoren, wie etwa ‚und dann‘, Gebrauch machen, mögen zwar zu chronologischen Ordnungen führen. Erzählte Geschichten bilden sie deswegen aber ebensowenig wie bloße Ablaufmuster im Sinne des Skript-Begriffs von *Schank/Abelson* 1977 oder bloße Reiz-Reaktions-Ketten, denen jede narrative Logik und Modellierung des Geschehens im Sinne des idealtypischen Grundmodells abgeht (vgl. hierzu auch *Stein/Trabasso* 1982: 255f.). Die aus Anfang, Mitte und Ende bestehende Struktur einer Geschichte im ‚eigentlichen‘ Sinne mag, was die Spannungsorganisation angeht, nach *Boothe* in der Form einer *Klimax* oder *Antiklimax* darstellbar sein, als eine *restitutio ad integrum* nach einer Desintegration oder nach einer Klimax, als *Approbation*, *Frustration*, *Chance*, *Antichance* oder schließlich als *Enigma*. Eine schlichtere, partiell vergleichbare Typologie findet sich bei *Gergen/Gergen* (1984).

Die Einsicht in die triadische Grundstruktur oder Normalform von Geschichten, die sich theoretisch-normativ auf idealtypische Produkte narrativ kompetenter Erzähler bezieht, kann auf der Basis der Ergebnisse insbesondere schematheoretischer Analysen der Grammatik erzählter Geschichten ergänzt werden. Nach der hier vertretenen Auffassung stellen die aktuellen Versuche, Grundgedanken (linearer) triadischer Strukturmodelle mit denen von (hierarchischen) geschichtengrammatischen, konstituententheoretischen beziehungsweise schematheoretischen Modellen integrativ zu verknüpfen, die überzeugendsten Modelle narrativer Kompetenz dar. Das Modell von *Boueke et al.* beispielsweise postuliert eine allen Erzähltexten des interessierenden Typs zugrundeliegende ‚globalstrukturelle Normalform‘ und dessen ‚psychisch reale‘ mentale Repräsentation im Sinne eines handlungsleitenden Schemas der Sprachrezeption und Sprachproduktion. Allgemeiner formuliert: Narrative Geschichtenschemata sind Wegweiser eines Denkens, das als spezifische Ordnung unseres Tuns, unserer Erfahrungen und Erwartungen, kurz: als ein generativer Ordnungstyp unserer sprachlich vermittelten Handlungs- und Lebenswirklichkeit aufgefaßt werden kann.

Auf nähere Erläuterungen des von *Boueke et al.* entwickelten ‚Schemas einer Geschichte‘, das im Mittelpunkt ihrer Theorie narrativer Kompetenz steht und die Basis für ihre empirischen Untersuchungen der Entwicklung narrativer Fähigkeiten abgibt, muß hier verzichtet werden (vgl. *Boueke et al.* 1995: 74ff.). Der von den AutorInnen gestellte Anspruch, ein heuristisches Modell für die Analyse aller möglichen (Alltags-)Erzählungen entwickelt zu haben, läßt sich zweifellos auch im Hinblick auf Lebensgeschichten aufrechterhalten. Das hierarchische und zugleich am linear-triadischen Modell orientierte Konstituentenmodell von *Boueke et al.* eignet sich, wie hier lediglich konstatiert werden kann, nicht zuletzt als Grundlage der Analyse autobiographischer Geschichten und der damit verbundenen biographischen Kompetenz des Erzählers. Anstatt hierauf genauer einzugehen, sollen im folgenden noch einige Anmerkungen zum theoretischen Begriff des Schemas gemacht werden[11]. Narrative Kompetenz wird nunmehr ja in erster Linie von der möglichst uneingeschränkten Verfügbarkeit des Geschichtenschemas abhängig gemacht. Analoges gilt dann auch für biographische Kompetenz, die ja nicht nur, aber gerade auch auf narrativen Fähigkeiten beruht. Die autobiographische Erzählung ist ein spezieller Fall der ‚Anwendung' des allgemeinen Geschichtenschemas (vgl. *Bruner* 1987: 17). Aus diesem Grund wurde auch die Biographie mit *Hahn* bereits als ein Schema bezeichnet.

Schematheoretische Ansätze gehen bekanntlich auf die bahnbrechenden Untersuchungen *Bartletts* (1932) zurück. Nach einigen Jahrzehnten, in denen diese Überlegungen brachlagen, gelangten sie auch im Umfeld der Narratologie in den siebziger Jahren zu neuen Ehren. Wegweisend war diesbezüglich *Rumelharts* (1975) geschichtengrammatischer Ansatz. Der heutige Diskussionsstand legt etwa folgende Bestimmungen nahe: Geschichten als kognitive Schemata sind organisierte, abstrakte und formal fixierte Gestalten beziehungsweise Ablaufmuster, die festlegen, wie spezielle sprachliche Handlungen strukturiert sind. Sie typisieren gewisse Vorgänge in einer vom konkreten Fall losgelösten Form und stellen damit Ordnungsmuster dar, deren Verwendung inhaltlich ganz unterschiedliche Erfahrungen, Erinnerungen und Erwartungen strukturiert. Schemata sind generell Formen der Wirklichkeitskonstruktion, die Stabilität im Wahrnehmen, Denken und Handeln ermöglichen. Sie sind nicht zuletzt Bestandteile von Gedächtnisstrukturen. Erinnerungen und Erwartungen werden, insofern sie speziell dem Geschichtenschema folgen, ganz im Sinne der Wohlgeformtheit einer ‚idealtypischen' Geschichte strukturiert und gesteuert. Die gedächtnisbasierte Rezeption und - wie vor allem seit *Stein/Glenn* (1977) untersucht wird - auch die Produktion von ‚Sprache' ist, kognitionspsychologisch betrachtet, ein schemageleiteter Vorgang. Läßt man die Frage nach den Bedingungen und Mechanismen der Entwicklung narrativer Schemata einmal beiseite, läßt sich sagen: Ein Vorbild für diesen Ansatz ist auch die Generationsgrammatik (sensu *Chomsky*), wobei nun generative Strukturen - implizites, intuitives und

---

[11]   Zum Schemabegriff allgemein sowie speziell zu Geschichtenschemata vgl. etwa die Arbeiten von *Anderson, van Dijk* und *Kintsch, Mandler, Stein, Thorndyke* etc., über die *Stein/Trabasso* (1982) einen Überblick liefern.

gleichwohl ‚normiertes' Wissen über Aktantenpläne und Problemlösungen vor allem - *ganze ‚Texte'* formal bestimmen und die Möglichkeit eröffnen, auch bislang nie gehörte oder erzählte Geschichten bilden und verstehen zu können.

Wie ausgeführt, korrespondiert in schematheoretischer Perspektive die regelhafte, strukturelle Ordnung von Erzählungen beziehungsweise Erzähltexten mit einem ‚internen' kognitiven Schema sprach- und handlungsfähiger Subjekte. Wichtig ist dabei, daß sich die an besonderen Erzählungen beziehungsweise Erzähltexten *konkret aufweisbare* Struktur *nicht völlig* mit der unterstellten *kognitiven Struktur*, dem Geschichtenschema, decken muß. Dieses Schema ist nämlich *abstrakt*. Es ist eine vergleichsweise stark *dekontextualisierte* und *generalisierte* kognitive Struktur, ein Regel- oder Ordnungssystem, das die Rezeption und Produktion inhaltlich und funktional variabler Geschichten unterschiedlichsten Komplexitätsgrades steuert beziehungsweise generiert. Stärker kontextbezogene, wenngleich ebenfalls generalisierende kognitive Repräsentationen von konkreten Ereignis-, Handlungs- und Interaktionsabläufen (zum Beispiel eine Mahlzeit einnehmen; Wäsche waschen; spazierengehen etc.), stellen die sogenannten *Skripts* dar, die entwicklungspsychologisch früher verfügbar sind als abstraktere kognitive Strukturen wie das Geschichtenschema[12].

Kann die Verfügbarkeit eines ‚psychisch realen', narrativen Schemas erst einmal vorausgesetzt werden, wird diesem, wie gesagt, häufig eine *generative Funktion* zugeschrieben. Interne narrative Regelstrukturen erzeugen als spezielle grammatische Tiefenstrukturen auf dem Weg einer narrativen Konfiguration, die sich als Regelmechanismus beschreiben

---

[12]   Während das Geschichtenschema als fundamentale narrative Struktur, die bestimmten Gedächtnis- bzw. Erinnerungsleistungen zugrunde liegt, aufgefaßt werden kann, könnten Skripts nicht bloß als entwicklungspsychologische Vorläufer dieses Schemas betrachtet werden, insofern sie sequenzialisierende, generalisierende und ganzheitliche Ordnungsstrukturen verkörpern. Als kontextbezogene, inhaltlich konkrete Strukturen bleiben sie nämlich wichtig, auch wenn das abstrakte narrative Schema verfügbar ist. Skripts, so könnte man sagen, bleiben als kontext- bzw. situationsbezogene *General Event Representations* (*Nelson/Gruendel* 1981) speziell im Rahmen der zumindest partiell narrativ strukturierten Gedächtnis- und Erinnerungsleistungen von Bedeutung. Auf die Abstraktheit des Geschichtenschemas ist es im übrigen zurückzuführen, daß dieses Schema den Rezipienten von Geschichten (den Hörer/Leser) in Stand setzt, narrative Sinnstrukturen unter anderem auch dann zu identifizieren, wenn Erzählungen (mündliche/schriftliche) - am Maßstab einer idealtypischen Erzählgrammatik beurteilt - unvollständig sind oder stark zusammenfassenden Charakter haben. Dies gilt selbstverständlich nicht zuletzt für biographische Erzählungen.

läßt, konkrete Erzählungen. Narrative Strukturen beziehungsweise Kompetenzen werden dabei manchmal als anthropologische Universalien betrachtet, die sich in der Entwicklung jedes Menschen im Sinne eines evolutionären Erbes gleichsam naturwüchsig entfalten. Man hätte dann eine Art *schema acquisition device* zu unterstellen. Diese evolutionstheoretisch begründete, nativistische Position, die natürlich heftigst umstritten ist, vertritt etwa *Fuller* (1982), wenn sie narrative Grammatiken als Hirnstrukturen und diese als Engramm der menschlichen Gattung auffaßt[13]. Die Biologisierung narrativer Kompetenz macht entwicklungs- und sozialisationstheoretische Fragestellungen im engeren Sinne obsolet. *Fuller* unterstellt angeborene narrative Grammatiken. Sie ruft damit meines Erachtens eine Kritik auf den Plan, wie sie einst *Piaget* an *Chomsky*s nativistischer Position in der Sprachentwicklungstheorie formulierte (*Piaget* 1973). Verbreiteter als der Nativismus sind im angesprochenen Feld der narrativen Psychologie freilich zwei andere (im Prinzip durchaus miteinander verträgliche) Positionen.

Zum einen ist da die Auffassung, nach der die Entwicklung narrativer Kompetenz und der entsprechenden, internen kognitiven Strukturen beziehungsweise Schemata nicht ohne den Rekurs auf die konstitutive Funktion frühzeitiger sozialer Handlungs-, Interaktions- und Kommunikationserfahrungen des Kindes zu denken ist (*Boothe* [1992], *Mancuso* [1986], *Mandler* [1978] und viele andere sind dieser Ansicht). Dieser dezidiert sozialtheoretische und interaktionistische Ansatz kann etwa mit den klassischen Arbeiten von *Mead* (1934) oder *Vygotsky* (1978) in Verbindung gebracht und als Kritik jener individualpsychologischen Entwicklungstheorien aufgefaßt werden, welche Entwicklungsprinzipien und Entwicklungsvorgänge letztlich in das Individuum hineinverlegen. In der

---

[13]   Diese These geht mit einer anderen, im erzähltheoretischen Diskurs häufig anzutreffenden, einher. Das Erzählen als eine spezifische Sprachform befriedige, so Fuller, ein fundamentales anthropologisches Bedürfnis. Die Erzählung als Synthesis des Heterogenen käme nämlich dank ihrer integrierenden Kraft dem universalen Bedürfnis nach einer kohärenten Auffassung des Selbst und der Welt entgegen: „The need to make our life coherent, to make a story out of it, is probably so basic that we are unaware of it's importance" (*Fuller* 1982: 224). Diese Gleichsetzung von Erzählung und der Befriedigung eines anthropologischen Grundbedürfnisses nach Kohärenz scheint ebensowenig selbstverständlich wie die Unterstellung des besagten Bedürfnisses überhaupt - wie verbreitet diese Annahme auch sein mag. Hervorgehoben sei noch, daß eine universalistische Position nicht notwendigerweise mit einer nativistischen verbunden sein muß. Universale narrative Strukturen können ebenso als ein Resultat der ontogenetischen bzw. lebensgeschichtlichen Entwicklung angesehen werden, das in allgemeinen Strukturen der menschlichen Praxis begründet ist.

angedeuteten sozial- und sozialisationstheoretischen Perspektive bilden die erzählten Geschichten von Erwachsenen für die Kinder das ‚Vorbild‘, das sie, am Leitfaden der Erwartungen, Ermunterungen und der Rückfragen zuhörender Erwachsener nachbilden, bis sie schließlich aus eigener Kraft zu erzählen imstande sind. Erwachsene führen Kinder durch sozialisatorische Interaktionen an die sogenannten ‚Zonen der nächstfolgenden Entwicklung‘ heran, indem sie Kindern erzählen helfen und selbst Geschichten erzählen, deren Aufbau und Struktur Lernprozesse der zuhörenden Kinder herausfordern und fördern[14]. *Miller/Sperry* (1988: 295) sprechen geradezu von einer ‚narrativen Umwelt‘, einer Welt aus Geschichten (vgl. auch *Miller/Byhouwer* 1987). Insbesondere das ständige Hören und probeweise Formulieren von Geschichten führt zur Ausbildung zunächst von konkreten ‚Skripts‘, sodann von abstraktem und zunehmend komplexerem ‚Wissen‘ in Form interner, kognitiver Repräsentationen beziehungsweise narrativer Schemata. (Ob Skript- und Schema-Theorien diese Entwicklungen lediglich beschreiben oder tatsächlich sozialtheoretisch erklären, mag hier dahingestellt bleiben.)

Zum anderen wird die Entwicklung narrativer Kompetenz im wesentlichen als selbstgesteuerter Konstruktionsprozeß gesehen. Diese Sicht gilt bekanntlich häufig als spezifisch psychologisch. *Piaget*s Operationismus bietet hierfür ein Beispiel. *Piaget*s Forschungen machen sogleich unmißverständlich klar, daß selbstgesteuerte Konstruktionsprozesse nicht unabhängig von aktiven Auseinandersetzungen mit der Umwelt gedacht werden dürfen. „Kinder machen“, wie *Boueke/Schülein/Wolf* (1995: 33) diese auch von ihnen vertretene Position zusammenfassen, „immer wieder die Erfahrung, daß die von ihnen angewandten Strategien zur erzählerischen Bewältigung von Ereignisfolgen sich als unzulänglich erweisen, und versuchen daraufhin, neue Strategien zu erproben.“

Von den soeben zitierten AutorInnen stammt nicht zuletzt eines der derzeit elaboriertesten Modelle der *Entwicklung* narrativer Kompetenz. Aus Platzgründen kann darauf und überhaupt auf die vorliegende Literatur zu diesem Gesichtspunkt nicht näher eingegangen werden (vgl. hierzu etwa *Kemper* 1984). Grob verallgemeinernd ließe sich als Gemeinsamkeit aller mir bekannten Entwicklungsmodelle eine gewisse Logik ausmachen, die von prosodischer Rede und Wortspielen über das bloße Aufzählen fragmentierter und isolierter Ereignisse und sogenannter ‚The-

---

[14]   Vgl. hierzu *Bruner* (1985: 21-34), *Ninio/Bruner* (1976). *Bruner* selbst vertritt im übrigen eine entwicklungstheoretische Position, die angeborene, universale Strukturen des menschlichen Geistes ebenso berücksichtigt wie die sozial und kulturell eingebettete Entwicklung.

ma-und-Variationen-*Geschichten*' über die zunehmend elaboriertere Verwendung temporaler Markierungen und Verknüpfungen sowie logischer, finaler (einschließlich intentionaler und motivationaler) sowie kausaler Konnektoren hin zur Produktion von sequentiell kohärent geordneten Geschichten mit einem regelrechten *plot* reicht, in dessen Mittelpunkt eine Komplikation, ein Skandolon steht, das den oder die Protagonisten sowie den Erzähler und/oder Rezipienten der Geschichte emotional berührt; von diesem Zentrum der Geschichte lebt letztlich deren ,dramatische' Struktur, auch die sogenannte ,Moral der Geschichte' beziehungsweise deren Evaluation durch den Erzähler (und/oder Rezipienten). Was die Altersangaben zum Erwerb narrativer Kompetenz angeht, gibt es in der Literatur ziemliche Schwankungen. Eine Tendenz geht zweifelsohne dahin, Kindern in einem immer früheren Alter narrative Kompetenz - zumindest gewisse Teilkompetenzen - zuzusprechen. Dies gilt etwa für die temporalen Sequenzierungsleistungen, zu denen Kinder weit früher imstande sind, als es - beispielsweise - *Piaget* in seinen berühmten Studien zur Entwicklung des Zeitbegriffs beim Kinde noch annahm. Hingewiesen sei allerdings darauf, daß alle als Forschungsergebnisse präsentierten Altersangaben in einem kaum zu unterschätzenden Ausmaß vom theoretisch vorausgesetzten Geschichtenbegriff und der jeweiligen methodischen Zugangsweise abhängen. Allein aus diesem Grund ist eine nähere Diskussion des diesbezüglichen Forschungsstandes im hier vorgegebenen Rahmen nicht möglich.

Die letzten Bemerkungen sollten gleichwohl angezeigt haben, daß auch die Forschungen zur Entwicklung allgemeiner narrativer Fähigkeiten nicht zuletzt für eine erzähltheoretisch angelegte Psychologie biographischer Kompetenz von größtem Interesse sind. In vielerlei Hinsicht existieren mit den skizzierten und anderen Beiträgen wichtige Vorarbeiten, an die die biographische Sozialisationsforschung anknüpfen kann. Forschungen, die sich unmittelbar auf die Entwicklung *biographisch*-narrativer Kompetenz beziehen, existieren in der Psychologie, soweit ich sehe, allerdings so gut wie gar nicht. Studien und eine darauf begründete Theorie zum Erwerb speziell des biographischen Schemas stehen weitgehend noch aus. Natürlich wäre im Zuge solcher Forschungen ja schon vorab, zumindest in groben Zügen zu klären, was denn eine als Schema verstandene Biographie genauer sein soll. Die Biographie ist zwar ein narratives Schema, als solches aber, wie gesagt, ein spezieller Fall.

2   Biographische Kompetenz: abschließende Bemerkungen

Beginnen kann man die erforderliche begriffliche Differenzierung mit
einer trivialen Feststellung. Geschichten nachvollziehen und selbst bilden
zu können, in denen speziell von *biographisch relevanten* Erfahrungen,
Erwartungen und Entwicklungen eines Menschen die Rede ist, wurde
bereits als besondere Fähigkeit bezeichnet. Solche Geschichten artikulieren und *relationieren* aus einer jeweils spezifischen Perspektive persönlich relevante Vergangenheitsdeutungen, Gegenwartsverständnisse und
Zukunftserwartungen, die sich um das Leben und die persönliche ‚Selbst-
entwicklung‘ eines Individuums drehen. Diese Geschichten schließen sich
im Zuge einer lebensgeschichtlichen Erzählung zur diachronen Identität
eines Subjektes zusammen. Sie bilden letztlich eine Einheit. Im Mittelpunkt jeder lebensgeschichtlichen Erzählung steht ein Individuum, um
dessen Erlebnisse beziehungsweise Erfahrungen, Erwartungen und Identität es geht. In der autobiographischen Erzählung fallen Erzähler und die
zentrale Figur der Erzählung bekanntlich zusammen.

Wichtig ist sodann folgende, ebenfalls naheliegende Bestimmung.
Biographische Erzählungen präsentieren unter Umständen eine *Vielzahl*
von Geschichten, jede von ihnen eine abgrenzbare Einheit mit identifizierbarer Struktur, spezifischer Funktion und einem Thema. Eine Lebensgeschichte beinhaltet, synthetisiert oder integriert solche Geschichten.
Die Begriffe ‚Biographie‘ oder ‚Lebensgeschichte‘ sind eine Art Kollek-
tivsingular: Sie bündeln vielerlei Geschichten zu einer Gesamtgestalt.
Wer seine Lebensgeschichte erzählt, erzählt mehrere Geschichten, eine
nach der anderen, eine neben der anderen. Manche bleiben unverknüpft
nebeneinander stehen, ganz für sich, sind nur dadurch - also indirekt -
miteinander verbunden, daß sie als Elemente *einer* temporalen Ordnung
und Sinnstruktur, einer Biographie eben, fungieren. Andere Geschichten
sind unmittelbar miteinander verwoben. Das Ende der einen mag den
Anfang der nächsten oder einer zu späterer Zeit einsetzenden Geschichte
bilden oder signalisieren; die eine Geschichte mag den Hintergrund für
eine andere bilden, für die Intentionen dieses oder jenes Akteurs etc.

Jede Biographie setzt sich aus vielerlei Geschichten zusammen,
und dies häufig genug auf neuartige Weise. Eine Lebensgeschichte *besteht nur als Erzählung*, und erzählen läßt sich nie und nimmer alles.
Jede biographische Selbstthematisierung findet in einer Gegenwart statt,
in einer Situation, das heißt sie hat ihren Standort in der (historischen
und biographischen) Zeit, in diesem oder jenem Kontext und Interak-
tionszusammenhang, sie hat diese oder jene Zuhörer, einen oder mehrere
Anlässe und Funktionen, schließlich können ihr vielfältige Relevanzset-

zungen, Intentionen und Motive zugrunde liegen. Relativ zu all diesen pragmatischen oder psychosozialen ‚Rahmenbedingungen' und Implikationen fällt eine biographische Erzählung so aus oder anders, thematisiert sie dies oder jenes. Wann und wo auch immer das Leben repräsentiert wird, wird abstrahiert und selegiert, mit je bestimmten Geschichten operiert. Fraglich wird damit vielleicht, ob es überhaupt sinnvoll ist, von *der* Biographie oder Lebensgeschichte eines Individuums zu sprechen, wenn dies doch prinzipiell nichts anderes meinen kann als eine spezifische Form und Praxis der Selbstthematisierung mit *variablen Inhalten.*

Die Biographie als einheitliche Gestalt ist eine narrative Struktur mit einem Anfang, einer Mitte und einem Ende wie jede andere Geschichte auch. Der Anfang mag durch die Geburt, das Ende durch den Tod gesetzt oder symbolisiert sein, vielleicht auch durch anderes, durch die erste Erinnerung und die Erwartung der fernsten Zukunft. Jedoch ist jede Biographie auch mehr als diese *eine* Geschichte, integriert sie, wie ausgeführt, als eine Art narrative Superstruktur eine Vielzahl von Geschichten. Wie *jede* Geschichte als Synthesis zeitlich (und sachlich) heterogener Ereignisse, Widerfahrnisse und Handlungen gelten kann, so synthetisiert die biographische Erzählung oder Lebensgeschichte eine ganze Reihe solcher Geschichten. Die Integration verschiedener Geschichten in eine übergeordnete narrative Struktur macht diese zu Bestandteilen einer Biographie und verleiht ihnen eben dadurch spezifische Sinn- und Bedeutungsgehalte. Die Biographie wird ihrerseits erst durch die einzelnen Geschichten konstituiert, die sie synthetisiert oder integriert - ganz im Sinne eines wechselseitigen hermeneutischen Bestimmungsverhältnisses zwischen Teil und Ganzem.

Offenkundig ist die biographische Kompetenz spezifischer und zugleich voraussetzungsvoller als die narrative. In welcher Weise auch immer sie mehr und andere Leistungen des Subjekts voraussetzt und beinhaltet als bloß die Fähigkeit, Geschichten erzählen und verstehen zu können, so stellt gerade diese Fähigkeit ihren Kern dar. Aus diesem Grund stand diese Fähigkeit auch im Zentrum der vorliegenden Abhandlung. Wenn die Ausführungen wenigstens etwas zur Klärung narrativbiographischer Kompetenz beigetragen und Wege künftiger Forschungen aufgezeigt haben, ist ihr Zweck erfüllt. Einer dieser Wege, vielleicht der vielversprechendste, scheint jener, welcher biographische Kompetenz in entwicklungspsychologischer und sozialisationstheoretischer Perspektive thematisiert. Untersuchungen zur Überführung persönlicher Erlebnisse in eine narrative Syntax sowie Forschungen zum autobiographischen Gedächtnis (von Kindern) mögen erste wichtige Schritte auf diesem Weg verkörpern. Der Großteil der Strecke ist derzeit allerdings noch unbegangen. Daß Forschungen wie die hier referierten und geforderten ins Zentrum einer Theorie biographischer Sozialisation führen, scheint mir unabweisbar. Dies ist zumindest dann der Fall, wenn biographische Sozialisation auch, ja sogar in erster Linie, als soziokulturell vermittelter Aufbau subjektiver Strukturen begriffen wird, welche Subjekte befähigen, ihr eigenes Selbst in diachroner Perspektive ausdrücklich zu machen. Eine so verstandene biographische Sozialisationsforschung hätte zu klären, wie Kulturen, Gesellschaften und spezifischere soziale Systeme es Individuen ermöglichen, eine eigene Biographie und, *uno actu*, eine diachrone Identität zu ‚haben‘. Dabei hätte diese Forschung vor allem auch zu erkunden, wie Individuen diese Möglichkeit im Zuge ihrer ontogenetischen Entwicklung ergreifen lernen und, als schließlich handlungs- und sprachfähige Subjekte, so zu nutzen vermögen, daß ihnen ihre Lebensgeschichte bald schon als die natürlichste Sache der Welt erscheint.

Literatur

Angehrn, Emil 1985: Geschichte und Identität. Berlin; New York: de Gruyter.
Bartlett, Frederik C. 1932: Remembering. Cambridge: Cambridge University Press.
Boothe, Brigitte 1992: Die Alltagserzählung in der Psychotherapie. Berichte aus der Abteilung Klinische Psychologie, Nr. 29/1. Zürich: Psychologisches Institut der Universität.
Boueke, Dietrich et al. 1995: Wie Kinder erzählen. Untersuchungen zur Erzähltheorie und zur Entwicklung narrativer Fähigkeiten. München: Fink.
Boueke, Dietrich/Frieder Schülein/Dagmar Wolf 1995: Wie lernen Kinder, eine Geschichte zu erzählen? Zur Entwicklung narrativer Strukturen. In: Forschung an der Universität Bielefeld 11, 27-33.
Bruner, Jerome 1985: Vygotsky: A Historical and Conceptual Perspective. In: *James V. Wertsch* (Hg.): Culture, Communication and Cognition. Cambridge: Cambridge University Press, 21-34.
Bruner, Jerome 1986: Two Modes of Thought. In: *Jerome Bruner* (Hg.): Actual Minds, Possible Worlds. Cambridge/Mass.; London: Harvard University Press, 11-43.
Bruner, Jerome 1987: Life as Narrative. In: Social Research 54, 1, 11-32.
Bruner, Jerome 1990: Acts of Meaning. Cambridge/Mass.; London: Harvard University Press.
Chomsky, Noam 1973: Aspekte der Syntax-Theorie. Frankfurt/M.: Suhrkamp.
Fuller, Richard 1982: The Story as the Engram: Is It Fundamental to Thinking? In: Journal of Mind and Behavior 3, 127-142.
Gergen, Mary M./Kenneth J. Gergen 1984: The Social Construction of Narrative Accounts. In: *Kenneth J. Gergen/Mary M. Gergen* (Hg.): Historical Social Psychology. Hillsdale/N. J.; London: Lawrence Erlbaum.
Geulen, Dieter 1989: Das vergesellschaftete Subjekt. Zur Grundlegung der Sozialisationstheorie. Frankfurt/M.: Suhrkamp.

Gstettner, Peter 1980[4]: Biographische Methoden in der Sozialisationsforschung. In: *Klaus Hurrelmann/Dieter Ulich* (Hg.): Handbuch der Sozialisationsforschung. Weinheim; Basel: Beltz, 371-392.

Habermas, Jürgen 1983: Rekonstruktive vs. verstehende Sozialwissenschaften. In: *Ders.*: Moralbewußtsein und kommunikatives Handeln. Frankfurt/M.: Suhrkamp, 29-52.

Hahn, Alois 1987: Identität und Selbstthematisierung. In: *Alois Hahn/Volker Kapp* (Hg.): Selbstthematisierung und Selbstzeugnis: Bekenntnis und Geständnis. Frankfurt/M.: Suhrkamp, 9-24.

Huber, Günter L./Heinz Mandl 1980[4]: Kognitive Sozialisation. In: *Klaus Hurrelmann/ Dieter Ulich* (Hg.): Handbuch der Sozialisationsforschung. Weinheim; Basel: Beltz, 631-648.

Hurrelmann, Klaus/Dieter Ulich (Hg.) 1991[4]: Neues Handbuch der Sozialisationsforschung. Weinheim; Basel: Beltz.

Joas, Hans 1992: Die Kreativität des Handelns. Frankfurt/M.: Suhrkamp.

Kemper, Susan 1984: The Development of Narrative Skills: Explanations and Entertainments. In: *Kuczaj, II, Stan A.* (Hg.): Discourse Development: Progress in Cognitive Development Research. New York: Springer, 99-124.

Köckeis-Stangl, Eva 1980[4]: Methoden der Sozialisationsforschung. In: *Klaus Hurrelmann/Dieter Ulich* (Hg.): Handbuch der Sozialisationsforschung. Weinheim; Basel: Beltz, 321-370.

Kohli, Martin 1980[4]: Lebenslauftheoretische Ansätze in der Sozialisationsforschung. In: *Klaus Hurrelmann/Dieter Ulich* (Hg.): Handbuch der Sozialisationsforschung. Weinheim; Basel: Beltz, 299-317.

Labov, William 1972: The Transformation of Experience in Narrative Syntax. In: *Ders.*: Language in the Inner City. Studies in the Black English Vernacular. Philadelphia: University of Pennsylvania Press; dt. in: *Ders.* 1978: Sprache im sozialen Kontext. Beschreibung und Erklärung struktureller und sozialer Bedeutung von Sprachvariation. Band 2, hg. von *Norbert Dittmar/Bert-Olaf Rieck*. Königstein/Ts.: Scriptor, 58-99.

Labov, William /Joshua Waletzky 1967: Narrative Analysis: Oral Versions of Personal Experience. In: *June Helm* (Hg.): Essays in the Verbal and Visual Arts. Seattle: University of Washington Press, 12-44.

Lämmert, Eberhard (Hg.) 1982: Erzählforschung. Ein Symposion. Stuttgart: Metzler.

Leitner, Hartman 1982: Lebenslauf und Identität. Die kulturelle Konstruktion von Zeit in der Biographie. Frankfurt/M.; New York: Campus.

Leitner, Hartman 1990: Die temporale Logik der Autobiographie. In: *Walter Sparn* (Hg): Biographie, Autobiographie, Hagiographie und ihre Entstehungszusammenhänge. Gütersloh: Mohn, 315-359.

Mancuso, James C. 1986: The Acquisition and Use of Narrative Grammar Structure. In: *Theodore R. Sarbin* (Hg.): Narrative Psychology. The Storied Nature of Human Conduct. New York; Westport/Conn.; London: Praeger, 91-110.

Mandler, Jean M. 1978: A Code in the Node: The Use of a Story Schema in Retrieval. In: Discourse Processes 1, 14-35.

Mead, George H. 1934: Mind, Self and Society. From the Standpoint of a Social Behaviorist. Edited by *Charles W. Morris*. Chicago: Chicago University Press.

Miller, Max 1980[4]: Sprachliche Sozialisation. In: *Klaus Hurrelmann/Dieter Ulich* (Hg.): Handbuch der Sozialisationsforschung. Weinheim; Basel: Beltz, 649-668.

Miller, Peggy J./B. Byhouwer 1987: The Acquisition of Culture Through Stories of Personal Experience. Paper Read at the Symposium Entitled ‚The Acquisition of Culture Through Talk‘, Meeting of the American Ethnological Society. San Antonio.

Miller, Peggy J./Linda L. Sperry 1988: Early Talk about the Past: The Origins of Conversational Stories of Personal Experience. In: Journal of Child Language 15, 293-315.

Nassehi, Armin 1994: Die Form der Biographie. Theoretische Überlegungen zur Biographieforschung in methodologischer Absicht. In: BIOS 7, 46-63.

Nassehi, Armin 1996: Tod und Biographie. Zum forschungspraktischen Zusammenhang von biographischer Selbstbeschreibung und Tod. In: Handlung, Kultur, Interpretation. Bulletin für Psychologie und Nachbardisziplinen 5, 8, 129-138.

Nassehi, Armin/Georg Weber 1990: Zu einer Theorie biographischer Identität. Epistemologische und systemtheoretische Argumente. In: BIOS 3, 153-187.

Nelson, Katherine/Janice Gruendel 1981: Generalized Event Representations: Basic Building Blocks of Cognitive Development. In: *Michael E. Lamb/Ann L. Brown* (Hg.): Advances in Developmental Psychology. Vol. 1. Hillsdale/N. J.: Lawrence Erlbaum, 131-157.

Ninio, A./Jerome Bruner 1976: The Achievement and Antecedents of Labelling. In: Journal of Child Language 5, 1-15.

Piaget, Jean 1973: Der Strukturalismus. Elton; Freiburg/Br.: Walter (Ersterscheinung 1968).

Polkinghorne, Donald 1988: Narrative Knowing and the Human Sciences. Albany: State University of New York Press.

Ricœur, Paul 1988: Zeit und Erzählung. Band I: Zeit und historische Erzählung. Aus dem Französischen von Rainer Rochlitz. München: Fink (Ersterscheinung 1983).

Ricœur, Paul 1989: Zeit und Erzählung. Band II: Zeit und literarische Erzählung. Aus dem Französischen von Rainer Rochlitz. München: Fink (Ersterscheinung 1984).

Rumelhart, David E. 1975: Notes on a Schema for Stories. In: *Daniel G. Bobrow/Allan Collins* (Hg.): Representation and Understanding. Studies in Cognitive Science. New York: Academic Press, 211-236.

Sarbin, Theodore R. 1986 (Hg.): Narrative Psychology. The Storied Nature of Human Conduct. New York; Westport/Conn.; London: Praeger.

Schank, Roger C./Robert P. Abelson 1977: Scripts, Plans, Goals and Understanding. Hillsdale/N. J.: Lawrence Erlbaum.

Schütze, Fritz 1987: Das narrative Interview in Interaktionsfeldstudien I. Kurseinheit 1. Hagen: FernUniversität Hagen.

Stein, Nancy L./Christine G. Glenn 1977: An Analysis of Story Comprehension in Elementary School Children. In: *Roy O. Feedle* (Hg.): Advances in Discourse Processing. Vol. II: New Directions in Discourse Processing. Norwood/N. J.: Ablex, 53-120.

Stein, Nancy L./Tom Trabasso 1982: What's in a Story: An Approach to Comprehension and Instruction. In: *Robert Glaser* (Hg.): Advances in Instructional Psychology. Volume 2. Hillsdale/N. J.: Lawrence Erlbaum, 213-267.

Straub, Jürgen 1989: Historisch-psychologische Biographieforschung. Theoretische, methodologische und methodische Argumentationen in systematischer Absicht. Heidelberg: Asanger.

Straub, Jürgen 1991: Identitätstheorie im Übergang? Über Identitätsforschung, den Begriff der Identität und die zunehmende Beachtung des Nicht-Identischen in subjektheoretischen Diskursen. In: Sozialwissenschaftliche Literaturrundschau 14, 23, 49-71.

Straub, Jürgen 1993a: Geschichte, Biographie und friedenspolitisches Handeln. Biographieanalytische und sozialpsychologische Analysen auf der Basis von narrativen Interviews mit Naturwissenschaftlern und Naturwissenschaftlerinnen. Opladen: Leske + Budrich.

Straub, Jürgen 1993b: Zeit, Erzählung, Interpretation. Zur Konstruktion und Analyse von Erzähltexten in der narrativen Biographieforschung. In: *Hedwig Röckelein* (Hg): Möglichkeiten und Grenzen der psychohistorischen Biographieforschung. Tübingen: edition discord, 143-183.

Straub, Jürgen 1996a: Zur narrativen Konstruktion von Vergangenheit. Erzähltheoretische Überlegungen und eine exemplarische Analyse eines Gruppengesprächs über die ‚NS-Zeit'. In: BIOS 9, 1, 30-58.

Straub, Jürgen 1996b: Identität und Sinnbildung. Ein Beitrag aus der Sicht einer handlungs- und erzähltheoretisch orientierten Sozialpsychologie. In: ZiF-Jahresbericht 1994/95. Bielefeld: Zentrum für interdisziplinäre Forschung, 42-90.

Straub, Jürgen (Hg.) 1998: Erzählung, Identität und historisches Bewußtsein. Die psychologische Konstruktion von Zeit und Geschichte. Frankfurt/M.: Suhrkamp.

Straub, Jürgen 1999: Handlung, Interpretation, Kritik. Grundzüge einer textwissenschaftlichen Handlungs- und Kulturpsychologie. Berlin; New York: de Gruyter.

Straub, Jürgen 2000: Temporale Orientierung und narrative Kompetenz. Zeit- und erzähltheoretische Grundlagen einer Psychologie biographischer und historischer Sinnbildung. Beitrag zum Symposium ‚Zeitlichkeit im Kulturvergleich' am Sozialwissenschaftlichen Forschungszentrum der Universität Erlangen-Nürnberg am 12.-14. Oktober 1995. In: *Jörn Rüsen* (Hg.): Psychologie des Geschichtsbewußtseins. Grundlagen und Fallstudien. (Beiträge zur Geschichtskultur. 21). Böhlau (im Erscheinen).

Vygotsky, Lev S. 1978: Mind in Society: The Development of Higher Psychological Processes. Edited by *Michael Cole/Vera John-Steiner/Sylvia Scribner/E. Souberman.* Cambridge/Mass.; London: Harvard University Press.

Wiedemann, Peter M. 1986: Erzählte Wirklichkeit. Zur Theorie und Auswertung narrativer Interviews. Weinheim; München: Psychologie Verlags Union.

Selbstsozialisation im Lebenslauf

Umrisse einer Theorie biographischen Handelns

Walter R. Heinz

Motto: „Nur wer sich ändert, bleibt sich treu." (Wolf Biermann)

In der deutschen Modernisierungsdebatte spielt die Individualisierungs-these eine wichtige Rolle (vgl. *Beck* 1986; *Kohli* 1989; *Weymann* 1989; *Beck-Gernsheim* 1994). Diese These richtet den Blick auf die biographi-schen Konsequenzen der Auflösung von kulturellen Orientierungsmustern und Ungewißheiten der strukturellen Entwicklung auf dem Arbeits- und Heiratsmarkt.

Die sozialpsychologische Vermittlung zwischen Individuum und Gesellschaft in der sich beschleunigt modernisierenden Gesellschaft wird dabei eher implizit angesprochen und als theoretisch ungelöst betrachtet. So merkt etwa *Beck-Gernsheim* (1994: 141) an, es bleibe offen: „Wie aus sozialstrukturellen Vorgaben biographische Entwürfe, Chancen, Zwänge entstehen und wie diese wiederum mit bestimmten emotionalen Befind-lichkeiten einhergehen .... Was fehlt, ist eine Sozialisationstheorie, die explizit ausführt, wie gesellschaftliche Individualisierungprozesse sich umsetzen in Dispositionen von Personen." Ihr Hinweis auf die Sozialisa-tion in der Familie und während der Kindheit fällt aber hinter den in der Sozialisationsforschung (vgl. *Hurrelmann/Ulich* 1991) und der Psycholo-gie der lebenslangen Entwicklungsprozesse (vgl. *Faltermeyer et al.* 1992) erreichten Kenntnisstand über die Verschränkung zwischen Sozialisation und Lebenslauf zurück. Wenn es nämlich stimmt, daß an den Weggabe-lungen im Lebenslauf die Optionen für Entscheidungen in dem Maße zugenommen haben, wie Biographien von den traditionellen Lebensver-hältnissen freigesetzt worden sind, dann sind die Sozialisationserfahrungen in der Kindheit nicht mehr grundlegende und lebenslang wirksame biogra-phische Ressource, sondern biographischer Ausgangspunkt, der immer wieder zu ergänzen, umzuschreiben und neu zu bewerten ist. Lebenslauf-programme, die als normalbiographisch galten, weichen biographischen Projekten, die Individuen im Verlauf ihres Lebens durch vielfältige Kom-binationen und Abfolgen der Beteiligung an gesellschaftlichen Institu-tionen und privaten Netzwerken gestalten.

Um ein Ergebnis dieses Aufsatzes vorwegzunehmen: Durch die Anforderung, zwischen verschiedenen Institutionen und Netzwerken durch eigene Handlungen tragfähige Verbindungen und Koordinationsmuster herzustellen, erwerben die Individuen in unterschiedlich ausgeprägtem Maße die Kompetenz zur Reflexion und Innovation ihres Lebenslaufs im Spannungsfeld von Biographie, Lebensentwürfen und sozialen Handlungskontexten. Dies bedeutet, den Lebenslauf als Institution zu betrachten, die Individuen in Sozialisations- und Selektionsprozesse, insbesondere in Statuspassagen und Übergängen zwischen Lebensbereichen einbindet. Da in einer Gesellschaft mit riskanten Lebenslaufoptionen Sozialisation und Selektion den Bedarf an Selbstreflexion der eigenen Interessen und Realisierungschancen erhöhen, entwickele ich in diesem Aufsatz das Konzept *Selbstsozialisation*. Selbstsozialisation führt zu unterschiedlichen Mustern von Übergangshandeln und zu verschiedenen Modi der Biographiegestaltung.

Im Unterschied zur emphatischen Individualisierungsthese ist evident, daß trotz des Bedeutungsgewinns des individuellen Handelns bei der Gestaltung des Lebenslaufs - also von biographischem Handeln - die Strukturen der sozialen Ungleichheit Lebenschancen und damit auch die Abfolge und Dauer von Sozialisationsprozessen differenzieren (vgl. *Berger/Sopp* 1995). So wird aus der Frage: Wie wirken soziale Herkunft, Geschlecht, Bildung und Familienstatus einerseits und die gesellschaftlichen Gelegenheitsstrukturen und Institutionen andererseits auf die Verlaufsform des Lebenslaufs ein, die Frage danach, *wie* sich die Individuen mit ihren Erfahrungen, Ansprüchen und Ressourcen auf die ungleich verteilten Optionen und Handlungsspielräume im Lebensverlauf beziehen. Wenn beispielsweise im Übergangssystem zwischen Schule und Arbeitsmarkt in Abhängigkeit vom Bildungsabschluß eine begrenzte Anzahl von Wegen ‚zur Wahl' stehen, dann müssen die Individuen in mehr oder weniger planvoller Weise ihre beruflichen Aspirationen auf dieses institutionalisierte Wegenetz abstimmen.

Ob aber der individuelle Lebenslauf zu einer selbstorganisierten Biographie wird, erscheint mir hochgradig fraglich. Denn das Individuum „als Planungsbüro in bezug auf seinen eigenen Lebenslauf", wie *Beck* (1986: 217) in der Sprache der Administration formuliert, muß zuerst lernen, wie es und wofür es am besten plant, und zweitens über Planungsressourcen verfügen, also zumindest über ein Büro; es muß seine Planungen durchdenken, zu Papier bringen und vor allem testen können. Und hierfür sind die Chancen in der modernen Gesellschaft immer noch ungleich verteilt (vgl. zum Beispiel *Leibfried et al.* 1995; *Raab* 1995).

Der Prozeß der ‚Verindividualisierung' des Lebenslaufs vollzieht sich im Rahmen gesellschaftlicher Strukturen der Ungleichheit, ebenso wie Differenzierung und Wandel der institutionalisierten Lebenslaufmuster nicht ohne individuelle Beteiligung und Lernprozesse geschehen. Diese, in Analogie zu *Giddens'* (1984), als Konzeption der ‚Dualität der Struktur' gedachte Formulierung meint, daß durch die Selbstsozialisation im Lebensverlauf sowohl die individuelle Biographie gestaltet wird als auch die Sozialstruktur des Lebenslaufs mehr oder weniger tiefgreifend verändert werden kann. Durch die ungleiche Verteilung von Ressourcen für die Biographiegestaltung sind die Individuen auf eine aktive Nutzung von Gelegenheitsstrukturen verwiesen. Wie die Jugend- und Frauenforschung im Kontext von Bildung, Beruf und Familie (vgl. *Baethge et al.* 1988; *Witzel/Helling/Mönnich* 1996; *Born/Krüger/Lorenz-Meyer* 1996) belegen, entstehen an den Übergängen zwischen Lebensbereichen und Institutionen die Konturen neuer Lebenslaufmuster. Dies bedeutet aber, daß die älteren Sozialisationstheorien, wie zum Beispiel von *Berger/Luckmann* (1969), die annehmen, daß die institutionellen Normen und das soziale Gerüst der Gesellschaft als verinnerlichte Richtschnur für biographisches Handeln dienen, anachronistisch werden. Es geht nicht mehr allein um die Abarbeitung gesellschaftlich normierter Lebensereignisse und die Übernahme alters- und geschlechtsentsprechender Rollenerwartungen zur richtigen Zeit, sondern zunehmend um die biographisch stimmige Abfolge und Kombination auch neuartiger Rollenkonfigurationen.

Ich werde in den folgenden Abschnitten verschiedene theoretische Ansätze zur Verknüpfung von Sozialstruktur und biographischem Handeln diskutieren. Daran schließt sich eine erläuternde Skizze eigener Forschungsarbeiten zum Übergang von der Schule in die Berufstätigkeit an. Diese Skizze soll dokumentieren oder zumindest plausibel machen, daß sich Akteure an Übergängen im Lebenslauf vor dem Hintergrund ihrer Aspirationen und Erwartungen mit den Handlungsspielräumen in Bildungs- und Arbeitsprozessen in spezifischer Weise auseinandersetzen, dabei sich selbst sozialisieren und ihren subjektiven Möglichkeiten und strukturellen Gelegenheiten entsprechend entscheiden und handeln.

Biographie als Abfolge rationaler Entscheidungen

Sozialwissenschaftler, die sich der rationalen Entscheidungstheorie (‚Rational Choice Theory', RCT) bedienen, erklären soziales Handeln dadurch, daß Individuen ihren Präferenzen entsprechend nützliche Optionen auswählen. Diese sparsame Annahme entspricht der Empfehlung von *Coleman* (1990), Modelle über soziales Handeln von komplexen Annahmen zu entlasten. Diese Vereinfachung im Interesse der Theoriebildung hat zu einem quasi Standardentscheidungs- oder Wahlmodell geführt. Dieses Modell verschweigt, daß Handeln in der gesellschaftlichen Realität einerseits auf variablen individuellen Entscheidungsgründen und andererseits auf dem ungleichen Zugang zu Optionen beruht. Gesellschaftliche Bedingungsgefüge strukturieren individuelle Handlungsspielräume, die die autonomen Wahlentscheidungen einschränken. Und Sozialisationsprozesse definieren die subjektive Relevanz von Handlungsoptionen. Aus der Lebenslaufperspektive liegt es nahe, individuelle Präferenzen als variabel und nicht als fixiert zu betrachten, nämlich als Ergebnis von sozialen Austauschprozessen und Sozialisationserfahrungen. Daher können Präferenzen nicht als Ursachen, sondern allenfalls als Begleiterscheinungen von biographischen Entscheidungen gelten. Wenn sich Wünsche und Erwartungen der Individuen auf soziale Rollen und deren Kombinationen beziehen, dann sind die individuellen Handlungsgründe ebenso beweglich beziehungsweise flexibel wie die verschiedenen Rollenkonfigurationen, die sie in ihrem Leben einnehmen. Damit steht die RCT als Erklärungsansatz für biographisches Handeln vor dem Problem der zeitlichen Variabilität individueller Handlungsmotive und Erwartungen, die mit dem Selbstkonzept des Individuums verknüpft sind. Das Selbstkonzept aber ist ein dynamisches Zwischenergebnis subjektiv relevanter Interaktions-, Rollen- und Sozialisationserfahrung und dadurch in übergreifende gesellschaftliche Arrangements eingebunden, nämlich in Gelegenheitsstrukturen, in deren Kontext Individuen Ansprüche, Erwartungen und Nützlichkeitsüberlegungen entwickeln, vorübergehend stabilisieren, aber auch verändern. Damit sind Präferenzen also lebenszeitlich betrachtet nicht zu fixieren.

Auf ein weiteres Problem hat immer wieder *Elster* (zum Beispiel 1989a, 1989b) hingewiesen: Entscheidungen im Kontext des Lebenslaufs werden prinzipiell unter den Bedingungen von Ungewißheit über die späteren Folgen der gewählten Alternativen getroffen. So findet nicht nur die Schulwahl, sondern auch die Berufswahl und die Partnerwahl unter Bedingungen unvollständiger Information statt, und dies bedeutet: „Wenn ein Akteur ... bei seinen Handlungsüberlegungen nicht alle Optionen vergleichen und ordnen kann, dann gibt es keine optimale Handlung." (*Elster* 1989a: 9) Wenn ich beispielsweise sowohl Jura als auch Forstwirtschaft studieren will, was nicht nur eine Berufsentscheidung, sondern auch eine Entscheidung zwischen verschiedenen Lebensstilen ist, dann bin ich von zwei beruflichen Alternativen angezogen, kann sie aber nicht vergleichend einstufen. In einer solchen Situation bleibt mir nur übrig, mein unbestimmtes Problem so umzuformulieren, daß es entscheidbar wird, zum Beispiel eine der Alternativen durch eine bestimmte Dimension zu privilegieren, um sie damit der anderen vorziehen zu können. Dies geschieht durch Rückgriffe auf frühere Interessen, Anregungen, Umstände - also auf dem Weg einer biographischen Konstruktion (vgl. *Heinz et al.* 1987).

Ein weiteres Problem für die RCT ergibt sich daraus, daß Lebenslaufentscheidungen sich dadurch auszeichnen, daß die zu treffende Wahl weitreichende Konsequenzen aufweist. Dies bedeutet, daß zum Beispiel individuelle Aspirationen und Erwartungen, die an die Berufswahl gerichtet werden, keine abgerundete Prioritätenliste liefern. Die subjektiven Erwartungen im Hinblick auf entferntere Ereignisse, zum Beispiel Beschäftigungskontinuität im erlernten Beruf, sind demnach unzuverlässig. Da die RCT annimmt, daß Menschen allenfalls etwas nach vorne und nicht zurückschauen, wenn sie ihre Erwartungen bilden und Entscheidungen treffen, kann sie die Frage nicht beantworten, welche Gründe dazu führen, daß Menschen in der Regel suboptimale, aber dennoch vernünftige Entscheidungen treffen können. Die Antwort liegt darin, daß sie durch biographische Bilanzen und kreatives Handlungslernen (vgl. *Joas* 1992) vernünftig mit kurz- und langfristigen Erwartungskonflikten und Ungewißheiten umgehen, anstatt der Illusion einer rational kalkulierbaren, hieb- und stichfesten Entscheidung für die subjektiv nützlichste Alternative zu erliegen. Im Horizont von Lebensentscheidungen oder Übergangsoptionen sind die biographische Stimmigkeit und die soziale Einbettung des ‚gewählten‘ Wegs verünftiger als die nüchterne Ertragskalkulation.

Die prägnante Charakterisierung der RCT durch *Esser* (1994: 19) verdeutlicht, weswegen dieser Ansatz zur Erklärung biographischen Handelns unzureichend ist: „Die RC-Theorie geht ... bei der Klärung des Handelns von Menschen von der Hypothese aus, daß die Menschen sich an ihrer Nahsituation orientieren und nur sehr ausnahmsweise auch langfristige oder kollektive Folgen im Auge haben. Dabei wird angenommen, daß die Akteure aus dieser Nahsicht heraus unter gewissen Begrenzungen ihrer Rationalität - mehr oder weniger habitualisiert oder reflektiert - Entscheidungen treffen, bei denen sie sich an ihren Möglichkeiten und den erwarteten Folgen ihres Tuns orientieren." Diese Position hat *Elster* (1989a) kritisiert: Aus Nahsicht wird *Kurzsichtigkeit*, denn im Lebenslauf wirken sich Entscheidungen prinzipiell langfristig aus. Die kurzfristigen Folgen einer Entscheidung können durchaus in einem begrenzten Sinne rational sein, so rational wie es die Verfolgung des persönlichen Vorteils sein kann[1].

---

[1]   Die derzeit in der Öffentlichkeit bekannt werdende Korruption in Verwaltung und Wirtschaft ist ein empirischer Prototyp dieser auf Vorteil bedachten kurzfristigen Entscheidungsstrategie; sie blendet soziale und langfristige Folgen und die individuelle Verantwortung, also die Dimensionen der gesellschaftlichen Normen und Moral, aus.

Auch wenn *Esser* (1994) in Rechnung stellt, daß die Interessen von Menschen durch Institutionen erzeugt und damit auch wandelbar sind, so bezieht er in seine Verteidigung der RCT nicht ein, daß die institutionalisierten Möglichkeiten und Grenzen biographischer Optionen in sich häufig widersprüchlich, zumindest aber zwiespältig sind. So ist beispielsweise die Entscheidung junger Frauen für einen doppelten Lebensplan Folge einer realistischen Bewertung von gesellschaftlichen Chancenstrukturen, Bildungs- und Arbeitsmarkterfahrungen. Angesichts der widersprüchlichen Rationalität von Familie und Beruf treffen sie einen vernünftigen, aber nach den Kriterien der RCT keineswegs optimalen Entschluß zur Aufteilung der Lebensführung in Berufs- und Familienzeit (vgl. *Geissler/Oechsle* 1996).

Aus der Sicht der Lebenslauf- und Biographieforschung ergibt sich also, daß die RCT nur auf den Sonderfall zweckrationalen Handelns anwendbar ist und die Dynamik der Präferenzen und Handlungsfolgen im Zeitablauf vernachlässigt. Der zentrale Kritikpunkt betrifft die Kurzsichtigkeit. So führt auch der jüngst von *Burkart* (1995) anvisierte soziologische Entscheidungsbegriff (der die Logiken der Biographie, der Normativität und der Situativität kombiniert) nur wenig weiter, da er das Problem der lebenszeitlichen Indifferenz der RCT nicht systematisch mit den Chancen und Grenzen für biographisches Handeln und Selbstsozialisationsprozesse verbindet. Lebensentscheidungen werden nicht ad hoc, sondern in einem biographischen Horizont getroffen. Dabei hängt das Ausmaß der eigenen Handlungssteuerung ab von den akkumulierten biographischen Ressourcen und der realitätshaltigen Abwägung von mindestens mittelfristigen Vor- und Nachteilen verschiedener Optionen für markt-, institutionen-, oder netzwerkbezogenes Handeln.

Übergänge im Lebenslauf fordern und ermöglichen biographische Entscheidungen, die von Akteuren unter Berücksichtigung von sozialen Normen und institutionellen Möglichkeiten beschleunigt, verlangsamt oder *on time* getroffen werden. Das *timing* und die Verbindlichkeit der Entscheidung hängen wiederum von der subjektiven Beurteilung der Handlungsoptionen vor dem Hintergrund der biographischen Ressourcen (vgl. *Hoerning* 1989) und der erwünschten oder befürchteten längerfristigen Folgen ab. Über letztere ist jedoch im Zeitalter der Beziehungskrisen, der Arbeitsmarktprobleme und des Sozialabbaus kaum eine Prognose zu stellen. Beispielsweise sind soziale Herkunft und die akkumulierten Qualifikationen wie Schulabschluß, Berufsausbildung und Studium nicht Determinanten, sondern biographisch unterschiedlich einsetzbare Ressourcen für die individuelle Entscheidungsfindung und die Selektionsprozesse im Arbeitsmarkt. Hierbei stehen Selbstsozialisation und Fremdselektion in einem chronischen Spannungsverhältnis. Einerseits können sich die Akteure planvoll offen halten für Aushandlungen und Verzögerungen im biographischen *timing*, andererseits müssen sie in Rechnung stellen, daß sich die Gelegenheitsstrukturen im Zeitverlauf ändern. Eine Balance ist hier nur möglich, wenn es gelingt, die Handlungsspielräume für sich so zu gestalten, daß die Ressourcen und Sozialisationserfahrungen eingesetzt werden können. So können zum Beispiel spontane Entschlüsse dann durchaus vernünftig sein, wenn die Vor- und Nachteile einer Auswahl zwischen Optionen langfristig nicht abzusehen sind. Im Kontext der Biographie ist jedoch auch ein spontaner Entschluß eingebunden in die vom Individuum entwickelten Sinnstrukturen; dabei ist nicht das Nutzenkalkül Richtschnur, sondern die Selbstsozialisation als Kriterium für biographisch vernünftiges Handeln.

Bei Lebensentscheidungen gibt es keine sichere Prognose über die Folgen der verschiedenen Alternativen auf das spätere Leben. Erst wenn die Auswirkungen des Handelns, die Folgen der Entscheidung sich entfalten, können daraus Konsequenzen gezogen werden. Dies bedeutet, daß eine Handlungstheorie, die auf eine prognosefeste Rangfolge von Präferenzen vertraut, unrealistisch ist. In Lebensläufen geht es vielmehr darum zu handeln, um daraus zu lernen, und weniger darum zu lernen, um optimale Entscheidungen zu treffen.

Ob die einmal getroffene Entscheidung auch im Handeln eingehalten wird, ist längerfristig, und das wird häufig übersehen, auch von der Selbstreflexivität und der Selbstbindung der Akteure abhängig. Über die Zeit auftretende Konsistenz zwischen Entscheidungen und Handlungen erklärt die Verhaltensökonomie (vgl. *Loewenstein/Elster* 1992) durch den Ausgang eines Konfliktes zwischen einem weitsichtigen und einem kurzsichtigen, einem planvollen und einem aktuellen Selbst und nicht mehr durch Kosten und Nutzen allein: Beim Akteur finde ein intra-personaler Dialog statt, bei dem es etwa um die Erhaltung des guten Rufs oder die persönliche Gleichung geht. So könne Selbstverpflichtung zu Entscheidungs- und Handlungskonsistenz über die Zeit führen. Ohne auf die Prozesse der Selbstsozialisation oder biographische Ressourcen Bezug zu nehmen, argumentieren die modernen Verhaltensökonomen mit dem biographischen Kriterium der persönlichen Glaubwürdigkeit. Dieser der RCT nahestehende Ansatz verweist darauf, daß Wahlentscheidungen selbstreferenziell sind. Sie führen nicht nur zu bestimmten erwarteten und unerwarteten Folgen, sondern auch zu veränderten Bewertungen der Folgen durch den Akteur: Wer eine Wahl trifft, lernt nicht nur aus den Folgen, sondern wird selbst transformiert - wir formen unser Selbst aus unseren Wahlentscheidungen (vgl. *Hollis* 1991).

Ohne auf die Tradition des symbolischen Interaktionismus und die neuere Biographieforschung Bezug zu nehmen, sucht die moderne, verhaltenspsychologisch argumentierende Ökonomie nun Zuflucht beim ‚dialogischen Selbst', das sich in einem inneren Aushandlungsprozeß über die Folgen seiner Handlungen klar werden kann, indem es den Sinn einer einmal getroffenen Entscheidung reflektiert. Diese überraschende Wende zur Subjektorientierung greift die Vermittlung zwischen Optionen und Folgen von Entscheidungen jedoch nur formal auf. Der Verhaltensökonomie geht es um ein besseres Verständnis des Wandels von Präferenzen im Zeitverlauf, nicht um die ungleiche Verteilung von Optionen noch um Gestaltungsmodi der Akteure, die in spezifischer Weise Entscheidungen und Handlungsfolgen im individuellen Lebenslauf integrieren.

Auf die Prägung von Lebenschancen und Sozialisationskontexten durch die Strukturen sozialer Ungleichheit gehen aber die Habituskonzeption und der Karriereansatz ein. Bevor ich die subjektorientierte und zeitdynamische Theorie der Selbstsozialisation umreiße, ist daher ein Zwischenschritt notwendig, um zu erläutern, weswegen auch diese in der Soziologie prominenten strukturtheoretischen Ansätze für das Verständnis des Wechselverhältnisses von Gelegenheitsstruktur, Handlungsspielraum und biographischen Verläufen zu kurz greifen.

Biographie als Habitus

Eine soziologisch gehaltvolle Theorie über den Zusammenhang zwischen der Reproduktion sozialer Strukturen und dem Lebenslauf scheint im Habituskonzept von *Bourdieu* vorzuliegen (vor allem 1970 und 1981; zur kritischen Auseinandersetzung vgl. *Eder* 1989). Dieser aus dem Studium der relativ statischen Sozialstruktur eines nordafrikanischen Stammes und des französischen Bildungssystems entwickelte Ansatz sieht den individuellen Lebenslauf als eine Reproduktionsinstanz sozialer Unterschiede. Der Habitus ist ein Dispositionssystem für soziales Handeln, Produkt der Klassenzugehörigkeit und der individuellen Erfahrungen; er stimmt die Gelegenheitsstrukturen und die Aspirationen der Individuen aufeinander ab. Für *Bourdieu* (1981: 170) ist der Habitus demnach „die Lösung des Paradoxons vom objektiven Sinn ohne subjektive Absicht". Die Lösung ist jedoch nur wirksam, wie er (1981: 171) selbst andeutet, solange die Sozialstruktur über den Lebensweg des Habitusträgers stabil bleibt, wenn die „Entstehungsbedingungen des Habitus identisch ... mit den Bedingungen sind, unter denen er wirkt." In dieser Konzeption reproduziert biographisches Handeln die ökonomischen Strukturen und kulturellen Unterschiede. Die Biographie kommt ohne selbstreflexive Anteile und individualisierte Varianten aus und ist quasi Abbild der institutionalisierten gesellschaftlichen Unterschiede.

Obwohl *Bourdieu* sich nicht für den individuellen Habitus im Reproduktionskreislauf von Lebenslauf und Sozialstruktur interessiert, bemüht sich neuerdings *Ecarius* (1996) darum, sein Habituskonzept auf die systematische Analyse des individualisierten Lebenslaufs zu beziehen. Für *Ecarius* ist der Habitus die Antwort auf die beiden Anforderungen, die die moderne Gesellschaft an die Individuen stellt, nämlich den Lebenslauf selbst zu organisieren und sich einen Sozialstatus zu erwerben. Im Habitus vereinige sich die in der Moderne notwendige Selbstorganisation des eigenen Lebens mit der sozialen Reproduktion der Gesellschaftsstruktur. Diesem Vermittlungsmodell zwischen Gesellschaft und Biographie fehlt aber, im Unterschied zur Akteurskonzeption von *Giddens* (1984, vgl. auch *Layder* 1992), aber auch zum Konzept des *loose coupling* zwischen Sozialstruktur und Lebensverlauf von *Elder/O'Rand* (1995), die Subjektperspektive. Der Habitus gleicht einem Kompaß, der ohne individuelles Zutun die Handlungen erzeugt, die mit den Verhältnissen kompatibel sind. Diese Sichtweise unterschlägt die in modernen Gesellschaften stets gegenwärtige Herausforderung, aus sich verändernden Handlungsbedingungen und Sozialisationserfahrungen anschlußfähige biographische Sequenzen herzustellen. Dennoch schlägt *Ecarius* (1996) vor, die aktive Transformation der Biographie von einer Lebensphase zur anderen mit dem Habitusbegriff zu erfassen. Dies scheint ihr deswegen möglich, weil sich der individualisierte Lebenslauf heute weder auf lebensphasenspezifische Sozialisation noch auf begleitende soziale Riten verlassen kann. Wenn sich verbindliche Lebenslauforientierungen und biographische Entwicklungsprogramme auflösen und sich gleichzeitig die biographischen Optionen vervielfältigen, gewinnen aber Subjektivität und Selbstreflexivität der Akteure an Bedeutung. Der Habitus als verinnerlichte Handlungsanweisung kann nicht mehr ausreichen, um die Biographie mit den sozialen Verhältnissen anschlußfähig zu machen.

Biographie als Karriere

Mit dem Karrierebegriff wird die Vorstellung einer Laufbahn verbunden, nämlich der schrittweisen Verfolgung eines Programms von Statuswechseln innerhalb aber auch zwischen Institutionen. Wie *Becker* (1963) am Beispiel abweichender Karrieren verdeutlicht, sind diese Produkt eines komplexen Zusammenspiels indivueller Handlungen, Zielsetzungen, beziehungsweise Rechtfertigungen und sozialer Interaktionen mit Hilfs- und Kontrollinstanzen. Mit *Luhmann* (1989: 233) sind demnach Karrieren eine Abfolge von Ereignissen und Passagen, „die jeweils Selbstselektion und Fremdselektion kombinieren".

Ebenso wie der Habitusansatz betont aber die institutionelle Perspektive der Karriere den inneren Zusammenhang des Lebenslaufs als eine strukturierte Sequenz von Rollenübergängen. Die geordnete Abfolge sozialer Rollen innerhalb und zwischen gesellschaftlichen Institutionen steht als kulturell vorgegebener Entwicklungspfad für Biographien zur Verfügung. So kann die Biographie einer Person als die Summe von Erfahrungen rekonstruiert werden, die sie auf verschiedenen Karrierewegen gesammelt hat. Damit sind, wie zum Beispiel *Heise* (1990) formuliert, Karrieren ein wichtiger dynamischer Entwicklungskontext für die Identität, da die Selbstbewertung und das Gefühl, selbst etwas erreichen zu können, vom jeweiligen Stand des Karriereverlaufs abhängen. So ist die kulturelle Taxonomie für Berufswege nicht nur ein Deutungssystem für soziale Auf- und Abstiege, sondern auch ein Regelwerk für das *timing* und die Abfolge individueller Statusübergänge.

Allerdings kann die Karriereperspektive ebensowenig wie das Habituskonzept erklären, warum jemand bestimmte Wege im Berufssystem einschlägt und welche Wegstrecken er für wichtig oder unwichtig hält. Dies läßt sich aber über die Aspirationen, Realisierungsschritte und Bilanzen erschließen, die von den Individuen im Verlauf von Statusübergängen entwickelt werden. So verfolgen Individuen mit vergleichbaren Qualifikationen unterschiedliche Karrierewege, weil ihre soziale Herkunft und die Erfahrung mit der Selektionspraxis im Bildungs- und Beschäftigungssystem ihren berufsbiographischen Realitätshorizont informieren. Auch wenn das Karrierekonzept die subjektiven Erwartungen als Selbstentwurf bei der Planung und Verfolgung von Aufstiegs- und Qualifizierungsprozessen thematisiert, so wird es den Ungewißheiten von Berufsverläufen und der subjektiv nicht kontrollierbaren strukturellen Öffnung oder Schließung von Karrierewegen nicht gerecht. Die individuelle Bindung an bestimmte Karrieren entsteht in diesem Strukturmodell vor allem durch die institutionalisierten Fahrpläne, die angeben, wieviel Zeit für die einzelnen Etappen und Rollenverpflichtungen aufgewendet werden soll.

Die Anwendbarkeit des Karrierekonzepts für die Biographieforschung ist begrenzt, da heute Karrieren nicht mehr klar strukturiert, sondern durch zeitliche und institutionelle Überlagerungen komplexer und weniger antizipierbar geworden sind. So nehmen temporäre Rollenkonfigurationen, in denen Bestandteile verschiedener Karrieren kombiniert werden, in ihrer Verbreitung zu, so zum Beispiel der arbeitende Student,

die teilzeitbeschäftigte Mutter, der Scheinselbständige, die alleinerziehende Sozialhilfeempfängerin.

Biographie als Transformation des Selbstkonzepts

In der Sozial- und Entwicklungspsychologie werden neuerdings Selbstwirksamkeit, Eigenregie und planvolle Kompetenzen als Ursachen und
Folgen biographischer Entscheidungen thematisiert (vgl. *Rodin/Schooler/
Schaie* 1990; *Clausen* 1993; *Bandura* 1995). In dem Maße, wie industria-
lisierte Dienstleistungsgesellschaften Selbststeuerung und Flexibilität
fördern, prämieren ihre Institutionen solche Individuen als kompetent,
autonom und innovativ, die in der Lage sind, selbständig und unter
Nutzung gesellschaftlicher Regeln und Ressourcen ihren Lebenslauf zu
gestalten. Andererseits werden Menschen, denen die Kompetenz zur
Selbststeuerung und Selbstwirksamkeit fehlt, als beratungsbedürftig, da
inkompetent in ihren Lebensentscheidungen, betrachtet. Damit wird die
Selbstgestaltung der Biographie zur Basiskompetenz des Individuums in
der modernen Gesellschaft erklärt. Dieses Modell des selbständigen Individuums spiegelt die gesellschaftlichen Marktprozesse, die einen
planvollen und selbstbewußten Akteur verlangen, der in einem Super-
markt der Optionen die besten Angebote kostengünstig auswählt. Dabei
geraten aber die Veränderungsprozesse in den Plänen und Erwartungen
der Akteure im Lebensverlauf in den Hintergrund.

Begreift man nämlich das Selbstkonzept als eine *moving baseline*
für lebenslaufbegleitende Veränderungen in den Selbstbildern (vgl. *Demo*
1992), dann wird deutlich, daß sich mit situativen und längerfristigen
Kontextveränderungen auch Selbstkonzepte wandeln, korrigieren und
revidieren. Jedoch hat die einschlägige Forschung bislang wenig zum
Verständnis der emergierenden und dynamischen Prozeßeigenschaften von
Selbstkonzepten beigetragen. Die Entwicklungspsychologie konzentriert
sich auf die Übergänge von Kindheit und Adoleszenz zur Jugendphase,
also auf die Phase, die den lebenslangen Prozeß der Selbstbewertung und
-reflexion einleitet. Analysen der nach der Jugendphase anhaltenden
Wechselbeziehung zwischen Selbstkonzept und sozialen Transformationsprozessen sind selten. Solchen Zusammenhängen geht *Clausen* (1993)
nach, der den Lebenslauf von Amerikanern von der Kindheit bis ins Alter
analysiert hat. Er zeichnet nach, wie die in der Adoleszenz entwickelte
Planungskompetenz und die Lebensumstände Biographien weiter geformt
haben. Eine Kerndimension seiner biographischen Fallanalysen ist die
‚planvolle Kompetenz‘, die sich in der Selbstreflexion des sozialen und

persönlichen Wandels ausdrückt. Weder der Sozialstatus der Eltern noch der IQ erwiesen sich als gute Prädiktoren für die Kontinuität zwischen Adoleszenz und jungem Erwachsenenalter, sondern die planvolle Kompetenz. Die Veränderungen zwischen dem frühen Erwachsenenalter und dem mittleren Lebensabschnitt hängen mit Lebensereignissen vor allem beruflicher Art zusammmen. Die Lebensläufe der um 1920 geborenen Frauen zeigen kaum Einfluß der planvollen Kompetenz; vielmehr war die soziale Lage der Eltern für den Bildungs- und Berufsweg viel entscheidender als bei den Männern. Eine insgesamt hohe Erwerbsbeteiligung im Lebensverlauf hatte jedoch auch bei Frauen größeres Selbstvertrauen und Selbstbehauptung an Lebensübergängen zur Folge. *Clausen* (1993: 502) resümiert, daß „planvoll kompetente Männer und Frauen immer wieder Bilanzierungen auf ihrem Lebensweg vornehmen, insbesondere bei Problemen, für deren Lösung das Nachdenken über vergangene oder aktuelle Erfahrungen hilfreich ist."

Biographie als Selbstsozialisation

Hoerning (1989) hat an die Biographieforschung eine Reihe von Fragen gestellt, ohne diese vollständig beantworten zu können. Dazu gehört, ob es einen Zusammenhang zwischen psychosozialen Entwicklungsverläufen und biographischen Wissensbeständen gibt und welche Erfahrungen wann zu biographischen Transformationsprozessen führen. Ausgangspunkt für die Beantwortung ist, daß biographische Erfahrungen sich zu Wissensbeständen bündeln, die aus den Rollenkonfigurationen, das heißt den sozialen Positionen und Partizipationen der Individuen gespeist werden. Dabei ist weniger die Frage, ob und wieweit die Biographien konform oder koordiniert mit gesellschaftlich erwarteten, zum Beispiel altersbezogenen Rollenkonfigurationen verlaufen, sondern wie es den Akteuren gelingt, solche biographischen Ressourcen zu erwerben, die Partizipations- und Gestaltungschancen für den Lebenslauf eröffnen. Dementsprechend erwartet *Hoerning* von einer biographischen Sozialisationstheorie, daß sie beschreibt und verständlich macht, wie Erfahrungen die biographischen Wissensbestände verändern. So definiert sie: „Sozialisation im Lebenslauf heißt ..., daß die eigene Lebensgeschichte bei allen Sozialisationsprozessen quasi als Sozialisationsagent mit in Erscheinung tritt" (1989: 161; vgl. auch *Hoerning/Alheit* 1995).

Bausteine für die Selbstsozialisation im Lebensverlauf sind die reflektierten Erfahrungen mit signifikanten Anderen und institutionellen *gatekeepern* (vgl. *Strauss* 1968). Rollenkonfigurationen, die man im Lebensverlauf kennenlernt und praktiziert, fördern und begrenzen die Akkumulation biographischen Wissens. Sie ermöglichen verschiedene Arten von Distanznahme, da sie durch unterschiedliche Problemstellungen die Selbstreflexion des Individuums anregen. Sich dabei aus der Perspektive signifikanter Anderer zu sehen, heißt die eigenen Handlungen vor dem Hintergrund sozialer Inszenierungen durchzuspielen beziehungsweise in ihrer potentiellen Wirkung für das Selbstkonzept in sozialen Beziehungsnetzen zu überdenken. Sich aus der Perspektive von Institutionen und deren *gatekeepern* zu sehen (vgl. *Heinz* 1992) bedeutet demgegenüber, die bisherige Biographie in bezug zu den Mitgliedschafts- und Selektionskriterien von Organisationen zu setzen. Dies ermöglicht, durch Selbstsozialisation biographische Wissensbestände aufzubauen, die aus einer Kombination von Erfahrungen mit Selbstpräsentation und Fremdselektion bestehen, wie sie etwa prototypisch im Lebenslauf bei Bewerbungen auftreten. Ob die angebotene Version der Lebensgeschichte einen Bewerbungserfolg zur Folge haben wird, läßt sich aber erst im nachhinein feststellen, da dies von Aushandlungs- und Selektionsprozessen in der Organisation abhängt.

Um sowohl den individuellen als auch den sozialen Bedeutungsgehalt von Selbstsozialisation im Lebensverlauf transparent zu machen, ist der Begriff des *biographischen Akteurs* von Nutzen. Dieses Konzept verbindet die Lebensgeschichte und Lebensperspektive eines Individuums mit den wahrgenommenen Optionen und Handlungskontexten. Das Individuum als biographischer Akteur setzt sich mit den Handlungsoptionen im Lebenslauf nicht allein auf der Grundlage subjektiver Nützlichkeitserwägungen und sozialer Normen auseinander, sondern bezieht diese vielmehr auf seine biographischen Wissensbestände und Selbstverpflichtungen. Damit wird die biographische Gestaltungspraxis und -kompetenz (*agency*) als Kern von Lebenslaufentscheidungen, des *timing* und Verlaufs von Übergangsprozessen angesprochen. Optionen im Lebensverlauf werden nicht nach kurzfristigen Kosten-Nutzen-Kalkulationen, sondern nach biographischen Relevanzkriterien geordnet. Diese sind bezogen auf mehr oder weniger reflektierte Erfahrungen mit den Folgen zurückliegender Entscheidungen und den institutionellen Selektionsprozessen sowie Karriereverläufen. Dadurch gelingt es den Akteuren, die ‚lockere Verbindung‘ (*Elder/O'Rand* 1995) zwischen Sozialstruktur und Lebenslauf zu überbrücken.

Das Konzept der Selbstsozialisation in Verbindung mit dem des biographischen Akteurs betont, daß Übergänge und Statussequenzen im Lebensverlauf nicht allein aus den Perspektiven der Marktrationalität und der Institutionen, der Gelegenheitsstrukturen und Karrierezeitpläne erklärt werden können, sondern auch aus der Bedeutung verstanden werden müssen, die diese Handlungskontexte für Individuen mit unterschiedlich zusammengesetztem biographischen Wissen haben. Die Auseinandersetzung biographischer Akteure mit den Gelegenheitsstrukturen und Handlungsspielräumen im Zeitverlauf läßt einen Gestaltungsprozeß sichtbar werden, der weder durch das Marktmodell des rationalen Entscheidungshandelns noch durch das normative Modell der institutionellen Kontrolle erklärt werden kann (vgl. *Heinz* 1996a).

Biographische Selbstsozialisation: Übergangshandeln und biographische Gestaltungsmuster

Erst in jüngster Zeit ist auch in der Biographieforschung wieder ein Interesse an der Nachzeichnung und Rekonstruktion von Lebensgeschichten und Sozialbiographien vor dem Hintergrund von Institutionen und Organisationen, Karrieren und Berufsverläufen zu verzeichnen (vgl. *Hoerning/Corsten* 1995). So schlagen *Brose/Holtgrewe/Wagner* (1994) vor, Verbindungen zwischen Arbeitsorganisation und Biographie durch die Analyse von Rekrutierungsprozessen und internen Sozialisationspraktiken einerseits und von Arbeitsbedingungen sowie Entlohnung, Karrieremöglichkeiten und sozialer Absicherung andererseits zu systematisieren. Sie nehmen an, daß sich berufsspezifische Wechselwirkungen zwischen Organisation und Biographie ergeben, aus denen ‚überindividuelle biographische Skripte' entstehen. Wie diese Skripte als Karrieremuster im Lebenslauf realisiert werden, hängt von dem biographischen Bezugssystem für berufliche Entscheidungen und Handlungen ab. So verbinden sich beispielsweise bei Beamten Biographie und Arbeitsorganisation durch Sozialisation, soziale Selektion, das Laufbahnprinzip und die lebenslange Absicherung. Im Gegensatz dazu entfallen für die von *Brose/Wohlrab-Sahr/Corsten* (1993) untersuchten Zeitarbeiter und Zeitarbeiterinnen seitens der Beschäftiger Selektions- und Sozialisationsprozesse, da das ausleihende Unternehmen diese Vorarbeit leistet. Dies bedeutet für die Zeitarbeiter, sich eine biographische Perspektive in und zwischen Beschäftigungsverhältnissen in verschiedenen Unternehmen aufzubauen, also sich mit einem Erwerbsverlauf zu arrangieren, für den Diskontinuität charakteristisch ist.

Die in der Gesellschaft strukturell, das heißt ökonomisch und politisch geprägten Chancen für biographische Kontinuität stellen sich also am Schnittpunkt von Berufen und Institutionen unterschiedlich dar. In allen Fällen aber führen an Übergängen im Lebenslauf Ambiguitäten und Diskrepanzen innerhalb von Rollenkonfigurationen im Bildungs-, Familien-, Arbeits- und Wohlfahrtsstatus zu besonderen Anforderungen an die biographische Gestaltung des weiteren Lebenswegs. Mit dieser sozial strukturierten Diskontinuität korrespondiert die Verlängerung von Übergängen, die zu ausgedehnten und riskanten Statuspassagen werden (vgl. *Heinz* 1991). So ziehen sich heute die Passagen vom Bildungs- ins Erwerbssystem über vielfältige Kombinationen von Lernen, Arbeiten und privaten Lebensformen bis ins dritte Lebensjahrzehnt.

In dieser Umbruchphase wird die biographische Flexibilität in Verbindung mit dem Schlagwort der Individualisierung zur normativ gesetzten Kompetenz für den modernen Lebenslauf. Dieses ambivalente Modernisierungsversprechen (*Heinz* 1988) stellt vor allem Jugendliche und junge Erwachsene vor die Anforderung, rechtzeitig Nachteile für ihren Lebenslauf zu vermeiden, was aber keineswegs bedeutet, wie die RCT annimmt, seinen Vorteil zu wahren. Dies soll am Beispiel der Statuspassagen in den Beruf erläutert werden. Der Übergang von der Jugendphase in die erwachsenen Rollenkonfigurationen ist ein schrittweiser und in sich zwiespältiger Sozialisationsprozeß. In Deutschland ist dieser stärker institutionalisiert und Gegenstand der Bildungs-, Arbeitsmarkt- und Sozialpolitik, als etwa in England, USA oder Kanada (*Heinz* 1996b). Während hier das Berufsbildungssystem und die Hochschulen eine drei- bis siebenjährige Qualifizierungsphase vorschreiben beziehungsweise ermöglichen, gibt es dort keine gesellschaftlich institutionalisierte Berufsausbildung, und der erste Hochschulabschluß (BA) wird in der Regel nach vier Jahren erreicht. In den USA, Kanada und England sind Jugendliche, die nicht zum College weitergehen können, mit dem Arbeitsmarkt und dem Risiko der Arbeitslosigkeit konfrontiert, das heißt sie müssen biographisch gesehen früher erwachsen werden.

In einer in Deutschland und England parallel durchgeführten Längsschnittstudie, in der standardisierte und interpretative Methoden verbunden wurden, haben wir das Konzept des *Übergangshandelns* entwickelt. Damit sind Entscheidungen und Aktivitäten gemeint, die junge Leute entwickeln, um ihre Interessen und Berufsziele im Rahmen gesellschaftlicher Anforderungen, Bildungswege und Gelegenheitsstrukturen zu realisieren (vgl. *Evans/Heinz* 1994; *Evans/Heinz* 1995). Übergangshandeln ist relativ stabil, sollte aber nicht mit persönlicher Flexibilität oder Rigidität gleichgesetzt werden. Es handelt sich um mehr oder minder angemessene Lösungen für die Probleme, die mit dem Bildungsabschluß, der Berufswahl, der Suche nach einem Ausbildungsplatz, der Bewerbung für eine Arbeitsstelle und den Anforderungen zur Weiterqualifizierung beginnen. Wir haben in den Auswertungen von biographischen Interviews vier Formen des Übergangshandelns unterschieden, die von jungen Leuten in beiden Gesellschaften auf dem Weg in den Arbeitsmarkt eingesetzt werden:

1. *Strategisches Übergangshandeln*; dieses ist planvoll, meist mit klaren beruflichen Vorstellungen verknüpft. Wir haben dieses Muster überwiegend bei jungen Leuten gefunden, die auf dem Weg zu oder schon in einer akademischen Ausbildung waren.
2. *Schritt-für-Schritt-Übergangshandeln*; hier ist die Berufswahl relativ diffus, charakterisiert durch eine längere Suche nach einer interessanten Berufstätigkeit. Dieses Muster fanden wir hauptsächlich bei jungen Leuten, die in der Ausbildung entweder in einem Betrieb oder in einer beruflichen Schule waren. Es kam aber auch bei den Studierenden vor.
3. *Risikobereites Übergangshandeln*; dieses ist charakterisiert durch die Suche nach arbeits- und berufsbezogenen Optionen, um den eigenen Interessen nachzugehen oder einen spezifischen Begabungsschwerpunkt zu realisieren. Dieses Muster fanden wir bei jungen Leuten auf allen Übergangswegen in das Beschäftigungssystem, überwiegend aber bei denen, die sich weder in einem schulischen noch einem beruflichen Qualifizierungsprozeß befanden.
4. *,Mal-seh'n-, was-kommt'-Übergangshandeln*; dieses ist charakterisiert durch ein abwartendes Verhalten. Man ist damit zufrieden, wenn sich die gegenwärtige Situation nicht verschlechtert, verbunden mit der schwachen Hoffnung auf einen glücklichen Zufall. Dieses Muster fanden wir überwiegend bei jungen Leuten in unqualifizierten Tätigkeiten, längeren Phasen von Arbeitslosigkeit oder in Ausbildungsmaßnahmen.

Wir können aus diesen Ergebnissen folgern, daß das Ausmaß, in dem junge Leute in England und Deutschland ihren Übergang in die Arbeitswelt biographisch gestalten können, nicht nur von ihren Sozialisationserfahrungen in Familie und Schule abhängig ist, sondern in hohem Maße davon, welchen Handlungsspielraum sie in den verschiedenen Passagen in die Erwerbstätigkeit selbst nutzen konnten. So lassen sich das strategische und das risikobereite Übergangshandeln als Ausdrucksform aktiver Individualisierung deuten, während das schrittweise Vorgehen und das abwartende Verhalten eine eher passive Form der Bewältigung von Übergangsproblemen darstellt. Für beide Länder stellte sich heraus, daß das Schritt-für-Schritt-Übergangshandeln am weitesten verbreitet war. Auffallend jedoch ist, daß in England dieses Muster durch die wenig

strukturierten Übergänge und prekären Beschäftigungsmöglichkeiten nahegelegt wurde, während es in Deutschland durch die institutionalisierten
Übergangswege gefördert wurde, die Alternativen im Ausbildungssystem
und einen längeren Zeitrahmen für Ausbildungsentscheidungen ermöglichen.

Die Ergebnisse des Übergangs ins Arbeitssystem hängen, wie
unsere Daten nahelegen, nicht nur von den jeweiligen Formen des Übergangshandelns ab, sondern auch von den institutionellen und Arbeits-
marktbedingungen sowie den sozialen Unterstützungssystemen. Diejenigen
jungen Leute, die ihre Übergangserfahrungen mit biographischen Wissensbeständen im Sinne der Selbstsozialisation verknüpften, waren am ehesten
dazu in der Lage, ihr Übergangshandeln auf Arbeitsmarkt- und/oder Bil-
dungsoptionen zu beziehen. So zeigte sich in beiden Ländern, daß die
Jugendlichen, deren Übergangsverhalten durch Abwarten und Auf-sich-
zukommen-lassen gekennzeichnet war, entweder in stagnierende oder
Abstiegsverläufe geraten, da es ihnen schwerfällt, zu strategischen oder
riskanten Manövern zu greifen.

In einer zweiten, noch laufenden Längsschnittstudie geht es um die
gesamte Statuspassage vom Bildungssystem in den Arbeitsmarkt in zwei
deutschen Großstädten (vgl. *Heinz/Witzel* 1995; *Witzel/Helling/Mönnich*
1996). Auch hier gehen wir davon aus, daß die Statuspassage von der
Schule in den Beruf durch das Handeln der Jugendlichen und der institutionellen *gatekeeper* gestaltet wird. Dieser Prozeß ist ein Prototypus
von Selbstsozialisation, in dem sich Biographiegestaltung und Fremdselektion, Chancenwahrnehmung und Risikoverminderung ergänzen. Die Ergebnisse der nun seit über acht Jahre laufenden Untersuchung, in der
wiederum quantitative und qualitative Untersuchungs- und Auswertungs-
verfahren kombiniert werden (vgl. *Witzel* 1995), zeigen, daß auf dem
Weg in das Beschäftigungssystem die biographischen Akteure durch die
Bilanzierung ihres bisherigen Werdegangs kontinuierliche Prozesse unterstützen, aber auch aktiv neue Karrierebewegungen, zum Teil mit offenem
Ausgang, in Gang setzen.

Unsere Verlaufsdaten verweisen darauf, daß fünf Jahre nach dem
Abschluß der Berufsausbildung nur noch die Hälfte der jungen Fachkräfte
ausbildungsadäquat beschäftigt ist. Hierbei zeigen sich Zusammenhänge
mit dem jeweiligen Beruf: nur etwa 40 Prozent der Kraftfahrzeugmecha-
niker, Frisörinnen, Maschinenschlosser und Einzelhandelskaufleute sind
noch in ihrem Ausbildungsberuf, während bei Bank- und Bürokaufleuten
nach fünf Jahren zwischen 50 und 60 Prozent noch ausbildungsadäquat
beschäftigt sind. Wie ist es nun zu erklären, daß die Hälfte der von uns
befragten jungen Erwachsenen nicht mehr im erlernten Beruf tätig ist?

Strukturtheoretisch ansetzende Studien sehen diese berufsbezogene Abstufung der Beschäftigungskontinuität als Produkt des Arbeitsmarkts. Aber ein Blick auf die Handlungsspielräume für die Biographiegestaltung, wie sie von den jungen Erwachsenen wahrgenommen und genutzt werden, trägt zur Beantwortung der Frage bei, in welchem Verhältnis Arbeitsmarktzwänge oder alternative Interessen und Bilanzierungskonsequenzen zu Berufsveränderungen führen. Ein wichtiger Anhaltspunkt für die Bedeutung aktiver biographischer Um- beziehungsweise Neuorientierungen liegt darin, daß Arbeitslosigkeitserfahrung eine eher geringe Rolle für die von uns untersuchte Berufsstart-Kohorte (1989) spielt. So scheint es, daß berufliche Mobilität und biographische Umorientierungen weniger durch direkte Arbeitsmarktprobleme als vielmehr durch die Erfahrungen bedingt sind, die junge Facharbeiter und Angestellte in ihrem Berufsfeld und im Betrieb gemacht haben.

Aus den bislang analysierten, im Abstand von jeweils zwei Jahren geführten biographischen Interviews mit insgesamt 120 jungen Fachkräften in verschiedenen Berufen haben wir das Konzept der *berufsbiographischen Gestaltungsmodi* erarbeitet. Sie basieren auf den Bilanzierungen des jeweils zurückgelegten Wegs vom Bildungs- ins Beschäftigungssystem und sind als Resultate von Selbstsozialisation zu verstehen. Sie beruhen auf typischen Formen der Gestaltung der Biographie in der Auseinandersetzung mit den strukturell vorgegebenen, aber je individuell interpretierten und wahrgenommenen Handlungsoptionen. Berufsbiographische Gestaltungsmodi drücken die jeweilige Form der Eigenleistung und Selbstverpflichtung aus, mit der sich junge Fachkräfte mit Beruf und Arbeit im Verlauf ihres Übergangs in das Beschäftigungssystem auseinandersetzen. Wir unterscheiden sechs Haupttypen solcher Gestaltungsmodi, nämlich *Chancenoptimierung, Laufbahnfixierung, Betriebsidentifizierung, Lohnarbeiterhabitus, Selbständigenhabitus* und *Persönlichkeitsentwicklung.*

So halten beispielsweise die Jugendlichen mit dem Gestaltungsmodus Chancenoptimierung an ihrem Anspruch fest, ihre Berufssituation zu verbessern beziehungsweise Fehlentscheidungen im weiteren Verlauf zu korrigieren, in der Erwartung, noch einen Beruf zu finden, der zu ihnen paßt. Dabei hoffen sie auf Unterstützung durch Institutionen und Toleranz im sozialen Netzwerk. Ganz im Unterschied dazu streben die jungen Fachkräfte mit dem Gestaltungsmodus Betriebsidentifizierung eine dauerhafte Bindung zum Unternehmen an. Sie betrachten die Beschäftigungsorganisation als Garant für Kontinuitätssicherheit, wobei der Berufsbezug eine eher untergeordnete Rolle spielt. Akteure, die sich des Gestaltungsmodus Persönlichkeitsentwicklung bedienen, begreifen ihre Statuspassage als einen aktiven Innovationsprozeß, bei dessen Ausgestaltung es vor allem um die Verwirklichung ihrer Lebensvorstellungen geht. Dabei entwickeln sie häufig eine Distanz gegenüber ihrem Ausbildungsberuf und nutzen diesen eher als Erfahrungsraum für das Ausprobieren eigener Vorstellungen.

Die beiden skizzierten, empirisch fundierten Konzepte ‚Übergangshandeln' und ‚Biographische Gestaltungsmodi' verbinden die sozialisationstheoretischen und lebenslaufstrukturellen Perspektiven und erklären, wie biographische Akteure kontinuierliche und unterbrochene Statuspassagen in Arbeitsmarkt, Beruf und Betrieb durch ihre Handlungsweisen gestalten.

Zusammenfassende Schlußfolgerungen

Die diskutierten Theorieansätze und die vorgestellten Forschungsergebnisse weisen zusammengenommen darauf hin, daß durch Prozesse der Selbstsozialisation biographische Akteure ihr Erfahrungswissen zu Handlungsmodi bündeln, um die mit den Übergängen im Lebenslauf verbundenen Anforderungen ihren Interessen entsprechend zu meistern. Warum sie sich so und nicht anders verhalten beziehungsweise entschieden haben, läßt sich nicht auf gesellschaftliche Rahmenbedingungen, institutionelle *gatekeeper*, situative Umstände, aber auch nicht auf ihre Lebensgeschichte allein reduzieren. Da vor allem die Entscheidungen über Bildung und Beruf langfristige Folgen für den Lebenslauf haben, diese Folgen aber nicht vorauszusagen sind, entwickeln die Akteure vernünftige Übergangshandlungen und biographische Gestaltungsmodi. Diese weisen eine dynamische Beziehung zu den Handlungsresultaten und zur zurückgelegten Wegstrecke auf. In dieser Beziehung kommt die Selbstsozialisation zur Geltung, die sich in unterschiedlichen Ansprüchen an eine autonome Gestaltung der Biographie ausdrückt. Wenn wir Biographien besser verstehen wollen, dann geht es darum, den subjektiv gemeinten Sinn von Wahlhandlungen bezogen auf Gelegenheitsstrukturen und Ressourcen zu rekonstruieren. Für diese Aufgabe der rationalen Nachkonstruktion des biographischen Sinns von Übergangsentscheidungen erwiesen sich Typisierungen als hilfreich. Diese genügen allerdings nicht dem Anspruch nach adäquater Kausalerklärung, erfüllen aber den Anspruch an ein adäquates Sinnverstehen (vgl. *Gerhardt* 1996).

In diesem Aufsatz habe ich den Versuch unternommen, beide Forderungen zusammenzunehmen und auf die sozialstrukturelle Verteilung von Lebenschancen und Handlungsspielräumen einerseits und auf die

Sozialisations- und Bilanzierungsprozesse der Akteure andererseits Bezug zu nehmen. Biographie und Selbstsozialisation zu verbinden bedeutet dann, das individuelle Referenzsystem in seiner relativen Autonomie gegenüber Handlungssituationen und gesellschaftlichen Rahmenbedingungen ernst zu nehmen, dabei aber auch die verschiedenen Modi, Spielarten und Variationen der aus der Selbstsozialisation stammenden Kompetenzen zur Biographiegestaltung nicht aus den Augen zu verlieren. Denn diese verweisen wiederum auf die Strukturierung von biographischen Entwicklungschancen im Lebensverlauf durch die gesellschaftliche Ungleichheit und die Politik der Institutionen.

Literatur

Baethge, Martin et al. 1988: Jugend: Arbeit und Identität. Opladen: Leske + Budrich.

Bandura, Albert (ed.) 1995: Self-Efficacy in Changing Societies. New York; Cambridge: Cambridge University Press.

Beck, Ulrich 1986: Risikogesellschaft. Auf dem Weg in eine andere Moderne. Frankfurt/M.: Suhrkamp.

Beck-Gernsheim, Elisabeth 1994: Individualisierungstheorie: Veränderungen des Lebenslaufs in der Moderne. In: *Heiner Keupp* (Hg.): Zugänge zum Subjekt. Frankfurt/M.: Suhrkamp, 125-146.

Becker, Howard S. 1963: Outsiders. Studies in the Sociology of Deviance. New York: The Free Press.

Berger, Peter L./Thomas Luckmann 1969: Die gesellschaftliche Konstruktion der Wirklichkeit. Frankfurt/M.: Fischer.

Berger, Peter A./Peter Sopp (Hg.) 1995: Sozialstruktur und Lebenslauf. Opladen: Leske + Budrich.

Born, Claudia/Helga Krüger/Dagmar Lorenz-Meyer 1996: Der unentdeckte Wandel. Annäherung an das Verhältnis von Struktur und Norm im weiblichen Lebenslauf. Berlin: Edition Sigma.

Bourdieu, Pierre 1970: Zur Soziologie der symbolischen Formen. Frankfurt/M.: Suhrkamp.

Bourdieu, Pierre 1981: Titel und Stelle. Über die Reproduktion sozialer Macht. Frankfurt/M.: Europäische Verlagsanstalt.

Brose, Hanns-Georg/Monika Wohlrab-Sahr/Michael Corsten 1993: Soziale Zeit und Biographie. Über die Gestaltung von Alltagszeit und Lebenszeit. Opladen: Westdeutscher Verlag.

Brose, Hanns-Georg/Ursula Holtgrewe/Gabriele Wagner 1994: Organisationen, Personen und Biographien: Entwicklungsvarianten von Inklusionsverhältnissen. In: Zeitschrift für Soziologie 23, 4, 255-274.

Burkart, Günter 1995: Biographische Übergänge und rationale Entscheidungen. In: BIOS 8, 1, 59-88.

Clausen, John A. 1993: American Lives. Looking Back at the Children of the Great Depression. New York: The Free Press.

Coleman, James S. 1990: Foundations of Social Theory. Cambridge/MA: Harvard University Press.

Demo, David H. 1992: The Self-Concept over Time: Research Issues and Directions. In: Annual Review of Sociology 18, 303-326.

Ecarius, Jutta 1996: Individualisierung und soziale Reproduktion im Lebensverlauf. Opladen: Leske + Budrich.

Eder, Klaus (Hg.) 1989: Klassenlage, Lebensstil und kulturelle Praxis. Frankfurt/M.: Suhrkamp.

Elder, Glen H. jr./Angela M. O'Rand 1995: Adult Lives in a Changing Society. In: Karen S. Cook/Gary A. Fine/James S. House (eds): Sociological Perspectives on Social Psychology. Boston: Allyn and Bacon, 452-475.

Elster, Jon 1989a: Solomonic Judgements. Studies in the Limitations of Rationality. Cambridge; New York: Cambridge University Press.

Elster, Jon 1989b: Nuts and Bolts for the Social Sciences. Cambridge; New York: Cambridge University Press.

Esser, Hartmut 1994: Von der subjektiven Vernunft der Menschen und von den Problemen der Kritischen Theorie damit. In: Soziale Welt 45, 16-32.

Evans, Karen/Walter R. Heinz (eds.) 1994: Becoming Adults in England and Germany. London: Anglo-German Foundation.

Evans, Karen/Walter R. Heinz 1995: Flexibility, Learning and Risk: Work, Training and Early Careers in England and Germany. In: Education and Training 37, 3-11.

Faltermeyer, Toni et al. 1992: Entwicklungspsychologie des Erwachsenenalters. Stuttgart: Kohlhammer.

Geissler, Birgit/Mechtild Oechsle 1996: Lebensplanung junger Frauen. Zur widersprüchlichen Modernisierung weiblicher Lebensläufe. Weinheim: Deutscher Studien Verlag.

Gerhardt, Uta 1996: ‚Ideal Type' and the Construction of the Life Course; a New Look at the Micro-Macro Link. In: Ansgar Weymann/Walter R. Heinz (eds.): Society and Biography. Weinheim: Deutscher Studien Verlag, 21-50.

Giddens, Anthony 1984: The Constitution of Society. Berkeley/CA: University of California Press.

Heinz, Walter R. et al. 1987: Hauptsache, eine Lehrstelle. Jugendliche vor den Hürden des Arbeitsmarktes. Weinheim: Deutscher Studien Verlag.

Heinz, Walter R. 1988: Selbstsozialisation und Arbeitsmarkt: Jugendliche zwischen Modernisierungsversprechen und Beschäftigungsrisiken. In: Das Argument 168, 198-207.

Heinz, Walter R. (ed.) 1991: Theoretical Advances in Life Course Research. Weinheim: Deutscher Studien Verlag.

Heinz, Walter R. (ed.) 1992: Institutions and Gatekeeping in the Life Course. Weinheim: Deutscher Studien Verlag.

Heinz, Walter R. 1996a: Status Passages as Micro-Macro Linkages in Life Course Research. In: Ansgar Weymann/Walter R. Heinz (eds.): Society and Biography. Weinheim: Deutscher Studien Verlag, 51-66.

Heinz, Walter R. 1996b: Transitions in Youth in Cross-Cultural Perspective. In: B. Gallaway/J. Hudson (eds.): Youth in Transition to Adulthood. Toronto: Thompson, 2-13.

Heinz, Walter R./Andreas Witzel 1995: Das Verantwortungsdilemma in der beruflichen Sozialisation. In: Ernst H. Hoff/Lothar Lappe (Hg.): Verantwortung im Arbeitsleben. Heidelberg: Asanger, 99-113.

Heise, David R. 1990: Careers, Career Trajectories, and the Self. In: *Judith Rodin/Carmi Schooler/Klaus W. Schaie* (eds.): Self-Directedness: Cause and Effects throughout the Life Course. Hillsdale/N.Y.: Lawrence Erlbaum.

Hoerning, Erika M. 1989: Erfahrungen als biographische Ressourcen. In: *Peter Alheit/Erika M. Hoerning* (Hg.): Biographisches Wissen. Frankfurt/M.: Campus, 148-163.

Hoerning, Erika M./Peter Alheit 1995: Biographical Socialization. In: Current Sociology 43, 101-114.

Hoerning, Erika M./Michael Corsten (Hg.) 1995: Institution und Biographie. Die Ordnung des Lebens. Pfaffenweiler: Centaurus.

Hollis, Martin 1991: Rationalität und soziales Verstehen. Frankfurt/M.: Suhrkamp.

Hurrelmann, Klaus/Dieter Ulich (Hg.) 1991: Neues Handbuch der Sozialisationsforschung. Weinheim: Beltz.

Joas, Hans 1992: Die Kreativität des Handelns. Frankfurt/M.: Suhrkamp.

Kohli, Martin 1989: Institutionalisierung und Individualisierung der Erwerbsbiographie. In: *Ditmar Brock et al.* (Hg.): Subjektivität im gesellschaftlichen Wandel. München: DJI, 249-278.

Layder, Derek 1994: Understanding Social Theory. London: Sage.

Leibfried, Stephan et al. 1995: Zeit der Armut. Frankfurt/M.: Suhrkamp.

Loewenstein, George/Jan Elster (eds.) 1992: Choice over Time. New York: Russel Sage.

Luhmann, Niklas 1989: Individuum, Individualität, Individualismus. In: *Niklas Luhmann*: Gesellschaftsstruktur und Semantik. Studien zur Wissenssoziologie der modernen Gesellschaft, Bd. 3. Frankfurt/M.: Suhrkamp, 149-258.

Raab, Erich et al. 1996: Jugend sucht Arbeit. München: DJI.

Rodin, Judith/Carmi Schooler/Klaus W. Schaie (eds.) 1990: Self-Directedness: Cause and Effects throughout the Life Course. Hillsdale/N.Y.: Lawrence Erlbaum.

Strauss, Anselm L. 1968: Spiegel und Masken. Die Suche nach Identität. Frankfurt/M.: Suhrkamp.

Weymann, Ansgar (Hg.) 1989: Handlungsspielräume. Untersuchungen zur Individualisierung und Institutionalisierung von Lebensverläufen in der Moderne. Stuttgart: Enke.

Witzel, Andreas 1995: Auswertung problemzentrierter Interviews: Grundlagen und Erfahrungen. In: *Rainer Strobl/Andreas Böttger* (Hg.): Wahre Geschichten? Zur Theorie und Praxis qualitativer Interviews. Baden-Baden: Nomos, 49-75.

Witzel, Andreas/Vera Helling/Ingo Mönnich (1996): Die Statuspassage in den Beruf als Prozeß der Reproduktion sozialer Ungleichheit. In: *Axel Bolder/Walter R. Heinz/Klaus Rodax* (Hg.): Die Wiederentdeckung der sozialen Ungleichheit. Jahrbuch Bildung und Arbeit, Bd. 1. Opladen: Leske + Budrich, 170-187.

Zur Konzeptualisierung des Verhältnisses von externen und internen Bedingungen im Prozeß lebenslanger Sozialisation

Dieter Geulen

1 Einleitung

Die Analyse und Erklärung des menschlichen Lebenslaufes ist eine große Herausforderung sozialisationstheoretischer Bemühungen. Sozialisationsforschung hat es immer mit dem Lebenslauf zu tun und Biographieforschung ist notwendig immer auch Sozialisationsforschung. Dies sollte man im Auge behalten angesichts bestimmter Tendenzen einerseits in der Sozialisationsforschung, das Sozialisationsgeschehen auf einen bestimmten lebensgeschichtlichen Zeitpunkt - etwa in der Kindheit - einzuengen, oder andererseits auch in der Biographieforschung, sich mit einer Beschreibung einzelner Abschnitte und Ereignisse oder einer Textanalyse biographischer Erzählungen zu begnügen.

Bisher hat sich keine Theorie der Sozialisation entwickelt, die dieser Tatsache angemessen Rechnung trüge (vgl. *Geulen* 1991: 39 ff.; *Kohli* 1991: 303). Die vorliegenden Teilstücke zu einer Sozialisationstheorie sind geprägt durch jahrzehntelang tradierte Vorannahmen zum Beispiel über die Prävalenz bestimmter Altersstufen und Sozialisationsinstanzen, die weitab von der umfassenderen lebenslauftheoretischen Fragestellung liegen. So ist es nicht verwunderlich, daß auch die Biographieforschung nicht immer eine sozialisationstheoretische Perspektive verfolgt hat. Es ist also an der Zeit, sich Gedanken über Grundannahmen, Begriffe und Modelle einer Theorie des Lebenslaufes unter sozialisationstheoretischer Perspektive zu machen. Um das Problemfeld in der gebotenen Kürze umreißen zu können, muß ich auf eine detailliertere Diskussion der Literatur verzichten (vgl. hierzu *Geulen* 1987) und mich auf thesenhafte Formulierungen beschränken. Kenner werden merken, wo was herkommt und was neu ist.

Der sozialisationstheoretische und entwicklungspsychologische Diskurs der letzten zwei Dekaden besonders in Deutschland (vgl. besonders *Montada* 1979; *Geulen/Hurrelmann* 1980; *Oerter/Montada* 1982; *Baltes/Sowarka* 1983; *Trautner* 1983; *Hurrelmann* 1983; *Hurrelmann/ Ulich* 1991 u.a.) hat zu einem weit geteilten Konsens zumindest über einige Grundannahmen geführt, die hier vergegenwärtigt, aber nicht mehr ausführlich zur Diskussion gestellt werden sollen. Diese Annahmen lassen sich wie folgt formulieren:

(1) Unbeschadet der nicht zu leugnenden, bislang aber kaum geklärten Mitwirkung hereditärer Faktoren, gehen in die Genese der Persönlichkeit bestimmte Gegebenheiten der materiellen, sozialen und kulturellen Umwelt als *konstitutive*, das heißt die Persönlichkeit und den qualitativen Verlauf ihrer Entwicklung bestimmende Bedingungen ein.

(2) Diese Bedingungen sind zumindest in der Mikroanalyse nicht als unidirektionale Ursachen anzusehen, sondern die Art und Weise, wie sie wirksam werden, ist als *Interaktion* (Wechselwirkung) mit dem sich bildenden Subjekt selbst zu fassen, also in einem wesentlich komplexeren Modell. Diese Annahme hat in der Sozialisationsforschung bisher allerdings mehr einen programmatischen Status, als daß bereits im Detail in der Theorie ausgeführt wäre, was der Begriff ‚Interaktion' hier genau bedeutet. Dies dürfte seinen Grund hauptsächlich darin haben, daß hierzu sowohl soziologische wie psychologische Denkweise sich auf einer gemeinsamen begrifflichen Ebene treffen müßten, was angesichts der Verteilung der Kompetenzen unter Sozialisationsforschern einigermaßen schwierig zu sein scheint.

(3) In diesem Zusammenhang wäre die weitere Annahme explizit zu machen, daß der sozialisierte, sich entwickelnde Mensch als ‚*Subjekt*' aufzufassen ist. Diese Annahme ist aus naheliegenden Gründen in einer das Erwachsenenalter einschließenden Biographieforschung von besonderer Bedeutung. Allerdings ist die Formulierung aufgrund der vielen mit dem Subjekt-Begriff verknüpften Konnotationen aus der Geschichte der Philosophie ungenau und mehrdeutig und hat - besonders im Kontext des Diskurses um das sogenannte postmoderne Denken - zu gewissen Mißverständnissen geführt, etwa zu der falschen Unterstellung eines substantialistischen oder absoluten Charakters des Subjekt-Begriffes. Diese Diskussion soll hier nicht aufgenommen werden, vielmehr möchte ich mich im Hinblick auf unser Ziel einer sozialisationstheoretischen begrifflichen Grundlegung der Biographieforschung darauf beschränken, einige Bestimmungen zu nennen, die zwar nicht einen emphatischen Begriff von ‚Subjekt' erschöpfen, die aber im Hinblick auf das genannte Ziel ausreichen und die konsensfähig sein dürften. Im übrigen sei auf meinen Versuch einer sozialisationstheoretischen Explikation des Subjekt-Begriffes verwiesen (*Geulen* 1989).

Für eine Theorie lebenslanger Sozialisation sind besonders folgende Annahmen von Bedeutung:

- Subjekte zeigen selbst initiierte, das heißt nicht aus den aktuellen situativen Bedingungen zureichend erklärbare *Aktivitäten*.

- Subjekte haben ‚*Bewußtsein*', das heißt eine interne Repräsentanz der Welt. Die Struktur dieses Bewußtseins ist weitgehend intentional in dem Sinne einer antizipatorischen Orientierung des eigenen Handelns. Zumal menschliches Bewußtsein ist darüber hinaus reflexiv, es richtet sich auch auf die eigene Person und ihr Bewußtsein selbst. Hier ist hervorzuheben, daß es sich auch auf den eigenen Lebenslauf beziehen kann, der damit ebenfalls zu einem Gegenstand der Handlungsorientierung beziehungsweise aktiven Gestaltung werden kann. In der Reflexion können das psychische System und seine Abgrenzungen als Bewußtsein der ‚Einheit' der Person, der ‚Einmaligkeit' beziehungsweise Individualität und der lebensgeschichtlichen ‚Identität' erscheinen - alles Befunde, denen im Hinblick auf den Umgang mit dem eigenen Lebenslauf eine hohe Bedeutung zukommt. Allerdings sind sie eben vom Bewußtsein, also auch von seiner spezifischen sozialisatorischen Genese abhängig, was zum Beispiel an ihrer interindividuellen und kulturellen Varianz zu sehen ist. Daher seien sie hier nur als relevante Phänomene, nicht jedoch mit dem Status sozialisationstheoretischer Grundannahmen eingeführt.

- Alle hier genannten (und auch weitere, hier nicht genannte) Bestimmungen des Subjekt-Begriffes können weder als Bestimmungen der Umwelt interpretiert, noch unmittelbar auf Umweltbedingungen zurückgeführt werden. Sie bilden vielmehr einen eigenen, *systemhaften Zusammenhang*, der von der Umwelt immer zu unterscheiden ist. In diesem Sinne kann von einem nach außen abgrenzbaren psychischen System gesprochen werden.

Nunmehr kann die obengenannte Annahme der Wechselwirkung in der Genese weiter präzisiert werden: Die Entwicklung des psychischen Systems und seiner Bestandteile - also Sozialisation - vollzieht sich zwar zum einen notwendig unter Beteiligung und in Wechselwirkung mit der Umwelt, zum anderen aber auch in Abhängigkeit von den bereits vorhandenen systeminternen Bedingungen und psychischen Mechanismen der verschiedensten Art (zum Beispiel Bewältigungs-, Lern- und Entwicklungsmechanismen, Zusammenhänge zwischen motivationalen und kognitiven Prozessen usw.). Die Umweltbedingungen werden nicht nur als ‚Erfahrungen' im Subjekt gespeichert, sondern sie verändern es selbst, zum Teil in seinen konstitutiven Strukturen. Einmal aufgenommen, können sie im psychischen System eine weitere, autonome (das heißt von der aktuellen Umwelt unabhängige) Entwicklung nehmen. Bisher vorliegende Theorien haben häufig entweder die externen Bedingungen (so vor allem soziologische Ansätze) oder die internen Prozesse (so vor allem psychologische Entwicklungstheorien) in den Vordergrund gestellt und den entscheidenden Punkt, nämlich die Wechselwirkung beider, verfehlt.

Werden die oben genannten Annahmen zugestanden, so können nun daraus einige Postulate abgeleitet und präzisiert werden, denen eine Theorie des Lebenslaufs unter sozialisationstheoretischer Perspektive ebenfalls gerecht werden müßte.

(4) Eine vordringliche Aufgabe ist die genauere Analyse der sozialisatorischen Schnittstelle der *Subjekt-Umwelt-Interaktion*, und zwar unter der Perspektive, welche relativ dauerhaften Veränderungen diese im Subjekt auslöst. Dazu ist es unter anderem erforderlich, die viel zu pauschalen Begriffe ‚Umwelt' und ‚Subjekt' selber weiter auszudifferenzieren, und zwar in einer auch die Lebenswelt Erwachsener treffenden und mit empirischer Forschung und entsprechender Operationalisierbarkeit kompatiblen Begrifflichkeit. Auf beiden Seiten sind eine Vielzahl von Variablen im Spiel, die sowohl schon untereinander, dann auch miteinander in komplexen Wechselwirkungen stehen (vgl. *Geulen/Hurrelmann* 1980). Für die Umwelt-Seite hat die bisherige Sozialisationsforschung eine große Zahl relevanter Bedingungen identifiziert, doch beziehen sich diese entsprechend der Prioritätensetzung dieser Forschung zum großen Teil auf Sozialisation im frühen und mittleren Kindesalter, so daß die Frage, welche Bedingungen für Sozialisation im Erwachsenenalter als relevant anzunehmen sind, bisher weit weniger geklärt ist. Für die Subjekt-Seite bietet die Psychologie zwar eine Vielzahl differenzierter Begriffe an, die jedoch wiederum zum größten Teil nicht unter einer sozialisationstheoretischen Perspektive, das heißt im Hinblick auf eine potentielle Verknüpfung mit Umweltvariablen und den entsprechenden genetischen Prozessen konzipiert wurden, so daß von dieser Begrifflichkeit her die sozialisationstheoretische Perspektive schon a priori in den Hintergrund gedrängt wird. In beiden Fällen stehen wir daher vor der Aufgabe, aus dem vorliegenden Forschungsfundus eventuell brauchbare Begriffe auszuwählen, aber auch - wo diese nicht mehr angemessen sind -neue Begriffe zu etablieren.

(5) Wenn aktuelle Sozialisationsbedingungen sich im Subjekt niederschlagen und wenn das Subjekt selbst an späteren Sozialisationsprozessen beteiligt ist, bedeutet dies, daß frühere Effekte die Auswahl möglicher späterer Effekte und ihre Qualität mitbestimmen, ja, es können auch umgekehrt spätere Effekte im nachhinein frühere Effekte modifizieren. Das heißt aber, daß Sozialisation nicht mehr als Abfolge punktueller und im Laufe des Lebens bloß akkumulierter Effekte aufzufassen ist, sondern eben als ‚Prozeß', der im *zeitlichen Längsschnitt* des Lebenslaufs analysiert werden muß, eine Problemstellung, die in der Forschung bisher

kaum zur Geltung gekommen ist. Das Problem ist durchaus kompliziert, denn wir haben es nicht nur - wie in der obigen vereinfachenden Formulierung unterstellt - mit zwei Ereignissen zu tun, sondern mit einer beliebig großen Zahl intertemporaler Effekte dieser Art.

2   Zur Relevanz vorliegender theoretischer Modelle

Die neuere Biographieforschung hat sich wesentlich im methodologischen Rahmen eines ‚qualitativen‘, das heißt interpretativen Forschungsparadigmas entwickelt, was mehrere Gründe - Ausgehen von biographischen Erzählungen beziehungsweise Texten, hohes Maß an Individualität des Gegenstandes, disziplinäre Traditionen und andere - hat, auf die hier nicht näher eingegangen werden soll. Die Abkehr von der deduktionistischen Vorgehensweise dürfte durch die inhaltlichen Implikationen und den zu hohen Allgemeinheitsgrad der bislang von der Entwicklungspsychologie vorgelegten Theorien gefördert worden sein, eine Abkehr, die sich später durch Fruchtbarkeit in der eigenen Theoriebildung bezahlt machen könnte. Andererseits will aber auch eine interpretativ verfahrende wissenschaftliche Biographieforschung unter sozialisationstheoretischer Perspektive nicht auf das Ziel theoretischer Verallgemeinerungen verzichten. Daher ist es für sie zumindest nützlich, vorliegende theoretische Modelle zu rezipieren und kritisch zu diskutieren, zum einen als Anregung und Hilfestellung, zum anderen als Lehrstück über mögliche Fallstricke und Sackgassen bei der eigenen Theoriebildung. In diesem Sinne sollen im folgenden kurz einige Theorien gesichtet werden, die Annahmen über Effekte der Umwelt auf die menschliche Entwicklung, also Sozialisationseffekte enthalten und eine längere Lebensspanne einschließen.

In der Entwicklungspsychologie hat sich nach der Diskreditierung der mehr oder weniger offen nativistischen Reifungstheorien vor allem die Theorie *Jean Piaget*s behaupten können, die explizit auf der Annahme einer Subjekt-Umwelt-Interaktion aufbaut und Entwicklung als sequenzielle, innersubjektive Konstruktion logischer Strukturen faßt. Sie wurde von zahlreichen Autoren über das von *Piaget* bearbeitete Feld der logisch-mathematischen Operationen hinaus auf andere Bereiche erweitert; besonders eindrucksvoll ist die von *Kohlberg* initiierte Forschung zur moralischen sowie die Arbeiten auf dem Gebiet der sozial-kognitiven Entwicklung (vgl. *Kohlberg* 1995; *Geulen* 1982).

Piaget (1947) geht von der Annahme aus, daß sich das Subjekt immer handelnd mit seiner jeweils vorgefundenen Umwelt auseinandersetzt. Die Handlungen werden interiorisiert, dabei in gewissem Maße sowohl generalisiert wie auch miteinander koordiniert, und bilden so ein zunehmend komplexeres, der Realität immer angemesseneres mentales System von Schemata beziehungsweise Operationen als Grundlage sowohl der begrifflichen Erkenntnis wie auch der Handlungsorientierung. Das Subjekt versucht zunächst, neue Erfahrungen mit den schon vorhandenen begrifflichen Mitteln zu fassen, was eine entsprechende Zurichtung (‚Assimilation') der entsprechenden Gegenstände erfordert. Ist die Diskrepanz jedoch so groß, daß dies nicht mehr gelingt, so muß das Subjekt seine begrifflichen Strukturen selber entsprechend erweitern (‚Akkommodation'), um neben den alten auch die neuen Erfahrungen begreifen zu können; in dieser Phase liegt der eigentliche Entwicklungsfortschritt. *Piaget* nimmt an, daß das Subjekt prinzipiell die Tendenz hat, ein bestehendes Ungleichgewicht dieser Art aufzuheben (‚Äquilibrationstendenz'), typischerweise eben durch akkommodative Weiterentwicklung.

Piaget hat die Entwicklung vor allem im Bereich der Erfassung der Dingwelt beziehungsweise der logisch-mathematischen Strukturen untersucht. Er fand dort, daß die Entwicklung sich in einer universell konstanten und irreversiblen Abfolge von vier Stadien vollzieht und mit Erreichen der Fähigkeit zum logisch-formalen und hypothetischen Denken im Alter von etwa 11 bis 13 Jahren abgeschlossen ist. Die stets notwendigen Umweltbedingungen können sich in dem Maße unterscheiden, in dem sie aufgrund entsprechender Diskrepanzen die Entwicklung provozieren; sie bestimmen daher das Tempo, nicht jedoch die Richtung und die Stadien der Entwicklung.

Wie weit kann diese Theorie für eine sozialisationstheoretische Analyse des Lebenslaufs relevant sein? Zunächst scheint sie einem solchen Vorhaben gegenüber zu kurz zu greifen, denn sie beschränkt sich erstens auf den Bereich der Fähigkeit zum begrifflichen Erfassen der Dingwelt, also der logisch-mathematischen Intelligenz, der ja nur einen Ausschnitt - und nicht unbedingt den wichtigsten - dessen ausmacht, was wir ‚Subjekt' nennen. Zumindest die Bereiche der spezifisch sozialen Erfahrungen, der Erfahrungen von sich selbst sowie der Affektivität, sind damit noch keineswegs adäquat erfaßt. Eine zweite Beschränkung, die empirisch mehr oder weniger aus der ersten folgt, liegt in der erwähnten Altersspanne der frühen und mittleren Kindheit, die das eigentliche Erwachsenenleben und seine spezifischen Probleme schon nicht mehr einbezieht.

Bevor man aus diesen Gründen die ganze Theorie beiseite legt, kann man jedoch die Frage stellen, ob bestimmte ihrer Begriffe und Modelle vielleicht nicht auch - und über *Piagets* eigene Untersuchungen hinaus - in den die sozialisationstheoretische Biographieforschung interessierenden Bereichen brauchbar sind. Meines Erachtens könnten sich folgende Ideen beziehungsweise Begriffe *Piagets* als relevant für unser Vorhaben erweisen: Daß alle Sozialisation auf einer handelnden Auseinandersetzung mit der Umwelt basiert, liegt bereits nahe bei unserer Grundannahme der Subjekt-Umwelt-Interaktion (siehe oben). Fast ebenso selbstverständlich ist die Annahme, daß die dabei gemachten Erfahrungen im weitesten Sinne ,interiorisiert', das heißt relativ dauerhaft im Subjekt repräsentiert werden. Die weitere Annahme, daß diese dabei generalisiert und miteinander in Beziehung gesetzt (koordiniert) werden, ist schon auf der Ebene des Alltagsbewußtseins plausibel und wäre ein fruchtbares heuristisches Prinzip bei der Erforschung der innersubjektiven Vorgänge.

Von besonderem Interesse ist das mit den Begriffen der Assimilation und Akkomodation umrissene Modell, gemäß dem der sozialisatorische Effekt in einer bestimmten Gegebenheit mit der Umwelt beziehungsweise Erfahrung nicht eindeutig, sondern von ihrem Verhältnis zu den bereits etablierten subjektiven Strukturen abhängig ist. Erst ab einer gewissen Größe der Diskrepanz werden subjektive Strukturen modifiziert. Diese Modifikation folgt den zwei Bedingungen, daß sie die neue Erfahrung begreifbar machen und daß sie mit den bereits vorhandenen in Übereinstimmung gebracht, das heißt koordiniert werden muß. Der frühere Entwicklungsstand ist dabei nicht nur eine notwendige Voraussetzung des folgenden, sondern er wird auch durch diesen nicht überholt, sondern bleibt im Sinne der Dialektik in ihm ,aufgehoben' (Implikationsbeziehung). Daraus lassen sich im Einzelfall durchaus nicht-triviale Hypothesen über mögliche mentale Entwicklungsfortschritte ableiten. An dieser Stelle ergeben sich übrigens auch theoretische Querverbindungen zur psychoanalytischen Theorie der Abwehrmechanismen und zur neueren Bewältigungs-Forschung (*Brüderl* 1988).

Interessant ist schließlich auch *Piagets* Annahme einer Äquilibrationstendenz des kognitiven Subjekts, die sich sowohl auf die internen Strukturierungsprozesse als auch auf das Verhältnis des Subjekts zu seinen Erfahrungen, das heißt zu seiner Umwelt insgesamt beziehen lassen. Ähnliche Annahmen sind bekanntlich auch von anderen Psychologen, zum Beispiel von *Lewin* (1935), vertreten worden. Aus dieser Annahme lassen sich Hypothesen über die generelle Richtung der subjektiven Entwicklung angesichts bestimmter gegebener Erfahrungen, aber auch Hypothesen über das aktive Handeln des Subjekts in seiner Welt, zum Beispiel Such- oder Bestätigungsverhalten, ableiten.

Allerdings ist die von *Piaget* formulierte Theorie der *Entwicklung* wiederum einer sozialisationstheoretischen Konzeption des ganzen Lebenslaufes *nicht* angemessen. Das gilt insbesondere für zwei Behauptungen, die *Piaget* im Zusammenhang mit seiner Analyse der logisch-mathematischen Entwicklung im Kindesalter aufgestellt hat (vgl. zur folgenden Kritik *Geulen* 1987: 8-13).

Die erste Behauptung lautet, daß die beschriebene Abfolge von *Entwicklungsstufen* universell, das heißt für alle Individuen gelte und folglich immer zum selben Ziel führe. Für die Entwicklung im Bereich des logisch-mathematischen Denkens bis zur Beherrschung des formalen Denkens, in dem logisch eindeutige Implikationsbeziehungen bestehen, kann diese Behauptung als gültig angenommen werden; sie ist auch von der *Piaget*-Forschung empirisch erhärtet worden. Für die Persönlichkeitsentwicklung in ihrer ganzen Breite und über die ganze Lebensspanne ist sie a priori kaum akzeptabel. Es gibt bisher nicht nur keine entsprechende empirische Evidenz, sondern gewichtige Überlegungen sprechen gegen diese Annahme: Erstens sind Entwicklungslogiken der genannten Art offenbar bereichsspezifisch, verlaufen also nicht konkordant und ergeben daher in ihrer Gesamtheit keine entsprechende, einheitliche Logik. Fraglich ist daher schon, ob überhaupt alle möglichen psychologischen Bereiche einer Entwicklungslogik in diesem Sinne folgen. Zweitens folgt aus der Behauptung, daß Individuen in späteren Lebensabschnitten notwendig bei gleichen Strukturen ankommen; dem widerspricht schon die Alltagserfahrung, nach der auch die Entwicklung von erwachsenen ‚Individuen‘ in hohem Maße individuell, das heißt einzigartig ist und eine - im Vergleich mit Zwölfjährigen - weitaus größere Bandbreite aufweist.

Die zweite für uns problematische Behauptung *Piaget*s besagt, daß *Umweltbedingungen* nur die Funktion zukommt, den in der Entwicklungslogik bereits vorgezeichneten Verlauf anzuregen, daß sie aber den Verlauf nicht in seiner Richtung und Qualität bestimmen. Wie man sieht, hängt diese Behauptung notwendig mit der ersten zusammen: Umweltbedingungen, die ja kontingente, das heißt vom Subjekt unabhängige ‚zufällige‘ Ereignisse sind, kann man gar keine konstitutive Bedeutung für Entwicklung zugestehen, wenn man von vornherein nur einen möglichen Entwicklungsverlauf annimmt. Universalistische Entwicklungstheorien sind daher latent nativistisch (vgl. *Geulen* 1987). Die Alltagserfahrung, besonders aber der gesamte Fundus der inzwischen vorliegenden empirischen Sozialisationsforschung liefern jedoch zahlreiche Belege für die entgegengesetzte Annahme, daß der Lebenslauf beziehungsweise die entsprechende mentale Entwicklung sehr wohl durch kontingente - oft sogar nur singuläre - Ereignisse in seiner Richtung, also qualitativ bestimmt werden kann. Schon eine einzige Bemerkung einer relevanten Bezugsperson kann - analog dem vielzitierten Flügelschlag eines Schmetterlings in der Chaos-Theorie - unserem Leben eine andere Richtung geben.

Die soeben kritisierten Behauptungen *Piagets* über Verlauf und Bedingung der Entwicklung sind meines Erachtens logisch unabhängig von seinen oben referierten Annahmen über Entwicklungsmechanismen: Die Annahmen über Interaktion, Interiorisierung, Akkommodation und Äquilibrationstendenz implizieren in bezug auf die ganze Persönlichkeit nicht notwendig die Annahme einer einzigen universellen Entwicklungssequenz; zum Beispiel ist es durchaus denkbar, daß es in einer bestimmten lebensgeschichtlichen Situation verschiedene Akkommodations-, das heißt Entwicklungsschritte gibt. Dies entspricht auch neueren konstruktivistischen Entwicklungstheorien (*Edelstein/Hoppe-Graff* 1993). Sie lassen sich also durchaus mit unseren Annahmen einer konstitutiven Bedeutung kontingenter Umweltereignisse und einer Mehrzahl möglicher Entwicklungsverläufe verbinden, und in dieser Weise sind sie für eine Theorie des Lebenslaufes relevant.

Der Gedanke, daß Entwicklungsschritte durch von außen induzierte Diskrepanzen zum jeweils erreichten Bewußtseinsstand provoziert werden, findet eine Zuspitzung in der Entwicklungstheorie *E.H. Eriksons* (1959). Vor dem Hintergrund der psychoanalytischen Theorie sieht *Erikson* die Entwicklung als eine Abfolge von bestimmten Krisen, das heißt dichotomen Entscheidungsalternativen an, die das Individuum zu bewältigen hat; gelingt die Lösung, so schreitet die Entwicklung bis zur nächsten zu bewältigenden Krise fort und so weiter, gelingt sie nicht, bleibt das Individuum auf der erreichten Stufe stehen. *Erikson* nimmt, hierin der klassischen psychoanalytischen Auffassung folgend, zwar fälschlich einen durchgängig endogenen Ursprung dieser Krisen an und verkennt, daß bei den von ihm selbst beschriebenen Krisen (*Erikson* verwendet Begriffe wie ,Vertrauen', ,Autonomie', ,Schuldgefühl', ,Leistung', ,Rolle' usw.) exogene, und zwar gesellschaftliche Bedingungen konstitutiv sind (vgl. *Geulen* 1987: 11 ff.). Doch führt sein Gedanke weiter, daß die Behandlung beziehungsweise Lösung eines Problems den weiteren Verlauf und dort auftretende Probleme und deren Lösung bestimmt, wodurch sich im Unterschied zu *Piagets* Auffassung und ganz in unserem Sinne eine Diversifizierung von Entwicklungsverläufen ergibt.

Hieran läßt sich der zuerst von dem Pädagogen *Havighurst* (1973) vorgeschlagene Begriff der ,Entwicklungsaufgaben' (developmental tasks) - von der Gesellschaft an die Individuen in jeweils bestimmten Altersstufen herangetragene, normativ institutionalisierte Anforderungen (zum Beispiel Schuleintritt, Aufbauen von Peer-Beziehungen, Ablösung vom Elternhaus, Ausbildung, Berufs- und Partnerwahl, Elternschaft usw.) - anschließen, der von soziologischer Seite wiederum zu dem Modell einer Abfolge von ,Altersnormen' weiterentwickelt wurde, das in der Biographieforschung einen hohen Stellenwert einnimmt. Von psychologischer Seite ist es wiederum um nicht-normative ‚kritische Lebensereignisse' erweitert worden (*Filipp* 1981).

Ein kritischer Rückblick auf vorliegende theoretische Modelle kann folgendermaßen zusammengefaßt werden (vgl. *Geulen* 1987): Die von psychologischer Seite auf den Begriff der Entwicklung abstellenden Theorien konzeptualisieren Entwicklungsmechanismen und -verläufe, die für die Analyse von Sozialisation im Lebenslauf relevant sind, doch tragen sie nur unzureichend dem Postulat Rechnung, daß kontingente externe, insbesondere gesellschaftliche Bedingungen eine konstitutive Rolle im Sozialisationsprozeß spielen. Die von soziologischer Seite hervorgehobene Tatsache der Altersnormen wird wiederum nicht zu angemessenen psychologischen Modellen der Verarbeitung und Entwicklung weitergeführt. Außerdem muß man feststellen, daß die vorliegenden Theorievorschläge noch keineswegs alle unter dem Titel Sozialisation im Lebenslauf denkbaren Phänomene und Fragen ansprechen.

In dieser Situation scheint es sinnvoll zu sein, von den gesicherten Annahmen und Diskussionsergebnissen aus die Arbeit an der Begrifflichkeit ein Stück weiter zu führen. Im folgenden sollen dabei die beiden oben hervorgehobenen Postulate im Vordergrund stehen, daß die Interaktion zwischen Subjekt und Umwelt die Grundlage aller Sozialisationsprozesse ist und daß Sozialisation auch nach ihrer Struktur im zeitlichen Längsschnitt zu betrachten ist. Ich hoffe deutlich machen zu können, daß sich aus der Analyse alltäglicher und scheinbar banaler Sachverhalte weitere Begriffe und Modelle ergeben können, die uns einem sozialisationstheoretischen Verständnis von Biographien näher bringen.

3   Die Subjekt-Umwelt-Interaktion

Mit Interaktion (Wechselwirkung) ist hier zunächst formal die Tatsache gemeint, daß das Geschehen bei der Begegnung des Subjektes mit der Umwelt (beziehungsweise herausgehobenen speziellen Gegebenheiten) sowohl durch Bedingungen, die auf der Subjekt-Seite liegen, als auch durch Bedingungen auf der Umwelt-Seite bestimmt wird, wobei der Effekt einer bestimmten Bedingung nur bei Vorliegen der anderen zustande kommt und dem Zusammenwirken aller Bedingungen zugeschrieben werden muß. Uns interessiert dies unter der Frage, welche Auswirkungen dieses Geschehen wiederum auf das Subjekt und seine Veränderungen hat. Das komplexe Interaktionsgeschehen zwischen Subjekt und Umwelt kann zum Zwecke der Analyse in verschiedene ‚Phasen' zerlegt werden, die isoliert betrachtet auch ‚Modi' genannt werden können. Auf diese Weise lassen sich die für jeden Modus spezifischen sozialisatorischen Konsequenzen deutlicher herausarbeiten. Im wirklichen Interaktionsgeschehen sind sie mehr oder weniger alle enthalten, wenn auch mit im Einzelfall sehr unterschiedlichen Anteilen (vgl. zum folgenden auch *Geulen* 1987: 14 f.).

(1) Eine erste Phase der Interaktion besteht einfach schon darin, daß das *Subjekt seine Umwelt wahrnimmt* und diese Wahrnehmung intern repräsentiert. Dies ist insofern nicht bloß Einwirkung, sondern bereits Interaktion, als einerseits in beiden Vorgängen spezifische subjektive Bedingungen beteiligt sind, die Resultate früherer Sozialisation sind. So ist zum Beispiel für die Wahrnehmung zumindest eine Sensibilität für bestimmte Aspekte und ein kategoriales System erforderlich, und die weitere Verarbeitung besteht nicht einfach in einem Abspeichern im Gedächtnis, sondern dieses ist schon ein konstruktiver Prozeß. Andererseits hat die Wahrnehmung immer auch Konsequenzen für die Veränderung des Subjekts selbst, im Sinne von ‚Lernen'. Forschungspraktisch folgt daraus zum Beispiel, daß man nicht von vornherein eine bestimmte Wirkung eines bestimmten Ereignisses auf ein gegebenes Subjekt unterstellen darf, sondern daß dieses Ereignis so zu nehmen ist, wie das Subjekt es wahrgenommen und interpretiert hat, und dies erfordert eine Rekonstruktion seines spezifischen Hintergrundes. Erfahrungen wie Arbeitslosigkeit oder Tod eines Angehörigen, aber auch trivialere Ereignisse wie Lektüre eines bestimmten Buches oder eine Reise können sich höchst unterschiedlich auf ein Menschenleben oder auf verschiedene Individuen auswirken.

(2) Entsprechend wäre als eine zweite Phase in der Interaktion zu unterscheiden, daß auch die *Umwelt das Subjekt und sein Verhalten wahrnimmt und darauf reagiert*, was wiederum von diesem im obigen Sinne wahrgenommen wird. Prinzipiell reagiert auch die materielle Umwelt auf Aktionen des Subjekts, von besonderer Bedeutung sind aber selbstverständlich die Reaktionen der mitmenschlichen, sozialen Umwelt, die sich dadurch auszeichnen, daß sie ebenfalls von Subjekten ausgehen, intentional und bewertend sind und im Rahmen von Beziehungen stattfinden, die für das Subjekt oft eine hohe existentielle oder zumindest affektive Bedeutung haben. *Anastasi* (1958) hat darauf hingewiesen, daß gewisse angeborene Merkmale, sofern sie äußerlich sichtbar sind, erst auf dem Umweg über die Reaktionen der anderen sozialisationswirksam werden; dies gilt zum Beispiel für Hautfarbe beziehungsweise Rasse, allgemeiner für das Aussehen in Beziehung zu den jeweiligen kulturellen Standards, die wiederum durch das Erscheinungsbild der als dominant geltenden Gruppe definiert werden (vgl. hierzu auch *Goffman* 1967). Diese Reaktionen können explizit in sprachlicher Form kommuniziert werden.

Doch gibt es auch unterhalb der Schwelle des Bewußtseins oder der Kommunikabilität verbleibende, dann ‚nichtverbal' geäußerte Reaktionen sowie Normen, die in bestimmten Situationen eine offene, zum Beispiel kritische Meinungsäußerung verbieten; in beiden Fällen ist der sozialisatorische Effekt eingeschränkt und setzt wiederum eine besondere Sensibilität voraus.

Wieweit und in welcher Weise solche Erfahrungen sozialisationswirksam werden, hängt auch davon ab, in welchem Verhältnis sie zum eigenen, früher erworbenen Bewertungssystem stehen; teilt jemand die Kriterien der anderen, so wird er ihre Meinung eher übernehmen und sich zum Beispiel in eine entsprechende ihm zugewiesene Rolle fügen; hält er die betreffenden Kriterien zum Beispiel der Rasse oder des Geschlechts dagegen für nicht relevant, so wird er mit Distanz, Protest, Kritik und ähnlichem reagieren und in der weiteren Interaktion andere Sozialisationsprozesse durchlaufen. Auch kommen psychologische Bedingungen von der Art generalisierter Abhängigkeit von anderen, Affiliationsbedürfnis usw. hinzu, Selbstbild und ebenso die Abwehrstrukturen, die sich aufgrund früherer narzißtischer Kränkungen im Subjekt gebildet haben.

(3) Eine weitere Phase im Interaktionsgeschehen ist durch Prozesse der *Selektion* gekennzeichnet. Die Umwelt ist nie in ihrer Gänze gegenwärtig, ein aktives Subjekt bewegt sich vielmehr *in* der Welt, wobei es bestimmte Felder und Situationen eher aufsuchen, andere eher vermeiden wird; es hat insofern eine gewisse Souveränität auch über die Steuerung seiner eigenen Sozialisation. Nach welchen Kriterien das geschieht und welche Entscheidungen das Subjekt trifft, hängt wiederum von seinen bisherigen Erfahrungen ab. Bedeutsam sind sicher seine Vorstellungen über die betreffenden Felder, Anforderungen, zu erwartenden Gratifikationen usw. - Vorstellungen, die, wie die oft stereotypen Berufswünsche Jugendlicher zeigen, sehr lückenhaft und irreführend sein können -, sowie auf der anderen Seite Selbstwahrnehmung, Reflexivität und ein normativ geprägtes Selbstbild oder ein Lebensentwurf. In jedem Falle werden durch die Entscheidung für ein bestimmtes Erfahrungsfeld bestimmte zukünftige sozialisatorische Erfahrungsmöglichkeiten festgelegt und andere ausgeschlossen. Für die Frage nach den weiteren Sozialisationseffekten ist von Bedeutung, wie weit das Subjekt nur Situationen aussucht oder in solchen Situationen verharrt, in denen sich sein gegebener subjektiver Status gewissermaßen nur bestätigt und damit verfestigt, oder ob es sich auch Situationen zuwendet, die eine Herausforderung und die Chance zu weiterer Entwicklung, die unter Umständen bis zum Risiko des persönlichen Scheiterns gehen, bereithalten.

Mögliche Lernprozesse liegen nicht nur in den neuen Situationen als solchen, sondern schon in den Such- und Entscheidungsprozessen selbst, denn diese erfordern eine eingehendere Analyse sowohl der Realität und der gegebenen Alternativen mit ihren möglichen Konsequenzen wie auch der eigenen Interessen und Potentiale, und zwar in ihrem Verhältnis zu ersterem. Bei Fehleinschätzungen muß Lehrgeld gezahlt werden, neurotische Fixierungen führen zur Wiederholung des Falschen (zum Beispiel, nach dem Scheitern einer Beziehung landet man immer wieder beim gleichen Typ von Partner). Erfolgreiches Lernen macht sich später durch angemessenere Entscheidungen und weitere Entwicklungsfortschritte bezahlt.

(4) Umgekehrt werden bei allen *Allokationsprozessen* auch die Individuen von der Realität seligiert, das heißt sie erfahren in bezug auf die Besetzung bestimmter Stellen Akzeptanz oder Ablehnung. Naheliegende Beispiele mit einem hohen Anteil solcher objektiver Selektion sind Ausbildungsgang, Arbeitsplatz sowie auch Partnerwahl. In diesen Fällen spielen eher von anderen wahrnehmbare oder sozial kategorisierbare und attribuierbare, insbesondere gesellschaftlich hochbewertete Attribute (zum Beispiel ‚zuverlässig‘, ‚kooperativ‘, ‚sympathisch‘) eine Rolle. Auch hier wird durch die Entscheidung die weitere Sozialisation für ein bestimmtes Feld der Tätigkeit und Erfahrungen bestimmt. Lassen wir beiseite, wie das Individuum solche Entscheidungen - zum Beispiel durch eine günstige Präsentation oder strategische Verhaltensweisen - beeinflussen kann, so muß gesagt werden, daß in dieser Phase eine hohe Abhängigkeit von der Umwelt besteht, die der Möglichkeit, seine Sozialisation selbst zu bestimmen, mehr oder weniger objektive Grenzen setzt. Im wesentlichen bleibt dann nur die Möglichkeit, sich auf dem zugewiesenen Weg einzurichten oder sein Glück in einem ganz anderen Feld mit anderen Optionen zu suchen (zum Beispiel den Beruf zu wechseln oder auszuwandern), dabei aber entsprechende Verluste hinzunehmen.

Diese Bedingungen, die dem Individuum als vorgegeben erscheinen, sind in den meisten Fällen vom gesellschaftlichen System und seinem aktuellen historischen Zustand abhängig; sie sind also nicht ahistorisch konstant, sondern wandelbar, und dies ist einer der Hauptgründe dafür, daß Sozialisation kohortenspezifisch ist. Naheliegende Beispiele sind die - stets in Relation zur Zahl der Aspiranten - verfügbaren Plätze für Wohnung, Ausbildung, Arbeit, privilegierte Positionen, Ressourcen. Selektion findet nicht nur unter Bedingungen einer Verknappung statt, sondern auch umgekehrt bei der Schaffung neuer Stellen, zum Beispiel beim Aufbau neuer Produktionszweige oder staatlicher Institutionen wie Bildungswesen, Verwaltung, Wehrmacht usw.

(5) Der fünfte und umfassendste Modus der Interaktion des Subjekts mit seiner Umwelt besteht darin, daß das Subjekt durch sein aktives Handeln die *Realität selbst verändert*. Im Vergleich zu den oben genannten Phasen der Wahrnehmung und der Selektion sind dabei mehr und komplexere Bedingungen im Spiel. Zum Beispiel erfordert ein solches Handeln eine tiefere und objektivere Analyse der Eigenschaften des realen Feldes, eine nicht minder nüchterne Bestandsaufnahme der eigenen, auch psychischen Ressourcen und Fähigkeiten, eine in ihrer Fristigkeit angemessene Planungsperspektive, eine strategische Handlungsplanung, eine richtige Verarbeitung der Rückmeldungen usw., - und das alles sowohl auf der individuellen Ebene wie auf der des kollektiven Handelns, das wiederum spezielle soziale Fähigkeiten erfordert. So vielfältig wie die erforderlichen subjektiven Bedingungen sind auch die implizierten Lern- beziehungsweise Sozialisationsprozesse.

Aus makrotheoretischer Sicht kommt diesem Interaktionsmodus insofern eine besondere Bedeutung zu, als hierbei nicht nur bestehende Realität in Brechungen widergespiegelt, sondern prinzipiell neue Realität geschaffen wird. Damit ergeben sich entsprechend neue Erfahrungsmöglichkeiten auch für andere Subjekte und für nachfolgende Generationen, die entsprechende Änderungen ihrer Sozialisation zur Folge haben. Das welthistorisch markanteste Beispiel sind wohl die in der Entwicklung der abendländischen Moderne entstandenen, völlig neuen technischen und zivilisatorischen Umwelten und politischen Institutionen.

4   Strukturen von Sozialisationsprozessen im zeitlichen (biographischen) Längsschnitt

Das zweite Problem einer biographischen Sozialisationsforschung, das einer theoretischen Analyse bedarf, liegt in der Frage, welche Strukturen Sozialisationsprozesse bei einer diachronen Betrachtung zeigen. Es ergibt sich daraus, daß erstens frühere Sozialisationseffekte sich innersubjektiv in der Zeit weiterentwickeln können, daß zweitens während der ganzen Zeitspanne neue und weitere sozialisationsrelevante externe Ereignisse und entsprechende Erfahrungen stattfinden und daß drittens alle diese Bedingungen in Wechselwirkungen miteinander stehen, die über mehr oder weniger lange Zeitstrecken vermittelt, also *intertemporal* sind.

Für eine explanative Sozialisationstheorie sind bloß deskriptive, metaphorische Modelle der Entwicklung, wie sie von der älteren Entwicklungspsychologie vorgelegt wurden - so etwa die Vorstellung einer zunehmenden ‚Differenzierung' oder die einer ‚Überlagerung' älterer Schichten durch neue -, zwar anregend, aber nicht ausreichend (vgl. hierzu *Geulen* 1981: 544 ff.). Auf die Problematik universalistischer Phasenmodelle hinsichtlich ihrer Behandlung externer Ereignisse wurde oben bereits hingewiesen. Neuere Modelle (*van den Daele* 1969; *Flavell* 1972; *Fischer* 1980; *Kegan* 1986 u.a.) lösen sich von einengenden Vorgaben und beschreiben in differenzierterer Weise formale Strukturen der innersubjektiven Entwicklung, können aber hinsichtlich der Einbeziehung der Subjekt-Umwelt-Interaktion noch nicht befriedigen. Auch hier muß die Theoriebildung also neue Wege gehen.

Wir wollen uns dem Problem in analoger Weise wie im vorangehenden Abschnitt nähern und einige idealtypische zeitliche Verlaufsformen von Sozialisationsprozessen beschreiben, die hier aus heuristischen Gründen isoliert werden, in Wirklichkeit jedoch neben- und miteinander ablaufen.

(1) Ein erstes Modell nimmt an, daß alles Verhalten im Jugend- und Erwachsenenalter im Grunde durch Sozialisationsprozesse bestimmt wird, die bereits in der frühen Kindheit stattgefunden haben und deren Ergebnisse in der Persönlichkeit dauerhaft verankert sind. Dieses Modell, das im wesentlichen den Annahmen der psychoanalytischen Theorie entspricht, negiert also im Grunde die Annahme lebenslanger Sozialisation und interpretiert spätere Verhaltensänderungen nur als situationsbedingte Abwandlungen der Äußerung einer bereits festgelegten psychischen Grundstruktur. Subjektiv entspricht dem die Annahme einer sich durch den ganzen Lebenslauf hindurchziehenden dominanten Thematik (Lebensthema), die teils bewußt wird, teils unbewußt bleibt und die durch entsprechende interpretative Verfahren methodisch erfaßt werden kann. In der psychoanalytischen Theorie werden spätere Verhaltensweisen häufig als Wiederholungen infantiler Mechanismen der Verarbeitung traumatischer Erfahrungen in der Konfrontation der eigenen Triebstruktur mit der Realität, insbesondere mit relevanten Bezugspersonen, erklärt, eine Situation, an die das Individuum unbewußt fixiert bleibt. Traumatische Situationen sind solche, in denen sich das Ich überfordert fühlt, deshalb mit Angst reagiert und zu phylogenetisch älteren ‚Abwehrmechanismen' greift; Beispiele sind Situationen des Entzuges, der Bedrohung, der Ohnmacht, der Kränkung, auch der sozialen Diskriminierung usw. Späteres Verhalten steht immer im Banne dieser Erfahrung, es kann dann interpretiert werden entweder als vergeblicher Versuch, durch Wiederholung der Situation die Lösung (‚Erlösung') zu finden, oder umgekehrt als Bestreben, einer späteren Wiederholung des Traumas unbedingt vorzubauen (zum Beispiel der Erfahrung kindlicher Ohnmacht durch Anstreben einer gesellschaftlichen Machtposition zu begegnen); diesen Gedanken hat

Adler (1947, Kap. V) mit seinem Begriff der Kompensation beziehungsweise Überkompensation weitergeführt.

Eine solche Bedingung kann in der Längsschnittbetrachtung zu unterschiedlichen Strukturen führen. Eine erste wäre, daß durch sie eine relativ frühe, schwerwiegende und nicht mehr zurückgenommene Lebensentscheidung (zum Beispiel Berufskarriere, Partnerwahl, Elternschaft, Wahlheimat) bestimmt wird, deren Konsequenzen dann die weitere Sozialisation des Individuums bestimmen.

Ein anderes Strukturmuster besteht darin, daß die frühkindliche Erfahrung beziehungsweise die eingeübte Verarbeitungsstrategie auf eine größere Bandbreite späterer Situationen generalisiert wird. Eine Generalisierung eines Handlungsschemas, das ursprünglich ein Abwehrmechanismus in einer bestimmten Situation war, ließe sich in ähnlicher Weise konzeptualisieren, wie *Piaget* die Erweiterung von Schemata beschrieben hat. In diesem Fall wird dann der Verhaltensstil in verschiedenen möglichen Situationen beziehungsweise Karrieren durch den unbewußten Komplex in gleicher Weise geprägt. Es wäre auch denkbar, daß das Individuum sich auf dieser Grundlage schrittweise an die Stelle heranarbeitet, die seiner Charakterstruktur subjektiv gemäß ist und in der es eben deshalb möglicherweise auch besonders erfolgreich ist, - Beruf und Neurose sind dann sozusagen im Gleichgewicht.

Eine weitere Möglichkeit wäre, daß die frühkindlich angelegten Dispositionen in bestimmten späteren Situationen beziehungsweise Lebensabschnitten gar nicht gefordert, das heißt aktualisiert werden, sondern latent bleiben und erst danach wieder - scheinbar spontan - zutage treten und dann fälschlich als spätere Sozialisationseffekte angesehen werden könnten. Einen solchen Verlauf hat schon *Freud* (1940 ff.) mit seiner Behauptung der Latenz kindlicher Sexualität im Grundschulalter gesehen; auch der von *Kagan/Moss* (1962) beschriebene ‚Sleeper-Effekt' wäre hier zu nennen.

(2) Es klingt bereits an, was als ein zweites Modell herausgehoben werden soll: Frühere Sozialisationseffekte entwickeln sich innerhalb des psychischen Systems ‚autonom', das heißt in nicht aus bestimmten Umweltbedingungen direkt ableitbarer und aus ihnen vorhersagbarer Weise zu etwas Neuem weiter und fungieren wiederum als subjektive Sozialisationsbedingungen in *späteren* Sozialisationsprozessen. Dies könnte man auch - in einem nicht biologischen Sinne - als ‚Reifung' bezeichnen. Zur Erklärung muß dabei nicht auf Annahmen über geheimnisvolle Potenzen des Systems rekurriert werden, es reicht die Annahme, daß es sich um Resultate der äußerst komplexen, im allgemeinen nicht linearen Abhängigkeiten und Wechselwirkungen zwischen den Systemelementen un-

tereinander und von ihnen mit der Gesamtheit der Umweltbedingungen -
auf die auch hier nicht verzichtet werden kann - handelt. Dieses Modell,
das in klassischen Entwicklungstheorien dominiert, hebt also die in der
Zeit ablaufenden innersubjektiven Prozesse hervor, die zu neuen Elementen beziehungsweise Strukturen des psychischen Systems führen. Auch die
Kenntnis dieser Möglichkeit kann uns davor bewahren, die Ursachen von
Sozialisationswirkungen immer in der unmittelbaren Vorgeschichte zu
suchen.

Man kann diese Prozesse mit dem Begriff der ‚Transformation‘
psychischer Strukturen fassen und damit die zusätzliche Annahme einer
gewissen Kontinuität dieser Prozesse einführen. Allerdings kann keine
eindeutige Entwicklungsrichtung - wie zum Beispiel in *Piagets* Theorie -
behauptet, sondern es muß davon ausgegangen werden, daß von einem
gegebenen Ausgangspunkt aus *verschiedene* Entwicklungspfade möglich
sind, zum Beispiel die konsequente Steigerung bis ins Extreme, ein
Wechsel von Inhalten bei Aufrechterhaltung der Strukturen, ein Um-
schlagen im Sinne von biographischer Konversion, ein langer Weg in
entlegene mentale Räume usw. Welcher Pfad im einzelnen eingeschlagen
wird, ist wegen der Komplexität der beteiligten Bedingungen kaum prog-
nostizierbar. Methodisch liegt diesem Modell ein hermeneutisch-rekon-
struktives Verfahren nahe, der Versuch, im nachhinein die Entwicklungsschritte beziehungsweise die Transformationen des psychischen
Systems als sinnhaft aufeinander folgend zu verstehen.

(3) Ein weiterer idealtypischer Bedingungsstrang besteht darin, daß
durch frühere Sozialisationsprozesse entstandene subjektive Bedingungen
die Auswahl späterer objektiver Felder beziehungsweise der in ihnen statt-
findenden weiteren Sozialisation bestimmt wird. Gemäß dem oben über
Selektion Gesagten sind dabei die beiden Fälle zu unterscheiden, (a) daß
das Subjekt selbst bestimmte Felder aufsucht und (b) daß es von außen
selegiert wird und so, womöglich gegen seine Neigung und seinen Willen,
in bestimmte Felder plaziert wird. In beiden Fällen sind unterschiedliche
Eigenschaften relevant. Wie aus der Forschung zur sozialen Wahrnehmung bekannt ist, kann sowohl die Weise, wie das Individuum von den
Allokationsinstanzen wahrgenommen wird, als auch dessen Wahrnehmung
des angestrebten oder der abgelehnten Felder und seiner selbst, von der
Realität mehr oder weniger weit entfernt, die darauf basierende Selek-
tionsentscheidung also mehr oder weniger ‚falsch‘, zumindest nicht
optimal sein. Auch wenn es eine Intuition darüber geben mag, was einem
gut tut, so gibt es doch viele Möglichkeiten der Täuschung über sich
selbst. Unser Selbstbild ist ja bereits - wie *Mead* (1934) und der symbolische Interaktionismus gezeigt haben - Ergebnis von kontingenten

gesellschaftlichen Bedingungen (Begegnung mit anderen, Sprache usw.). Auch wer einem bestimmten Ich-Ideal als Ergebnis elterlicher, also heteronomer Delegationsprozesse nacheifert, kann sich später bitter getäuscht sehen. Wie die Beteiligten mit diesen ‚Enttäuschungen' umgehen, wäre ein interessantes Forschungsthema.

Wie auch immer die Wahl des späteren Sozialisationsfeldes zustande kommt, - es ist anzunehmen, daß die dort herrschenden Bedingungen und die dem Individuum bevorstehenden Erfahrungen den gehegten Erwartungen zum Teil nicht entsprechen; sie bringen vielmehr neue und unerwartete Anforderungen und Erfahrungen. Damit entsteht die Frage, in welchem Verhältnis diese neuen Anforderungen zu den vom Individuum mitgebrachten spezifischen subjektiven Bedingungen stehen. *Benedict* (1938) hat in einem bekannten Aufsatz am Beispiel der Altersnormen in der Sozialisation amerikanischer Männer darauf hingewiesen, daß die für verschiedene Lebensalter geltenden Anforderungen in einer Gesellschaft sich geradezu widersprechen können, zum Beispiel werden in der Kindheit Abhängigkeit und Geschlechtslosigkeit, im Erwachsenenalter dagegen Verantwortlichkeit und Sexualität erwartet.

Allgemeiner betrachtet, lassen sich folgende idealtypischen Möglichkeiten dieses Verhältnisses unterscheiden. (a) Die Anforderungen beziehungsweise Erfahrungen in späteren Sozialisationsfeldern gehen nicht wesentlich über die in früheren und die in diesen entstandenen subjektiven Dispositionen hinaus. Diese - wohl für vormoderne Gesellschaften typische - Struktur führt in der Entwicklung des Individuums zu einem Plafond-Effekt, das heißt zu relativer Stagnation jenseits eines bestimmten erreichten Punktes. (b) Die Anforderungen in späteren Sozialisationsfeldern stellen eine psychologisch sinngemäße Steigerung gegenüber den vorangehenden dar, etwa so, wie es bei didaktisch gut geplanten Ausbildungsgängen der Fall wäre. Das anzunehmende Ergebnis ist in diesem Falle eine konsequente Weiter- beziehungsweise Höherentwicklung zu einem bestimmten Expertentum, auch mit den entsprechenden Bornierungen. (c) Die späteren Sozialisationsfelder stellen gänzlich neue und/oder mitgebrachten Dispositionen widersprechende Anforderungen. Je nach Ausmaß dieser Unvereinbarkeiten und nach den vorhandenen psychischen Ressourcen für eine konstruktive Lösung dieses Konfliktes kann das Ergebnis entweder Versagen - mit den möglichen Konsequenzen des Zusammenbrechens oder eines geordneten Rückzuges in ein angemesseneres Feld - sein oder aber eine Akkommodation, die zum Aufbau neuer, auch integrativer und reflexiver Schemata, also zu einem Entwicklungsschub führt. Auch an die oben genannte Möglichkeit der aktiven Veränderungen der Realität - sozusagen die ‚politische' Lösung - sei erinnert.

(4) Ein weiterer intertemporaler Effekt ist die nachträgliche Modifikation *früherer* Sozialisationsprozesse aufgrund reflexiver Prozesse zum Beispiel der Selbstkritik und der Neubesinnung. Selbstverständlich ist damit nicht gemeint, daß einmal Geschehenes ungeschehen gemacht und die Richtung der Kausalität umgekehrt werden könnte, aber im Kontext des psychischen Systems können die *Wirkungen* früherer Sozialisation relativiert, im Bewußtsein erheblich verändert, ja in ihr Gegenteil verkehrt werden (ein Beispiel wäre ein Protest gegen die oben erwähnten elterlichen Aufträge). Im vorliegenden Zusammenhang interessieren weniger die retrospektive Wendung, die etwa in therapeutischen Situationen im Vordergrund steht, als vielmehr die Konsequenzen, die sich daraus für das *zukünftige* Handeln des Subjekts insbesondere in Entscheidungssituationen ergeben, die also auch über seine weitere Sozialisation entscheiden. So wäre ein möglicher Verlauf etwa, daß ein Individuum, das eine bestimmte frühe Sozialisation erfahren hat und aufgrund dieser mit einer zu erwartenden Wahrscheinlichkeit eine bestimmte Karriere durchlaufen würde, aufgrund einer reflexiven Uminterpretation seines bisherigen Lebens und seiner früheren Sozialisation zu dem Entschluß kommt, diesem Leben eine völlig neue Richtung zu geben, den Entschluß durch entsprechende Selektionen realisiert und daraufhin einen neuen, nicht prognostizierbaren Sozialisationsverlauf nimmt.

Es sollte nicht unerwähnt bleiben, daß die Fähigkeit zu dieser Art Reflexion selber wiederum Ergebnis von Sozialisation ist. Dies gilt insbesondere für die dabei implizierten normativen Theorien über ein ‚gutes‘, ‚richtiges‘ usw. Leben, nicht zuletzt auch über die Bewertung der Vergangenheit, aus der man stammt. Diese Art Kohortenspezifik läßt sich zum Beispiel an Vertretern der Generation der westdeutschen Studentenbewegung beobachten, die aufgrund ihrer durch bestimmte Theorien angeleiteten kritischen Bewertung der nationalsozialistischen Vergangenheit und ihres Familienhintergrundes zu radikalen biographischen Wendungen veranlaßt wurden.

Wie gesagt, können die genannten idealtypischen Verlaufsstrukturen in einer Biographie auch kombiniert, das heißt neben- und nacheinander vorliegen. So kann ein Individuum zum Beispiel von einem frühkindlich entstandenen Lebensthema bestimmt sein und gleichwohl später häufiger verschiedene Situationen seligieren, sich immer strebend bemühen und ein bewegtes Leben führen oder auch aufgrund einer elaborierten Reflexivität schon frühzeitig den ihm passenden Platz finden und dort in Ruhe altern. Von besonderer Bedeutung ist die Zahl der aufeinanderfolgenden Situationsänderungen beziehungsweise Entwicklungsschritte in einer Biographie. Zwar findet auch beim Verharren in einer

Situation eine Entwicklung im Sinne der oben genannten autonomen Reifungsprozesse statt, aber gemäß unseren Grundannahmen sind weitergehende Sozialisationsprozesse sowie eine Diversifikation biographischer Verläufe, also Individuierung, vor allem bei einem Wechsel des Feldes beziehungsweise der geforderten Aktivitäten zu erwarten.

In gewissem Maße sind solche Schritte gesellschaftlich institutionalisiert und vorgegeben. Ihre Zahl und Art hängt zum einen von makrostrukturellen, historischen Bedingungen ab, die hinzunehmen sind - es macht einen großen Unterschied, ob man sich in einer Kasten-Gesellschaft oder in einer offenen ‚Risiko-Gesellschaft' befindet -, und zum anderen innerhalb eines gesellschaftlichen Systems von der vom Individuum eingeschlagenen ‚Karriere'. Jedenfalls trifft das Individuum bei seinem Lebenslauf auf eine quasi objektive Abfolge von ‚Weichenstellungen' (vgl. *Geulen* 1987: 16 ff.). Die Entscheidung an jedem Punkt, die als Interaktion zwischen ihm und der Umwelt im Sinne der oben genannten Modi zu fassen ist, hängt wiederum von seiner psychischen Struktur und von seinen die Allokation durch andere bestimmenden Eigenschaften, also von seiner bisherigen Sozialisation ab. Ist sie getroffen, so bestimmt sie seine weitere Sozialisation zumindest im darauf folgenden Abschnitt; und diese sozialisatorischen Auswirkungen sind nicht reversibel, sondern können höchstens in der nächsten Entscheidungssituation tendenziell korrigiert werden.

In jedem Fall öffnet jede Entscheidung neue Optionen auch für die weitere Sozialisation und schließt andere aus. Daher ließe sich die Abfolge sozialisationsrelevanter Lebenssituationen theoretisch in einem stochastischen Modell etwa im Sinne einer *Markow*-Kette darstellen. Allerdings ergibt sich eine Vielzahl möglicher Ketten und damit eine Vielzahl möglicher, individueller Lebensverläufe.

5   Zusammenfassung

Das Problem einer sozialisationstheoretischen Analyse von Biographien ist bisher weder von seiten der Sozialisationsforschung noch in der Biographieforschung gelöst. Vorliegende Theorien aus der Entwicklungspsychologie sind unbefriedigend, weil sie der sozialisationstheoretischen Annahme des konstitutiven Einflusses kontingenter Umweltereignisse auf die Persönlichkeitgenese nicht angemessen Rechnung tragen; dies gilt insbesondere für universalistische Phasenmodelle. Wir versuchen, angemessenere Begriffe und theoretische Modelle durch eine Analyse zweier Probleme zu gewinnen, erstens der Interaktion zwischen Subjekt und

Umwelt, die zu verschiedenen Phasen beziehungsweise Modi und genaueren Annahmen über die Konsequenzen für die weitere Sozialisation des Subjekts führt, zweitens der zeitlichen Struktur von Sozialisationsprozessen mit komplexen intertemporalen Wechselwirkungen subjektiver und objektiver Bedingungen der Sozialisation, die in ihrer Gesamtheit zu einer stets individuellen Biographie eines Subjekts führen, die gleichwohl als Prozeß der Sozialisation gefaßt und wissenschaftlich rekonstruierbar ist.

Literatur

Adler, Alfred 1947: Menschenkenntnis. Zürich: Rascher.

Anastasi, Anne 1958: Heredity, Environment, and the Question ‚How‘? In: Psychological Review 65, 197-208. [Dtsch. in: *Otto M. Ewert* (Hg.) 1972: Entwicklungspsychologie, Bd. 1. Köln: Kiepenheuer und Witsch, 19-30].

Baltes, Paul B./Doris Sowarka 1983: Entwicklungspsychologie und Entwicklungsbegriff. In: *Rainer Karl Silbereisen/Leo Montada* (Hg.): Entwicklungspsychologie. München: Urban & Schwarzenberg, 11-20.

Benedict, Ruth 1938: Continuities and Discontinuities in Cultural Conditioning. In: Psychiatry 1, 161-167. [Dtsch. in: *Martin Kohli* (Hg.) 1978: Soziologie des Lebenslaufs. Darmstadt; Neuwied: Luchterhand, 195-205].

Brüderl, Leokadia (Hg.) 1988: Theorien und Methoden der Bewältigungsforschung. Weinheim; München: Juventa.

Edelstein, Wolfgang/Siegfried Hoppe-Graff (Hg.) 1993: Die Konstruktion kognitiver Strukturen. Bern: Huber.

Erikson, Erik H. 1959: Identity and the Life Cycle. New York: Int. Univ. Press. [Dtsch.: Identität und Lebenszyklus. Frankfurt/M.: Suhrkamp, 1966].

Filipp, Sigrun-H. (Hg.) 1981: Kritische Lebensereignisse. München: Urban & Schwarzenberg.

Fischer, Kurt W. 1980: A Theory of Cognitive Development: The Cognitive Control of Hierarchy of Skills. In: Psychological Review 87, 477-531.

Flavell, John H. 1972: An Analysis of Cognitive-Developmental Sequences. In: Genetic Psychology Monographs 86, 279-350.

Freud, Sigmund 1940 ff.: Gesammelte Werke. London: Imago.

Geulen, Dieter/Klaus Hurrelmann 1980: Zur Programmatik einer umfassenden Sozialisationstheorie. In: *Klaus Hurrelmann/Dieter Ulich* (Hg.): Handbuch der Sozialisationsforschung. Weinheim: Beltz, 51-67.

Geulen, Dieter 1981: Zur Konzeptualisierung sozialisationstheoretischer Entwicklungsmodelle. In: *Joachim Matthes* (Hg.): Lebenswelt und soziale Probleme. Verhandlungen des 20. Deutschen Soziologentages zu Bremen 1980. Frankfurt/M.: Campus, 537-556.

Geulen, Dieter (Hg.) 1982: Perspektivenübernahme und soziales Handeln. Texte zur sozial-kognitiven Entwicklung. Frankfurt/M.: Suhrkamp.

Geulen, Dieter 1987: Zur Integration von entwicklungspsychologischer Theorie und empirischer Sozialisationsforschung. In: Zeitschrift für Sozialisationsforschung und Erziehungssoziologie 7, 2-25.

Geulen, Dieter 1989: Das vergesellschaftete Subjekt. Zur Grundlegung der Sozialisationstheorie. Frankfurt/M.: Suhrkamp.

Geulen, Dieter 1991[4]: Die historische Entwicklung sozialisationstheoretischer Ansätze. In: *Klaus Hurrelmann/Dieter Ulich* (Hg.): Neues Handbuch der Sozialisationsforschung. Weinheim; Basel: Beltz, 21-54.

Goffman, Erving 1967: Stigma. Frankfurt/M.: Suhrkamp.

Havighurst, Robert J. 1973[3]: Developmental Tasks and Education. New York: McKay (Ersterscheinung 1948).

Hurrelmann, Klaus 1983: Das Modell des produktiv realitätverarbeitenden Subjekts in der Sozialisationsforschung. In: Zeitschrift für Sozialisationsforschung und Erziehungssoziologie 3, 91-103.

Hurrelmann, Klaus/Dieter Ulich (Hg.) 1991[4]: Neues Handbuch der Sozialisationsforschung. Weinheim; Basel: Beltz.

Kagan, Jerome/Howard A. Moss 1962: Birth to Maturity. New York: Wiley.

Kegan, Robert 1986: Die Entwicklungsstufen des Selbst. München: Kindt.

Kohlberg, Lawrence 1995: Die Psychologie der Moralentwicklung, hrg. von *Wolfgang Althof*. Frankfurt/M.: Suhrkamp.

Kohli, Martin 1991[4]: Lebenslauftheoretische Ansätze in der Sozialisationsforschung. In: *Klaus Hurrelmann/Dieter Ulich* (Hg.): Neues Handbuch der Sozialisationsforschung. Weinheim; Basel: Beltz, 303-317.

Lewin, Kurt 1935: A Dynamic Theory of Personality. New York: McGraw-Hill.

Mead, George H. 1934: Mind, Self, and Society. Chicago: University of Chicago Press. [Dtsch.: Geist, Identität und Gesellschaft. Frankfurt/M.: Suhrkamp, 1973].

Montada, Leo 1979: Entwicklungspsychologie auf der Suche nach einer Identität. In: *Leo Montada* (Hg.): Brennpunkte der Entwicklungspsychologie. Stuttgart: Kohlhammer, 11-30.

Oerter, Rolf/Leo Montada (Hg.) 1982: Entwicklungspsychologie. München: Urban & Schwarzenberg.

Piaget, Jean 1947: Psychologie der Intelligenz. Zürich: Rascher.

Trautner, Hanns-Martin 1983: Modelle für die Erklärung von Entwicklungsprozessen. In: *Rainer Karl Silbereisen/Leo Montada* (Hg.): Entwicklungspsychologie. München: Urban & Schwarzenberg, 44-54.

Van den Daele, Leland D. 1969: Qualitative Models in Developmental Analysis. In: Developmental Psychology 1, 303-310.

Alfred Schütz und die Entdeckung der Erfahrungsbiographie

Phänomenologische und strukturgenetische Überlegungen zur biographischen Sozialisation[1]

Matthias Grundmann

1   Einleitung

Biographieforschung, sei sie als Verfahren der Rekonstruktion von Lebensgeschichten oder als Versuch gekennzeichnet, gesellschaftliche Ori-
entierungs- und Handlungsstrukturen zu identifizieren, beschäftigt sich auf
theoretisch-konzeptioneller Ebene mit der Frage, wie sich Erfahrungen im
Laufe des Lebens zu einer biographisch geformten Einheit strukturieren
und wie rekonstruktiv aus der Biographie die Strukturierungs- und Selektionsleistungen des Individuums und deren soziale Rahmungen erschlossen
werden können (*Grathoff* 1981; *Kohli* 1981; *Fischer/Kohli* 1987). Eine
Antwort auf diese Frage findet sich in den Arbeiten von *Alfred Schütz*. In
seiner Theorie der Strukturierung der Lebenswelt führt er aus, wie sich
über die deutende Zuwendung (Handeln) des Individuums zu sozial vermittelten und in der individuellen Biographie gesammelten Erfahrungen
die Erfahrungsbiographie entwickelt und welche Bedeutung diese für das
gegenwärtige Erleben und die auf zukünftige Handlungsmöglichkeiten
ausgerichteten Handlungsentwürfe hat (*Schütz* 1981; *Schütz/Luckmann*
1979, 1984)[2]. In der Erfahrungsbiographie kommen somit die sozialen
und individuellen Handlungsperspektiven in den Blick, die das Individuum im Laufe seine Lebens erworben hat.

   Die sozialisationstheoretische Bedeutung der Erfahrungsbiographie
ergibt sich aus dem Umstand, daß sich Erfahrungen erst im Laufe der Erfahrungsbiographie zu raum-zeitlich determinierten Handlungsschemata
ordnen, die sich dem Individuum in Form typischer Biographien darstellen und an denen es seine Erfahrungen mißt. Dabei erfährt der einzelne
die ihm vorgegebene objektivierte Sozialwelt als eine auf ihn bezogene

---

[1]   Michael Corsten danke ich für eine kritische Durchsicht des Manuskripts und
für hilfreiche Kommentare zum Diskussionsstand in der Biographieforschung.
[2]   Vgl. zur theoretisch-konzeptionellen Aufarbeitung der Annahmen auch die
Studie von *Brose/Wohlrab-Sahr/Corsten* 1993: 18-30.

Abstufung subjektiver Chancen, als eine Anordnung von Pflichten, leicht oder schwer erlangbaren Zielen und Möglichkeiten, die ihm in Form typischer Biographien offenstehen und an denen er sein eigenes Handeln ausrichten kann (*Schütz/Luckmann* 1979: 127). Die Möglichkeiten des Individuums, sich innerhalb der Welt zu verorten und auf diese einzuwirken, hängen aber auch von seiner perspektivisch geprägten Zuwendung zu den Strukturen der Lebenswelt ab, also davon, inwieweit er sich mit den typischen Biographien identifiziert und sich so in die Sozialwelt integriert. Sozialisationstheoretisch stellt sich nun die Frage: Wie werden dem Individuum diese typischen Biographien vermittelt und welche Kompetenzen sind erforderlich, um sie zu realisieren?

Im folgenden wird mit Hilfe der von *Schütz* beschriebenen individuellen und sozialen Selektions- und Strukturierungsprozesse ein Konzept der Erfahrungsbiographie abgeleitet, welches für die biographische Sozialisationsforschung deswegen bedeutsam ist, weil mit ihm auch die Prozesse der Individualgenese, die Entwicklung von Handlungskompetenzen und psychosozialer Persönlichkeitsmerkmale erfaßt werden und gleichzeitig auf soziale Rahmenbedingungen der Erfahrungsbiographien bezogen werden können. Für die Beantwortung der bisher noch wenig untersuchten Frage, wie sich individuelle Entwicklungsprozesse (zum Beispiel die kognitive Entwicklung), psychosoziale Entwicklungen (Handlungsregulierungen) und biographische Reflektion gegenseitig bedingen, spielen vor allem bei *Schütz* Überlegungen zur lebensweltlichen Strukturierung von Handlungen und dem Problem der Relevanz eine zentrale Rolle. Sein Beitrag liegt dabei vor allem in der erkenntnis- und handlungstheoretischen Grundlegung der in der biographischen Sozialisation zu erwerbenden Fähigkeit zur biographischen Artikulation der subjektiven Handlungsperspektive, die sich im Laufe der Individualgenese den objektiven, sozial vorgegebenen Handlungsstrukturen gegenüberstellt. Seine Überlegungen dazu decken sich hinsichtlich der strukturgenetischen Konstitution sozialer Wirklichkeit mit *Jean Piagets* strukturgenetischen Überlegungen zur kognitiven Entwicklung (*Grundmann* 1994, 1996). Damit wird es möglich, auch die kognitiven Schemata zu identifizieren, die für die biographische Sozialisation, das heißt die Fähigkeit des Individuums, sich seine Situation in Raum und Zeit zu vergegenwärtigen, so wichtig sind. Die theoretischen Überlegungen von *Schütz* zur biographischen Strukturierung lebensweltlicher Erfahrungen können also auf strukturgenetische Ansätze in der Kognitions- und Entwicklungspsychologie bezogen werden. Ein so erweitertes Konzept der Erfahrungsbiographie erlaubt eine theoretische Fundierung biographischer Sozialisationsprozesse, die an Überlegungen zur identitätsstiftenden Funktion biographischer Selbstthematisierung anknüpft, wie sie in der Biographieforschung diskutiert werden (*Kohli* 1981; *Fischer/Kohli* 1987; *Fischer-Rosenthal* 1989; *Soeffner* 1981; *Nassehi/Weber* 1990). Das wird am Beispiel der Entwicklung von Handlungskompetenzen illustriert, die allgemein als die Fähigkeit eines Individuums definiert werden können, sich einerseits mit sozial erwarteten Handlungsstrukturen zu identifizieren und gleichzeitig die Handlungsstrukturen durch das Einbringen der eigenen Handlungsperspektive aktiv mitzugestalten.

2   Das Konzept der Erfahrungsbiographie im Werk von Alfred Schütz

Die Entdeckung von Erfahrungen, Handlungen und Strukturierung als konstitutive Elemente der Biographie in dem Werk von *Schütz* bezieht sich im wesentlichen auf seine Überlegungen, wie sich die Welt für das Individuum im Laufe seiner Erfahrungen als sinnhafte Ordnung von Handlungen erschließt. Als wesentliches Strukturierungsprinzip der individuellen Erfahrung erkennt *Schütz* die biographische Artikulation von Erfahrungen, in der die ureigenen Erfahrungen des Individuums auf die diese Erfahrungen einrahmenden sozialstrukturellen Bedingungen[3] bezogen werden. Die biographische Artikulation dient der Strukturierung von eigenen Erfahrungen und sozialen Handlungstrukturen in Raum und Zeit[4] und verweist auf die Fähigkeit des Individuums, seine Erfahrungen in und mit der es umgebenden Wirklichkeit zu koordinieren und sich an sie zu erinnern (*Schütz/Luckmann* 1984: 42). *Schütz* weist nach, daß das Individuum erst dadurch in die Lage versetzt wird, sein Leben als Einheit zu erkennen, indem es seine individuellen Erfahrungen auf die verallgemeinerten sozial vermittelten Handlungsstrukturen und die eigenen verallgemeinerten Erfahrungen bezieht (*Schütz/Luckmann* 1979: 85f). Dabei betont er, daß

---

[3]   Dazu zählen auch die biologischen und physikalischen Grenzen der Wahrnehmung.

[4]   *Schütz* beschränkt sich nicht auf die zeitliche Dimension von Erfahrungen, die zwar in der biographischen Artikulation dominieren, aber durch die räumlichen Erfahrungshorizonte ganz wesentlich mitbestimmt werden. So definiert die Leiblichkeit des Individuums die räumlichen Dimensionen der lebensweltlichen Erfahrung (zum Beispiel die Welt innerhalb und jenseits der eigenen Reichweite; *Schütz* 1982: 213f), während sich die zeitlichen Dimensionen aus der Veränderung von Erfahrungen und der Endlichkeit des weltlichen Seins ergeben (*ibid.*: 224f).

„... die Kategorien biographischer Artikulation nicht eigentlich Kategorien der inneren Dauer sind, sondern vielmehr intersubjektiv ausgeformte, in der relativ-natürlichen Weltanschauung tradierte Kategorien" (*ibid.*: 125).

Sie sind im Grunde dem einzelnen auferlegt und werden von ihm verinnerlicht.

Die Verinnerlichung sozialer Handlungsstrukturen spielt für die Erfahrungsbiographie eine besondere Rolle, da von ihr abhängt, inwieweit das Individuum seine eigene Erfahrung mit den sozial vermittelten Handlungsstrukturen in Einklang bringen kann. In der Erfahrungsbiographie kommen die konkreten Erfahrungen (Typisierung) zum Tragen, die im Laufe des Lebens (durch Wiederholung, Erinnerung und unmittelbare Handlungsrelevanz) den Charakter von bedeutsamen Ereignissen annehmen, die die individuelle Entwicklung wesentlich determiniert haben. Diese Verallgemeinerung individueller Erfahrungen im Lebensrückblick basiert auf der Tendenz des Individuums, situationsspezifische Erlebnisse mit ähnlichen eigenen und fremden Erfahrungen zu vergleichen und hinsichtlich ihrer Ähnlichkeit zu gruppieren. Durch diesen Prozeß der Gruppierung - der sowohl der individuellen als auch der sozialen Strukturierung von Handlungen zugrundeliegt - lösen sich einzelne Erfahrungen von den unmittelbaren Handlungsbezügen und bekommen eine intersubjektive, auch von den Mitmenschen nachvollziehbare Bedeutung. Die an die aktuelle Situation und die eigene körperliche Erfahrung gebundene Koordination von Erfahrungen und die sich über Wiederholungen und Generalisierungen von Erfahrungen manifestierende Erfahrungsbiographie (*Schütz* nennt es Wissensvorrat) des einzelnen führen zu erfahrungsgemäßen, intersubjektiv vermittelten zweck- und zielgerichteten Handlungsschemata. Historisch werden diese Handlungsschemata über die Idealisierungen ihrer Zweckgebundenheit im Sinne mechanischer Tätigkeiten (beziehungsweise der Erfindung von Werkzeugen, Sprache) funktionalisiert und damit von der konkreten Erwerbssituation abgelöst. Sie stellen somit allgemeine operative Sinnstrukturen dar, die das Handeln des Individuums vorstrukturieren. Die sozialen Strukturen erhalten auf diese Weise gegenüber den individuellen Erfahrungen eine Realität an sich, die bezogen auf die zeitliche und räumliche Partikularität des individuellen Welterlebens eine eigene und vom Individuum unabhängige Strukturierungsdynamik entfaltet.

Gleichzeitig geben die so konstituierten sozialen Handlungsstrukturen dem Individum eine bestimmte, durch räumliche und zeitliche Horizonte definierte typische Erfahrungswelt vor. Diese Erfahrungskontexte prägen sowohl die sozialen Handlungsschemata als auch die Handlungs-

und Entwicklungsmöglichkeiten des Individuums (*Schütz* 1982)[5], indem sie als handlungsrelevante, typische Erfahrungen in die individuelle Erfahrungsbiographie ebenso eingehen wie die eigenen Erfahrungen. Daraus resultiert, daß die soziale Welt vom Individuum nicht als eine homogene, sondern als eine nach Anonymität, Erlebnisnähe und Inhaltsfülle aufgeschichtete Welt wahrgenommen wird. Die sozialen Handlungsstrukturen, an denen sich das Individuum orientieren und sein Handeln ausrichten kann, garantieren nun ein Mindestmaß an Reziprozität von Handlungsperspektiven und ermöglichen so die Aufrechterhaltung von Interaktionen. Dem Individuum wird damit die Möglichkeit gegeben, aus der Vielschichtigkeit der Wirklichkeit handlungsrelevante Aspekte auszusuchen und sein eigenes Handeln an dem Handeln anderer auszurichten. Insofern ist der Prozeß des Handelns zwar sozial vorstrukturiert, aber durch den individuellen Zuwendungsakt subjektiv, das heißt perspektivisch gefärbt: Erlebnisse werden den eigenen und den sozial vermittelten Erfahrungen zugeordnet, die wiederum das Handeln in biographisch bestimmten Situationen bestimmen. *Schütz* beschreibt diesen Prozeß des Handelns als Wechselwirkung zwischen Erlebnissen, Erfahrungen und Auswahltätigkeit des erkennenden und sich entwickelnden Individuums:

„... Erlebnisse heben sich im Bewußtseinsstrom ab; Erfahrungen sind durch Aufmerksamkeit ausgezeichnete Erlebnisse. Als aktuelle Bewußtseinsvorgänge haben Erfahrungen von sich aus noch keinen eigentlichen Sinn. Den erhalten sie erst in reflexiven, nachträglichen Bewußtseinsleistungen. ... Erfahrungen, die ihren Sinn aus ihrer Beziehung zu einem Entwurf des Menschen schöpfen, nennen wir Handlungen." (*Schütz/Luckmann* 1984: 13f)

Als Motor dieses Handlungsprozesses werden die wesensmäßigen Unterschiede insbesondere zwischen Selbstinterpretation der Erlebnisse durch das eigene Ich und der Interpretation fremder Erlebnisse durch das deutende alter ego erkannt. Handeln resultiert demnach - sowohl als Erkenntnisakt als auch als zweckrationaler Gestaltungsakt - aus dem basalen Zusammenspiel subjektiver und objektiver Handlungsstrukturen. Das Spannungsverhältnis zwischen Erfahrungen und Deutungen in biographischer Artikulation macht dann auch ein wesentliches Merkmal biographischer Sozialisation aus, da die gleichzeitig ablaufende und in der

---

[5]   Insofern trifft der Vorwurf einer subjektzentrierten Erkenntnis- und Handlungstheorie auf Schütz nicht zu, da er das Individuum lediglich als Re- und Ko-Konstrukteur der Wirklichkeit versteht. Das Individuum wirkt dabei lediglich insofern gestaltend auf die soziale Wirklichkeit ein, als daß es seine spezifische Handlungsperspektive in sein Handeln einbringt.

Erfahrungsbiographie zum Ausdruck kommende individuelle und soziale Strukturierung von Erfahrung dazu führt, daß sich das Individuum einerseits an den sozial vorgegebenen Handlungsstrukturen orientiert, sich diese aber, bezogen auf die eigene subjektive Handlungsperspektive immer neu (und als immer komplexere Struktur von Handlungen) erschließen muß. Dem Kind hilft dabei das Mehr an Wissen über die Welt, das Ältere in Interaktionen einbringen und das dem Kind (eben aufgrund der beschriebenen Verallgemeinerung von Erfahrungen) die Fähigkeiten zur Interaktion unterstellt (*Oevermann* 1972). Diese, in der Reziprozitätsnorm begründete Unterstellung der Interaktionsfähigkeit motiviert das Kind, an Interaktion teilzuhaben und sich nach und nach die sozialen Handlungsperspektiven anzueignen. Dabei kommt es im Laufe der Individualentwicklung zu einer tendenziellen Anpassung der sozialen und der individuellen Handlungsperspektive, die sich erfahrungsbiographisch in der Entwicklung der eigenen Persönlichkeit äußert.

3   Zur Genese sozialer und individueller Strukturierung von Handlungen

Schütz geht davon aus, daß sich die Welt dem Individuum erst durch die Auswahl der als handlungsrelevant erachteten Erfahrungen erschließt. Die Relevanz von Erlebnissen für das Handeln des Individuums ergibt sich dabei aus den sozial vorgegebenen Handlungsstrukturen und der individuellen Handlungsperspektive (*Schütz* 1982; *Schütz/Luckmann* 1979, 1984). Das Individuum orientiert sich einerseits an den sozial vorgebenen typischen Handlungsweisen und ihm angebotenen Opportunitätsstrukturen, interpretiert diese jedoch auf der Folie vergangener und gegenwärtiger Erfahrungen. Stimmen nun die vom Individuum gedeuteten situationsspezifischen Erfahrungen nicht mit den sozial vorgegebenen oder in der Erfahrungsbiographie verallgemeinerten typischen Erfahrungen überein, ergibt sich für das Individuum ein Relevanzproblem: Wie kann die Erfahrung bezogen auf die bewährten Handlungsstrukturen gedeutet werden und welche Konsequenzen ergeben sich daraus für zukünftige Handlungen? Das Individuum wird versuchen, seine zukünftigen Handlungen so zu gestalten, daß sie sich in den bisherigen Erfahrungsschatz integrieren lassen. Dazu stehen dem Individuum drei unterschiedliche, aber ineinander verschränkte Modi der Auslegung der Handlungssituation zur Verfügung: die thematische Relevanz, die Interpretationsrelevanz und die Motivationsrelevanz (*Schütz* 1982). Diese Relevanztypen entsprechen im wesentlichen der Zuwendung in der Zeit: Thematische Relevanz ist gegenwartsbezogen und bezieht sich wie die Interpretationsrelevanz auf die Bedeutungszuschreibung vorfindlicher sozialer Strukturen für das eigene Handeln. Die Motivationsrelevanz dient hingegen im wesentlichen dem Handlungsentwurf[6].

Diese auf die Handlungsrelevanz von Erfahrungen bezogenen Selektionsleistungen des Indivdiuums ähneln in bemerkenswerter Weise Überlegungen des Gleichgewichtsstrebens, wie sie *Piaget* ausführt (1973, 1974, 1976)[7]. *Piaget* zufolge strebt jeder Organismus danach, die Elemente beziehungsweise Erfahrungen, die er wahrnimmt, so in eine jeweils neue ‚Form‘ beziehungsweise Struktur zu integrieren, daß sie mit den strukturellen Bedingungen des Organismus (zu Beginn der Entwicklung mit den rein ‚organischen‘, das heißt biologischen und physischen und im Verlauf der Entwicklung auch mit sozialen und psychischen Bedingungen) in Einklang gebracht werden. Das Individuum bereitet durch Koordination der als bedeutsam wahrgenommenen Elemente der Außenwelt seine Wahrnehmungen so auf, daß sie zu kognitiven oder sozialkognitiven ‚Sinn-Einheiten‘ werden[8]. Dabei versucht es, die Widersprüche zwischen der ‚Außenwelt‘ (zum Beispiel den sozial vorgegebenen - aber auch den biologischen - Umweltbedingungen) und den eigenen Erfahrungen beziehungsweise Wahrnehmungen (also dem psychischen ‚System‘) in Einklang zu bringen. Durch die Anforderungen der Umwelt verändert sich aber der Organismus selber: Umwelteinflüsse werden als neue Elemente integriert (Akkommodation), zum Teil einfach darüber, daß die Umwelt im Sinne der bisherigen ‚Sinn-Strukturen‘ interpretiert wird (Assimilation). Entwicklung ergibt sich aus dem Umstand, daß sich das Individuum durch diesen Anpassungsprozeß permanent verändert, und zwar in der Weise, daß es mehr ‚Gegenstände‘ beziehungsweise Phänomene der äußeren Umwelt mit den eigenen organismischen Fähigkeiten oder bisher erworbenen psychischen Strukturen koordiniert und damit eine jeweils ‚höhere‘ (nämlich komplexere) Stufe der Erkenntnisfähigkeit

---

[6]   Diese Unterscheidungen sind lediglich analytischer Art, da sich Handeln immer im Zeitfluß befindet, das heißt sich auf Vergangenes, Gegenwärtiges und Zukünftiges gleichermaßen bezieht. Keinem der drei Relevanztypen kommt eine Priorität irgendwelcher Art zu (*Schütz/Luckmann* 1979: 276).

[7]   *Piaget* beschränkt sich dabei nicht auf die Psychogenese, sondern schließt bio- und soziogenetische Prozesse explizit ein (1974), wobei er allerdings die biologischen Grundlagen seiner Theorie betont (1973).

[8]   *Piaget* legt einen ähnlichen Begriff von ‚Welt‘ zugrunde, wie *Schütz*. Auch für ihn beschränkt sich Umwelt, Außenwelt und Welterfahrungen nicht auf die materiellen Objekte der Erkenntnis. Auch er bezieht die sinnhaften Welterfahrungen ein.

erreicht. Intraindividuell äußert sich dieser Prozeß in der Entwicklung kognitiver Strukturen: von der sensomotorischen und noch an der Totalität des eigenen Organismus haftenden Zuwendung bis zu der von den physischen Aktivitäten des Subjektes losgelösten Zuwendung zur Wirklichkeit über die formalen Operationen (vgl. *Piaget* 1976).

Im Laufe der kognitiven Entwicklung werden immer mehr ‚Objekte' der Lebenswelt (physikalische Objekte, soziale Handlungsweisen, Ordnungsschemata usw.) aufgenommen, ihre Handlungsrelevanz anhand der mit ihnen einhergehenden Inkonsistenz (bzw. Widersprüchlichkeit zu den bisherigen Erfahrungen) erfaßt und nachvollzogen. In diesem Zusammenhang definiert auch *Piaget* die aktive Auseinandersetzung des Organismus mit der ihn umgebenden Wirklichkeit ähnlich wie Schütz als ‚erfahrungsbiographisch' geprägten Zuwendungsakt (als eine die Wahrnehmungen deutende und selektive Handlung; *Piaget* 1972: 38f). Jede Strukturbildung resultiert aus der Notwendigkeit des Individuums, seine ‚Wahrnehmungen' von sich selber und den ‚lebensweltlichen Objekten' über mentale Tätigkeiten (Handeln) zu koordinieren, das heißt zu gruppieren. Diese Gruppierungsleistung einzelner mentaler Zustände (Inputs) basiert auf Ko-Operationen. Bezieht man nun *Piaget*s Überlegungen auf die Annahmen von *Schütz*, dann dienen kognitive Schemata der Strukturierung mentaler Zustände des Organismus[9] und soziale Strukturen der Koordination beziehungsweise Organisation individuellen Handelns. Die soziale Koordination von Handlungen genügt dabei denselben logischen Prinzipien wie individuelle Operationen:

> „... die in der Zusammenarbeit zum Gleichgewicht gelangenden sozialen Beziehungen bilden - ähnlich wie die logischen Operationen des Kindes in der Interaktion mit der materiellen Umwelt - operative Gruppierungen, und hier wie dort definieren die Gesetzmäßigkeiten der Gruppierung die Form des idealen Gleichgewichts." (*Piaget* 1965: 159; zitiert nach *Doise* 1978: 334)

Dabei darf aber nicht vergessen werden, daß sich diese Selektions- und Koordinationsleistungen ganz wesentlich aus der Rekonstruktion der sozial vorgegebenen Handlungsstrukturen bezieht, wie sie oben beschrieben wurde. Die soziale Wirklichkeit bedeutet für das Individuum aber nur das

---

[9]   Diese Vorstellung läßt sich auch leicht systemtheoretisch wenden, da sich soziale Systeme (beziehungsweise Handlungstypen oder Institutionen als Handlungs-Sub-Systeme) durch den Input der vielfältigen individuellen Handlungen konstituieren, das heißt strukturieren. Während beim Individuum also einzelne mentale Zustände den Input darstellen, sind es im sozialen System die Individuen. Somit wird - systemtheoretisch gesprochen - lediglich die ‚Ebene' gewechselt.

in ihr wahrzunehmen, wozu es fähig ist, was es aufnehmen und kognitiv verarbeiten kann - und das hängt davon ab, welche kognitiven, das heißt welche Handlungsschemata es sozial vermittelt bekommt und sich bereits angeeignet hat. Die Möglichkeiten des sich entwickelnden Individuums sind somit erfahrungsbiographisch in dem Sinne determiniert, als es erst im Laufe seiner Biographie soziale Perspektivitäten erwirbt, die ihm ermöglichen, Reziprozitätsnormen, Rollen und andere normative Erwartungen in ihrer Bedeutung zu erfassen[10]. Dieser Tatbestand ist in der sozial-kognitiven Forschung idealtypisch als Entwicklungsmodell der Identitätsentwicklung (*Krappmann* 1971) und der Interaktions- und Handlungskompetenz (zur Übersicht siehe *Edelstein/Habermas* 1984) beschrieben worden.

4   Erfahrungsbiographie und Identitätsentwicklung

Am Beispiel der Identitätsentwicklung kann nun auf besonders anschauliche Weise der biographische Sozialisationsprozeß beschrieben werden, wie er sich in der Erfahrungsbiographie manifestiert. Mit Identität ist die Fähigkeit eines Persönlichkeitssystems gemeint, sich

„... im Wechsel biographischer Zustände und verschiedener Positionen im sozialen Raum hinweg Kontinuität und Konsistenz zu sichern" (*Döbert/Habermas/Nunner-Winkler* 1980: 9).

Identität setzt dabei sowohl Selbstidentifikation als auch intersubjektive Akzeptanz der eigenen Person voraus, basiert also auf der Passung von individuellen und sozialen Zuschreibungen. Ähnlich wie die kognitive Entwicklung kann Identität als ein komplexer Vorgang interpretiert werden, der idealisiert

„... als eine Entwicklung von der natürlichen leibgebundenen Identität des kleinen Kindes über die rollengebundene Identität des Schulkindes bis zur Ich-Identität des jungen Erwachsenen ..." (*ibid.*: 10)

reicht. Aus der Perspektive des Kindes stellt sich die individuelle Entwicklung als Kompetenzerwerb dar, aus der Perspektive des sozialen Systems als Prozeß sozialer Eingliederung. In der Erfahrungsbiographie

---

[10]   Dieser Umstand wird auch in der fehlenden Fähigkeit biographischer Selbstthematisierungen beim Kinde deutlich. Siehe dazu *Grathoff* (1981) und *Heinritz* (1994).

kommen beide Prozesse gleichermaßen zum Tragen. Mit der biographischen Organisation der Person wird eine soziale Konstruktion der Normalität geleistet (*Grathoff* 1981), mit Hilfe derer sich das in seiner eigenen Erfahrungsbiographie als einzigartig wahrnehmende Individuum sozial verorten, das heißt eine spezifische Identität ausbilden kann. Diese Internalisierung sozialer Erwartungen und die an diesen Erwartungen gemessene Bestimmung der eigenen Person prägen die Entwicklung der Identität.

Sozialisationstheoretisch stellt sich dabei jedoch die Frage, welche sozialen Handlungsschemata auf welche Art und zu welchem Zeitpunkt in der Erfahrungsbiographie verinnerlicht wurden. Insofern gilt es zu beschreiben, wie individuelle Erfahrungen in sozial relevante Erfahrungen transformiert oder umgekehrt, soziale Beziehungen (oder Objekte) für das Individuum relevant werden (*Edelstein* 1993). Die Analyse des Kompetenzerwerbs in und durch soziale Beziehungen, der Bedeutung sozialer, ökonomischer und kultureller Interpretationsmuster und affektiv (emotional) besetzter Interaktionserfahrungen ist ein Schritt in diese Richtung. Durch die Berücksichtigung der Entfaltung und Strukturierung kognitiver und sozialkognitiver Fähigkeiten, der Art des Umgangs zwischen Personen und mit Problemen, die typischerweise in Beziehungen verschiedener Art zu bewältigen sind und die für die Handlungsorientierung konstitutiv sind (*Edelstein/Keller* 1982; *Edelstein* 1993), kann beschrieben werden, wie die in der jeweiligen sozialen Konstellation zugelassenen oder verwehrten Bearbeitungs- beziehungsweise Erfahrungsweisen die Entstehung von Fähigkeiten spezifisch beeinflussen (*Krappmann* 1985). Damit wird die ‚genetische Sedimentierung' kognitiver Fähigkeiten und die ‚soziale Sedimentierung habituellen Wissens' und ihre Entsprechung in Erfahrungskontexten deutlich.

Bezieht man nun die Genese von Handlungskompetenzen auf die Erfahrungen des Individuums in Interaktionszusammenhängen, dann erscheint die Identitätsentwicklung als Spiegelungsprozeß, als ein Produkt der Interaktionserfahrungen des Individuums. In ihrer jeweiligen historischen Ausprägung stellen diese Erfahrungen (über die beschriebenen Prozesse der Objektivation) Identitätstypen dar, die durch die Entstehung des Wissens eines einzelnen und seiner spezifischen Verortung in der Gesellschaft definiert ist (*Soeffner* 1981: 252 f). So

„... drückt die allgemeine Struktur der Identität die allgemeinen Verhaltensmuster und Haltungen der menschlichen Gemeinschaft und die Struktur der Identität des einzelnen die allgemeinen Verhaltensmuster und Haltungen seiner konkreten gesellschaftlichen Gruppe aus." Gleichzeitig spiegelt die einzelne Identitätsstruktur „... einen spezifischen

Aspekt innerhalb des gesellschaftlichen Prozesses und die spezifische Position und Perspektive des einzelnen Individuums wider ..." (*ibid.*: 256f).

Insofern konstituieren sich Identität und Biographie aus denselben Strukturierungsprozessen; sie lassen sich sowohl als Prozesse des Kompetenzerwerbs beschreiben als auch als Ausdruck sozial objektivierter Handlungsschemata. Biographische Identität und personale Identität sind gleichermaßen Schematisierungen typischer und individueller Erfahrungen oder, wie *Peter L. Berger* formulierte:

„Identity, with its appropriate attachments of psychological reality, is always identity within a specific, socially constructed world. Or, as seen from the viewpoint of the individual: One identifies oneself, as one is identified by others, by being located in a common world." (*Berger* 1966: 111)

Die Genese von Erfahrungsbiographien kann also als wechselseitige Bedingtheit individueller Perspektivität und sozialer Normierung angesehen werden, die sich aus der Erfahrungsbiographie ergibt. Die Erfahrungsbiographie ist aus dieser doppelten Perspektive im wesentlichen durch Handlungsschemata (bezogen auf das soziale System) und kognitive Schemata (bezogen auf das Persönlichkeitssystem) gleichermaßen geprägt. Die biographische Deutung von Lebensereignissen und deren ‚Bewältigung' verweist somit auf kognitive und sozialkognitive Handlungskompetenzen und die spezifische (perspektivische) Wahrnehmung sozialer Opportunitätsstrukturen. In ihr tritt das originäre, dynamische Spannungsverhältnis zwischen Individuum und Gesellschaft, zwischen der individuellen und der sozialen Konstruktion zutage. Die Rekonstruktion der individuellen und sozialen Strukturgenese über biographische Sozialisationsprozesse erlaubt dann auch zu beschreiben, wie die soziale Wirklichkeit für die Entwicklung des einzelnen auf besondere Art und Weise relevant geworden ist und inwieweit sich das Individuum den normativen Vorgaben angepaßt hat.

5   Biographieforschung und die Rekonstruktion von Erfahrungsbiographien

Die Rekonstruktion von Erfahrungsbiographien bietet nun einen interessanten theoretischen und konzeptionellen Zugang zur Analyse von Biographien (*Fischer/Kohli* 1987; *Rosenthal* 1995). Über biographische Artikulationen offenbaren sich biographische Schemata, die gleich den kognitiven Schemata, wie sie von *Piaget* ausgeführt wurden, sowohl auf

Strukturierungsleistungen des Individuums als auch auf sozialen Strukturierungsprozessen beruhen. Das Individuum thematisiert sich eben in der biographischen Reflexion nicht nur als einzigartiges, sondern auch als für die Lebensumstände typisches Individuum. Somit bezeichnet Biographie

„... einen sozial organisierten Erfahrungszusammenhang des einzelnen im Alltag, der eine bestimmte Stufe des historischen und kulturellen Wandels durchlaufen hat. Der Begriff der ‚Biographie' setzt eine nicht selbstverständliche soziale Tatsache voraus, die erst in arbeitsteilig höchst differenzierten und natürlich schriftkundigen Gesellschaften möglich wird. Es wird die Persönlichkeitsstruktur eines Jedermann vorausgesetzt ... ." (*Grathoff* 1981: 296)

Dennoch, rekonstruktiv geben Erfahrungsbiographien das Material ab, aus dem sich das Individuum seine eigene Wirklichkeit zimmert. Da Biographien selektive Thematisierungen des Lebens darstellen und auf eine Gesamtgestalt des bisherigen Lebens zielen (*Fischer/Kohli* 1987: 29), läßt sich ihre Gestalt nur dann entziffern, wenn sie auf die normative Ordnung von Handlungen in den lebensweltlichen Milieus bezogen werden, in denen sie sich manifestiert. Die in der biographischen Selbstthematisierung genannten Ereignisse erlauben nun Rückschlüsse auf die soziale Perspektivität und Interaktionskompetenz der Individuen, da sich in der Erfahrungsbiographie der Handelnde als konsequente, im voraus bestimmbare Identität darstellt. Diesen Umstand hat *Martin Kohli* (1981) ausführlich am Beispiel biographischer Selbst- und Fremdthematisierung diskutiert. Kohli verweist dabei auf die besondere Bedeutung von Biographien für die Analysen individueller Entwicklungsprozesse. In der biographischen Thematisierung, so *Kohli*, werden spezifische Handlungsprobleme, Interessen- und Motivationslagen des Individuums deutlich. So dient die biographische Thematisierung sowohl dem reinen Sinnverstehen neuer Erfahrungen als auch der Handlungsorientierung, der Handlungsbegründung, der Formulierung von Ansprüchen, Selbstvergewisserung und der Handlungsplanung. So gesehen ist

„... die Fähigkeit zu biographischer Thematisierung (...) eine Voraussetzung für erfolgreiche Teilnahme an Interaktionen und damit ein konstitutiver Bestandteil von Handlungskompetenz" (*ibid.*: 509).

Die biographische Dimension der Identität besteht gerade in der Herstellung und Aufrechterhaltung einer persönlichen Konsistenz. Diese identitätsstiftende Funktion von Biographien äußert sich in der biographischen Selbstthematisierung.

Die biographische Sozialisationsforschung kann daran anschließen: Sie hat die sozialisatorischen Komponenten der Realisierung allgemeiner Strukturen der Identitätsgenese fallanalytisch so herauszuarbeiten, daß die Interaktions- und Handlungskompetenzen des Individuums in Abhängigkeit von den Interaktions- und Handlungsstrukturen des Erfahrungskontextes untersucht werden, auf die sich die biographische Thematisierung bezieht (*Soeffner* 1981). In der biographischen Thematisierung werden eben auch die sozial vorgegebenen Möglichkeiten der Biographie deutlich. So setzt die biographische Thematisierung häufig dort an, wo „... die Zugehörigkeit zu einem Status oder das ‚Mitfahren' in einer Karriere problematisch wird" (*ibid.*: 515). Somit beziehen sie sich auf Konflikte und Erfahrungswidersprüche in bestimmten sozialen Handlungsfeldern (zum Beispiel Milieu, Familie oder Beruf). Die identitätsstiftende Bedeutung der Biographie, der Prozeß biographischer Sozialisation muß also auf die spezifischen Handlungsfelder bezogen werden, aus denen sich die Erfahrungen des Individuums herleiten. Somit wird erst auf dem Hintergrund des sozialen Kontexts die Besonderheit der Biographie und der in ihr zum Ausdruck kommenden normativen Handlungsstruktur sichtbar. Darauf verweist auch *Fritz Schütze* (1981, 1984), der sich bei seiner Analyse biographischer Erzählungen ebenfalls auf die Bedeutung der Strukturtheorie von *Alfred Schütz* bezieht. Wenn die Verallgemeinerungen einzelner Erfahrungen nun - wie von *Schütz* postuliert -

„... in Sinnsetzungs- und Verstehensprozesse von Handelnden in der Sozialwelt (auflösbar sind), aus denen sie sich konstituiert haben, und zwar in Deutungsvorgängen fremden und Sinngebung eigenen Verhaltens ..." (*Schütz* 1981: 19),

dann läßt sich auch aus den individuellen und sozialen Handlungsstrukturen, die in der biographischen Artikulation thematisiert werden, die Erfahrungsbiographie selber rekonstruieren.

Darauf kann die biographische Sozialisationsforschung aufbauen, da in ihr sowohl Lebensereignisse (Übergänge, Karrieren, Mobilitätsprozesse) beschrieben werden als auch die Entwicklung individueller Kompetenzen, die die selektiven Leistungen des Individuums in der Ereignisgeschichte prägen (*Grundmann* 1994), erfahrungsbiographisch rekonstruiert werden. Als Beispiel für die in der Erfahrungsbiographie zusammenwirkenden Einflüsse sozial vermittelter und individuell erlebter Erfahrungen und ihre handlungs- und entwicklungsbestimmende Bedeutung, wie sie in dieser Arbeit postuliert und wie sie in handlungstheoretischen und strukturgenetischen Arbeiten von *Schütz* und *Piaget* bereits angelegt sind, kann die Längsschnittstudie von *Lempert/Lappe/Hoff* angeführt werden. In dieser Studie wurden dichte Beschreibungen der soziobiographischen Bedingungen von Berufsbiographien mit Daten zu Persönlichkeits- und Kompetenzmaßen kombiniert (*Hoff/Lappe/Lempert* 1985; *Lempert* 1988, 1993, 1994; *Lempert/Hoff/Lappe* 1990). Aufgrund theoretischer und konzeptioneller Vorentscheidungen, in denen die Verankerung von Berufskarriere, Kompetenzerwerb und Handlungsregulierung begründet wurde (*Lempert/Hoff/Lappe* 1990), konnten die soziobiographischen und sozialisatorischen Bedingungen der Berufskarriere als auch die identitätsstiftende Bedeutung biographischer Erfahrungen für die berufliche Weiterbildung und die damit einhergehende sozio-moralische Orientierung der Befragten dokumentiert werden. So konnte unter anderem nachgewiesen werden, daß die Entwicklung der moralischen Urteilsfähigkeit dadurch mitbestimmt wurde, wie die relevanten soziobiographischen Bedingungen (Kommunikationchancen, manifeste soziale Probleme und Konflikte, Kooperationsmöglichkeiten, emotionale und soziale Anerkennung, Verantwortungszuschreibungen) in allen Lebensbereichen ausgeprägt waren und sich zueinander verhielten: Familiale Verpflichtungen wurden als Begrenzung der Freizeit sichtbar, das Selbstvertrauen und die Einschätzung der eigenen Handlungsregulierung und -möglichkeiten konnten auf die Entwicklung beruflicher Kompetenz, individueller Autonomie und sozialer Anerkennung zurückgeführt werden.

Auch in einer Reihe anderer Untersuchungen wurden spezifische Erfahrungen innerhalb bestimmter Lebensbereiche dokumentiert und analysiert (zum Beispiel *Brose* 1983; *Hildenbrand et al.* 1984; *Hawkins* 1984) und die Beziehung zwischen Kompetenzerwerb und biographischer Identität thematisiert (zum Beispiel *Giegel* 1988; *Fischer-Rosenthal* 1989; *Rosenthal* 1995). Die in der biographischen Selbstthematisierung geäusserten und in biographischen Materialien zum Vorschein kommenden Ereignisse, Handlungsentscheidungen, Wertigkeiten wurden dabei jedoch eher zur Rekonstruktion der subjektiven Handlungsperspektive herangezogen und nur selten auch auf Persönlichkeitsmerkmale und Aspekte der Kompetenzentwicklung bezogen.

6   Zusammenfassung

Die für die Biographieforschung zentrale Frage, inwieweit sich in den Lebensrückblicken von Individuen Hinweise auf die den Biographien zugrundeliegenden sozialen und individuellen Strukturierungsleistungen niederschlagen und was sich genau hinter den vom Individuum betonten biographischen Ereignissen verbirgt, wird durch die diskutierten Überlegungen zur Genese von Erfahrungsbiographien theoretisch und konzeptionell untermauert. Die Tatsache, daß sich biographische Schemata, gleich denen der Kognition, durch den Handlungsakt als Erkenntnisakt ergeben, führt zu einer interessanten Analogie zwischen den strukturgenetischen Konzeptionen von *Schütz* und *Piaget* (*Grundmann* 1995). Diese Analogie ist für eine biographische Sozialisationsforschung von zentraler Bedeutung, da sich auf diese Weise ein Zugang der Biographieforschung zu kognitions- und entwicklungspsychologischen Modellen ergibt, über den sich der Prozeß der biographischen Sozialisation in bezug auf die Persönlichkeitsentwicklung - insbesondere der Ich- und Identitätsentwicklung - aufhellen läßt.

Anhand von Überlegungen zur identitätsstiftenden Funktion biographischer Artikulation konnte gezeigt werden, wie die Erfahrungsbiographie rekonstruktiv erschlossen und auf spezifische Wertigkeiten, Perspektiven und Handlungskompetenzen des Individuums zurückgeführt werden kann. Es zeigte sich, daß die erfahrungsbiographische Bedeutung von Lebensereignissen, Karriereverläufen und der Persönlichkeitsentwicklung vor allem dann sichtbar wird, wenn die individuellen Selektionsleistungen, also die Handlungsentscheidungen und -perspektiven, auf die normativen, in bestimmten Lebensbereichen beziehungsweise Handlungsfeldern typischen Biographien (Handlungsstrukturen) bezogen werden. Erst auf dem Hintergrund der normativen Handlungsstrukturen kommt die integrative und identitätsstiftende Funktion der Biographie zum Vorschein. Biographische Sozialisationsforschung müßte demnach vor allem der Frage nachgehen, inwieweit in der Erfahrungsbiographie sozialisationsrelevante Einflüsse des sozialen Kontextes und der Persönlichkeit thematisiert und vom Individuum rekonstruktiv erschlossen werden. Die Studien von *Lempert et al.* konnten die Fruchtbarkeit eines solchen Vorgehens beispielhaft belegen. Sie zeigen eindrucksvoll, wie rekonstruktive Verfahren der Biographie- und Lebensverlaufsforschung durch prospektive Erfassung von individuellen, sozialen, sozialkognitiven und kognitiven Entwicklungsverläufen ergänzt werden können und so zu dichten Beschreibungen sozial vorstrukturierter und individuell konstruierter Entwicklungsprozesse und Biographien führen.

Literatur

Berger, Peter L. 1966: Identity as a Problem in the Sociology of Knowledge. In: European Journal of Sociology, 105-115.

Brose, Hanns-Georg 1983: Die Erfahrung der Arbeit. Zum berufsbiographischen Erwerb von Handlungsmustern bei Industriearbeitern. Opladen: Westdeutscher Verlag.

Brose, Hanns-Georg/Monika Wohlrab-Sahr/Michael Corsten 1993: Soziale Zeit und Biographie. Opladen: Westdeutscher Verlag.

Döbert, Rainer/Jürgen Habermas/Gertrud Nunner-Winkler (Hg.) 1980: Entwicklung des Ichs. Köln: Kiepenheuer und Witsch.

Doise, Willem 1978: Soziale Interaktion und kognitive Entwicklung. In: *Gerhard Steiner* (Hg.): Piaget und die Folgen. (Die Psychologie des 20. Jahrhunderts. 7). Zürich: Kindler Verlag, 331-347.

Edelstein, Wolfgang 1993: Soziale Konstruktion und die Äquilibration kognitiver Strukturen: Zur Entstehung individueller Unterschiede in der Entwicklung. In: *Wolfgang Edelstein/Siegfried Hoppe-Graff* (Hg.): Die Konstruktion kognitiver Strukturen. Bern: Huber, 92-106.

Edelstein, Wolfgang/Monika Keller 1982: Perspektivität und Interpretation. Zur Entwicklung des sozialen Verstehens. In: *Wolfgang Edelstein/Monika Keller* (Hg.): Perspektivität und Interpretation. Beiträge zur Entwicklung des sozialen Verstehens. Frankfurt/M.: Suhrkamp, 9-45.

Edelstein, Wolfgang/Jürgen Habermas (Hg.) 1984: Soziale Interaktion und soziales Verstehen. Frankfurt/M.: Suhrkamp.

Fischer, Wolfram/Martin Kohli 1987: Biographieforschung. In: *Wolfgang Voges* (Hg.): Methoden der Biographie- und Lebensverlaufsforschung. Opladen: Leske + Budrich, 25-49.

Fischer-Rosenthal, Wolfram 1989: Wie man sein Leben erlebt. Zur Sinnstruktur biographischer Ereignisse und Handlungen. In: BIOS 1, 3-15.

Giegel, Hans-Joachim 1988: Konventionelle und reflexive Steuerung der eigenen Lebensgeschichte. In: *Hanns-Georg Brose/Bruno Hildenbrand* (Hg.): Vom Ende des Individuums zur Individualität ohne Ende. Opladen: Leske + Budrich, 211-241.

Grathoff, Richard 1981: Zur Bestimmung der sozialen Struktur von Biographien. In: *Joachim Matthes* (Hg.): Biographien in handlungswissenschaftlicher Perspektive. Nürnberg: Verlag der Nürnberger Forschungsvereinigung, 293-310.

Grundmann, Matthias 1994: Das ‚Scheitern' der sozialstrukturellen Sozialisationsforschung oder frühzeitiger Abbruch einer fruchtbaren Diskussion. In: Zeitschrift für Sozialisationsforschung und Erziehungssoziologie 14, 163-186.

Grundmann, Matthias 1995: Alfred Schütz und Jean Piaget: Zur Analogie von individuellen und sozialen Strukturierungsprozessen. Manuskript. Berlin: Max-Planck-Institut für Bildungsforschung.

Grundmann, Matthias 1996: Alfred Schütz und Jean Piaget: Zur erfahrungsweltlichen Grundlegung der Sozialwissenschaften. Manuskript. Berlin: Max-Planck Institut für Bildungsforschung.

Hawkins, Nicola 1984: Die Relevanz der Familie in der biographischen Selbstdeutung von Männern. In: *Martin Kohli/Günther Robert* (Hg.): Biographie und soziale Wirklichkeit. Tübingen: Poeschel Verlag, 217-238.

Heinritz, Charlotte 1994: Das Kind in der autobiographischen Kindheitserinnerung. In: BIOS 7, 165-184.

Hildenbrand, Bruno/Hermann Müller/Barbara Meyer/Daniela Klein 1984: Biographiestudien im Rahmen von Milieustudien. In: *Martin Kohli/Günther Robert* (Hg.): Biographie und soziale Wirklichkeit. Tübingen: Poeschel Verlag, 29-52.

Hoff, Ernst-H./Lothar Lappe/Wolfgang Lempert 1985: Arbeitsbiographie und Persönlichkeitsentwicklung. Bern; Stuttgart; Wien: Huber.

Kohli, Martin 1981: Zur Theorie der biographischen Selbst- und Fremdthematisierung. In: *Joachim Matthes* (Hg.): Lebenswelt und soziale Probleme. Verhandlungen des 20. Deutschen Soziologentages in Bremen. Frankfurt/M.: Campus, 502-520.

Krappmann, Lothar 1971: Soziologische Dimensionen der Identität. Stuttgart: Klett.

Krappmann, Lothar 1985: Mead und die Sozialisationsforschung. In: *Hans Joas* (Hg.): Das Problem der Intersubjektivität. Frankfurt/M.: Suhrkamp, 156-178.

Lempert, Wolfgang 1988: Soziobiographische Bedingungen der Entwicklung moralischer Urteilsfähigkeit. In: Kölner Zeitschrift für Soziologie und Sozialpsychologie 40, 62-92.

Lempert, Wolfgang 1993: Moralische Sozialisation im Beruf. Bedingungsvarianten und -konfigurationen, Prozeßstrukturen, Untersuchungsstrategien. In: Zeitschrift für Sozialisationsforschung und Erziehungssoziologie 13, 2-35.

Lempert, Wolfgang 1994: Moral Development in the Biographies of Skilled Industrial Workers. In: Journal of Moral Education 23, 4, 451-468.

Lempert, Wolfgang/Ernst-H. Hoff/Lothar Lappe 1990: Berufsbiographien und Persönlichkeitsentwicklung junger Facharbeiter. In: Zeitschrift für Sozialisationsforschung und Erziehungssoziologie 10, 194-217.

Nassehi, Armin/Georg Weber 1990: Zu einer Theorie biographischer Identität. Epistemologische und systemtheoretische Argumente. In: BIOS 2, 153-187.

Oevermann, Ulrich 1972: Sprache und soziale Herkunft. Frankfurt/M.: Suhrkamp.

Piaget, Jean 1972: Die Entwicklung des Erkennens I: Das mathematische Denken. Stuttgart: Klett (Ersterscheinung: Introduction à l'Épistémologie Génétique. Paris: Presses Universitaires de France 1959).

Piaget, Jean 1973: Erkenntnistheorie der Wissenschaften vom Menschen. Frankfurt/M.: Ullstein.

Piaget, Jean 1974: Abriß der genetischen Epistemologie. Freiburg i.B.: Walter Verlag.

Piaget, Jean 1976: Die Äquilibration der kognitiven Strukturen. Stuttgart: Klett-Cotta.

Rosenthal, Gabriele 1995: Erlebte und erzählte Lebensgeschichte. Frankfurt/M.: Campus.

Schütz, Alfred 1981[2]: Der sinnhafte Aufbau der sozialen Welt. Frankfurt/M.: Suhrkamp.

Schütz, Alfred 1982: Das Problem der Relevanz. Frankfurt/M.: Suhrkamp.

Schütz, Alfred/Thomas Luckmann 1979, 1984: Strukturen der Lebenswelt. 2 Bde. Frankfurt/M.: Suhrkamp.

Schütze, Fritz 1981: Prozeßstrukturen des Lebensablaufs. In: *Joachim Matthes* (Hg.): Biographie in handlungswissenschaftlicher Perspektive. Nürnberg: Verlag der Nürnberger Forschungsvereinigung, 67-129.

Schütze, Fritz 1984: Kognitive Figuren des autobiographischen Stegreiferzählens. In: *Martin Kohli/Günther Robert* (Hg.): Biographie und soziale Wirklichkeit. Tübingen: Poeschel Verlag, 78-11.

Soeffner, Hans-Georg 1981: Entwicklung von Identität und Typisierung von Lebensläufen. Überlegungen zu Hans-Ulrich Gumbrecht: Lebensläufe, Literatur, Alltagswelt. In: *Joachim Matthes* (Hg.): Biographie in handlungswissenschaftlicher Perspektive. Nürnberg: Verlag der Nürnberger Forschungsvereinigung, 251-268.

Melancholie der Identität
und dezentrierte biographische Selbstbeschreibung

Anmerkungen zu einem langen Abschied aus der selbstverschuldeten Zentriertheit des Subjekts[1]

Wolfram Fischer-Rosenthal

„Ich bin als ein typisches DDR-Kind aufgewachsen, in der üblichen Schizophrenie, die mich beizeiten lehrte, bei allem, was ich sagte, reflexhaft den Gehirnfilter einzuschalten, damit kein unerlaubtes Wort in unbefugte Ohren gelangte. Später dann, mit Anfang zwanzig, als ich zur Studentengemeinde kam, lernte ich, mich freier zu bewegen und unabhängiger meine tatsächliche Meinung zu äußern. Die übliche Phraseologie beherrschte ich so gut, daß ich in den gesellschaftswissenschaftlichen Fächern stets gute Noten bekam und mir ein ‚parteilicher Standpunkt' bescheinigt wurde.

Die Zeit der ‚Wende' und die Monate danach bargen eine ungeheure Hoffnung. Hier war sie endlich, die Chance, nach der wir uns so gesehnt hatten, eine menschenfreundliche Gesellschaft mitzugestalten. Ich hatte das Gefühl, endlich bist du wichtig, endlich kommt es auf dich an. Auf mich, nicht auf irgend jemand, der oder die austauschbar ist. Sondern auf mich, weil ich so gebraucht wurde, wie ich war.

Und jetzt ‚BRD', das ist und bleibt für mich der Westen, das wovon ich immer ausgeschlossen war; das Geheimnisvolle, Unbekannte, die Fluchtmöglichkeit. Irgend jemand sagte einmal, die DDR-Bürger und -Bürgerinnen hätten eine Exilmentalität.

Jetzt ist der Westen zu mir gekommen, nachdem mein Land kurze Zeit das liberalste System der Welt war, nachdem Basisdemokratie kein Fremdwort mehr war, nachdem eine kurze Zeit alles in Bewegung war, nachdem die Chance da war, etwas zu verändern. Jetzt habe ich noch nicht einmal mehr eine Fluchtmöglichkeit, die mich, wenigstens in Gedanken, von zeitweise als unerträglich empfundenen gesellschaftlichen Zuständen befreit.

Ich habe jetzt mit einem System zu tun, in dem zwar die Begriffe ‚Freiheit' und ‚Individualität der Persönlichkeit' die heiligen Kühe zu sein scheinen, doch würde ich diese Individualität eher mit dem Zusatz ‚Pseudo' versehen wollen, da die Mechanismen, die zwar nicht so rigide wie im alten System wirken, aber gerade deswegen einen Anpassungsdruck ausüben, dem ich mich viel schwerer entziehen kann. Er wird viel subtiler und undurchschaubarer ausgeübt.

In unserer DDR-Nische wurden diejenigen in Ruhe gelassen, die sich an die Spielregeln hielten und ihren Kopf nicht zu weit herausstreckten. Eine solche Nische habe ich noch nicht wieder entdeckt.

---

[1] Im Literaturteil leicht gekürzte Fassung des gleichnamigen Artikels in BIOS 1999, Heft 2.

Ich habe jetzt Meinungsfreiheit, Pressefreiheit etc. Wie sieht es aber tatsächlich damit aus? Ich kann alles sagen, nur interessiert sich kaum jemand dafür....

Ich bin austauschbar, die Gesellschaft ist an mir lediglich als einem gut funktionierenden Rädchen interessiert....

Ich bin Studentin mit Kind. Heute würde ich es mir sehr überlegen, ob ich unter den unsicheren Verhältnissen - meine berufliche Zukunft betreffend und als Frau in meinem Beruf - ein Kind hätte haben wollen... Ich habe das Gefühl, als Frau in der gesellschaftlichen Wertehierarchie beträchtlich nach unten gerutscht zu sein....

Als ich mein Studium begann, wußte ich genau, daß ich nach Abschluß eine Arbeitsstelle bekomme. Vielleicht nicht die, die ich gewollt hätte, aber meine Existenz wäre gesichert gewesen. Meine Zukunft war sicher und überschaubar. Und jetzt? Jetzt ist alles unsicher, nicht planbar. Ellenbogen sind gefragt." (*Venner et al.* 1993: 237 f.)

Was ist das für ein Text und worum geht es? Eine Jenenser Medizinstudentin präsentiert gut drei Jahre nach der Vereinigung Deutschlands ihre Meinungen über ihre - unsere? - Gesellschaft und ihr Leben in einem ‚Wendebericht‘. Es geht nach Ansicht der Editoren, die diesen Text im Rahmen einer ansonsten quantitativen Einstellungsbefragung ‚ausgelöst‘ haben und ihn in ihrer Auswertung abschließend unkommentiert und unanalysiert abdrucken, um „Studentische Identitätsfindung im Rahmen der ‚Wende‘“. Es sei einmal dahingestellt, was mit Identitätsfindung genau gemeint ist, jedenfalls sind hier Gesellschaft und Individuum in einer Weise thematisch, die offenbar nicht nur für diese Person gilt, sondern Licht auf unsere deutsche Gegenwartsgesellschaft wirft. Es ist ein autobiographischer Text, und es ist der Text eines sozialisatorischen Prozesses. Allgemeiner: Es ist das Dokument einer selbstreferentiellen Beobachtung, in dem die Verfasserin ihre Probleme mit ihrer Gesellschaft und damit sich selbst vorstellt.

Was will die Verfasserin mit diesem Text erreichen, welcher Inhalt wird hier kommuniziert? Was hört oder liest ‚man‘? Obgleich ja alles gut verständlich erscheint, führen diese schlichten Fragen sofort ins Dickicht hermeneutischer Probleme. Es läßt sich nur vermuten oder erschließen, was die Verfasserin will, auf jeden Fall klagt sie über etwas, was ihr nicht paßt. Noch schwieriger läßt sich sagen, was ‚man‘ hört oder liest, weil dies genau davon abhängt, wer von welchem Standpunkt aus hört oder liest. Liest dies etwa eine westdeutsche Studienanfängerin, die gerade versucht, sich mit Hilfe des Gerichts ins Medizinstudium einzuklagen, kann sie vermutlich kognitiv einige biographische Stationen nachvollziehen, sie wird sich aber wohl über den angeschlagenen Klageton wundern und vielleicht ‚Ostalgie‘ vermuten. Ein ehemaliger DDR-Systemkritiker, der einige Monate im Gefängnis einsaß, könnte ganz hellhörig angepaßte DDR-Identifikationen, Abtauch- und Doppelstrategien oder Hoffnungen auf einen besseren DDR-Staat in der unmittelbaren Vorwendezeit registrieren und in mentale oder verbale Kontraposition gehen. Ein gegenwärtiges Mitglied der PDS könnte vermutlich ein paar gute Ansatzpunkte für eine Agitation erkennen.

Auch sozialwissenschaftlich geschulte Leser kämen nicht zu eindeutigen Interpretationen. Vielleicht wären sie ohne Überlegung bereit zu akzeptieren, daß es hier um ‚Identitätsfindung‘ geht. Alles, was junge Menschen in der Wende erlebten oder machten, hat anscheinend etwas mit Identitätsfindung zu tun. Man würde auch zugestehen, daß hier ein wichtiges und brisantes Thema der Konstitution der deutschen Gegenwartsgesellschaft angeschnitten ist. Vielleicht ist es in Deutschland das Thema Nummer Eins, zu dem wirklich die Soziologie, besonders auch die Sozia-lisationsforschung und Mikrosoziologie einen empirischen Beitrag zu leisten haben. Jenseits dieses allgemeinen Konsensus dürften jedoch die gelehrten Meinungen auseinandergehen. Ein sich an *Beck & Co.* messender Soziologe aus dem Westen liest hier womöglich eine weitere Bestätigung der ‚Individualisierungsthese‘ (*Beck* 1986; *Beck/Beck-Gernsheim* 1994), - je nach Standpunkt entweder als Faktum einer nun auch im Osten aufholenden Entwicklung und Veränderung der Sozialstruktur in Richtung auf die moderne Gesellschaft oder als bloß diskursive Übernahme von modischen, auch im Westen problematischen Chiffren und Semantiken eines Individualitätsgeredes. An *Nunner-Winkler* und *Shoemaker* geschulte Identitätsempiriker könnten lesen, daß der Grund der Orientierungsprobleme dieser Studentin darin liegt, daß sie sich nicht als Subjekt der Veränderungen begreift und daher Identitäts- und Individualitätserfahrung hier nicht kongruieren (vgl. *Nunner-Winkler* 1985: bes. 480; *Shoemaker/Swinburne* 1984). Und schließlich der Autor des vorliegenden Beitrags selbst könnte nach erster Lektüre versuchen, eine den Regeln phänomenologisch-struktural Analyse folgende Typik des Falles zu entwickeln und sie in den speziellen Thematisierungsrahmen von ‚Biographien in Deutschland‘ zu stellen.[2] Er könnte zu dem Ergebnis kommen, daß hier eine hoch kontrollierte persuasive Selbst- und Gesellschaftsdarstellung mittels der Textsorten ‚Argumentation‘ und ‚evaluierender Beschreibungen‘ geleistet wird und daß die Ausblendung jeglicher narrativer Darstellung die Erlebnis- und Handlungsebene der Verfasserin aus irgendwelchen Gründen im Dunkeln hält. Jedenfalls wird damit genau ihre Sicht der Dinge dem Leser argumentativ auferlegt. In der Analyse

---

[2]   Vgl. zur Analysemethodik *Fischer-Rosenthal* 1996a; *Fischer-Rosenthal/Rosenthal* 1996; zu den besonderen Thematisierungsbedingungen von biographischen Konstruktionen in Deutschland *Fischer-Rosenthal* 1995a.

könnte das sichtbar werden, was die Verfasserin selber nicht sieht, etwa daß ihre Orientierungsproblematik daraus entsteht, daß sie zu DDR-Zeiten ein Differenzbewußtsein zu ihrer Gegenwartsgesellschaft mit ‚West-Inhalten' anreicherte; jedoch jetzt in der BRD lebend, das *kontinuierende Differenzbewußtsein* zur Gesellschaft mit sozial-sozialistischen Werten beziehungsweise ehemaligen ‚Ost-Inhalten', die ihr biographisch gegeben sind, ausstaffiert. Auch eine solche Rekonstruktion der diesen Text hervorbringenden generativen Struktur im Rahmen eines sozialisatorischen Prozesses in der DDR und im Übergang zur BRD-Gesellschaft wäre als Auslegungsversuch dem spezifischen Beobachtungsstandpunkt geschuldet, den der Soziologe - methodisch kontrolliert und verfeinert - einnimmt.

Ich verlasse den Potentialis nicht; eine solche Analyse wird also hier nicht vorgelegt, vielmehr wird die ‚Demonstration' der Problematik des Verstehens dieses Textes jetzt abgebrochen. Es geht mir um etwas Methodisch-Konzeptionelles. Das methodische Resümee dieser Hinführung lautet: Wie schon die Erstbeobachterin ihres eigenen Lebens, unterliegen alle Verstehens- und Zweitbeobachtungsversuche dieser Selbstbebeschreibung wiederum ihren spezifischen Perspektiven und somit blinden Flecken. Ist man bereit zuzugeben, daß sich dieses methodische Problem nicht heilen läßt, sondern die Frage lautet, wie man damit ‚leben'[3] kann, dann ergibt sich ein anderer Wahrheits- und Objektivitätsbegriff[4] als der, der von einem Innen-, Außen-, Subjekt-Objektschema her entwickelt wurde und lange bis in die Gegenwart dem (natur-)wissenschaftlichen Erkenntnismodell mit seiner Abbildtheorie den Wahrheitsanspruch einzulösen schien. Damit ist freilich erst noch zu klären, welche Konsequenzen dies für sozialwissenschaftliche Analysen mit sich bringt, also für spezifische rekonstruktive Beschreibungen von Operationen und Strukturen des Sozialen.

Obgleich sich die angeschnittene Problematik auf die Soziologie in toto erstreckt, werde ich der Einfachheit halber und dem disziplinären Fokus dieses Bandes entsprechend versuchen, die Konsequenzen für die soziologische Teildisziplin der Sozialisationsforschung aufzuzeigen. Dabei gehe ich kurz auf methodologische Implikationen ein, die eng mit den Stichworten Mikrosoziologie und Konstruktivismus verbunden sind. So-

---

[3]   Zum Kriterium der ‚Viabilität' anstelle des Wahrheitskriteriums vgl. *Glasersfeld* 1995: 23-31.

[4]   „Objektivität ist die Illusion, daß Beobachtungen ohne einen Beobachter gemacht werden können." *Heinz von Forster*, beobachtet und beschrieben von *Glasersfeld* 1991: 17; vgl. auch *Foerster* 1993.

dann und in erster Linie befasse ich mich mit Veränderungen einer Grundfigur gesellschaftlicher Selbstbeschreibung der Moderne, nämlich mit dem Subjekt-Begriff, der sich an seinem realen Komplement, der Sozialstruktur moderner Gesellschaft, entlang verändert hat. Es ist zu zeigen, wie das sozialisationstheoretische *Zentralkonzept der ‚Identität'* durch die Anerkennung der Perspektivität und der Beobachterlogik ins Rutschen kommt. Dabei wird die Auffassung vertreten, daß diese Veränderung nicht nur oder am wenigsten wissenschaftstheoretischen Entwicklungen geschuldet ist, sondern daß das Obsoletwerden des Identitätsbegriffes zusammenhängt mit Entwicklungen der Sozialstruktur in modernen Gesellschaften, die ein anderes Selbst-Erleben in der Gesellschaft und mithin eine andere Semantik der Selbstbeschreibung erfordern und bereits hervorgebracht haben. Es wird in diesem Beitrag die These vertreten, daß die mikrosoziologisch empirisch-fundierte Biographieforschung mit dem ‚Arbeitskonzept'[5] ‚Biographie' einen ‚viablen' Weg gefunden hat, der den gegenwärtigen lebenslangen Orientierungsprozessen von Individuen in modernen funktional differenzierten Gesellschaften und ihren Selbstbeschreibungen umfassender gerecht wird als das Identitätskonzept.

Noch Anfang der 1980er Jahre konstatierten *Hurrelmann* und *Ulich* in der ersten Auflage ihres Handbuches zur Sozialisationsforschung trotz vielfältiger Unklarheiten über Gegenstand, Theorie und Methoden der *Sozialisationsforschung* als ihr zentrales Thema die ‚menschliche Subjektwerdung' (*Hurrelmann/Ulich* 1980: 7). Dies wird Anfang der 1990er Jahre in der vierten Neuauflage des Handbuches trotz einiger Weiterentwicklungen erneut betont: „Der Begriff ‚Sozialisation' wird heute als ein Schlüsselkonzept für viele Theorien verwandt, die sich mit menschlicher Subjektwerdung im weitesten Sinne befassen. ... Die Frage, wie der Mensch zu einem handlungsfähigen Subjekt wird, muß jeweils innerhalb ... gegenstandsspezifischer Theorien präzisiert werden." (*Hurrelmann/Ulich* 1991: 3) Im Zentrum der Forschungsaktivitäten stehe gegenwärtig das ‚Wie' dieser Vorgänge, weniger das ‚Daß'.

---

[5]   Der Begriff ‚Arbeitskonzept' zielt einmal auf die forschungspraktische *Heuristik*, die, ohne vorab ein Konzept auszudefinieren, gegebene oder im Forschungsprozeß produzierte lebensgeschichtliche accounts und Dokumente zur Grundlage ihrer Analysen macht; zum anderen benennt er auch ein *forschungslogisches Programm*, das die empirisch-fundierte Entwicklung des Biographiekonzepts und etwaiger konkreter typologischer Varianten in Interpretationsprozessen betreibt. Es geht also sowohl um Forschungsoperationen wie um die prinzipiell fortdauernd entwickelten und unabschließbaren Ergebnisse derselben.

Damit ist die *methodologische* Seite[6] angesprochen und bereits ein oberflächlicher Blick auf jüngere ‚mikrosoziologische' Entwicklungen (vgl. etwa *Flick/von Kardoff/Rosenstiel/Wolff* 1995) läßt nicht nur thematische Passungen zur Sozialisationsforschung erkennen, sondern auch Konvergenzen in der Programmatik der Präferenz des *methodischen ‚Wie'* vor dem älteren, ontologisch gefärbten ‚Was'[7] bei der Bearbeitung der gesellschaftlichen Konstitutionsfrage.

Wenn man wissenschaftlich nicht mehr in erster Linie fragt, ob die Wirklichkeit sozial konstituiert wird, sondern vor allem *Wie* dies geschieht, verändert sich mit der Umstellung der Forschungslogik der ganze Forschungsprozeß. Nicht nur verschiebt sich die Ferneinstellung der Optik auf Näherliegendes, die Rede von Makro und Mikro scheint dies zu reflektieren, sondern auch die Methoden ändern sich. So treten meßlogische, mathematisierbare Verfahren, die an ein bestimmtes Objektivitätsverständnis gebunden waren, zurück zugunsten von Entdeckungs- und Rekonstruktionsverfahren, die sich auf Relationen und Operationen konzentrieren und von den originären Kommunikationen, also von den natürlichen Sprachen und beobachtbaren Verständigungsprozessen der jeweiligen Kultur ausgehen. Beim Wechsel der Beschreibungen erster Ordnung der jeweiligen ‚Akteure' selbst zu den Beschreibungen (Analysen) zweiter Ordnung[8] der Sozialwissenschaften gehen notwendigerweise die ursprünglichen normativen Werte der Handlungs- und Erlebnisstrukturierung in ihrer originär normierenden Funktion verloren. Das ist schwer zu ertragen für wissenschaftliche Teildisziplinen, die im Stile der Aufklärung einen wirklichkeitsstrukturierenden Anspruch erheben. Sie können dann etwa einen Zynismusvorwurf gegen solche Versuche erheben oder explizit normative Thesen über ihre Beschreibungen legen; letzteres scheint mir - wie noch weiter unten auszuführen ist - vor allem im Bereich der Sozialisationsforschung und bei der Verwendung des Identitätskonzepts der Fall zu sein.

Noch auf der Ebene der Methodologie lautet meine These, daß Bereiche der Sozialisationsforschung und auch bestimmte Bereiche der

---

[6]   Das methodische Plädoyer für Fallstudien und qualitativ-hermeneutische Verfahren in Front gegen quantifizierende Studien steht in der Sozialisationsforschung der frühen 1980er Jahre im Vordergrund; nach *Hurrelmann/Ulich* 1991: 5, 15-19 sind heute qualitativ-quantitative Mischansätze eher die Regel.

[7]   Vgl. etwa zur Umstellung von Was- auf Wie-Fragen als Merkmal des Konstruktivismus *Knorr-Cetina* 1989.

[8]   Zur Beobachtung erster und zweiter Ordnung vgl. *Luhmann* 1995: 92-164; 1990: 68-121.

Mikrosoziologie die methodische Präferenz des ‚Wie‘ zwar proklamieren und in ihren Techniken auch umgestellt haben, daß sie aber in einigen zentralen Theoremen noch im ontologischen ‚Was‘ verhaftet bleiben. Es sollen ‚wahrheitsgemäße‘ Aussagen über die Wirklichkeit sozialisatorischer Gegebenheiten gemacht werden, die aber vor allem in Mängelfeststellungen und Klagen über die diversen Probleme des Subjekts in der modernen Gesellschaft eigentlich sagen, was *sein sollte*.

Damit bin ich in der zweiten Argumentationslinie, der Leitdifferenz von Subjekt und Gesellschaft zur gesellschaftlichen Selbstbeschreibung in der Moderne und ihrer Veränderung. Am Beginn der gesellschaftlichen Moderne steht die Entdeckung der Gesellschaft als Funktion und Produkt des Subjektes sowie die der Individualität des Individuums als deren Produkt. Die politische Theorie und vor allem die Philosophie machen das Subjekt zum Dreh- und Angelpunkt, von dem aus eine neue, bessere Gesellschaftsordnung bewerkstelligt werden kann. In der soziologischen Klassik ist die wechselseitige Bedingtheit oder Zirkularität von Individuum und Gesellschaft prinzipiell immer vorhanden (vgl. zum folgenden *Luhmann* 1989). Je nachdem, von welcher Seite man dann die Gretchenfrage der Soziologie, wie soziale Ordnung möglich sei, angeht, ergeben sich Akzentverschiebungen und disziplinäre Teilformungen. Die *Sozialisationsforschung* entwickelt sich in Erweiterung der Relationierungen ‚Individuum - Staat‘ und ‚Individuum - Ökonomie‘ in Richtung auf den Zusammenhang von Individuum und Kultur. „Die Antwort lautet nun: soziale Ordnung ist möglich durch Sozialisation der Individuen im Hinblick auf Kultur." (*a.a.O.*: 152) *Luhmann* bezieht dies auf das oben konstatierte Grundproblem von Beschreibung und Selbstbeschreibung als sozialer Leitoperation: „Nicht zufällig findet auch dieser Theorieteil sich konfrontiert mit dem Problem der Selbstbeobachtung beziehungsweise Selbstbeschreibung. Das Individuum, das sozialisiert wird, lernt, sich selbst von sozialen Anforderungen zu unterscheiden. Es doppelt sich in I und me, in personal and social identity. Es findet sich genötigt, mit sich selbst zu kommunizieren und jene Ganzheit zu werden, die es im fragmentarischen, sprunghaften Verlauf seines eigenen Vorstellungslebens zunächst gar nicht ist. *Simmel* und *Mead* steuern hier die traditionsbildenden Formulierungen bei - und blockieren damit zugleich Rückgriffe auf transzendentaltheoretische oder auf psychologische Bewußtseinsanalysen." (*ebd.*)

Die hier angedeutete Rückgriffblockade hat meines Erachtens nach nicht so gut funktioniert, wie *Luhmann* vermutet. Das zwiespältige Erbe der Subjektivitätsdiskussion und ihrer Aporien hat nicht nur bei den soziologischen Klassikern *Durkheim* und *Weber* seine deutlichen Spuren hinterlassen, sondern auch bei den Protagonisten der Sozialisationstheorie. Zugespitzt gesagt, der soziologische und bis in die Alltags-Selbstbeschreibungen breit diffundierte *Identitätsbegriff* ist geradezu der Erbnehmer der Aporien des Subjektbegriffs. Sollte ‚Identität' als adäquater Begriff der Selbstbeschreibung das ‚Subjekt' ablösen, so scheint doch gerade der ‚Identitäts-Boom' der letzten zwei Jahrzehnte ein Beleg dafür zu sein, daß sich so das aporetische Erbe der Moderne, nämlich die Dissoziation von Subjekt und Gesellschaft und ihr Einheitsproblem, *nicht* loswerden läßt.

Das gegenwärtig im Alltag allzu selbstverständlich gebrauchte und auch wissenschaftlich mit ‚Werten' gefüllte (vgl. etwa *Lohauß* 1995; *Taylor* 1996) aber kaum befragte Identitätsverständnis bedarf möglicherweise (selbst-)ironischer Erschütterungen, bevor offenbar überhaupt der Gedanke gefaßt und fruchtbar werden kann, daß es auch anders geht. Der Autor erinnert sich an eine bissige Bemerkung von *Leonard Schatzman*, als er diesem anläßlich eines zweijährigen Forschungsaufenthaltes in Berkeley/San Francisco 1980 von *Anselm Strauss* vorgestellt wurde: „Sie wohnen also in Berkeley. Dort wohnen komische Leute. Sie haben Identitätsprobleme. Sie fragen sich schon morgens unter der Dusche: Wer bin ich?" Ich war irritiert ob solchen Spottes ausgerechnet aus dem Munde eines Interaktionisten. Erst Jahre später mit der eigenen Kritik am Identitätsbegriff[9] konnte ich *Schatzman*s Ironisierung dieser heiligen Kuh eines bestimmten Gegenwartsverständnisses nachvollziehen. Die wissenschaftliche Rede von der ‚Identitätskrise' war zwanzig bis dreißig Jahre nach *Eriksons* ersten Aufsätzen (1966 [engl. 1959]) trivialisiert auf der Alltagsebene angekommen, durch die 1970er Jahre hindurch bis weit in die 1980er Jahre war jeder, der was auf sich hielt, auf der ‚Suche nach der verlorenen Identität'.

In der Sozialisationstheorie und im Interaktionismus waren ‚Identität' und ‚Identitätsprobleme' zentrale Wissenschaftstermini der 1970er Jahre, die viele Soziologen angeregt hatten, so auch den Autor in seiner Dissertation (*Fischer* 1976) und in seinen frühen Arbeiten zur beruflichen und religiösen Sozialisation. Angefangen hatte es - nicht nur für mich - bereits gut zehn Jahre vorher. Im Jahre 1969 hatte ich als ein Orientierung suchender Student *Berger/Luckmann*s ‚Gesellschaftliche Konstruktion der Wirklichkeit' (1969), *Anselm Strauss*ens ‚Spiegel und Masken - Auf der Suche nach Identität' (1968) und nicht zuletzt *Lothar Krappmann*s ‚Soziologische Dimensionen der Identität' (1969) verschlungen.

---

[9]   Vgl. jetzt *Fischer-Rosenthal* 1995b, 1996b; vgl. die zunehmende Kritik am Identitätskonzept in der Psychologie *Sampson* 1985, 1989; sowie den guten Überblick bei *Straub* 1991.

Keine der drei Arbeiten war wirklich orginär - *Schütz, Mead* und *Goffman* standen mehr als Pate -, aber sie waren alle einflußreich und epochemachend, weil sie offenbar genau zum richtigen Zeitpunkt kamen. Sie beantworteten auf ihre Weise Fragen, die in einer bestimmten historischen Situation der Bundesrepublik und der USA zur Zeit des Vietnamkrieges in der Luft lagen. Sie wurden auch im Zuge der Studentenbewegung noch in anderer Weise durchdekliniert, was offenbar auch einen eigenen Distanzierungsbedarf beziehungsweise Identitätsbedarf erzeugte.

Es ging um die Frage nach dem Zusammenhang von Subjekt und Gesellschaft. Dies war ja nicht gerade eine neue Frage in der Geschichte der Soziologie oder innerhalb der politischen Theorie der Moderne. Doch die bekannte Schlüsselfrage vom Vorabend der Aufklärung wurde jetzt Ende der 1960er, Anfang der 1970er Jahre wieder als praktische Frage aktuell, da man sich offenbar in einer fundamentalen Orientierungskrise sah.

Es ging um ein Unbehagen an der Gesellschaft und um ein kritisches Veränderungsinteresse, also jenes doppelte gegenwärtige praktische Problem und Interesse: ob die vorgefundene Gesellschaft so gewollt ist, und wie die Subjekte zu befähigen seien, zum einen kompetente Mitglieder der Gesellschaft zu werden und zum anderen mithin jene zu gestalten.

So wurde es durchdekliniert: Identität als das Identischsein und Nicht-Identischsein mit anderen, die uns im Laufe des Lebens als signifikante Andere begegnen, zusammengeschlossen in der Einheit des ‚Wir‘. Identität als Voraussetzung autonomer Handlungskompetenz, in der ‚Ich‘ und ‚generalisierte Rollen‘ ein Auskommen finden. Identität als Sinnbegriff und Aufforderung, Gesellschaft zu gestalten. Der psychoanalytische *Eriksonsche* Lebenszyklus mit der Adoleszenz als identitätsstiftender Achsenzeit, *George Herbert Meads* ‚I und Me‘, *Goffmans* ‚balancierende Identität‘ kamen richtig in Mode und gehören seither zum Arsenal der Sozialisationsforschung. Die weltweite Ausbildung jugendlicher Subkulturen stimulierte auch soziologische Jugend- und Adoleszenzforschung, die stark mit dem Identitäts-Konzept arbeitete. Eine Fülle von Einzelstudien und programmatischen Readern um die Identitäsproblematik kamen heraus. Und immer ging es auch um die Frage, wie *soll* Gesellschaft sein, wie *sollen* Individuen in ihr handeln, also immer ging es auch um diese normative Ebene.

Dem Verfasser ist erst später klar geworden, daß man es hier mit den Endausläufern einer klassischen Melancholie zu tun hat, sozusagen den Resten einer Trauerarbeit an der Moderne und ihrem Basis-Paradoxon. Die im Prozeß der modernen Gesellschaftsentwicklung entstandenen neuen Strukturen hatten offenbar die dem Subjekt und seiner Freiheit entgegenstehenden, vormals sinn- und einheitsstiftenden politischen und religiösen Ordnungsstrukturen entthront, vermittelten aber keinen allgemeinen Sinnzusammenhang mehr, aus dem das Subjekt sich hätte speisen können. Damit war - gänzlich unerwartet - das Subjekt unter Druck geraten und büßte auch seine Handlungsvollmacht ein: es wurde zum bloßen Individuum, dem nur noch Konsumentenfreiheiten zustehen und das sich im funktional selbststeuernden Gesellschaftsprozeß nicht wiederfindet. In dieser Abschieds-Situation, die bereits bei den soziologischen Klassikern voll ausgebildet ist, wurde die persönliche Identität als Trotzdem, als Ersatzkonzept wichtig. Es wurde bis in die Gegenwart ausgebaut und ausdifferenziert mit Unterbegriffen (wie zum Beispiel Rollenkompetenz, Perspektivenübernahme). Es ist längst in der Alltagssprache angekommen und dort wie die Inflation[10] stetig präsent. Gleichzeitig wurden von denselben Fachvertretern auch immer Hilflosigkeit und Zweifel an dieser Methode der Ersatzbeschaffung von Sinn via Identitätsbildung formuliert.

Ein Problem ist ja nicht nur der normative Gehalt - denn was fange ich mit einer Gesellschaft an, deren Mitglieder die zeitgemäße vorgesehene postkonventionelle Identität (*Habermas* 1974, 1976, 1988) nicht erreichen - ich kann sie nur noch beschimpfen oder ein steiles Erziehungsprogramm verordnen -, es geht überhaupt darum, ob Individuen sich selber als sogenannte Identitäten verstehen können oder ob gar ganze Gesellschaften sich selber als Identitäten beschreiben können. Beides scheint problematisch zu sein, beziehungsweise Individuen wie Gesellschaften scheinen empirisch ganz gut auch ohne Identitäts-Proklamationen auszukommen.

Konkreter gefragt: Was ,macht' das Subjekt mit seiner bedrohten ,Identität', wenn es seine Gesellschaft verliert und das womöglich mehrfach im Laufe seines Lebens? Oder: Wie können sich gegenwärtige Gesellschaften selber beschreiben, deren Mitglieder noch vor kurzem einer anderen Gesellschaft angehörten und deren weltanschaulich-kulturelle Programmatiken an Verbindlichkeit verloren haben oder konkurrieren? Zu denken ist nicht nur an die weltweit immer ,normaler' werdende Migrationserfahrung, sondern etwa auch an Gesellschaftszusammenbrüche und fundamentale Relativierungen von Weltanschauungen durch globale Veränderungen der jüngeren und jüngsten Geschichte.

---

[10]   *Pörksen* 1992: 17 rechnet ,Identität' zu jenen ,Plastikwörtern', die im öffentlichen fernseh-medialen Diskurs Bedeutung suggerieren und dadurch ein Machtgefälle zwischen Machern und Nutzern symbolisieren, daß sie ein schlechtes Gewissen bei den Konsumenten erzeugen, nicht zu einer bestimmten Gruppe, sondern zu vielen zu gehören.

In der älteren Logik der Moderne hätte die Antwort gelautet: Es werden neue Identitäten aufgebaut und neue integrierende Loyalitäten erzeugt. Diese Lösung setzt voraus, daß die Gesellschaften und die Menschen in ihnen nach wie vor im einfachen Schematismus von Subjekt und Gesellschaft sich verstehen und darin funktionieren - und genau das ist jedoch systematisch wie historisch die Frage, wenn damit Identität im Sinne von einfacher Zugehörigkeit oder eines nicht-fragmentierten Selbstes gemeint ist. Die gegenwärtige Wiederbelebung alter nationaler und religiöser Identifikationen in teilweise blutigen Machtkämpfen - nicht nur - im ehemaligen ‚Ostblock‘, belegt gerade, daß es so nicht geht.[11] „Die Reflexion gibt das Selbst nicht als Identität, sondern als Differenz; und sie gibt es nicht als *Notwendiges*, sondern als *Kontingentes*." (*Luhmann* 1989: 226) In dieser Situation verteilen sich die Gewichte, rückt Veränderung so in den Vordergrund, daß gilt: „Das Individuum hat seine Identität dann zur Kontrolle seiner Veränderungen einzusetzen." (*a.a.O.*: 231) Somit prolongiert die Identitätssemantik vormoderne Einheitsvorstellung von Individuum und Gesellschaft.[12]

Ich erinnere im folgenden knapp daran, an welcher historischen und systematischen Stelle der Identitätsbegriff im Kontext der Humanwissenschaften auftaucht. Dabei wird die These vertreten, daß der Identitätsbegriff als prinzipiell ‚zeitloser‘ Begriff auf der gegenwärtigen Stufe gesellschaftlicher Entwicklung weder in der Alltagssemantik noch in den theoretischen Diskursen seine Funktionsstelle halten kann und daß daher wissenschaftlich angemessenere, komplexere Konzepte benötigt werden. Das vorgeschlagene Konzept ‚Biographie‘ ist zeitverarbeitend und zeitkonstitutiv und erfüllt unseres Erachtens schon alleine deshalb besser Adäquatheitskriterien gegenwärtiger funktional differenzierter Gesellschaftsstruktur. Eine Pointe dabei ist, daß mit dem Biographie-Konzept eine Form der Selbstthematisierung akzentuiert wird, die bereits in den

---

[11]   Vgl. *Schmidt* 1994, der auf die religiöse Qualität dieser Sehnsucht nach Identität hingewiesen hat; vgl. zu den neokonservativen Dimensionen der Identitätsforderung im Westen *Niethammer* 1994: 382-393; ferner zu den vernichtenden Folgen einer ethnischen, rassischen, kulturellen einfachen Identitätszuschreibung als Fremdzuschreibung *Niethammer* 1995: 42ff.

[12]   Vgl. ebenso und gegen die weitverbreitete neokonservative Rede von der ‚permanenten Identitätskrise des modernen Menschen‘ hierzu im gleichen Sinne, wenn auch terminologisch weiter dem Identitätsbegriff und ‚reflexiven Subjektivismus‘ zugeneigt *Schimank*: „Daß in funktional differenzierten Gesellschaften jedoch prinzipiell jegliche Bemühung von Gesellschaftsmitgliedern, eine stabilisierbare Ich-Identität aufzubauen, zum Scheitern verurteilt ist, ist kein Ergebnis einer unvoreingenommenen Analyse gesellschaftlicher Realität, *sondern Artefakt einer falsch angelegten Theorie*." (1985: 448)

‚Labors' des alltäglichen Sprechens und ebenfalls auf der Ebene institutioneller sozialer Organisation vorproduziert ist und benutzt wird.

Das Problem mit dem Identitätsbegriff beginnt mit der Moderne, obwohl der allfällige Gebrauch des Terminus selbst und seine Blüte erst in die zweite Hälfte unseres Jahrhunderts[13] fallen.

Mit dem Fragwürdigwerden oder Zerbrechen der selbstverständlichen kosmologischen Ordnung des Mittelalters entstehen zwei polare Aufmerksamkeits-Foci und gleichzeitig die Frage nach ihrer Relation und Einheitlichkeit: Mensch und Ordnung, Individuum und Staat, Subjekt und Gesellschaft - so lauten die Problemtitel. Die beiden Zeitgenossen und Opponenten des frühen 17. Jahrhunderts, *René Descartes* (1596-1650) und *Thomas Hobbes* (1588-1679), setzen jeweils mehr auf den einen oder auf den anderen Pol, verlieren aber das Ganze nie aus dem Blick.

Descartes konzentriert sich auf das Subjekt als res cogitans und sum cogitans, Agent der Rationalität, aus dem sich wie von selbst vernünftige Ordnung herstellen soll. *Hobbes* ist da pessimistischer - oder realistischer -, was die soziale Grundorientierung des Menschen angeht, und setzt auf die andere Seite. Die Frage nach der Möglichkeit und Legitimität der sozialen Ordnung als von Menschen hervorgebrachte und aufrechtzuerhaltende Struktur beantwortet er mit dem *Staat*, vergleichbar dem Ungeheuer namens *Leviathan* (1651), von dem es im Buch Hiob heißt, daß keine Macht der Erde größer sei als es.

Der ‚Subjektivismus' *Cartes*ischer und der ‚Etatismus' *Hobbes*scher Prägung waren gleichermaßen in den nächsten dreihundert Jahren in den diversen humanwissenschaftlichen Bemühungen wirksam. In verschiedenen Disziplinen regten sie jeweils Ausarbeitungen, Modifikationen und auch kritische Gegenentwürfe an, so daß wir sie als extreme Fälle zweier Hauptunterscheidungen der Selbstbeschreibung und des Selbstverständnisses der europäischen Moderne ansehen dürfen.

Beide Modelle - und ich spreche sie jetzt der Einfachheit halber als systematische Modelle an und versage mir historische Ausführungen, die eigentlich unabdingbar wären und die ich teilweise andernorts versucht habe (*Fischer-Rosenthal* 1996b), - sind *verschieden* in ihrer Hauptakzentuierung hie Subjekt - da Staat, sie sind *gleich* in ihrem Grund-

---

[13]   Erst nach Abschluß des Manuskripts stieß ich auf die Jenenser Antrittsvorlesung *Lutz Niethammers*, in der verdienstvoll und mit Leidenschaft der Identitätsbegriff einer Kritik unterzogen wird (*Niethammer* 1994; *Niethammer* 1995). Begriffsgeschichtlich war ‚Identität' bis in die Mitte des 20. Jahrhunderts eher ein Begriff aus der Logik; seine sozialwissenschaftliche Konjunktur begann erst mit *Erik H. Erikson* in den späten 1940ern, siehe *Niethammer* 1994: 379f.; ebenso *Joas* 1994: 111.

problem. Es besteht darin, daß ,etwas' in Subjekt und Gesellschaft dissoziiert wurde, was gleichwohl als *Einheit* fortbesteht. Nennt man diese Einheit einmal soziale Wirklichkeit, muß nun bestimmt werden, was die Einheit in der Differenz ausmacht.

Dies impliziert einmal, daß selbst dort, wo Fragmentierung und multiple Wirklichkeiten als Problemwahrnehmung prominent sind - man denke etwa an den sich an den mannigfaltigen Phänomenen urbaner Gesellschaft abarbeitenden *Georg Simmel* (1983: 53 ff., 267 ff.; 1992: 42 ff., 791 ff.) oder auch an die ,multiple realities' eines *Alfred Schütz* -, Einheitsbegriffe gesucht werden: ,Einheit der Welt' über *Simmel*s Lebensbegriff, Fundierungen des Vielfältigen im Konzept der Lebenswelt oder Alltagswelt im Singular - so bei *Schütz* (1945; 1953) und schließlich auch in den phänomenologisch inspirierten Versuchen bei *Thomas Luckmann* und seinem theoretischen Umfeld (*Luckmann* 1979; 1980; *Schütz/Luckmann* 1979/1984; *Grathoff* 1989).

Weiterhin impliziert das Grundproblem, daß immer, wenn man von der einen Seite der Dissoziation redet, das andere auch im Spiel ist - explizit oder implizit. Wir haben mit anderen Worten einmal ein Identitätsproblem im Sinne einer Frage der Selbstbeschreibung, wenn wir an den einzelnen Menschen denken. Nicht nur ist er jemand, dessen Einheit im Verlauf seines Lebens zur Disposition steht, sondern von ihm aus ist auch zu bestimmen, in welcher Weise die Gesellschaft, in der er lebt, die seine ist und wie er sich ihr zugehörig erklären kann, wer er im Ablauf seiner Lebenszeit in ihr ist. Neben diesem *Aneignungsproblem*[14] haben wir aus der Perspektive der Gesellschaft ein *Integrationsproblem*, bei dem es darum geht, wie der einzelne Mensch Teil der Gesellschaft werden beziehungsweise sein kann. *Individuation* und *Sozialisation* sind die dazugehörigen, in der Soziologie entwickelten Prozeßbegriffe, die auch dann noch aufeinander angewiesen sind, wenn nur noch von dem einen gesprochen wird.

Diese Art, die Dinge zu sehen, ist nicht eine zeit- und interessefreie Beschreibung von einem Standpunkt außerhalb der Gesellschaft, sondern eine *Selbstbeschreibung*, in der es immer auch darum geht, Erfahrung und Handeln stimmig mit der sozialen Realität zu machen und jene zu erzeugen. Es ist die nicht ein für allemal, sondern exakt für die Moderne geltende Differenzierung von *Subjekt und Gesellschaft*, die in

---

[14]   Vgl. ausführlicher *Fischer-Rosenthal* 1995c; *Hurrelmann* (1983; 1986) spricht in diesem Zusammenhang vom ,produktiv realitätsverarbeitenden Subjekt' und bezieht gesellschaftliche Institutionalisierungsprozesse und intrapsychische Prozesse der Persönlichkeitsentwicklung aufeinander.

der aufgeklärten politischen Philosophie und den folgenden politischen Wissenschaften, in den in der Aufklärung aufgekommenen Humanwissenschaften und nicht zuletzt in der Soziologie ihren Niederschlag fand. Es könnte nun immerhin sein, daß im Laufe der Gesellschaftsentwicklung diese Semantik nicht mehr zur gesellschaftlichen Wirklichkeit paßt. *Niklas Luhmann* versucht bekanntlich, diese These stark zu machen und schlägt dabei systemtheoretische Semantikumstellungen zum Bewußtsein und der Kommunikation von Selbst- und Gesellschaftsbeschreibungen vor (vgl. 1985; 1989).

Auch wenn man hier nicht folgen will, könnten diese Versuche die Aufmerksamkeit dafür schärfen, daß bei steigender gesellschaftlicher Differenzierung und Temporalisierung von Strukturen sozusagen kontrafaktisch weiterhin eine gewisse Präferenz für einen Reflexionsbegriff statischer Art bestehenbleibt. Nicht an ‚der Gesellschaft‘, sie bleibt nicht selten begrifflich diffus - man denke etwa an *Simmel* -, setzen die aufgeklärten Hoffnungen an, sondern am Subjekt als Agens, demgegenüber Gesellschaft Produkt bleibt. Bis weit ins gegenwärtige Jahrhundert wird in wesentlichen Strömungen der aufgeklärten Philosophie und allen davon geprägten Humanwissenschaften der Pol ‚Subjekt‘ in der Weise bevorzugt, daß am sprechenden, handelnden Subjekt - im Singular wie im Plural - die Erwartungen und Hoffnungen hängen, über sich selber, über die Natur und über die eigene Geschichte und Gesellschaft produktiv zu verfügen. Es ergeben sich allerdings praktische und theoretische Probleme, die in den aufgeklärten Diskursen immer eine Rolle gespielt haben.

Die Konturierung des ‚Subjektes‘ in der Moderne mußte kulturgeschichtlich gegen andere trans-subjektive Ordnungskonzepte durchgesetzt werden. Einfach scheint man dabei mit den traditionellen vormodernen Ordnungsvorstellungen, etwa denen des Christentums und Judentums, allgemein den der Vormoderne zurechenbaren Religionen fertig geworden zu sein. Sie gelten in ihrem Allgemeinheitsanspruch auf Sinn- und Ordnungsstiftung einfach als veraltet, da sich Religion prinzipiell nicht gesellschaftlich funktional differenzieren lasse (so explizit *Schimank* 1985: 451). Die vormoderne religiöse Selbst- und Weltbeschreibung verliert im Übergang zur Moderne an der ‚Pluralisierung der Lebenswelten‘, an der ‚Temporalisierung der gesellschaftlichen Strukturen‘ und durch die Bewertungs-‚Relativierung‘ (*Schimank* 1985: 451-456) von Handeln und Erleben ihre Orientierungsfunktion. Noch am ehesten konnten sich dieser ‚Säkularisierung‘ gerade subjektzentrierte Theologumena etwa eines *Schleiermacher*, *Kierkegaard* und *Bultmann* entziehen, die sich offenbar so als ‚modern‘, ja fast selber säkular auswiesen und dem modernen Selbstbewußtsein angeschmiegt teilweise Anklang finden konnten. Der klassische soziologische Diskurs hat darauf insofern reagiert, als er bei allen Unterschieden Religion an zentraler Stelle der Gesellschaftsbeschreibung traktierte. Die dabei für vormoderne Gesellschaften festgestellte allgemeingesellschaftliche Sinnstiftungsfunktion ist in all diesen Entwürfen für die Gegenwartsgesellschaften an der Schwelle des 20. Jahrhunderts zusammengebrochen, oder wird postulatorisch durch staatliche (*Durkheim*), ökonomisch-kulturelle (*Weber*), individuelle Sinngebungen (*Simmel*) ,ersetzt' und ist damit in der alten Form passé.[15] Interessanterweise werden jüngst soziale Strömungen und Gruppenbildungen nach dem Zusammenbruch der ,Ostblock'-Staaten teilweise mit dem Begriff ,religiöser Identität' legitimiert und konturiert.

Schwieriger bei der Durchsetzung und Legitimierung des Subjektmodells war die Konfrontation mit solchen nicht-subjektorientierten Gegenkonzepten, die selber der Aufklärung entstammen. Sie werden seit dem ersten Drittel des letzten Jahrhunderts besonders empfindlich wahrgenommen. Es seien so verschiedene Traditionen hier in einem Atemzug genannt wie die des Marxismus, strukturale Bemühungen im Gefolge von *Durkheim*, systemische und systemtheoretische Entwürfe, etwa die eines *Niklas Luhmann* und schließlich die schillernden Varianten der Theorien der französischen Postmoderne, die *Nietzsches* ,Gott-ist-tot'-Dictum als grelles ,Subjekt-ist-tot'-Button am Revers tragen. Die Forderung nach Identität beziehungsweise nach der Ausbildung eines autonomen Subjektes erscheint hier als Produkt von wissenschaftlich gestützten Operationen politisch-gesellschaftlicher Macht und ablehnbar (vgl. *Kamper* 1980).

Was vorher als gut, erstrebenswert und rational erschien, ist in diesen Diskursen in Verruf geraten.

Aber es ist keineswegs nur ein ,Kampf um das Subjekt' auf der Ebene theoretischer Auseinandersetzungen. Beim genaueren Hinsehen entdeckt man auch gerade in den gesellschaftlichen Analysen der frühen Soziologen ein Erschrecken vor dem Dominantwerden globaler gesellschaftlicher Entwicklung und Veränderungen im Zuge der Ausbildung

---

[15]   Auch prominente gegenwärtige Vertreter religionssoziologischer Untersuchungen orientieren sich in diesem Rahmen. Wird dabei der Akzent auf den Allgemeinsinn von Religion (,heiliger Baldachin' - *Berger* 1973) gelegt, wird die individuelle Identifikation bis hin zu einem ,Zwang zur Häresie' (*Berger* 1980) problematisch. Wird andererseits angesichts des Verlustes allgemeiner Orientierungskraft das Individuum betont, invisibilisiert sich Religion in partikularen, milieuhaften säkularen Praxen und Identifikationen (*Luckmann* 1991). Fernwirkungen der letzten Variante finden sich im Begriff der ,Bastelbiographie' und ,Bastelexistenz' bei *Hitzler* 1988; *Hitzler/Honer* 1994; sowie *Beck/Beck-Gernsheim* 1993.

moderner Industriegesellschaften. Die genauen Schematisierungen der modernen Institutions- und Gesellschaftsentwicklungen oberhalb der Handlungsebene konkreter Akteure wirken deshalb so melancholisch und gelegentlich offensiv klagsam, weil sie offenbar zwei paradox aufeinander bezogene Verluste zu bewältigen haben. Die im Prozeß moderner Ausdifferenzierung - aufgrund der intendierten buchstäblichen Entthronung und Säkularisierung vormals sinn- und einheitsstiftender politischer und religiöser Ordnungsstrukturen - entstandenen neuen Strukturen vermitteln offenbar keinen allgemeinen Sinnzusammenhang mehr. *Webers* Rede von der ‚Entzauberung‘ macht dies deutlich. Gleichzeitig - und dies ist die Paradoxie und unerwartete Konsequenz, gerät damit der ‚Aktor‘, das ‚räsonnierende, bürgerliche Subjekt‘ in diesem Prozeß offenbar so unter Druck, daß es neben universalen Sinnbezügen auch seine Handlungsvollmacht einbüßt. Das stolze Subjekt auf der Höhe eines allgemeinen anthropologischen Selbstbewußtseins schrumpft zum bloßen Individuum, dem lediglich nebensächliche Konsumenten-Freiheiten gewährt sind, und das nahezu überflüssig erscheint im sich funktional selbststeuernden Gesellschaftsprozeß. Die Enttäuschung besteht offenbar genau darin, daß der selbstbewußte Sieger über die Ordnungstrukturen der Vormoderne allmählich erkennt, daß er am Ende doch der Verlierer ist. Seine Wahlen sind beliebig groß, doch er kann in sich gesellschaftlich selbst steuernden Sytemen gezielt wenig bewirken.

Im Zuge dieses Trauerprozesses, der schon am Beginn der soziologischen Theoriearbeit voll ausgebildet ist, gewinnt das Konzept der persönlichen Identität Gewicht. Ja, pointiert gesprochen, könnte man es als ein Aufbäumen angesichts der Bedrohungserfahrung und des gespürten Bedeutungsverlusts des Subjekts begreifen. ‚Identität‘ ist das ‚Trotzdem‘, Stellvertreter und Ersatz fürs prekär gewordene Subjekt und scheint empirisch-theoretische Analysen inspirieren zu können.

Es ist offensichtlich, daß der Identitätsbegriff als normativer, sinn- und einheitsstiftender Begriff fungiert[16], der offenbar das herbeischaffen soll, was mit der gesellschaftlichen Entwicklung verlorenging und nicht mehr von der Gesellschaft als umfassender Ordnungsinstanz - als ‚heiliger Baldachin‘, wie dies *Peter Berger* im Blick auf Religion genannt hat (vgl. Fußnote 14) - geliefert wird. Gleichzeitig werden nicht selten auch die Hilflosigkeit oder gar Zweifel an dieser Methode der Ersatzbeschaffung von Sinn formuliert. Dies soll kurz an zwei Beispielen belegt werden.

---

[16]   *Joas* 1994: 112 konstatiert auch für den *Mead*schen Selbst- beziehungsweise Identitätsbegriff eine deutliche normative Komponente.

Die *Habermas*schen Konzeptionsversuche zum Begriff der Rollenkompetenz (*Habermas* 1973a; 1973b; 1976) müssen offenbar schließlich
darin gipfeln, daß er als normativen Begriff eine sogenannte ‚postkonventionelle Identität' von Personen ins Spiel bringt, die jene haben sollen,
die prinzipiengeleitet, positions-unabhängig und diskursfähig Entscheidungen treffen können. Zwar konzediert er später im Anschluß an *Mead*s
intersubjektivisch gefaßten Identitätsbegriff (1988: 203), das Individuum
werde dadurch möglich, daß es sich in einem Wahlakt kritisch seine Lebensgeschichte aneigne und sich so sozial einbinde; in der neuen gegenwärtigen Situation verschärfter gesellschaftlicher Individuierung einer
‚Risikogesellschaft' sei dazu aber nur eine postkonventionelle Ich-Identität
in der Lage (*Habermas* 1988: 236 ff. im Anschluß an *Beck* 1986). Der
Begriff hat damit weitgehend seine empirisch-analytische Beschreibungs-
funktion verloren. Nimmt man ein beliebiges empirisches Individuum in
unserer Gesellschaft, wird dieser Identitätsbegriff eine reine Meßnorm, die
die meisten verfehlen; Identität wird vor allem zu etwas, was man nicht
hat, aber anstreben sollte. Leicht läßt sich hier die Pädagogik mobilisieren
mit dem Imperativ: Erzieht postkonventionelle Identitäten! Der Identitätsbegriff wäre damit ein Programmbegriff der Bildung geworden. Nicht
genug, das Einheits- und Konstitutionsproblem auf der Ebene der Gesellschaft, das ja immer auch als ein Problem des Sinnverlustes akzentuiert
wurde, wird von Habermas ebenfalls mit Hilfe des Identitätskonzepts
diskutiert. Unter Hinzufügen des richtungsweisenden ‚vernünftig' ist die
Frage „Können Gesellschaften eine vernünftige Identität ausbilden?"
(*Habermas* 1974) schon in der Formulierung primär normativ gerichtet.

Auch *Thomas Luckmann* hat sich in den 1960ern und 1970ern -
teilweise zusammen mit *Peter Berger* - zum Begriff der persönlichen
Identität geäußert.

*Plessner*s ‚exzentrische Positionalität' ausbuchstabierend, setzt er
an: „Die Gattung, der wir angehören, ist durch eine merkwürdige Lebensform gekennzeichnet. Diese Lebensform, das heißt das Niveau der Ver-
haltensintegration beim Menschen, läßt sich am besten mit dem Begriff
der persönlichen Identität beschreiben. Persönliche Identität meint die
zentrale, langfristige Steuerung, die ein Organismus über sein Verhalten
ausübt." (*Luckmann* 1979/1980: 123 f.) In den Traditionen *Cooleys* und
*Mead*s fortfahrend, bestimmt er Identität als lebenslanges Produkt gesellschaftlich gespeister Interaktionsprozesse und stellt für die gegenwärtigen
modernen Gesellschaften ein Problem und Defizit fest. Da einheitliche
Sinnstiftung durch die gesellschaftlichen Institutionen nicht mehr gewähr-
leistet sei, bedeute das, „daß die Stabilität der persönlichen Identität zu
einer subjektiven, ja in gewissem Sinn zu einer privaten Angelegenheit
wird. Das ist das sozialpsychologische Korrelat des sogenannten Plura-

lismus moderner Gesellschaften." (*a.a.O.*: 137) Schließlich wird die Ausbildung persönlicher Identität als problematisch angesehen und damit der Verlust eines zentralen menschlichen Steuerungsmittels konstatiert: „Es gibt genügend Brüche oder zumindest Zusammenhanglosigkeiten, die es dem Durchschnittsmenschen schwer machen, von sich aus seinen Erfahrungen und Handlungen einen einsichtigen, auf ihn als Person bezogenen Sinnzusammenhang zu verleihen. Er kann einen solchen in ihnen ja nicht entdecken, da der Sinn dieser Handlungen wesentlich auf *Systeme* und nicht auf Personen gerichtet ist. *Zumindest läßt sich sagen, daß diese Art von Sozialstruktur in modernen industriellen Gesellschaften nicht dazu angetan ist, eine so feste Grundlage für den Aufbau der persönlichen Identität als des zentralen Steuerungsprinzips für das menschliche Leben abzugeben, wie dies bei anderen menschlichen Gesellschaftsordnungen der Fall ist.*" (*a.a.O.*: 138 [Hervorhebung W. F.-R.]) Melancholisch geht es weiter: „Die Produktion persönlicher Identität verlagert sich also in kleine Unternehmungen privater Hand, nämlich in das menschliche Individuum" (*ebd.*), denen dann weniger Formungskraft zugesprochen wird als den Institutionen: „Die ‚zweite Natur' der Institutionen, die der Mensch sich selbst in der Geschichte geschaffen hat, hat sich von der persönlichen Identität, die sich aus der ‚Natur' als eine einzigartige historische Lebensform herausgebildet hatte, recht weit entfernt." (*a.a.O.*: 139)

Wenn man nun als Alltagsmensch oder als Soziologe diese Melancholie oder dieses Defizit nicht empfindet oder teilen möchte, darf man sich entweder bereits als Opfer dieses so konzipierten Prozesses sehen - oder man kann am Konzept zweifeln. Wählt man letzteres, ließe sich dann einmal - gezielt auf die Ebene der sozialen Wirklichkeit fragen: Gibt es Menschen, die ohne solche Identität leben können, und wie geht das? Diese Frage impliziert auch, wie man in Ordnungen leben kann, die keinen eindeutigen Sinn produzieren, oder vielleicht noch aktueller, wie man gleichzeitig in widersprüchlichen Ordnungen leben kann.

Zum andern, theoretischer gefragt: Welche Konzepte erlauben eine melancholiefreie, weniger normative Rekonstruktion von gegenwärtigen sozialen Konstitutionsprozessen? Von ihnen wäre gleichzeitig zu erwarten, daß sie sich nicht gänzlich auf die Seite der sogenannten Makrostruktur schlagen, also die Erfahrungsfähigkeit von Menschen einbeziehen.

Niklas Luhmann hat bei Konstatierung dieser Ausgangslage und der Erörterung zweier ‚Abwege' des Subjekts (*Luhmann* 1989: 227 ff.) (im ‚Copieren' und in der Spaltung in verschiedene ‚Selbste') ‚Karriere' als eine Formel für die sozialstrukturelle Lösung zeitkonstitutiver Semantik vorgeschlagen. „Als soziale Zwangsläufigkeit entstehen Karrieren dadurch, daß Geburt, häusliche Sozialisation und schichtmäßige Lage nicht mehr ausreichen, um den Normalverlauf des Lebens erwartbar zu machen.... Es muß auf eine Sukzession von selektiven Ereignissen umgedacht werden, die jeweils (aber mit unterschiedlicher Gewichtsverteilung) Selbstselektion und Fremdselektion kombinieren." (*a.a.O.*: 232) Der so bestimmte Karrierebegriff wird zur sozialen Norm. „In dem Maße als sozialstrukturelle Bestimmungen der Lebensläufe zurückentwickelt, das heißt auf Bedingungen für Karrieren reduziert werden, wird Karriere zur universellen Lebensform. Sie bieten dem Individuum die Form, in der es sich selbst, ohne an Individualität zu verlieren und ohne in einem höheren Ganzen ,aufzugehen', in die asymmetrische Irreversibilität der Zeit versetzen kann... und diese Form ist abgestimmt auf das, was als Sozialstruktur der Gesellschaft ohnehin gegeben ist." (*a.a.O.*: 236) Wird so das ,Individuum-Sein zur Pflicht', muß es über sich Bescheid geben können: „Es braucht dann eine (notfalls fingierte, oder doch ergänzte) Biographie, um in der Gesellschaft leben zu können." (*a.a.O.*: 251)

Ohne dies weiter kritisch würdigen zu können, ist so meines Erachtens der Karrierebegriff zu überfrachtet. Doch läßt sich dem Tenor dieser Überlegungen folgend behaupten, daß gegenwärtige Gesellschaften ihre Entwicklung - im bisherigen europäischen Schematismus also das Problem der fortschreitenden Dissoziation von Subjekt und Gesellschaft inklusive der genannten Enttäuschungen - unter anderem damit bearbeiten, daß sie *lebenslaufbezogene Selbst- und Fremdschematisierungen* entwickkeln und diese zunehmend akzentuieren, also zur Lösung von Konstitutions-, Koordinations- und Ordnungsfragen heranziehen. Bei diesen jetzt pauschal *Biographien* genannten Schematisierungen und den Operationen biographischer Arbeit, die sie erzeugen, lassen sich die Aktionspotentiale und Sprecherkompetenzen der erfahrungsfähigen und mitteilungsfähigen Gesellschaftsmitglieder verbinden mit im institutionellen Prozeß hervorgebrachten lebenszeit- und altersbezogenen Ablaufschemata, wie sie etwa typisch in Ausbildungsfahrplänen oder beruflichen Karrieren vorliegen.

Die Voraussetzungen der Entwicklung biographischer Operationen und biographischer Schemata in den Gesellschaften der Moderne sind vielfältiger, als in der bisherigen Darstellung angedeutet wurde. Sicherlich haben literarische Selbstbeschreibungen, die seit dem 18. Jahrhundert vermehrt auftreten, auch eine gewisse Präge- und Vorbildfunktion, sie sind jedoch insgesamt wohl eher Zeugnisse von gesellschaftlichen Veränderungen, die solche ,Selberlebensbeschreibung'[17] ermöglichen und erfordern. Zweifellos ist jedoch die Verdreifachung der durchschnittlichen

---

[17]   *Jean Paul* 1989 (1818) hat sogar schon mit temporalen Modalisierungen gearbeitet und als Stilmittel eine ,Konjektural-Biographie' seines künftigen Lebens (nachträglich) verfaßt.

Lebenserwartung bei der Geburt von etwa 25 auf etwa 75 Jahre innerhalb der letzten drei Jahrhunderte, der Wandel ‚von der unsicheren zur sicheren Lebenszeit' (*Imhof* 1988: 11 et passim.; vgl. *Engelhardt* 1991) eine wichtige Voraussetzung, gerade weil mit dieser Expansion der ‚leeren Lebenshülse' automatisch keinerlei Vorgaben einhergehen.

Auf der Ebene soziologischer Konzepte betrachtet, liegt das Biographiekonzept im Kreuzungsbereich des Konzepts persönlicher Identität und sogenannter strukturaler gesamtgesellschaftlicher Bedingungen. Wenn dieser Gedankengang stimmt, dann wäre das Biographiekonzept bei entsprechender weiterer methodisch-methodologischer Ausarbeitung und empirischer Überprüfung in der Lage, den gegenwärtigen sozialen Konstitutionsprozeß rekonstruktiv so zu erfassen, daß System- und Aktionsanteile repräsentiert sind, ohne daß eine Seite bevorzugt oder ausgeklammert wird. Der Autor ist der Überzeugung, daß die jüngere soziologische Biographieforschung hier bereits eindeutige und überprüfbare Ergebnisse vorgelegt hat.[18]

Noch bevor empirisch biographische Phänomene weiter untersucht werden, läßt sich auf der konzeptionellen Ebene sagen, daß Biographien drei Ebenen des Konstitutionsprozesses sozialer Ordnung vereinigen und sich entscheidend durch eine vierte quer zu den Ebenen liegende temporale operative Struktur auszeichnen. Biographien fassen *gleichzeitig* gesellschaftlich gegebene und präskriptive (a), selbstbezogene im Sinne von selbst erlebten (b) und eigen-leibliche Beschreibungen (c) ex-post und orientierend zusammen. Diese Beschreibungen sind Geschichten (auch im engeren linguistischen Sinne), weil sie Zeit verarbeiten (d), in ihrer Versprachlichung Temporalstrukturen (etwa der Gesellschaftsgeschichte, des Lebenslaufs und der Generationen) produzieren und kommunizieren. Ich will knapp erläutern, was damit gemeint ist.

a) Auf der ersten Orientierungsebene gegebener und präskriptiver gesellschaftlicher Beschreibungen finden sich synchrone und diachrone Schemata. Zu den ersten gehören Ordnungen lebensalters- oder lebensphasen-bezogener Ablaufmuster. Sie sind etwa eng an die familienzyklische Reproduktion wie auch an Erwerbsverläufe gebunden. Zum Beispiel ist hier der Ablauf Kindheit-Jugend-Erwachsenenalter - Alter mit den zugeordneten familialen Reproduktions-, beziehungsweise Generativitätszyklen zu nennen und inhaltlich zu bestimmen. Dieses Ablaufschema ist eng mit der dritten Ebene der Eigenleiblichkeit verbunden. Oder das

---

[18]   Vgl. zur Programmatik, dem Stand der Forschung und Methodologie *Fischer/ Kohli* 1987; *Kohli* 1981; 1985; 1986; 1991; *Fischer-Rosenthal* 1995d; 1996a; *Rosenthal* 1995; *Fischer-Rosenthal/Rosenthal* 1996.

prominente Schema Schulzeit-Erwerbszeit-Nacherwerbszeit gehört hierher. Beide Ablaufschemata werden als prominente Auflösungs- und Übergangs- und Veränderungssphären sozialer Ordnung in unserer gegenwärtigen Gesellschaft wahrgenommen - was sich bis in die Veränderungen der Rechtssphäre beobachten läßt (vgl. *Mayer* 1987; *Mayer/Müller* 1994; *Kohli* 1989). Die diachron vorgegebenen Ordnungsschemata sind selber zeitstrukturiert und enthalten Raster und Lesarten der Gesellschaftsgeschichte[19]. In ihnen bilden sich in komplizierten Tradierungen und Interaktionen Generationen (vgl. *Bohnsack* 1989; *Rosenthal* 1997).

b) Interessant wird allerdings die Sache erst - und damit wird das hier genannte Biographiekonzept erst erreicht, wenn die zweite Ordnungsebene des ‚Er-Lebens‘, das heißt des Erfahrens und Enagierens jener Gegebenheiten und Schemata berücksichtigt wird. Agens und Patiens gehören zur sozialen Realität, als unbelebtes Gehäuse ist sie Abstraktion. Dies gilt sowohl für das Ausführen eines einzelnen Ordnungsstrangs, etwa den des Familienzyklus und der beruflichen Laufbahn - und es gilt erst recht in einer Situation der ‚Unübersichtlichkeit‘, wo noch gar nicht klar ist, welche Ordnungsmöglichkeiten wie im Leben eines Menschen, innerhalb einer Familie, im Kontext eines mit Karrieren operierenden Industriebetriebs etc. in Auswahl und in Kombination von spannungsreichen Wahlen realisiert werden können. Das *Erstpersönliche gehört zum Biographischen* dazu - damit bin ich auf der *Ebene der Beschreibungen des Selbsterlebten.* Sie gehören fundamental zur sozialen Ordnungsgenerierung und -aufrechterhaltung. Sprechende Personen, die Erlebnisse als Erfahrungen auf sich beziehen können, denen man Handlungen zurechnen kann, sind auch und gerade dort notwendig, wo Ordnungspluralität herrscht. Ordnungen exekutieren sich nicht selbst, sondern bedürfen der Selektivität und der Anschlüsse im Handeln, im interpretierenden Miteinander-Sprechen. Weiterhin realisiert sich auf der Ebene selbsterlebter Beschreibungen die Integration unerwarteter Ereignisse - im kleinsten wie im historisch globalen Maßstab als die individuelle Lebensgeschichte. Das sich im Laufe seiner Lebenszeit inhaltlich aufbauende und modifizierende Ich ist nicht in Wir oder Es auflösbar. Konkrete, verschiedene ‚Selbste‘ werden gebraucht, wenn Gesellschaft und Einzelne überleben sollen, da in ihnen ‚Autor‘ und ‚Text‘ gleichzeitig real sind. Sie machen eine soziale Ordnung aus, von der nicht mehr normativ zu fordern ist, daß sie von allen anderen übernommen wird, aber daß andere sie als Ordnung erkennen und respektieren können, und sei es als Fremde.

---

[19]   Dies ist Gegenstand der Oral History; vgl. *Niethammer/Plato/Wierling* 1991.

Die in Teilen oder globalen Gestaltungen erzählte Lebensgeschichte spielt hier eine wichtige Rolle, die mittlerweile auch forschungspraktisch weitgehend genutzt wird. Meines Erachtens liegt hier derzeit der methodische Schwerpunkt der soziologischen Biographieforschung.[20] Es läßt sich zeigen, daß die sprachliche Aktivität der Narration in der Lage ist, sich wechselseitig gleichzeitig Erlebnisse mitzuteilen und sich zu versichern, wer man ist. Narrationen sind Mittel, mir Fremdes zu eigen zu machen und mich entsprechend im sozialen Kontext so zu orientieren, daß ich und die anderen wissen, was der Fall ist. Narrationen erlauben mir, das Fremde als Eigenes zur Sprache zu bringen, lassen aber mich und das Fremde bestehen. Mit anderen Worten: Narrationen definieren Ordnungen nicht ein für allemal, sondern sind in weiteren Interaktionen und Narrationen revidierbar.

c) Die dritte *biographische Ebene der Eigenleiblichkeit* ist die Ordnungsebene, die durch den Körper, der zunächst mir das Nächste und zugleich in seinen operativen Prozessen das Fremdeste ist, ausgezeichnet ist.[21] Der frühkindliche Entwicklungsprozeß besteht genau darin, diesen Körper als sozialen Leib aufzubauen und sich als leibliches Wesen ‚zu verstehen‘, praktisch so leben zu lernen, daß der Körper in ‚mein‘ Handeln und Selbstverstehen integriert ist. Die Integration bleibt zeitlebens prekär - alle Lebensphasen werden auch körperbezogen problematisch erlebt. Krankheit ist nicht die Ausnahme, sondern das Begleitthema meines Lebens. Krankheit - wie der biotische Körper als ganzes - ist nicht aus dem biographischen, sich lebenslang fortsetzenden Selbstverstehen entlaßbar (vgl. für viele *Hanses* 1996; *Brosig/Woidera* 1993; *Blankenburg* 1982; 1986; 1987). Wo eine solche Trennung empirisch beobachtbar ist, wird dies immer als besonderes Problem wahrgenommen. Dies ließe sich an Therapien belegen. Bleiben sie rein ‚somatischer‘ Art, stellen Patient wie auch mittlerweile die Schulmedizin starke Defizite fest; die meisten Psycho-Therapien können als Um-Sprech- und Um-Schreib-Versuche durchgemachter Erlebnisse verstanden werden, die erst in der lebensgeschichtlichen Erzählung zur eigenen Erfahrung werden können.

d) Am prägnantesten läßt sich der Unterschied zwischen dem Identitätskonzept und dem Biographiekonzept in der *Temporaldimension*

---

[20]   Es ist nicht möglich, die große Fülle einschlägiger Arbeiten aufzuführen; genannt seien exemplarisch *Schütze* 1994; *Koller/Kokemohr* 1994; *Rosenthal* 1995; *Dausien* 1996.

[21]   Die Soziologie des Leibes und Körpers wurde seit den grundlegenden Arbeiten von *Helmuth Plessner* (etwa 1970) lange vernachlässigt; vgl. jedoch *Coenen* 1986; *Bette* 1989; *Berthelot* 1991; *Featherstone* 1991; *Featherstone/Hepworth* 1991.

aufzeigen. Während Identität vom Begriff her ein zeitloser Gleichungs-
begriff ist, in dem eine Balance behauptet ist, ist der Biographiebegriff
eine lineare und zirkuläre Prozeßkategorie.

Erzählte Lebensgeschichten sind im doppelten Sinne Zeitgeschich-
ten, sie modellieren einen zeitlichen Ablauf, der sich über die Lebenszeit
des Biographen oder der Biographin erstreckt, indem sie ihn aus dem
Verströmen und der Flüchtigkeit entnehmen. Sie fixieren ihn also, indem
sie ihn gleichzeitig in seiner Ablaufqualität für den perspektivisch in der
Gegenwart handelnden und erlebenden Menschen zeitlich offen halten,
also weiter erlebnisfähig halten. Erinnerungen und Erwartungen bestimmen gleichermaßen das Bild. In der erzählten Lebensgeschichte, die immer wieder neu erzählbar ist, haben wir einen vom nicht ganz berechen-
baren, lebendigen heute aus konstruierten Vergangenheits- und Zukunfts-
horizont vor uns. Im ‚Als ob‘ einer erzählten kontinuierlichen Lebensgeschichte entsteht Konsistenz und Erwartungssicherheit, die gleichzeitig
revidierbar bleiben.[22]

Ein kurzer Blick zurück auf das eingangs präsentierte Selbstzeugnis der Jenenser Studentin dürfte jetzt allgemein erkennen lassen, hier
spricht eine, die nur sagen kann, wer sie ist, indem sie eine argumentativ
zentrierte *Geschichte* präsentiert; ihre Identität ist nur biographisch genauer bestimmbar und nicht durch ein formelhaftes Identitätsetikett ‚Ich
bin X‘. In der *Temporaldimension* zeigen sich mehrfach Modalisierungen:
Die Vergangenheit erscheint heute anders als gestern; die vergangene
Zukunft war sicher erwartbar, die gegenwärtige Zukunft wird als (unange-
nehm) offen benannt. Wir erkennen weiter, wie dies in die *sozialen Prä-
skripte* der alten berufs- und familienbiographischen Muster eingepaßt ist
und mit der jeweils aktuellen Variante der Gesellschafts-Geschichte und
-Programmatik zusammenhängt. Die *Er-Lebensdimension* des Handelns
und Bewertens ist hervorstechend und wird durch den vorwiegend argu-
mentativ-persuasiven Stil dem unbefangenen alltagsweltlichen Hörer ohne
große Interpretationsmöglichkeiten geradezu aufgedrängt. Das Schwanken
zwischen Hoffnung und Enttäuschung, Bewertungsunsicherheit, die gegenwärtige Rückkehr zu einer früheren Perspektive sind offensichtlich - und
verwirrend für jene, die eine schlichte zeit-, prozeß- und widerspruchs-
freie point-to-point Identität zum Maßstab nehmen. Die Dimension der
Eigenleiblichkeit erscheint blaß in diesem Selbstzeugnis. Dennoch ist sie
an biographie-thematisch zentraler Stelle in der Selbstbezeichnung

---

[22]   Eine neuere Studie, die die Temporalität der Biographie ausbuchstabiert, ist
Nassehi 1993; vgl. die empirische Untersuchung des Verfassers *Fischer* 1982a; 1982b.

‚Studentin mit Kind' und durch die Problematisierung ihrer damaligen Entscheidung für eine Mutterschaft in der Polarität ‚Anerkennung-Ablehnung' ihres sozial-leiblichen Verhaltens auch angesprochen.

Das systematische Argument wird hier beendet. Es kann nicht mehr auf die große Fülle empirischer und theoretischer Arbeiten hingewiesen werden, die im Kontext der soziologischen Biographiediskussion in den letzten drei Jahrzehnten für ganz verschiedene Bereiche unserer Gesellschaft entstanden sind. Dies würde vollends plausibel machen, was jetzt nur behauptet wurde: Biographie als soziologisches Konzept eignet sich wegen seiner Herkunft aus der alltagssprachlichen Bewältigung gesellschaftlicher Entwicklung in besonderer Weise dazu, Anschlüsse an andere Kontexte herzustellen.

Damit meine ich einmal andere Wissenschaftkontexte: Geschichte, Psychologie und Pädagogik profitieren seit längerem schon von den einschlägigen Forschungsbemühungen. Darüber hinaus ist erkennbar, daß vor allem Disziplinen, die praktisch im sozialen Bereich wirksam werden müssen oder wollen, in den fallbezogenen und struktur-rekonstruktiven Ansätzen wichtige Hilfen für jede Art - oft ‚therapeutisch' genannter - Arbeit gewinnen können. Aus eigener jahrelanger Lehrerfahrung in sogenannten soziologischen Nebenfachkontexten - etwa bei der medizinischen Aus- und Fortbildung oder im Bereich des Sozialwesens - ist mir die wirklichkeitsaufschließende Potenz des biographischen Konzepts klar vor Augen.

Literatur

Beck, Ulrich 1986: Risikogesellschaft. Auf dem Weg in eine andere Moderne. Frankfurt/M.: Suhrkamp.

Beck, Ulrich/Elisabeth Beck-Gernsheim 1993: Nicht Autonomie, sondern Bastelbiographie. In: Zeitschrift für Soziologie 22, 178-187.

Beck, Ulrich/Elisabeth Beck-Gernsheim 1994: Individualisierung in modernen Gesellschaften - Perspektiven und Kontroversen einer subjektorientierten Soziologie. In: Dies. (Hg.): Riskante Freiheiten. Individualisierung in modernen Gesellschaften. Frankfurt/M.: Suhrkamp, 10-39.

Berger, Peter L. 1973: Zur Dialektik von Religion und Gesellschaft. Frankfurt/M.: Fischer.

Berger, Peter L. 1980: Der Zwang zur Häresie. Religion in der pluralistischen Gesellschaft. Frankfurt/M.: Fischer.

Berger, Peter L./Thomas Luckmann 1969: Die gesellschaftliche Konstruktion der Wirklichkeit. Eine Theorie der Wissenssoziologie. Frankfurt/M.: Fischer.

Berthelot, J.M. 1991: Sociological Discourse and the Body. In: Mike Featherstone/ Mike Hepworth/Bryan S. Turner (eds.): The Body. Social Process and Cultural Theory. London; Newbury Park; New Delhi: Sage, 390-404.

Bette, Karl H. 1989: Körperspuren. Zur Semantik und Paradoxie moderner Körperlichkeit. Berlin; New York: de Gruyter.

Blankenburg, Wolfgang 1982: Körper und Leib in der Psychiatrie. In: Schweizer Archiv für Neurologie, Neurochirurgie und Psychiatrie 131, 13-39.

Blankenburg, Wolfgang 1986: Biographie und Krankheit. In: *Karl-Ernst Bühler* (Hg.): Zeitlichkeit als psychologisches Prinzip. Köln: Janus Presse, 85-123.

Blankenburg, Wolfgang 1987: Zur Subjektivität des Subjekts aus psychopathologischer Sicht. In: *Herta Nagl-Docekal/Helmut Vetter* (Hg): Tod des Subjekts? Wien; München: Oldenbourg, 164-189.

Bohnsack, Ralph 1989: Generation, Milieu, Geschlecht. Ergebnisse aus Gruppendiskussionen mit Jugendlichen. Opladen: Leske + Budrich.

Brosig, Burkhard/Regina Woidera 1993: „Wir drei müssen zusammenhalten". Psychoanalytische Überlegungen zum Erleben nach einer Herz-Lungen-Transplantation. Eine hermeneutische Textrekonstruktion. In: Psyche 47, 1063-1079.

Coenen, Hermann 1986: Leiblichkeit und Sozialität. Ein Grundproblem der phänomenologischen Soziologie. In: *Hilarion Petzold* (Hg.): Leiblichkeit. Philosophische, gesellschaftliche und therapeutische Perspektiven. Paderborn: Junfermann, 197-228.

Dausien, Bettina 1996: Biographie und Geschlecht. Zur biographischen Konstruktion sozialer Wirklichkeit in Frauenlebensgeschichten. Bremen: Donat Verlag.

Engelhardt, Michael von 1991: Der Wandel des Lebenslaufs in der Geschichte der Moderne: Vom unsicheren Leben in traditionalen Gemeinschaften zum sicheren Leben in der modernen Gesellschaft von Einzelgängern? In: Soziologische Revue 14, 155-159.

Erikson, Erik H. 1966: Identität und Lebenszyklus. Frankfurt/M.: Suhrkamp.

Featherstone, Mike 1991: The Body in Consumer Culture. In: *Mike Featherstone/Mike Hepworth/Bryan S. Turner* (eds.): The Body. Social Process and Cultural Theory. London; Newbury Park; New Delhi: Sage, 170-196.

Featherstone, Mike/Mike Hepworth 1991: The Mask of Ageing and the Postmodern Life. In: *Mike Featherstone/Mike Hepworth/Bryan S. Turner* (eds.): The Body. Social Process and Cultural Theory. London; Newbury Park; New Delhi: Sage, 371-389.

Fischer, Wolfram 1976: Legitimationsprobleme und Identitätsbildungsprozesse bei Evangelischen Theologen. Phil. Diss. Münster.

Fischer, Wolfram 1982a: Time and Chronic Illness. MS Berkeley 1982. Habilitationsschrift Bielefeld.

Fischer, Wolfram 1982b: Alltagszeit und Lebenszeit in Lebensgeschichten von chronisch Kranken. In: Zeitschrift für Sozialisationsforschung und Erziehungssoziologie 2, 5-19.

Fischer, Wolfram/Martin Kohli 1987: Biographieforschung. In: *Wolfgang Voges* (Hg.): Methoden der Biographie- und Lebenslaufforschung. Opladen: Leske + Budrich, 25-49.

Fischer-Rosenthal, Wolfram 1995a: Schweigen, Rechtfertigen, Umschreiben. In: *Wolfram Fischer-Rosenthal/Peter Alheit* (Hg.): Biographien in Deutschland. Opladen: Westdeutscher Verlag, 43-86.

Fischer-Rosenthal, Wolfram 1995b: The Problem with Identity: Biography as Solution to Some (Post)-Modernist Dilemmas. In: Comenius 15, 3, 250-265.

Fischer-Rosenthal, Wolfram 1995²c: Zum Konzept der subjektiven Aneignung von Gesellschaft. In: *Uwe Flick/Ernst von Kardorff/Heiner Keupp/Lutz von Rosenstiel/Stephan Wolff* (Hg.): Handbuch Qualitative Sozialforschung. Grundlagen, Konzepte, Methoden und Anwendungen. Weinheim: Beltz; PVU, 78-89.

Fischer-Rosenthal, Wolfram 1995²d: Biographische Methode in der Soziologie. In: *Uwe Flick/Ernst von Kardorff/Heiner Keupp/Lutz von Rosenstiel/Stephan Wolff* (Hg.): Handbuch Qualitative Sozialforschung. Grundlagen, Konzepte, Methoden und Anwendungen. Weinheim: Beltz; PVU, 253-256.

Fischer-Rosenthal, Wolfram 1996a: Strukturale Analyse biographischer Texte. In: *Elmar Brähler/Corinne Adler* (Hg.): Quantitative Einzelfallanalysen und qualitative Verfahren. Gießen: Psychosozial Verlag, 147-208.

Fischer-Rosenthal, Wolfram 1996b: From Identity to Biography. The Problem with Identity. In: *Itzhak Kashti et al.* (eds.): A Quest for Identity. Post War Jewish Biographies. Tel-Aviv, School of Education, Tel-Aviv University, 9-20.

Fischer-Rosenthal, Wolfram/Gabriele Rosenthal 1996: Narrationsanalyse biographischer Selbstpräsentationen. In: *Ronald Hitzler/Anne Honer* (Hg.): Sozialwissenschaftliche Hermeneutik. Opladen: Leske + Budrich (utb), 133-164.

Uwe Flick/Ernst von Kardorff/Heiner Keupp/Lutz von Rosenstiel/Stephan Wolff (Hg.) 1995²: Handbuch Qualitative Sozialforschung. Grundlagen, Konzepte, Methoden und Anwendungen. Weinheim: Beltz; PVU.

Foerster, Heinz von 1993: Über das Konstruieren von Wirklichkeiten. In: *Siegfried J. Schmidt* (Hg.): Wissen und Gewissen. Frankfurt/M.: Suhrkamp, 25-49.

Glasersfeld, Ernst von 1991: Abschied von der Objektivität. In: *Paul Watzlawick/Peter Krieg* (Hg): Das Auge des Betrachters. Beiträge zum Konstruktivismus. München: Piper, 17-31.

Glasersfeld, Ernst von 1995²: Konstruktion der Wirklichkeit und des Begriffs der Objektivität. In: *Einführung in den Konstruktivismus*. Mit Beiträgen von *Heinz von Foerster, Ernst von Glasersfeld, Peter M. Heil, Siegfried J. Schmidt und Paul Watzlawick*. München: Piper, 9-40.

Grathoff, Richard 1989: Milieu und Lebenswelt. Frankfurt/M.: Suhrkamp.

Habermas, Jürgen 1973a: Stichworte zur Theorie der Sozialisation. In: *Ders.:* Kultur und Kritik. Frankfurt/M.: Suhrkamp, 118-194.

Habermas, Jürgen 1973b: Notizen zum Begriff der Rollenkompetenz. In: *Ders.:* Kultur und Kritik. Frankfurt/M.: Suhrkamp, 195-231.

Habermas, Jürgen 1974: Können komplexe Gesellschaften eine vernünftige Identität ausbilden? In: *Jürgen Habermas/Dieter Henrich:* Zwei Reden aus Anlaß der Verleihung des Hegel-Preises 1973 der Stadt Stuttgart. Frankfurt/M.: Suhrkamp, 25-84.

Habermas, Jürgen 1976: Moralentwicklung und Ich-Identität. In: *Ders.:* Zur Rekonstruktion des historischen Materialismus. Frankfurt/M.: Suhrkamp, 62-92.

Habermas, Jürgen 1988: Individuierung durch Vergesellschaftung. Zu G. H. Meads Theorie der Subjektivität. In: *Ders.:* Nachmetaphysisches Denken. Frankfurt/M.: Suhrkamp, 153-186.

Hanses, Andreas 1996: Epilepsie als biographische Konstruktion. Eine Analyse von Erkrankungs- und Gesundungsprozessen anfallserkrankter Menschen anhand erzählter Lebensgeschichten. Bremen: Donat Verlag.

Hitzler, Ronald 1988: Kleine Lebenswelten. Ein Beitrag zum Verstehen von Kultur. Opladen: Westdeutscher Verlag.

Hitzler, Ronald/Anne Honer 1994: Bastelexistenz. Über subjektive Konsequenzen der Individualisierung. In: *Ulrich Beck/Elisabeth Beck-Gernsheim* (Hg.): Riskante Freiheiten. Individualisierung in modernen Gesellschaften. Frankfurt/M.: Suhrkamp, 307-315.

Hurrelmann, Klaus 1983: Das Modell des realitätsverarbeitenden Subjekts in der Sozialisationsforschung. In: Zeitschrift für Sozialisationsforschung und Erziehungssoziologie 3, 91-104.

Hurrelmann, Klaus 1986: Einführung in die Sozialisationstheorie. Über den Zusammenhang von Sozialstruktur und Persönlichkeit. Weinheim: Beltz.

Hurrelmann, Klaus/Dieter Ulich (Hg.) 1980: Handbuch der Sozialisationsforschung. Weinheim: Beltz.

Hurrelmann, Klaus/Dieter Ulich (Hg.) 1991[4]: Neues Handbuch der Sozialisationsforschung. Weinheim: Beltz.

Imhof, Arthur E. 1988: Von der unsicheren zur sicheren Lebenszeit. Fünf historisch-demographische Studien. Darmstadt: Wissenschaftliche Buchgesellschaft.

Joas, Hans 1994: Kreativität und Autonomie. Die soziologische Identitätskonzeption und ihre postmoderne Herausforderung. In: *Christoph Görg* (Hg.): Gesellschaft im Übergang. Darmstadt: Wissenschaftliche Buchgesellschaft, 109-119.

Kamper, Dietmar 1980: Die Auflösung der Ich-Identität. In: *Friedrich A. Kittler* (Hg.): Austreibung des Geistes aus den Geisteswissenschaften. Paderborn: Schöningh, 79-86.

Knorr-Cetina, Karin 1989: Spielarten des Konstruktivismus. In: Soziale Welt 40, 86-96.

Kohli, Martin 1981: Wie es zur ‚biographischen Methode‘ kam und was daraus geworden ist. Ein Kapitel aus der Geschichte der Sozialforschung. In: Zeitschrift für Soziologie 10, 273-293.

Kohli, Martin 1985: Die Institutionalisierung des Lebenslaufs. In: Kölner Zeitschrift für Soziologie und Sozialpsychologie 37, 1-29.

Kohli, Martin 1986: Gesellschaftszeit und Lebenszeit. In: *Johannes Berger* (Hg.): Die Moderne - Kontinuitäten und Zäsuren. Göttingen: Schwartz, 183-208.

Kohli, Martin 1989: Institutionalisierung und Individualisierung der Erwerbsbiographie. In: *Ditmar Brock et al.* (Hg.): Subjektivität im gesellschaftlichen Wandel. München: Deutsches Jugendinstitut, 278-349.

Kohli, Martin 1991[4]: Lebenlauftheoretische Ansätze in der Sozialisationsforschung. In: *Klaus Hurrelmann/Dieter Ulich* (Hg.): Neues Handbuch der Sozialisationsforschung. Weinheim: Beltz, 303-317.

Koller, Hans-Christoph/Rainer Kokemohr (Hg.) 1994: Lebensgeschichte als Text. (Interaktion und Lebenslauf. 10). Weinheim: Deutscher Studienverlag.

Krappmann, Lothar 1969: Soziologische Dimensionen der Identität. Stuttgart: Klett-Cotta.

Lohauß, Peter 1995: Moderne Identität und Gesellschaft. Theorien und Konzepte. Opladen: Leske + Budrich.

Luckmann, Thomas 1979: Personal Identity as an Evolutionary and Historical Problem. In: *Mario von Cranach et al.* (eds): Human Ethnology - Claims and Limits of a New Discipline. Cambridge: Cambridge University Press. [Gekürzte deutsche Version in: *Thomas Luckmann* 1980: Lebenswelt und Gesellschaft. Grundstrukturen und geschichtliche Wandlungen. Paderborn: Schöningh (utb), 123-141.]

Luckmann, Thomas 1980: Lebenswelt und Gesellschaft. Grundstrukturen und geschichtliche Wandlungen. Paderborn: Schöningh (utb).

Luckmann, Thomas 1991: Die unsichtbare Religion. Frankfurt/M.: Suhrkamp.

Luhmann, Niklas 1985: Die Autopoiesis des Bewußtseins. In: Soziale Welt 36, 402-446.
Luhmann, Niklas 1989: Individuum, Individualität, Individualismus. In: *Ders.:* Gesellschaftsstruktur und Semantik. Bd. 3. Frankfurt/M.: Suhrkamp, 149-258.
Luhmann, Niklas 1990: Die Wissenschaft der Gesellschaft. Frankfurt/M.: Suhrkamp.
Luhmann, Niklas 1995: Die Kunst der Gesellschaft. Frankfurt/M.: Suhrkamp.
Mayer, Karl-Ulrich 1987: Lebenslaufforschung. In: *Wolfgang Voges* (Hg.): Methoden der Biographie- und Lebenslaufforschung. Opladen: Leske + Budrich, 51-74.
Mayer, Karl-Ulrich/Walter Müller 1994: Individualisierung und Standardisierung im Strukturwandel der Moderne. Lebensverläufe im Wohlfahrtsstaat. In: *Ulrich Beck/Elisabeth Beck-Gernsheim* (Hg.): Riskante Freiheiten. Individualisierung in modernen Gesellschaften. Frankfurt/M.: Suhrkamp, 265-295.
Nassehi, Armin 1993: Die Zeit der Gesellschaft. Opladen: Westdeutscher Verlag.
Niethammer, Lutz 1994: Konjunkturen und Konkurrenzen kollektiver Identität. In: PROKLA 24, 96, 378-399.
Niethammer, Lutz 1995: Diesseits des ‚Floating Gap‘. Das kollektive Gedächtnis und die Konstruktion von Identität im wissenschaftlichen Diskurs. In: *Kristin Platt/ Mihran Dabag* (Hg.): Generation und Gedächtnis. Opladen: Leske + Budrich, 25-50.
Niethammer, Lutz/Alexander von Plato/Dorothee Wierling 1991: Die volkseigene Erfahrung. Eine Archäologie des Lebens in der Industrieprovinz der DDR. Berlin: Verlags-Anstalt Union.
Nunner-Winkler, Gertrud 1985: Identität und Individualität. In: Soziale Welt 36, 466-482.
Paul, Jean 1989: Selberlebensbeschreibung. Konjektural-Biographie. Stuttgart: Reclam. (Ersterscheinung 1818).
Plessner, Helmuth 1970: Das Verhältnis des Menschen zu seinem Körper. In: *Günter Dux* (Hg.): Philosophisches Anthropologie. Frankfurt/M.: Suhrkamp, 31-55; sowie: Ästhesiologie des propriozeptiven Systems: Der Leib, 229-231.
Pörksen, Uwe 1992⁴: Plastikwörter. Die Sprache einer internationalen Diktatur. Stuttgart: Klett-Cotta.
Rosenthal, Gabriele 1995: Erlebte und erzählte Lebensgeschichte. Frankfurt/M.: Campus.
Rosenthal, Gabriele 1997: Zur interaktionellen Konstitution von Generationen. Generationenabfolge in Familien von 1890 bis 1970 in Deutschland. In: *Jürgen Mansel/Gabriele Rosenthal/Angelika Tölke* (Hg.): Generationen-Beziehungen, Austausch und Tradierung. Opladen: Westdeutscher Verlag, 57-73.
Sampson, Edward E. 1985: The Decentralization of Identity. Toward a Revised Concept of Personal and Social Order. In: American Psychologist 40, 1203-1211.
Sampson, Edward E. 1989: The Deconstruction of the Self. In: *John Shotter/Kenneth J. Gergen* (eds.): Texts of Identity. London: Sage, 1-19.
Schimank, Uwe 1985: Funktionale Differenzierung und reflexiver Subjektivismus. Zum Entsprechungsverhältnis von Gesellschafts- und Identitätsform. In: Soziale Welt 36, 447-465.
Schmidt, Wolfgang 1994: Die Sehnsucht nach Identität. In: PROKLA 24, 3, 359-377.
Schütz, Alfred 1945: Über die mannigfaltigen Wirklichkeiten. In: *Ders.* 1971: Gesammelte Aufsätze, Bd. I. Den Haag: Nijhoff, 237-298.
Schütz, Alfred 1953: Wissenschaftliche Interpretation und Alltagsverständnis menschlichen Handelns. In: *Ders.* 1971: Gesammelte Aufsätze, Bd. I. Den Haag: Nijhoff, 3-54.

Schütz, Alfred/Thomas Luckmann 1979/1984: Strukturen der Lebenswelt. 2 Bde. Frankfurt/M.: Suhrkamp.

Schütze, Fritz 1994: Das Paradoxe in Felix' Leben als Ausdruck eines 'wilden' Wandlungsprozesses. In: *Hans-Christoph Koller/Rainer Kokemohr* (Hg.): Lebensgeschichte als Text. Zur biographischen Artikulation problematischer Bildungsprozesse. (Interaktion und Lebenslauf. 10). Weinheim: Deutscher Studien Verlag, 13-60.

Shoemaker, Sydney/Richard Swinburne 1984: Personal Identity. Oxford: Blackwell.

Simmel, Georg 1983: Schriften zur Soziologie. Eine Auswahl hg. u. eingel. von *Heinz Jürgen Dahme/Otthein Rammstedt*. Frankfurt/M.: Suhrkamp.

Simmel, Georg 1992: Soziologie. Untersuchungen über die Formen der Vergesellschaftung. Hg. von *Otthein Rammstedt*. GA Bd. 11. Frankfurt/M.: Suhrkamp.

Straub, Jürgen 1991: Identitätstheorie im Übergang? In: Sozialwissenschaftliche Literaturrundschau 23, 1-23.

Strauss, Anselm L. 1968: Spiegel und Masken. Auf der Suche nach Identität. Frankfurt/M.: Suhrkamp.

Taylor, Charles 1996: Quellen des Selbst. Die Entstehung der neuzeitlichen Identität. Frankfurt/M.: Suhrkamp.

Venner, Margrit/Irene Misselwitz/Christian Ederer 1993: Studentische Identitätsfindung im Rahmen der Wende. In: *Marianne Leuzinger-Bohleber/Eugen Mahler* (Hg.): Phantasie und Realität in der Spätadoleszenz. Opladen: Westdeutscher Verlag, 233-246.

Die biographische Konstruktion der Wirklichkeit

Überlegungen zur Biographizität des Sozialen

Peter Alheit und Bettina Dausien

Einleitung

Konstruktivistische Konzepte sind in Mode - in der Sozialpsychologie (vgl. stellvertretend *Watzlawick* 1994), in der Frauenforschung[1], in den Bildungswissenschaften[2]. Das diskreditiert sie durchaus nicht. Es zwingt allerdings alle, die das Label ‚Konstruktion' soziologisch verwenden[3], zur Klarheit der Definition und zur Präzisierung des damit verknüpften theoretischen Gedankens[4].

Auch in der Biographieforschung sind konstruktivistische Ansätze keineswegs neu. In einem hochinteressanten Aufsatz hat *Schimank* (1988) im Anschluß an *Luhmann*s Autopoiesis-Konzept[5] die provokante These vertreten, daß „das Verhältnis zwischen den gesellschaftlichen Kommunikationen, denen eine Person ausgesetzt ist, und ihrem biographischen Bewußtsein ... strikt *konstruktivistisch*" verstanden werden müsse (*Schi-*

---

[1] Vgl. stellvertretend *Lorber/Farell* 1991; s. ausführlicher unsere Auseinandersetzung im dritten Teil dieses Beitrages.

[2] Vgl. stellvertretend die außerordentlich produktive und interessante Diskussion in der Weiterbildung (etwa *Siebert* 1996; *Arnold* 1995; *Schäffter* 1995).

[3] Gewiß gehört in diesen Kontext der Hinweis auf das nun fast drei Jahrzehnte zurückliegende Erscheinungsdatum der wissenssoziologisch außerordentlich einflußreichen „*The Social Construction of Reality*" von *Berger/Luckmann* (1967) und ihr wichtiges theoretisches Vermächtnis. Ob dies freilich die soziologische Neukonzeptualisierung eines interdisziplinär weiterentwickelten Konstruktionsbegriffs überflüssig macht, bleibt offen. *Soeffner*s im übrigen berechtigte Reminiszenz an *Berger/Luckmann* (*Soeffner* 1992) beispielsweise hätte mit ihrer pauschalen Polemik gegen die soziologische Rezeption des radikalen Konstruktivismus - zum Beispiel bei *Luhmann* - zurückhaltender sein sollen (*ibid.*: 478 f.).

[4] Dabei muß es nicht zwangsläufig um eine systematische Aufarbeitung der Thesen des radikalen Konstruktivismus im Anschluß an *von Foerster* und *von Glasersfeld* gehen (vgl. dazu im Überblick *Schmidt* 1987). Vielmehr wäre eine sachliche und klare Explikation der damit verknüpften konzeptionellen Innovationen im Kontext der Soziologie wünschenswert.

[5] Vgl. *Luhmann* 1984, 1985, 1990, 1993.

mank 1988: 58). „Die Konstruktion der je eigenen Biographie durch eine Person vollzieht sich", so *Schimank*, „im radikalen Sinn des Wortes autonom. Alle Einflüsse aus der gesellschaftlichen Umwelt, ob gezielt oder absichtslos, werden gemäß den internen Strukturen des personalen Systems verarbeitet, gleichsam von *withinputs* abgefangen und eskortiert und können allein so überhaupt biographische Bedeutung erlangen." (*ibid.*)

Dieser Gedanke kann plausibel auf eine Reihe empirisch beobachtbarer Phänomene zurückgreifen - so beispielsweise auf die triviale Tatsache, daß bestimmte soziale Einflüsse in einer Biographie geradezu gegenteilige Wirkungen zeitigen können wie dieselben *inputs* in einer anderen Biographie. Daß also ‚gesellschaftliche Kommunikationen', wie *Schimank* sich ausdrückt, eher als selbstreferentielle *intakes* begriffen werden müssen und gerade nicht als *inputs*, die erwartbare *outputs* hervorbringen, erscheint überzeugend. Wie nun freilich der einzigartige ‚Code' der biographischen Erfahrungsverarbeitung seinerseits zustande kommt, wie er in temporaler Perspektive durchaus als durch soziale Interaktionen ‚konstituiert' gedacht werden muß, wie also Struktur und Emergenz, soziale Konstitution und soziale Konstruktion in einem gelebten Leben eine spezifische Melange ausbilden, darüber läßt uns *Schimank*s intelligente Abhandlung noch im unklaren.

Die folgenden Ausführungen erheben den vorsichtigen Anspruch, diesem schwierigen soziologischen Problem auf die Spur zu kommen. Dabei soll zunächst der anregende Einfluß der modernen Neurobiologie diskutiert werden (1). Im Anschluß daran wollen wir auf Innovationen und Bornierungen einer systemtheoretisch reformulierten Biographietheorie eingehen (2). Deren Selbstreferentialitätsblockaden lassen sich besonders anschaulich am Problem der sozialen Konstruktion von ‚Geschlecht' verdeutlichen, bei der wir allerdings auch an die Grenzen des interaktionistischen Konstruktionsbegriffs stoßen (3). Aus diesem theoretischen Diskurs entwickeln wir unser eigenes Konzept (4), das zumindest implizit an den Begriff der ‚Biographizität' anschließt, dessen pragmatischen Nutzen wir an anderer Stelle ausführlich diskutiert haben (vgl. stellvertretend *Alheit* 1990a, 1990b, 1993; *Dausien* 1990, 1996a; *Alheit/ Dausien* 1996).

1   Anregungen und offene Fragen des neurobiologischen Konstruktivismus

Die Kritik an der autobiographischen Rekonstruktion sozialer Wirklichkeit, die gerade in der Soziologie artikuliert worden ist, der Vorwurf, es handele sich dabei um die schlichte Illusion (*Bourdieu* 1990) oder gar die Mythologisierung des ‚wirklichen' Lebensablaufs (*Osterland* 1983), wiederholt eine klassische Debatte der modernen Erkenntnistheorie: Der Wahrnehmung von Wirklichkeit aus der Sicht biographischer Erzähler hafte etwas Subjektives und Partikulares an; und es erscheine durchaus fragwürdig, ob sich daraus allgemeine Erkenntnisse über soziale Wirklichkeit schlechthin gewinnen lassen.

Diese implizit an dem erkenntnistheoretischen Standpunkt des kritischen Rationalismus orientierte Position, die auch das Alltagshandeln in modernen Gesellschaften beeinflußt hat, erscheint aus dem Blickwinkel jüngerer Forschungen der Neurobiologie zumindest ergänzungsbedürftig[6]. Bei allem Mißtrauen gegenüber der Genauigkeit subjektiver Wahrnehmung - gerade wenn beträchtliche Zeitabschnitte zwischen Ereignis und Rekapitulation liegen - bleibt doch die Tatsache, daß das Gedächtnis (allgemeiner: das Gehirn als synthetisches ‚Wahrnehmungsorgan') einen unmittelbaren Zugang zur Wirklichkeit habe, völlig unproblematisiert.

Genau diese Skepsis ist indessen notwendig, wenn man mit der jüngeren Neurobiologie Wahrnehmungsvorgänge sozusagen aus der Perspektive des Gehirns betrachtet. Dann nämlich erscheinen die Informationen der verschiedenen Sinnesorgane nicht als unmittelbare Eindrücke von Auge und Ohr, Geruchs- oder Tastsinn, sondern als prinzipiell unspezifische neuronale Informationen, die erst vom Gehirn selbst in eindeutige ‚Sinneseindrücke' verwandelt werden. „Für das Gehirn existieren ... nur die neuronalen Botschaften, die von den Sinnesorganen kommen, nicht aber die Sinnesorgane selbst, genausowenig wie für den Betrachter eines Fernsehbildes die Aufnahmekamera existiert." (*Roth* 1987a: 234)

Die Möglichkeit des Gehirns, gewissermaßen ‚richtige' Bedeutungszuschreibungen vorzunehmen, resultiert allein aus einer relativ frühen räumlichen Differenzierung neuronal übermittelter Erregungszustände. Zum Beispiel werden alle neuronalen Impulse, die am Hinterhauptcortex verarbeitet werden, als *Seh*eindrücke gedeutet. Sie würden auch dann als Informationen des Gesichtssinns, etwa als rote Farbe, ‚wahrgenommen', wenn der neuronale Reiz dieser Gehirnpartie nicht

---

[6]   Wir beziehen uns hier vor allem auf die Arbeiten von *Maturana* und seinen Mitarbeitern (stellvertretend *Maturana* 1970, 1987a, 1987b; *Maturana/Varela* 1975, 1987; *Varela* 1979, 1981, 1987; *Varela/Maturana/Uribe* 1974) und auf die kongenialen und zum Teil modifizierenden Fortsetzungsstudien der Forschungsgruppe um *Roth* (zum Beispiel *Roth* 1985, 1987a, 1987b; *Roth/Schwegler* 1981; *an der Heiden/Roth/Schwegler* 1986).

durch das Auge übermittelt worden wäre, sondern von der Manipulation des Hinterhauptcortex durch eine künstlich eingeführte Elektrode stammte. „All dies führt zu der merkwürdigen Feststellung, daß das Gehirn, anstatt weltoffen zu sein, ein kognitiv in sich geschlossenes System ist, das nach eigenentwickelten Kriterien neuronale Signale deutet und bewertet, von deren wahrer Herkunft und Bedeutung es nichts absolut Verläßliches weiß." (*ibid.*: 235)

Freilich, indem das Gehirn im radikalen Sinn selbstreferentiell verfährt und Wirklichkeit eben nicht abbildet, sondern konstruiert, schafft es sich gezwungenermaßen auch Kriterien zur Überprüfung seiner Konstruktionsergebnisse. Denn um überleben zu können, scheint das Gehirn nicht nur *eine* kognitive Welt zu benötigen, sondern gleichsam drei ‚Welten': eine Welt um uns herum, die man *Dingwelt* nennen könnte, eine Art *Körperwelt*, die sich auf sensorische und motorische Erfahrungen mit unserem Körper bezieht, und die nichtkörperliche Welt unserer Gedanken und Gefühle (vgl. *ibid.*: 236 ff.). Diese Welten stehen in Beziehung zueinander, bilden füreinander Innen- und Außendimensionen und korrigieren sich gewissermaßen wechselseitig, obgleich jede im strengen Sinn nur ein kognitives Konstrukt ist, also mit dem realen materiellen ‚Außen' *unmittelbar* keine Verbindung hat.

Roth hat unser Gehirn mit einer Person verglichen, die durch ein fremdes Land reist, dessen Sprache sie nicht versteht, und deshalb auf einen Dolmetscher angewiesen ist (vgl. *ibid.*: 242 ff.). Zur Einschätzung der Zuverlässigkeit des Übersetzers hat die Person mehrere Strategien zur Verfügung: Sie kann zum Beispiel in vorausgegangenen Situationen mit dem Dolmetscher ausgezeichnete Erfahrungen gemacht haben, die ihr die Verläßlichkeit des kulturellen Vermittlers verbürgen. Auch die Organisation unseres Gehirns verweist auf ein lange zurückliegendes und offensichtlich äußerst erfolgreiches phylogenetisches Erbe. Die ‚Dolmetscherleistungen' verdienen also Vertrauensvorschuß. Die Person könnte zur Kontrolle auch *mehrere* Dolmetscher verpflichten. Auch mit dieser Strategie ist unser Gehirn vertraut, wenn zur Ratifizierung ein und desselben Zustandes mehrere Sinnesareale aktiviert werden. Jener Reisende hat schließlich die Möglichkeit, jede vom Übersetzer hinzugefügte Information mit bereits vorhandenen Informationen zu vergleichen und auf ihre Konsistenz hin zu überprüfen. Diese Funktion übernimmt beim Gehirn das Gedächtnis.

Dies bedeutet aber: strikte Selbstreferentialität führt keineswegs zu einer prinzipiellen Abschottung des Gehirns von Außeneinflüssen. Solche ‚Perturbationen' (*Maturana/Varela* 1987) müssen ständig verarbeitet werden und verändern das verarbeitende Gesamtsystem durchaus.

Aber sie beeinflussen es nicht nach den Gesetzen des ‚Eindringlings‘, sondern ausschließlich nach den bis dahin entwickelten internen Regeln des Systems (vgl. *Maturana/Varela* 1987: 108 f.). Diese Disposition scheint in immer komplexer werdenden Umwelten wesentlich erfolgreichere Überlebenschancen zu garantieren als die prinzipielle Weltoffenheit des Wahrnehmungsapparates (vgl. dazu ausführlicher *Roth* 1985, 1987a; *Maturana/Varela* 1987).

Herausfordernd an diesem neurobiologischen Konzept der Kognition ist die Vorstellung, daß jede Verarbeitung von Wirklichkeit, selbstverständlich auch die Rekapitulation biographischer Erfahrung, als selbstreferentielle Leistung des kognitiven Systems betrachtet werden müßte. Sympathischerweise zeigt sich allerdings, daß bei den Vertretern dieser reizvollen These durchaus noch Dissens darüber besteht, wie eng jener Prozeß phylogenetisch und ontogenetisch mit dem Prinzip der *Autopoiese* verknüpft und erklärt werden kann. Während *Maturana*, der eigentliche Entdecker der konzeptionellen Idee, Leben und Kognition in eins setzt und für beide das Prinzip der zirkulären Selbstherstellung und Selbsterhaltung (Autopoiese) reklamiert (vgl. das *Maturana*-Zitat in *Roth* 1987b: 262), betont zum Beispiel die Forschungsgruppe um *Roth* den nur *relativ* autopoietischen Charakter aller Organismen, die immer auch von ihren Umwelten definiert werden (*an der Heiden/Roth/Schwegler* 1986), und besteht zudem auf einer durch die Evolution bedingten *strukturellen Differenzierung* zwischen den Selbsterhaltungsprinzipien des Gesamtorganismus und den zwar selbstreferentiellen, aber keineswegs autopoietischen Funktionsweisen höherer Nervensysteme (*Roth* 1987b: 266 ff.). Pointierter noch: Kognition ist, neurobiologisch betrachtet, um so leistungsfähiger für die Autopoiese des Organismus, je eindeutiger sie von den Zwängen zirkulärer Selbstherstellung und Selbsterhaltung ihrer Komponenten frei bleibt. Diese Eigenschaft macht nämlich Lernprozesse möglich, die jedes kognitive System ‚selbst-explikativ‘ entwickeln muß. „Der Umstand, daß das kognitive System nicht autopoietisch ist, konstituiert also zum einen ... die Möglichkeit der selbstreferentiellen Entfaltung, aber zugleich die Notwendigkeit, individuell stets wieder ‚von vorn‘ anzufangen.“ (*ibid.*: 281) Dieses ‚Immer-wieder-von-vorn-Anfangen‘ ist im Grunde identisch mit der Einzigartigkeit des jeweiligen biographischen Prozesses. Auf diese konzeptionell wesentlichen Affinitäten der kritischen Einsichten der jüngeren neurobiologischen Diskussion mit soziologischer Biographieforschung kommen wir später explizit zurück.

Biographietheoretisch relevant ist ohne Frage die Entdeckung, daß kognitive Wirklichkeitsverarbeitung, also die synthetischen Codierungsleistungen unseres Gehirns, *selbstreferentiell* strukturiert sind, sich eben nicht durch den Charakter von äußeren Einflüssen, sondern allein durch eine zuvor bereits existente innere ‚Logik' bestimmen lassen. Dieser Vorgang scheint jedoch - folgt man *Roth* und seiner Arbeitsgruppe - gerade nicht ‚autopoietisch' zu sein, sondern von der relativen Autopoiese einer umgebenden Systemstruktur (Organismus) abzuhängen, deren Überleben wiederum von den selbstreferentiellen Leistungen des Gehirns profitiert. Wir hätten es gewissermaßen mit der relativen (inneren) Autonomie einer prinzipiellen Abhängigkeitsstruktur zu tun - ein soziologisch zweifellos hochinteressantes Modell.

2   Konzeptionelle Aporien biographietheoretischer Erklärungen der Systemtheorie

Eine gewisse soziologische Radikalisierung erfährt die Konstruktivismusdebatte zweifellos in der jüngeren Systemtheorie. Dabei soll uns hier weniger interessieren, daß Luhmann mit seiner ‚Theorie selbstreferentieller Systeme' (*Luhmann* 1984: 24) das von ihm zuvor konzeptionell entfaltete Verhältnis von System und Umwelt drastisch modifiziert. Die Binnendifferenzierung des Systems wird nun nicht mehr als Ergebnis umweltbedingten Komplexitätsdrucks, sondern ausschließlich als Effekt selbstreferentieller Operationen gedeutet (*ibid.*: 25). Der Anschluß an *Maturanas* Autopoiesis-Konzept relativiert die Dynamik von Kontingenz und Selektivität zugunsten einer ‚mitlaufenden Selbstreferenz', wie *Luhmann* sich ausdrückt (*ibid.*: 605)[7]. Für unsere Zwecke sind vielmehr nur diejenigen Aspekte der Theorieentwicklung von Interesse, die sich unmittelbar auf biographietheoretische Fragen beziehen lassen.

Dazu erscheint es sinnvoll, sich knapp die entscheidende Pointe der *Luhmann*schen Modernitätsdiagnose noch einmal zu vergegenwärtigen. Die primäre vertikale Differenzierung vormoderner Gesellschaften, die sozialen Akteuren, von Ausnahmefällen abgesehen, ihren eindeutigen Platz in einem Teilsystem der Gesellschaft zuwies (vgl. *Luhmann* 1980: 30), ist einer funktionalen Differenzierung gewichen, in der soziale Teilsysteme wie Wirtschaft, Familie, Politik, Recht, Religion oder Erziehung nebeneinandertreten und die Individuen nötigen, sich *gleichzeitig* in

---

[7]   Es erscheint übrigens für den vorliegenden Theorieaufriß ebenfalls sekundär, ob sich *Luhmann* damit, wie *Wagner/Zipprian* (1992) in einer interessanten Analyse nachweisen, ungewollt der klassischen Bewußtseinsphilosophie annähert.

mehrere Teilsysteme einzugliedern (ausführlicher *Nassehi* 1994). Damit wird das Selbstverständnis sozialer Akteure nicht mehr durch ihre eindeutige Plazierung in einem hierarchisch strukturierten sozialen Feld bestimmt, sondern in gewisser Weise durch individuelle Selbstbeschreibung. „Die Identität der Person gründet also gerade nicht auf dem Prinzip sozialer Differenzierung; sie steht vielmehr quer zu ihr." (*Nassehi/ Weber* 1990: 164)

Diese ‚Multiinklusivität' *(Nassehi/Weber)*, die es unmöglich macht, aus der einfachen Zugehörigkeit zu einem Teilsystem der modernen Gesellschaft Identität zu gewinnen, zwingt das Individuum zu permanter Selbstbeobachtung und Selbtbeschreibung, das heißt zur selbstreferentiellen Verarbeitung sozialer Erfahrung. Und was in klassischen Sozialisationstheorien als ‚Balance' zwischen sozialer und personaler Identität beschrieben wird (stellvertretend *Krappmann* 1982), zeigt sich aus systemtheoretischer Perspektive als schlichter Reflex auf die Tatsache, daß moderne soziale Akteure gezwungen sind, „sich in mehrere Selbsts, mehrere Identitäten, mehrere Persönlichkeiten zu zerlegen, um der Mehrheit sozialer Umwelten und der Unterschiedlichkeiten der Anforderungen gerecht werden zu können" (*Luhmann* 1989: 223). In Wahrheit ist die Aufspaltung in soziale und personale Identitätsanteile ein Ergebnis „selbstreferentieller Selbstbeobachtung des psychischen Systems" (*Nassehi/Weber* 1990: 165).

Freilich bleibt die Frage bestehen, wie das ‚Soziale' überhaupt zum Gegenstand der Selbstbeschreibung werden kann. Die der neurobiologischen Kognitionsidee nachgebildete Vorstellung, daß das „reflexive Selbstbewußtsein" *(Schimank)* sozialer Akteure nicht als „selbstreferentielle *Umwelt*beobachtung, das Konstruieren einer Innenwelt aus Materialien der Außenwelt, sondern (als) selbstreferentielle *Selbst*beobachtung, also das Konstruieren einer besonderen Innenwelt aus Materialien der Innenwelt" (*Schimank* 1988: 61) betrachtet werden müsse, löst nicht die Herkunftsproblematik jenes ‚Materials der Innenwelt'.

Tatsächlich greifen *Luhmann* und seine Nachfolger auf eine Hierarchisierung der Bewußtseinsphänomene zurück[8]: „Das Primärphäno-

---

[8]   Dabei ist der Hinweis, daß solche Abstufung natürlich zum Inventar der klassischen Bewußtseinsphilosophie gehört, relativ belanglos; auch *Schimanks* Verweis auf *Tugendhat* (1988: 69, Anm. 11) oder *Nassehi/Webers* gelehrter Rekurs auf *Husserl* und *Bergson* (1990: 156 ff.) belegen den Anschluß an bewußtseinphilosophisches Erbe und verstärken die Skepsis gegenüber einer Apriorizität der Autopoiese psychischer Systeme (vgl. dazu auch die vorsichtige Kritik an *Luhmann* bei *Nassehi/Weber* 1990: 166).

men ist die riesige Zahl der extern oder intern veranlaßten Erlebnisse und Handlungen, die, obwohl in einer Bewußtseinskontinuität enthalten und insofern aufeinander beziehbar, doch keinen Sinnzusammenhang bilden, weil es unmöglich ist, jedes mit jedem abzustimmen." (*Luhmann/Schorr* 1982: 237) Eine Art „basales Selbstbewußtsein" *(Schimank)* muß durch Reflexivität gleichsam ‚gebändigt' werden. Daß dieser Prozeß nicht widerspruchslos verläuft, sondern durch ‚Umweltbedingungen' drastisch beeinflußt wird, kann problemlos an Schimanks Hilfskonstrukt des „biographischen Inkrementalismus" (*Schimank* 1988: 67 f.) gezeigt werden. Denn die „evolutionäre Dynamik biographischer Transitorität auf der Ebene des basalen Selbstbewußtseins" (*ibid.*: 67), *Schimank*s erstaunlich unspezifische Reformulierung für den Einfluß sozialen Wandels in modernisierten modernen Gesellschaften, beschreibt die biographische Disposition des ‚Sich-Durchwurstelns' *(Schimank)* angesichts riskanter gewordener Außenbedingungen. Hier bricht das ‚Soziale' gleichsam hinterrücks in die selbstreferentielle Selbstbeschreibung des psychischen Systems ein, ohne indessen *konzeptionell* integriert zu werden.

Ein entscheidender Grund für diesen blinden Fleck systemtheoretischer Biographiekonzeptionen ist die kritiklose Hypostasierung der Autopoiese des Bewußtseins bei *Luhmann*. Bewußtseinsprozesse werden in der Systemtheorie nämlich - angefangen von den basalen Operationen bis hin zu den höherstufigen Selbstbeschreibungen und Selbstbeobachtungen - als zirkulär produziert und aus sich selbst konstruiert begriffen. In gewisser Weise reproduziert *Luhmann* hier auf soziologischer Ebene eine Schwäche, die *Maturana*s emphatische Autopoiesis-Idee bereits neurobiologisch begrenzt hatte: die Blockade, zu verstehen, daß das Gehirn für die Autopoiese des Gesamtorganismus gerade dann funktionaler ist, wenn es seinerseits von Autopoiesis ‚freigestellt', also zur Selbstherstellung und Selbstreproduktion seiner Komponenten *nicht* gezwungen wird (vgl. dazu noch einmal *Roth* 1987b). Das dementiert durchaus nicht den selbstreferentiellen Charakter seiner Operationen, aber es erlaubt eine systematische *Öffnung* für ein wie immer zu konzipierendes ‚Außen' - gleichsam eine Semantik, die *Perturbation* von außen und ‚inneres' *Coping* so ausbalanciert, daß die Außeneinflüsse zwar selbstreferentiell verarbeitet werden können, ihre Eigenart aber auch nach der Verarbeitung semantisch noch decodierbar bleibt.

Eine konzeptionelle Parallele ließe sich zwischen Biographie und sozialer Umwelt konstruieren. Biographien besitzen die Struktur einer *nach außen offenen Selbstreferentialität*. Diese Öffnung ‚zur Gesellschaft hin' setzt eine gemeinsame Semantik voraus[9], die ,Soziales' biographisch codierbar und ,Biographisches' sozial transponierbar macht. Wie deutlich ,Soziales' in das personale System einbricht und die Unterstellung einer interaktiven Semantik zwischen Individuum und Gesellschaft notwendig erscheinen läßt, wollen wir am Beispiel der Gender-Kategorie zeigen. Hier lassen sich die Grenzen systemtheoretischer Biographiekonzepte sehr plastisch belegen.

3   Konstruktion versus De-Konstruktion: ,Doing Gender' als Prüfstein eines soziologischen Konstruktivismus

Ehe im folgenden die Pointe einer explizit *sozial*konstruktivistischen Lesart am Beispiel des aktuellen Diskurses zur (De-)Konstruktion von Geschlecht diskutiert wird, erscheint es sinnvoll, knapp einige Argumentationslinien dieser Debatte nachzuzeichnen[10]: Nachdem sich die bundesrepublikanische Frauenforschung in den 1980er Jahren auf die Kontroverse von *Gleichheit* und *Differenz* konzentriert hatte (stellvertretend *Gerhard* 1990; *Knapp* 1994), werden beide Positionen nun seit einiger Zeit durch *(de-)konstruktivistische* Argumente herausgefordert[11], die die Gültigkeit der Kategorie ,Geschlecht' überhaupt infrage stellen. Kernpunkt ist die sogenannte ,Nullhypothese' (vgl. bereits *Hagemann-White* 1984, 1988), die - radikaler als alle bisherigen Ansätze - davon ausgeht, daß es keine eindeutigen biologischen Kriterien gibt, welche jene strikt binäre Klassifikation der Zweigeschlechtlichkeit rechtfertigen, die uns doch so selbstverständlich erscheint (vgl. *Gildemeister/Wetterer* 1992).

---

[9]   *Habermas* hat in einer prinzipiellen Kritik der Systemtheorie dieses Problem diskurstheoretisch aktualisiert: „Semantisch geschlossene Systeme können nicht veranlaßt werden, aus eigener Kraft die gemeinsame Sprache zu erfinden, die für die Wahrnehmung und Artikulation gesamtgesellschaftlicher Relevanzen und Maßstäbe nötig ist." (*Habermas* 1992: 427)

[10]   Die unter diesem Label zum Teil sehr kontrovers geführte Diskussion kann im Rahmen des vorliegenden Artikels nicht in ihrer Differenziertheit und Eigendynamik nachvollzogen werden. Zum Einblick in die Debatte sei deshalb auf folgende Literatur verwiesen: *Butler* 1991a, 1991b, 1994; *Gildemeister/Wetterer* 1992; *Haas* 1995; *Lorber/Farell* 1991; *Maihofer* 1994, 1995; *Nicholson* 1994; *Pasero/Braun* 1995; *Wetterer* 1995; *Wobbe/Lindemann* 1994. Daß die Kontroversen nicht nur inhaltlich bestimmt sind, sondern unter Umständen auch mit dem Generationenverhältnis der Vertreterinnen feministischer Ansätze zu tun haben könnten, deutet *Wetterer* (1995a: 224) mit Blick auf die bundesdeutsche Frauenforschung an.

[11]   Hier hat der Beitrag *Butler*s (1991a) eine wichtige Initialfunktion gehabt (vgl. die Auseinandersetzung mit ihrer Position in dem entsprechenden Themenheft der *Feministischen Studien* (Jahrgang 11/1993, H. 2).

Einfach gesagt, die Unterscheidung von Frauen und Männern ist schon auf der biologischen Ebene keine fraglos gegebene ‚Naturtatsache'. Untermauert wird die provokante Hypothese einerseits durch Studien zur historischen und kulturellen Variabilität des Geschlechterdiskurses[12], andererseits durch naturwissenschaftliche Forschungen, die belegen, daß Geschlecht weder eindimensonal noch dichotomisch organisiert ist. (Die moderne Biologie geht längst davon aus, daß es unterschiedliche Kriterien der Geschlechtsbestimmung gibt [Chromosomen, Gonaden, Hormonzusammensetzung, Morphologie], die jedes für sich eher als kontinuierliche Abstufung und eben nicht als Dichotomie angelegt sind und darüber hinaus keineswegs kongruent sein müssen [vgl. zusammenfassend *Christiansen* 1995]).

Wenn es aber in der Frage der Geschlechtsbestimmung kein wirklich trennscharfes biologisches Kriterium gibt, sondern vielfältige Überlappungen und Variationen, dann wird selbst die dichotome Geschlechtsklassifikation bei der Geburt eines Kindes[13] als *soziale Konvention* erkennbar. Die Konstruktion der Zweigeschlechtlichkeit legt bestimmte biologische Kriterien als Indikatoren fest und wird gerade nicht durch sie begründet (vgl. *Gildemeister/Wetterer* 1992).

---

[12]   Vgl. zum Beispiel *Laqueur* (1992), der nachweist, daß in den Naturwissenschaften bis ins 18. Jahrhundert hinein ein ‚Ein-Geschlecht-Modell' dominiert hat, in dem die männlichen und weiblichen Organe nur als Pole unterschiedlicher Ausprägungen auf einem Merkmalskontinuum betrachtet werden. *Honegger* (1991) rekonstruiert, wie sich das strikt binäre und hierarchische Geschlechtermodell im Zuge der modernen Wissenschaftsentwicklung auch im geisteswissenschaftlichen Diskurs herausgebildet hat. *Duden* (1987, 1991) zeigt darüber hinaus, wie sich auch die Körperwahrnehmung und -empfindung im historischen Prozeß verändert.

[13]   Vgl. hierzu *West/Zimmerman* (1987), die drei Aspekte der sozialen Konstruktion von Geschlecht unterscheiden: die einmalige Geburtsklassifikation des körperlichen Geschlechts (*sex*); die soziale Zuordnung zu einem der beiden körperlich definierten Geschlechter (*sex category*), die in der Regel die geburtliche Klassifikation ratifiziert, aber durchaus auch differieren kann, wie etwa in Fällen von Transsexualität (vgl. *Hirschauer* 1993b; *Lindemann* 1993b); und schließlich das soziale Geschlecht (*gender*), das prozeßhaft als ‚doing gender' interpretiert wird, als fortwährendes regelgerechtes Alltagshandeln, mit dem die Akteurinnen und Akteure die Kategorie Geschlecht reproduzieren. - Daß die sozial definierte Geschlechterdichotomie asymmetrisch, das heißt von vornherein hierarchisch strukturiert ist, zeigt sich bereits auf der Ebene der Geburtsklassifikation. Wie *Kessler/McKenna* (1978) herausgefunden haben, orientiert sich die genitale Bestimmung ausschließlich am Vorhandensein beziehungsweise Nicht-Vorhandensein des Penis. Das Etikett ‚weiblich' wird nicht symmetrisch durch ein positives Kriterium (zum Beispiel ‚Vagina') definiert, sondern durch die Abwesenheit des ‚männlichen'. Dieser Phallozentrismus läßt sich in vielfältigen Facetten auch auf den anderen beiden Ebenen der Geschlechterkategorie nachweisen (vgl. *Gildemeister/Wetterer* 1992: bes. 233 ff.).

Es liegt auf der Hand, daß diese Sichtweise vor allem jene ‚Differenzansätze' trifft, die in der besonderen biologischen Ausstattung der Frau, zumal in ihrer Gebärfähigkeit, die Basis für die bestehende Arbeitsteilung und das patriarchale Machtverhältnis sehen, zugleich aber auch die Begründung für eine Identitätspolitik positiv bestimmter ‚Weiblichkeit'. Die Pointe der konstruktivistischen Kritik besteht jedoch im Nachweis versteckter Biologismen gerade in kritisch gemeinten Ansätzen, die mit der Unterscheidung von *sex* und *gender* das Problem bereits gelöst zu haben meinen[14]. *Gildemeister/Wetterer* verweisen in ihrem einflußreichen Beitrag zur Konstruktion von Geschlecht (1992) auf die Gefahr der Reifizierung des herrschenden binären Geschlechtermodells, die auch in dieser Differenzierung noch verborgen ist. Durch das unreflektierte Festhalten an der - vermeintlich ‚rein biologischen' - Restkategorie *sex* hat auch feministische Forschung zur Stabilisierung und Reproduktion des Konstrukts der Zweigeschlechtlichkeit beigetragen und überdies die dualistische Logik von Natur und Kultur fortgeschrieben[15]. Statt dessen vertreten die Autorinnen einen radikal-konstruktivistischen Standpunkt, der theoretisch und politisch den Weg zur De-Konstruktion öffnen soll.

Dieser Schritt ist allerdings keine ‚automatische' Konsequenz. Die Einsicht, daß Geschlecht im radikalen Sinn eine soziale Konstruktion ist, könnte zu dem Kurzschluß verleiten, das Konstrukt sei durch neue Denk- und Sprachmuster oder subversive Praktiken auch schon veränderbar. *Hirschauer* (1993a: 56) warnt hier zurecht vor „ontologischen und voluntaristischen Mißverständnissen"[16]. Die relative Erfahrungsferne der konstruktivistischen These läßt die Zweigeschlechtlichkeit selbst als etwas gleichsam ‚Irreales' erscheinen, das bereits durch die (individuelle) Anstrengung des Gedankens problemlos zu ‚de-konstruieren' sei. Dieser Kurzschluß wird vor allem durch diskurstheoretisch orientierte Argumen-

---

[14]   Gemeint sind vor allem jene sozialisationstheoretisch konzipierten Erklärungsansätze, in denen die erworbene ‚zweite Natur' strukturell genauso konzipiert wird wie der biologische Dualismus, gegen den sie angetreten sind. Solche Konzepte machen sich häufig bereits durch das Adjektiv ‚weiblich' verdächtig, wie zum Beispiel das ‚weibliche Arbeitsvermögen' (vgl. stellvertretend die kritische Auseinandersetzung bei *Gildemeister/Wetterer* 1992: 217 ff. und *Knapp* 1987) oder die Debatte um eine ‚weibliche Moral' (vgl. stellvertretend *Nunner-Winkler* 1991).

[15]   Auf die erkenntnistheoretischen Konsequenzen dieser Debatte, die für die Weiterentwicklung der Frauenforschung mindestens so wichtig ist wie die inhaltlichen Konzepte, kann in unserem Zusammenhang nicht näher eingegangen werden.

[16]   Sie drücken sich zum Beispiel in der Frage aus, wieviele Geschlechter es denn ‚wirklich' gebe, oder wie Geschlecht jenseits des dualistischen Modells gedacht und ‚gemacht' werden könne.

tationen im Anschluß an *Butler*[17] nahegelegt, die dazu neigen, soziale Konstruktionen als relativ abgehobene symbolische Strukturen zu behandeln, als ‚diskursive Effekte‘, die sich als ideologische Konstrukte in den Köpfen der Individuen ‚niederschlagen‘. Daraus abgeleitete De-Konstruktionsstrategien sitzen - entgegen ihrer eigenen anti-essentialistischen Intention - dem Irrtum auf, daß soziale Konstrukte ‚Fiktionen‘ seien und weniger Bindungskraft besäßen als biologische Bedingungen[18].

Doch diese Beziehung kann auch vom Kopf auf die Füße gestellt werden. Die These lautet dann, daß Geschlecht gerade deshalb eine so stabile Klassifikationskategorie ist, weil sie nicht bloß durch ein biologisches Merkmal begründet, sondern vielfältig in die sozialen Strukturen der Gesellschaft eingelassen ist (vgl. *Dausien* 1996b). Dann freilich müßten wir zuerst jenen Prozeß der sozialen Konstruktion genauer zu verstehen lernen, ehe wir Ansätze zur De-Konstruktion entwickeln können.

An dieser Stelle nun wird die feministische Diskussion unmittelbar für unser Thema interessant. *Gildemeister/Wetterer* (1992) schlagen eine Forschungsperspektive vor, die De-Konstruktion zunächst als wissenschaftliche *Re-Konstruktion* begreift[19]. Sie fordern, die „Geschlechterklassifikation als generatives Muster der Herstellung sozialer Ordnung" (*ibid.*: 229) zu analysieren. Damit rückt der Modus des *Konstruierens* selbst in den Mittelpunkt. Er wird jedoch weder als kognitiver Akt eines individuellen Bewußtseins noch als ‚Effekt‘ eines Diskurses ohne Subjekte betrachtet, sondern als *soziale Praxis*, mit der die Individuen in ihrem Alltagshandeln die Kategorie Geschlecht (in der Form der Zweigeschlechtlichkeit) fortgesetzt produzieren und reproduzieren (vgl. auch *Wetterer* 1995a). Die Analyse des sozialen Geschlechts wird im Konzept

---

[17]　　Diese Kritik trifft stärker die ‚ideologiekritische‘ Rezeption der Texte als *Butler*s Position selbst. *Butler*s Ansatz ist keineswegs ‚körperlos‘. Im Anschluß an *Simone de Beauvoirs* berühmte These, daß wir unser Geschlecht nicht sind oder haben, sondern erst ‚werden‘ (vgl. *Butler* 1991b: 56 ff.), bezeichnet sie Geschlecht als „aktuelle(n) Modus, vergangene und zukünftige kulturelle Normen zu organisieren, sich in diesen und durch diese Normen zu situieren, mithin (als) ein(en) aktive(n) Modus, seinen Körper in der Welt zu leben" (*ebd.*: 60; zur Weiterführung dieses Aspekts vgl. auch *Maihofer* 1995).

[18]　　Darüber hinaus bleiben sie in dem logischen Zirkel gefangen, daß es keinen ‚Erkenntnisgegenstand‘ (hier *Geschlecht*) außerhalb der Konstruktion des Erkennens gibt (siehe oben). Hier stoßen wir wieder auf die Aporien des Konzepts eines autopoietischen Bewußtseinssystems.

[19]　　Vgl. hierzu *Hirschauer*s Position (1993a), der ähnlich wie *Gildemeister/ Wetterer* die Frage der De-Konstruktion in erster Linie als empirisch fundierte Rekonstruktion betrachtet und mit seiner eigene Studie zur Transsexualität (1993b) hierfür einen Beitrag leistet.

des *doing gender* (*West/Zimmerman* 1987) gewissermaßen prozessualisiert.

In diesem Ansatz, der explizit an die handlungstheoretische Tradition des Symbolischen Interaktionismus und der Ethnomethodologie anschließt, werden *Interaktionsprozesse* und nicht Individuen (geschlossene ‚personale Systeme') gewissermaßen zur ‚Basiseinheit' der (empirischen) Analyse gemacht. Studien zum Beispiel zum ‚Krisenexperiment' Transsexualität (vgl. *Garfinkel* 1967; *Kessler/McKenna* 1978; *Hirschauer* 1993b; *Lindemann* 1993b) decken die subtilen Regeln auf, mit denen die Individuen ihre Zugehörigkeit zu einem der beiden Geschlechter in den verschiedensten Handlungsfeldern und Alltagssituationen ‚darstellen' und damit en passant ratifizieren, aber auch in gewissen Spielräumen variieren. Diese Alltagspraktiken und Regeln sind dem Bewußtsein der Akteure nur begrenzt zugänglich. Sie wirken größtenteils als Routinen, die erst da zur Disposition stehen, wo ‚Störungen' auftreten, wo unerwartete oder unbekannte Interaktionsverläufe die Teilnehmer dazu zwingen, ihre Handlungen zu reflektieren, zum Beispiel dann, wenn ein Mensch mit einer ‚männlichen' Körpergeschichte und einer ‚weiblichen' Identität die flexible Handhabung der Regeln lernt, die ‚er' benötigt, um in sozialen Situationen als ‚Frau' erfolgreich mit anderen interagieren zu können. Dieses ‚Wissen' um die Regeln des doing gender ist gerade deshalb so folgenreich, weil es im Normalfall weitgehend präkognitiv bleibt, als Erfahrungswissen aus unzähligen Interaktionssituationen gewissermaßen im Hintergrund einer je neuen Handlungssituation wirksam wird und dem handelnden Subjekt deshalb als ‚fraglos gegeben', als ‚natürlich' erscheint (vgl. *Schütz/Luckmann* 1979).

Wie *Goffman* in seiner immer noch aktuellen Studie von 1977 zeigt, betreffen die Regeln des doing gender gerade auch jene vermeintlich einfachen Merkmale, die ‚rein biologisch' zu sein scheinen, wie etwa die Körpergröße. Die dem Alltagsbewußtsein ‚natürlich' erscheinende Relation ‚größerer Mann - kleinere Frau' ist erst das im Prozeß der Paarbildung interaktiv hergestellte Ergebnis eines subtilen sozialen Regelsystems, das ‚hinter dem Rücken' der Beteiligten wirkt (vgl. *Goffman* 1994: 141 ff.) und dazu führt, daß selektiv soziale Situationen aufgesucht beziehungsweise inszeniert werden, „in denen sich Frauen und Männer ihre angeblich unterschiedliche ‚Natur' gegenseitig wirkungsvoll vorexerzieren können" (*ibid.*: 143)[20]. Zu vergleichbaren Ergebnissen kommt *Kott-*

---

[20]   Hinsichtlich der Körpergröße, die selbst kein umweltunabhängiger Faktor ist, gibt es lediglich Differenzen *der Durchschnittswerte* zwischen den beiden Geschlechtsgruppen, die deutlich geringer sind als die Varianzen *innerhalb* der Gruppen. Paarbil-

(Fortsetzung...)

hoff (1994) am Beispiel der Stimmintonation. Der Konstruktionsprozeß des binären Geschlechtercodes ist bis hinein in die Verästelungen alltäglicher Handlungssituationen und deren ‚Körperlichkeit‘[21] zurückzuverfolgen. Geschlecht ist in diesem Sinne ‚omnirelevant‘ (vgl. *Garfinkel* 1967: 118).

Die Beispiele zeigen, daß soziale Konstruktionsprozesse einerseits in hohem Maß auf die flexible Selbstorganisation der Individuen angewiesen sind, die sich in wechselnden Alltagssituationen mit den verschiedensten funktionalen und personalen Bezügen und Handlungsspielräumen immer wieder neu als Frau beziehungsweise als Mann rekonstruieren müssen. Andererseits ist zugleich deutlich geworden, daß dieser Prozeß gewissermaßen in der Interaktion ‚zwischen‘ den Akteuren lokalisiert ist.

Bis zu diesem Punkt können die Befunde zur Geschlechtskonstruktion als anschauliche und überzeugende Bestätigung für das angedeutete Modell einer nach außen offenen Selbstreferentialität gelesen werden. Nun führt uns das Beispiel aber einen Schritt weiter. Wenn wir die These der interaktiven Konstruktion von Geschlecht akzeptieren, dann stellt sich die Frage nach den *Regeln* dieser Konstruktion. Offensichtlich handelt es sich dabei nicht um starre Muster, die den Individuen ‚übergestülpt‘ werden. Andererseits sind sie auch nicht beliebig von Situation zu Situation veränderbar. *Goffman* weist darauf hin, daß die Akteure in ihrem interaktiven Handeln in übergeordnete *soziale Rahmen* eingebunden sind, die je nach Situation bestimmte Sets von Regeln vorgeben. So gelten beispielsweise in einer als erotisches ‚Spiel‘ definierten Situation teilweise andere Regeln als in einer Bewerbungssituation auf dem Arbeitsmarkt[22].

Doch auch hinter diesen situationsübergreifenden Rahmungen scheint sich eine weitere generative Struktur zu verbergen. *Goffman* gibt

---

[20](...Fortsetzung)
dungen, in denen die Frau größer ist als der Mann, wären also praktisch durchaus in großer Zahl möglich. Daß sie die ‚Ausnahme‘ bleiben, wird durch soziale Normen und subtile Handlungsstrategien garantiert.

[21]   Obwohl die ethnomethodologischen und interaktionistischen Analysen den Körper durchaus einbeziehen, besteht in diesem Kontext durchaus noch ein theoretisches und empirisches Defizit. Hier knüpfen *Lindemann*s (1993a, 1994) interessante Versuche an, phänomenologische Konzepte der Leiberfahrung für die feministische Geschlechteranalyse fruchtbar zu machen. Im übrigen ist noch einmal auf die zitierten kulturhistorischen Arbeiten von *Duden, Honegger* und *Laqueur* zur „Historizität des Geschlechtskörpers" (vgl. *Maihofer* 1995: 21 ff.) zu verweisen.

[22]   Diese Beobachtung entspricht *Luhmann*s ‚funktionaler Differenzierung‘ (siehe oben).

überzeugende Beispiele dafür, wie die Gesellschaftsmitglieder in den verschiedensten Typen von Alltagssituationen immer wieder neu dasselbe hierarchische Geschlechterverhältnis hervorbringen: in Beruf, Familie oder Ehe, bei Sport und Freizeit, beim Benutzen öffentlicher Räume, beim Aufsuchen von Bars oder Toiletten, beim Flirten, beim Betreten von Klassenräumen, in Situationen von Hilfsbedürftigkeit und Hilfeleistung usw. (vgl. *Goffman* 1994). Die soziale Konstruktion muß offensichtlich als reflexiver Prozeß zwischen dem interaktiven Handeln der Individuen in kontingenten Situationen und der äußerst stabilen ,Institution' Geschlecht interpretiert werden. *Goffman* (1994) verwendet hierfür den Begriff der ,institutionellen Reflexivität' (*ibid.*: 107) und beschreibt die entsprechende soziale Praxis als *Genderismus* (*ibid.*: 113)[23].

An diesem Punkt wird freilich deutlich, daß die Stärke des interaktionistischen Zugriffs, jene subtilen mikrosozialen Herstellungspraktiken in Alltagssituationen aufzudecken, zugleich seine Grenzen bestimmt. Wenn der Zeithorizont der Situation überschritten wird, bleibt nur noch die Annahme eines abstrakt wirksamen ,Genderismus'. Der historische Ursprung des Klassifikationssystems selbst erscheint dann kaum noch relevant. Nun ist der *binäre Geschlechtercode* in modernen Gesellschaften zweifellos zu einer Institution sui generis geworden (vgl. *Gildemeister/Wetterer* 1992: 237 ff.). Feministische Forschungen liefern eine Fülle von Belegen dafür, daß die patriarchale Struktur des Geschlechterverhältnisses über verschiedenste ,soziale Rahmen' hinweg konstant bleibt. Sie zeigen aber auch, daß diese Rahmen spezifischen historischen, ökonomischen und kulturellen Veränderungsprozessen unterliegen. Dem interaktionistischen Konzept des doing gender fehlt gewissermaßen diese historische ,Tiefendimension'. Die nämlich verlangt die Einbeziehung gesellschaftsgeschichtlicher Analysen[24], aber sie braucht - konzeptionell -

---

[23]   „Schon vom Anbeginn einer Interaktion gibt es also eine Tendenz dazu, Dinge in geschlechtsbezogenen Begriffen zu formulieren; auf diese Weise stellt die Geschlechtsklasse ein Gesamtprofil oder einen Behälter zur Verfügung, auf das die unterschiedenen Merkmale zurückgeführt oder in den sie hineingeleert werden können." (*Goffman* 1994: 138) Geschlecht wird damit zum Prototyp sozialer Klassifikation überhaupt (vgl. *ibid.*: 108).

[24]   Auf die Notwendigkeit einer historisch-gesellschaftlichen Differenzierung der Kategorie Geschlecht weist besonders konsequent *Becker-Schmidt* hin (zuletzt 1996). Die Historizität des Geschlechterverhältnisses zeigt sich vor allem an den sich wandelnden Formen der Arbeitsteilung und den damit verbundenen Variationen gesellschaftlicher Geschlechtsrollenpräskripte und Handlungsspielräume. Ein anschauliches empirisches Beispiel für derartige Prozesse ist der ,Geschlechtswechsel von Berufen', an dem
(Fortsetzung...)

noch eine andere Ebene: die Perspektive *lebenszeitlicher* Prozeßstrukturen.

Bereits unsere bisherigen Überlegungen im Kontext systemtheoretischer Biographiekonzepte belegen ja nachdrücklich, daß die Konstruktionsprozesse auf seiten der Subjekte ‚mehr‘ sind als festgelegte Reaktionen auf historisch-soziale Rahmenbedingungen einerseits oder Interakte „frei flottierender Konstrukteure" (vgl. *Lindemann* 1993b: 22 ff.) in kontingenten Situationen andererseits. Es gilt, die relative Autonomie der handelnden Subjekte zu erfassen, die - unter konkreten historisch-gesellschaftlichen Rahmenbedingungen - durch wechselnde Situationen hindurch und in Interaktion mit anderen ihre je individuelle ‚Geschichte‘ des *Frau-* oder *Mann-Werdens* konstruieren. In diesem Sinne kann doing gender als eine *biographische Struktur* gedeutet werden, die jenem interaktiven Modus der ‚Herstellung‘ von Geschlecht eine temporale Tiefendimension und ein verbindendes Gestaltprinzip verleiht.

Diesem Gedanken ist mit dem bloßen Hinweis nicht Genüge getan, daß jener interaktive Gender-doing-Prozeß „als Basis für die Identität der Person betrachtet" werden muß (*Gildemeister/Wetterer* 1992: 245). Er geht über herkömmliche Ansätze zur ‚geschlechtsspezifischen Sozialisation‘ hinaus[25]. Der Prozeß des *Geschlecht-Werdens* erschöpft sich nicht in der ontogenetischen Aneignung interaktiver Regeln zur Darstellung des Geschlechts. Er kann als biographischer Prozeß der Erfahrungsaufschichtung und -konstruktion begriffen werden (vgl. *Dausien* 1994, 1996a).

Diese Sichtweise verfolgt die individuellen ‚Wege‘[26] durch die sich historisch verändernden ‚Handlungsumwelten‘, die ihrerseits immer geschlechtercodiert sind und spezifische Erfahrungsräume und -grenzen

---

[24] (...Fortsetzung)
sich die Herstellung und De-Konstruktion von Geschlecht auf *institutioneller* Ebene analysieren läßt (vgl. *Wetterer* 1992, 1995a, 1995b; *Knapp* 1995).

[25]   Gerade sozialisationstheoretische Konzepte (vgl. zusammenfassend *Nunner-Winkler* 1994) sind nämlich durch die (de-)konstruktivistische Kritik betroffen. Unabhängig davon, ob sie eher lerntheoretisch oder psychoanalytisch orientiert sind, unterliegen gerade sie der Gefahr einer essentialistischen Interpretation von Geschlecht (vgl. noch einmal das Beispiel ‚weiblichen Arbeitsvermögens‘ oder ‚weiblicher Moral‘). Sie teilen die Stärken und Schwächen ihrer Herkunftstheorien und neigen entweder zu einer Überbetonung der gesellschaftlichen Prägung oder zur Annahme einer biologisch verankerten, inneren Triebdynamik.

[26]   Daß diese nicht als geschlossene autopoietische Strukturen, sondern immer als Interaktionsgeschichten zu denken sind, muß nach den vorstehenden Überlegungen nicht mehr begründet werden.

zur Verfügung stellen. So sind zum Beispiel die Möglichkeiten, eine Biographie als Homosexueller zu leben, abhängig von historisch-kulturellen Rahmenbedingungen, vom konkreten sozialen Milieu, von familiären Konstellationen, von Beziehungsmöglichkeiten im sozialen Nahbereich, von der Zugänglichkeit ‚schwuler‘ Subkulturen usw. (vgl. *Scheuermann* 1994). Aber auch die Chancen, als Frau einen ‚normalen‘ Lebensentwurf zu verwirklichen, in dem Beruf und Familie nach den eigenen Vorstellungen miteinander verknüpft werden können (vgl. *Dausien* 1996a), sind nicht weniger limitiert als die Möglichkeit, ein Leben zu führen, das ‚aus der Rolle fällt‘. Ohne die Analyse der konkreten biographischen Bedingungen ist der Schritt zur Pauschalisierung und damit zur Reifizierung sozialer Konstrukte nicht weit.

Die Analyse der biographischen Konstruktion von Geschlecht (vgl. *Dausien* 1996a) bleibt jedoch nicht dabei stehen, die individuelle ‚Route‘ zu rekonstruieren, die weibliche oder männliche Reisende in einer geschlechtercodierten Welt zurücklegen, um das Bild von *Roth* noch einmal aufzugreifen (siehe oben). Es geht vor allem um die Rekonstruktion der je biographischen Erfahrungsaufschichtung, die ein Individuum als Frau oder Mann auf diesem Weg herausgebildet hat und die ihrerseits die jeweils nächsten Schritte mitbestimmt. Empirische Rekonstruktionen biographischer Erzählungen zeigen, daß die Geschichte des ‚Geschlecht-Werdens‘ untrennbar in die einmalige biographische Erfahrungsgestalt hineinverwoben ist (vgl. *Dausien* 1996a). Auf diese Weise wird umgekehrt die soziale Konstruktion von Geschlecht durch alle individuellen und historischen Wandlungsprozesse hindurch rekonstruiert. Deshalb kann De-Konstruktion nicht die Abschaffung der Geschlechterkategorie bedeuten, sondern allenfalls deren Umgestaltung.

Die Ansätze zur sozialen Konstruktion von Geschlecht überzeugen zweifellos durch ihre konsequente Absage an essentialistische Theorien von Weiblichkeit und Männlichkeit. Sie zeigen im übrigen plausibel, daß die Idee strikter Autopoiese ‚personaler Systeme‘, wie sie die jüngere Systemtheorie vertritt, deutlich von der sozialen Wirklichkeit abweicht. Aber sie liefern noch kein konsistentes Gesamtkonzept dafür, wie die ‚Konstruktion von Geschlecht‘ theoretisch zu denken ist und wie die sozialen AkteurInnen biographisch zu diesem Prozeß beitragen. Genau das wäre freilich die Aufgabe einer soziologischen Biographietheorie. Sie hätte einerseits den Einfluß sozialer Konstruktionen auf das individuelle Leben zu rekonstruieren, die Art und Weise, wie soziale Strukturen sich im Terrain der ‚Subjektivität‘ einnisten. Sie müßte andererseits transparent machen, wie Individuen auf jene Einflüsse von außen höchst eigensinnig reagieren. Diese nach außen offene Selbstreferentialität biographischer Verarbeitung soll nun im folgenden Abschnitt exemplarisch entfaltet werden.

4   Biographie als einzigartige Temporalisierung sozialer Strukturen: Zur Biographizität des Sozialen

Dabei ist es sinnvoll, ‚Sozialität' konsequent aus der biographischen Perspektive wahrzunehmen - nicht um den ‚objektiven' Charakter struktureller Außeneinflüsse zu dementieren, sondern um die Semantik zu verstehen, mit der ‚psychische Systeme' Soziales zu codieren pflegen. Unabhängig davon, ob wir Frauen oder Männer, Transsexuelle oder Lesben, Arbeiter oder Professorinnen, Alte oder Junge sind, in Krisen geraten oder vom Erfolg verwöhnt werden, verbindet uns eine eigenwillige Disposition zu unserem Leben: nämlich das erstaunliche und in aller Regel kontrafaktische Grundgefühl, daß wir Akteure und Planer unserer Biographie sind und eine gewisse Kontinuität unseres ‚Selbst-Seins' immer wieder herstellen können (vgl. dazu *Alheit* 1993: 390 ff.). Auf dieses Grundgefühl berufen sich die klassischen Identitätskonzepte, obgleich sie empirisch keinerlei Basis dafür haben (vgl. dazu kritisch *Fischer-Rosenthal* 1994, 1996). „Man ist kein ‚So-jemand' ein für allemal, sondern man präsentiert sich als jemand, der sich ‚entwickelt hat' oder ‚verändert hat'." (*Fischer-Rosenthal* 1995: 51)

Dieser Widerspruch eines generalisierbaren Identitätsgefühls mit der Trivialität kontinuierlich erzwungener Veränderungen läßt sich konzeptionell nur dadurch ‚heilen', daß die Außeneinflüsse offensichtlich niemals ‚als solche', sondern immer schon als Aspekte aufgeschichteter Erfahrungen wahrgenommen werden. Diese Erfahrungen sind freilich keineswegs banal. Es ist wichtig, ob ich eine Frau bin oder ein Mann (siehe oben). Gewiß wird mein biographischer Habitus geprägt durch die Tatsache, daß ich in einem bestimmten sozialen Milieu aufwachse (vgl. *Alheit* 1996). Keine Frage, daß die erzwungene Migration meiner Eltern in meinem Leben irreversible Spuren hinterläßt (vgl. *Apitzsch* 1990). Auch die Zeit, die mich in entscheidenden biographischen Phasen prägt, begleitet mein Leben (klassisch: *Mannheim* 1964): Ich bleibe ein ‚68er', auch wenn ich mich von den Ideen von damals längst distanziert habe. Ich bin Mitglied der ‚Kriegsgeneration', selbst wenn die Enkel mich als wohlsituierte Großmutter wahrnehmen. Die Spuren der ‚objektiven' Bedingungen, die mich geprägt haben, sind also keineswegs ausgelöscht. Aber die ‚Logik', durch die sie wirken, muß noch präziser beschrieben werden.

Es erscheint nämlich plausibel, daß jenes ‚Grundgefühl' tatsächlich kein intentionales Handlungsschema, kein bewußter und gewollter biographischer Plan ist, sondern eine Art versteckter ‚Sinn' hinter den abwechselnden Prozeßstrukturen unseres Lebensablaufs (vgl. *Schütze* 1981, 1984), die zweifellos virulente, aber strategisch nicht unbedingt verfügbare *Intuition*, daß es sich bei aller Widersprüchlichkeit doch um ‚unser' Leben handelt (vgl. *Bude* 1984: 7 ff.). Wie kommt eine solche Intuition zustande und welche ‚Logik' verbirgt sich dahinter? Offenbar ist das Nicht-Intentionale dabei entscheidender als das Aktiv-Gewollte. Nicht der Erfolg oder Mißerfolg der Pläne, die wir hegen, verbürgt dieses Grundgefühl, sondern ein spezifisches ‚*Hintergrundwissen'*, das auch den bedrohlichen Eindruck von Konsistenz- und Kohärenzverlust unserer Erfahrung noch auffängt. Es geht um das Phänomen der Anschlußfähigkeit biographischer Problemlagen an bereits akkumulierte Erfahrungen. Solche Erfahrungen sind offensichtlich strukturierter, als wir gewöhnlich annehmen. Sie haben längst nicht mehr den Charakter zufällig aufgeschichteter Erlebnisse, die wir im Lauf unserer Biographie gemacht haben, sondern eine je konkrete *Gestalt* (vgl. dazu *Rosenthal* 1995). Wir können sie als ‚biographische Konstruktion' bezeichnen (*Alheit et al.* 1992; *Dausien* 1996a), als eine Art ‚Prozeßskript' unseres konkreten Lebens (*Fischer-Rosenthal* 1995) - eine keineswegs strategisch, aber doch intuitiv verfügbare generative Struktur gerade *unserer* Biographie.

Diese ‚Gestalt' ist nun durchaus nicht wie ein Gefängnis vorzustellen, eben nicht als hermetisch-geschlossenes System. Sie verkörpert vielmehr außerordentlich plastisch jene angedeutete Verarbeitungsstruktur einer nach außen offenen Selbstreferentialität, die Außeneinflüsse mit der ihr eigenen ‚Logik' wahrnimmt, gewichtet, ignoriert und vereinnahmt und sich in diesem Prozeß selbst verändert[27]. Dabei ist die konstruktivistische Denkfigur nützlich, daß dieser Prozeß im strengen Sinn als Kommunikation *interner* Zustände betrachtet werden muß. Gleichzeitig erscheint es hochplausibel, diese ‚Zustände' zu beträchtlichen Teilen als *codierte* Außenbedingungen zu interpretieren, als eine Kette verarbeiteter sozialer ‚Perturbationen', deren einzigartige Abfolge die Verarbeitungslogik jeder neuen Perturbation bestimmt (vgl. *Alheit* 1997). Diese ‚Innenwelt der Außenwelt' ist allerdings nicht nur eine spontane Konstruktion,

---

[27]   Für die Art vergleichbarer Veränderung haben *Maturana/Varela* die überzeugende Metapher des ‚Driftens' vorgeschlagen (vgl. 1987: 14 f., 86 f., 119 ff.), einer Bewegung, die nicht abrupt die Richtung verändert, sondern im Toleranzpegel eines vorgängig existenten dominanten Basisimpulses sehr allmähliche Verschiebungen erlaubt.

die unser Gedächtnis als Reaktion auf neue Außenimpulse erzeugt, um
seine Kontinuität und Konsistenz zu wahren. Sie muß als ‚Konstruktion
in der Zeit‘, als *biographische Temporalisierung sozialer Strukturen* begriffen werden. Wir können sie als eine Art ‚Erfahrungscode‘ betrachten,
als eine individuelle Semantik, deren Performanzebene an kollektive
Sprachspiele anschließbar bleibt.[28]

Biographische Konstruktionen sind deshalb keine abgeschlossenen
Entitäten. Ihr Charakter ist ‚transitorisch‘ (vgl. auch *Schimank* 1988).
Bildhaft gesprochen erscheinen ihre Konturen weich und flexibel. Dennoch merken wir zumal in biographischen Krisen, daß bestimmte Gestalt-
grenzen für uns existieren. Wir kennen nämlich Situationen, in denen uns
der Anschluß neuer Erfahrungen mißlingt. Wir können eine Anforderung,
die man an uns stellt, oder ein Verhalten, mit dem wir unerwartet konfrontiert werden, nicht mehr einordnen. Es irritiert uns. Es fehlt uns das
Instrumentarium, damit umzugehen. Wir fühlen uns überfordert. Die
Dinge wachsen uns - wie die Alltagssprache sagt - ‚über den Kopf‘. Wir
mögen das Gefühl nicht loswerden, daß wir ‚gegen unsere Zeit‘ leben.
Wir scheitern an unserem gesellschaftlichen Aufstieg, weil uns die kulturellen Ressourcen fehlen, die neue Position im sozialen Raum auch auszufüllen (vgl. *Alheit* 1996). Oder wir spüren einfach, daß die Bedingungen, unter denen wir unser Leben fristen müssen, uns keinen Spielraum
mehr lassen. Vielleicht überfällt uns aber auch ein ganz gegenteiliges
Gefühl: daß sich uns nämlich völlig neue ‚Welten‘ auftun, daß wir eine
qualitativ neue Erfahrung gemacht haben, die unser künftiges Leben verändern wird. Alles das deutet darauf hin, daß sich hinter den alltäglichen
Erfahrungen eine ‚Logik‘ verbirgt, die unser ganz persönliches Leben
betrifft. Zwischen ‚Außenwelt‘ und ‚Innenwelt‘ entstehen biographische
Konstruktionen.

Diese Konstruktionen gehen zweifellos über das hinaus, was wir
von unserem Leben erzählen können. Sie sind zunächst versteckte Refe-
renzen an die strukturellen Bedingungen, die uns aufgegeben sind. *Bourdieu* hat diese Tatsache mit dem *Habituskonzept* überzeugend belegt. Und
wer seine entlarvende Analyse besonders der Lebenspraxen kennt, die der
soziale Habitus des (französischen) Kleinbürgertums hervorbringt (vgl.
Bourdieu 1978: 169 ff.), erschrickt über die ‚Macht‘ der strukturellen
Rahmenbedingungen. Biographische Konstruktionen haben aber noch

---

[28]   Die Forschungsarbeiten des Instituts für angewandte Biographie- und Lebens-
weltforschung (IBL) an der Universität Bremen haben dieses sozialkonstruktivistische
Konzept an verschiedenen Gegenstandsfeldern ausdifferenziert (vgl. *Alheit et al.* 1992;
Dausien 1996a; *Hanses* 1992, 1996; *Scheuermann* 1992, 1994).

einen anderen Aspekt: Wir erzeugen im Laufe unseres Lebens in bezug auf uns selbst und unseren sozialen Rahmen ‚mehr' Sinn, als wir „aus der Perspektive unserer biographischen Selbstthematisierung überschauen" (*Bude* 1985: 85). Wir verfügen über ein biographisches *a tergo*-Wissen, das uns prinzipiell in die Lage versetzt, den sozialen Raum, in dem wir uns bewegen, auszufüllen und auszuschöpfen. Dabei hat niemand von uns alle denkbaren Möglichkeiten. Aber im Rahmen eines begrenzten Veränderungspotentials haben wir mehr Chancen, als wir jemals realisieren werden. Wir können - um die anregende Metapher aus der Neurobiologie noch einmal aufzunehmen (siehe oben) - ‚immer wieder von vorn' anfangen. Lebensgeschichten verfügen über ein Potential, das wir an anderer Stelle ‚*Biographizität*' genannt haben (*Alheit* 1990b; *Dausien* 1996a): die prinzipielle Fähigkeit, Anstöße von außen auf eigensinnige Weise zur Selbstentfaltung zu nutzen, also (in einem ganz und gar ‚unpädagogischen' Sinn) zu *lernen*.

Biographische Konstruktionen vermitteln uns Sozialität in einer dem Individuum zuhandenen Gestaltbarkeit; sie belegen die *Biographizität des Sozialen* (vgl. ausführlicher *Alheit* 1990b, 1993). Das bedeutet, daß wir Soziales tatsächlich nur *selbstreferentiell* ‚haben' können - dadurch daß wir uns auf uns selbst und unsere Lebensgeschichte beziehen. Diese Einsicht des radikalen Konstruktivismus bleibt eine intellektuelle Provokation von beträchtlichem theoretischen Reiz. Es bedeutet freilich zugleich, daß diese Selbstreferentialität nach außen ‚porös' sein muß. Ihre Verarbeitungspraxis ‚versteht' - gewissermaßen en passant - den Code sozialer Perturbationen. Ihre eigene ‚Grammatik' ist das Ergebnis einer Kette vorgängiger Interaktionen. Deshalb sind zumal moderne Biographien keine hermetisch-geschlossenen Systeme. Sie bleiben auf die ‚Autopoiese' einer zivilen Gesellschaft angewiesen (vgl. *Alheit* 1994, 1995).

Literatur

Alheit, Peter 1990a: Alltag und Biographie. Studien zur gesellschaftlichen Konstitution biographischer Perspektiven. Bremen: Universität Bremen.

Alheit, Peter 1990b: Der ‚biographische Ansatz' in der Erwachsenenbildung. In: *Wilhelm Mader* (Hg.): Weiterbildung und Gesellschaft. Theoretische Modelle und politische Perspektiven. Bremen: Universität Bremen, 289-337.

Alheit, Peter 1993[2]: Transitorische Lernprozesse. Das ‚biographische Paradigma' in der Weiterbildung. In: *Wilhelm Mader* (Hg.): Weiterbildung und Gesellschaft. Grundlagen wissenschaftlicher und beruflicher Praxis in der Bundesrepublik Deutschland. (Forschungsreihe des Forschungsschwerpunkts Arbeit und Bildung, Bd. 17). Bremen: Universität Bremen, 343-417.

Alheit, Peter 1994: Zivile Kultur. Verlust und Wiederaneignung der Moderne. Frankfurt/M.; New York: Campus.

Alheit, Peter 1995: Zur Soziologie der ‚Zivilgesellschaft'. In: Dialektik 3, 135-150.

Alheit, Peter 1996: Changing Basic Rules of Biographical Construction: Modern Biographies at the End of the 20th Century. In: *Ansgar Weymann/Walter R. Heinz* (eds.): Biography and Society. Interrelationships between Social Structure, Institutions and the Life Course. Weinheim: Deutscher Studienverlag, 111-128.

Alheit, Peter 1997: „Individuelle Modernisierung" - Zur Logik biographischer Konstruktion in modernisierten modernen Gesellschaften. In: *Stefan Hradil* (Hg.): Differenz und Integration. Die Zukunft moderner Gesellschaften. Verhandlungen des 28. Kongresses der Deutschen Gesellschaft für Soziologie in Dresden 1996. Frankfurt/M.; New York: Campus, 941-951.

Alheit, Peter/Bettina Dausien 1996: Bildung als ‚biographische Konstruktion'? Nichtintendierte Lernprozesse in der organisierten Erwachsenenbildung. In: Report. Literatur- und Forschungsreport Weiterbildung 37, 33-45.

Alheit, Peter et al. 1992: Biographische Konstruktionen. Beiträge zur Biographieforschung. Bremen: Universität Bremen.

Apitzsch, Ursula 1990: Migration und Biographie. Zur Konstitution des Interkulturellen in den Bildungsgängen junger Erwachsener der zweiten Migrantengeneration. Bremen: Habilitationsschrift Universität Bremen (unveröffentlichtes Manuskript).

Arnold, Rolf 1995: Neuere Systemtheorien und Erwachsenenpädagogik. In: *Karin Derichs-Kunstmann et al.* (Hg.): Theorien und forschungsleitende Konzepte der Erwachsenenbildung (Beiheft zum *Report*). Frankfurt/M.: DIE, 31-37.

Becker-Schmidt, Regina 1996: Einheit - Zweiheit - Vielheit. Identitätslogische Implikationen in feministischen Emanzipationskonzepten. In: Zeitschrift für Frauenforschung 14, 1/2, 5-18.

Berger, Peter L./Thomas Luckmann 1967: The Social Construction of Reality. New York: Doubleday.

Bourdieu, Pierre 1978: Klassenschicksal, individuelles Handeln und das Gesetz der Wahrscheinlichkeit. In: *Pierre Bourdieu et al.* (Hg.): Titel und Stelle. Über die Reproduktion sozialer Macht. Frankfurt/M.: Europäische Verlagsanstalt, 169-226.

Bourdieu, Pierre 1990: Die biographische Illusion. In: BIOS 3, 1, 75-81.

Bude, Heinz 1984: Rekonstruktion von Lebenskonstruktionen - eine Antwort auf die Frage, was Biographieforschung bringt. In: *Martin Kohli/Günther Robert* (Hg.): Biographie und soziale Wirklichkeit. Neue Beiträge und Forschungsperspektiven. Stuttgart: Metzler, 7-28.

Bude, Heinz 1985: Die individuelle Allgemeinheit des Falls. In: *Hans-Werner Franz* (Hg.): 22. Deutscher Soziologentag 1984. Beiträge der Sektions- und Ad-hoc-Gruppen. Opladen: Westdeutscher Verlag, 84-86.

Butler, Judith 1991a: Das Unbehagen der Geschlechter. Frankfurt/M.: Suhrkamp.

Butler, Judith 1991b: Variationen zum Thema Sex und Geschlecht. Beauvoir, Wittig und Foucault. In: *Gertrud Nunner-Winkler* (Hg.): Weibliche Moral. Die Kontroverse um eine geschlechtsspezifische Ethik. Frankfurt/M.; New York: Campus, 56-76.

Butler, Judith 1994: Phantasmatische Identifizierung und die Annahme des Geschlechts. In: Geschlechterverhältnisse und Politik, hg. vom Institut für Sozialforschung Frankfurt. Frankfurt/M.: Suhrkamp, 101-138.

Christiansen, Kerrin 1995: Biologische Grundlagen der Geschlechterdifferenz. In: *Ursula Pasero/Friederike Braun* (Hg.): Konstruktion von Geschlecht. Pfaffenweiler: Centaurus, 13-28.

Dausien, Bettina 1990: „Meine Kinder brauchten 'ne Mutter ..., aber trotzdem die Arbeit und der ganze Trubel haben mir gefehlt". In: *Peter Alheit et al.* (Hg.): Abschied von der Lohnarbeit? Diskussionsbeiträge zu einem erweiterten Arbeitsbegriff. Bremen: Universität Bremen, 121-146.

Dausien, Bettina 1994: Auf der Suche nach dem ,eigenen Leben'? Lernprozesse in weiblichen Biographien. In: *Peter Alheit et al.* (Hg.): Von der Arbeitsgesellschaft zur Bildungsgesellschaft? Perspektiven von Arbeit und Bildung im Prozeß europäischen Wandels. Bremen: Universität Bremen, 572-592.

Dausien, Bettina 1996a: Biographie und Geschlecht. Zur biographischen Konstruktion sozialer Wirklichkeit in Frauenlebensgeschichten. Bremen: Donat.

Dausien, Bettina 1996b: Biographie und Geschlecht. Lebensverläufe und Lebenskonstruktionen im Geschlechterverhältnis. Bremen (unveröffentlichtes Manuskript).

Duden, Barbara 1987: Geschichte unter der Haut. Ein Eisenacher Arzt und seine Patientinnen um 1730. Stuttgart: Klett-Cotta.

Duden, Barbara 1991: Der Frauenleib als öffentlicher Ort. Hamburg; Zürich: Luchterhand Literaturverlag.

Fischer-Rosenthal, Wolfram 1994: Subjects, Parasites and Identities: Biography as a Substitute for some Problematic Ego-Concepts of Modernity. Paper presented at the XIIIth World Congress of Sociology at Bielefeld. Berlin (unveröffentlichtes Manuskript).

Fischer-Rosenthal, Wolfram 1995a: Schweigen - Rechtfertigen - Umschreiben. Biographische Arbeit im Umgang mit deutschen Vergangenheiten. In: *Wolfram Fischer-Rosenthal/Peter Alheit* (Hg.): Biographien in Deutschland. Soziologische Rekonstruktionen gelebter Gesellschaftsgeschichte. Opladen: Westdeutscher Verlag, 43-86.

Fischer-Rosenthal, Wolfram 1996: From Identity to Biography. The Problem with Identity. In: *Itzhak Kashti et al.* (eds.): A Quest for Identity. Post War Jewish Biographies. Tel-Aviv, School of Education, Tel-Aviv University, 9-20.

Garfinkel, Harold 1967: Studies in Ethnomethodology. Englewood Cliffs, N.J.: Prentice-Hall.

Gerhard, Ute (Hg.) 1990: Differenz und Gleichheit. Menschenrechte haben (k)ein Geschlecht. Frankfurt/M.: Helmer.

Gildemeister, Regine/Angelika Wetterer 1992: Wie Geschlechter gemacht werden. Die soziale Konstruktion der Zweigeschlechtlichkeit und ihre Reifizierung in der Frauenforschung. In: *Gudrun-Axeli Knapp/Angelika Wetterer* (Hg.): Traditionen Brüche. Entwicklungen feministischer Theorie. Freiburg: Kore, 201-254.

Goffman, Erving 1977: The Arrangement between the Sexes. In: Theory and Society 4, 301-331.

Goffman, Erving 1994: Interaktion und Geschlecht, hg. und eingeleitet von Hubert A. Knoblauch. Mit einem Nachwort von Helga Kotthoff. Frankfurt/M.; New York: Campus.

Haas, Erika (Hg.) 1995: Verwirrung der Geschlechter. Dekonstruktion und Feminismus. München; Wien: Profil.

Habermas, Jürgen 1992: Faktizität und Geltung. Beiträge zur Diskurstheorie des Rechts und des demokratischen Rechtsstaats. Frankfurt/M.: Suhrkamp.

Hagemann-White, Carol 1984: Sozialisation: weiblich - männlich? Opladen. Leske + Budrich.

Hagemann-White, Carol 1988: Wir werden nicht zweigeschlechtlich geboren ... In: *Carol Hagemann-White/Maria S. Rerrich* (Hg.): FrauenMännerBilder. Männer und Männlichkeit in der feministischen Diskussion. Bielefeld: AJZ Verlag, 224-235.

Hanses, Andreas 1992: Biographische Strukturierung von Erkrankungs- und Gesundungsprozessen. Die Gesundungsgeschichte einer an Epilepsie erkrankten Frau. In: *Peter Alheit et al.*: Biographische Konstruktionen. Beiträge zur Biographieforschung. Bremen: Universität Bremen, 71-98.

Hanses, Andreas 1996: Epilepsie als biographische Konstruktion. Eine Analyse von Erkrankungs- und Gesundungsprozessen anfallskranker Menschen anhand erzählter Lebensgeschichten. Bremen: Donat.

Heiden, Ulrich an der/Gerhard Roth/Hans Schwegler 1986: Die Organisation der Organismen: Selbstherstellung und Selbsterhaltung. In: Funkt. Biol. Med. 5, 330-346.

Hirschauer, Stefan 1993a: Dekonstruktion und Rekonstruktion. Plädoyer für die Erforschung des Bekannten. In: Feministische Studien 11, 2, 55-67.

Hirschauer, Stefan 1993b: Die soziale Konstruktion der Transsexualität. Über die Medizin und den Geschlechtswechsel. Frankfurt/M.: Suhrkamp.

Honegger, Claudia 1991: Die Ordnung der Geschlechter. Die Wissenschaften vom Menschen und das Weib, 1750-1850. Frankfurt/M.: Campus.

Kessler, Suzanne J./Wendy McKenna 1978: Gender: An Ethnomethodological Approach. New York: Wiley.

Knapp, Gudrun-Axeli 1987: Arbeitsteilung und Sozialisation. Konstellationen von Arbeitsvermögen und Arbeitskraft im Lebenszusammenhang von Frauen. In: *Ursula Beer* (Hg.): Klasse Geschlecht. Feministische Gesellschaftsanalyse und Wissenschaftskritik. Bielefeld: AJZ-Verlag, 236-273.

Knapp, Gudrun-Axeli 1994: Politik der Unterscheidung. In: Geschlechterverhältnisse und Politik, hg. vom Institut für Sozialforschung Frankfurt. Frankfurt/M.: Suhrkamp, 262-287.

Knapp, Gudrun-Axeli 1995: Unterschiede machen: Zur Sozialpsychologie der Hierarchisierung im Geschlechterverhältnis. In: *Regina Becker-Schmidt/Gudrun-Axeli Knapp* (Hg.): Das Geschlechterverhältnis als Gegenstand der Sozialwissenschaften. Frankfurt/M.; New York: Campus, 163-194.

Kotthoff, Helga 1994: Geschlecht als Interaktionsritual? Nachwort. In: *Erving Goffman*: Interaktion und Geschlecht, hg. und eingeleitet von Hubert A. Knoblauch. Mit einem Nachwort von Helga Kotthoff. Frankfurt/M.; New York: Campus, 159-194.

Krappmann, Lothar 1982: Soziologische Dimensionen der Identität. Strukturelle Bedingungen für die Teilnehmer an Interaktionsprozessen. Stuttgart: Klett.

Laqueur, Thomas 1992: Auf den Leib geschrieben. Die Inszenierung der Geschlechter von der Antike bis Freud. Frankfurt/M.; New York: Campus.

Lindemann, Gesa 1993a: Wider die Verdrängung des Leibes aus der Geschlechtskonstruktion. In: Feministische Studien 11, 2, 44-54.

Lindemann, Gesa 1993b: Das paradoxe Geschlecht. Transsexualität im Spannungsfeld von Körper, Leib und Gefühl. Frankfurt/M.: Fischer.

Lindemann, Gesa 1994: Die Konstruktion der Wirklichkeit und die Wirklichkeit der Konstruktion. In: *Theresa Wobbe/Gesa Lindemann* (Hg.): Denkachsen. Zur theoretischen und institutionellen Rede vom Geschlecht. Frankfurt/M.: Suhrkamp, 115-146.

Lorber, Judith/Susan A. Farell (eds.) 1991: The Social Construction of Gender. Newbury Park; London; New Dehli: Sage.

Luhmann, Niklas 1980: Gesellschaftsstruktur und Semantik. Studien zur Wissenssoziologie der modernen Gesellschaft, Bd. 1. Frankfurt/M.: Suhrkamp.

Luhmann, Niklas 1984: Soziale Systeme. Grundriß einer allgemeinen Theorie. Frankfurt/M.: Suhrkamp.

Luhmann, Niklas 1985: Die Autopoiesis des Bewußtsein. In: Soziale Welt 36, 402-446.

Luhmann, Niklas 1989: Individuum, Individualität, Individualismus. In: *Niklas Luhmann*: Gesellschaftsstruktur und Semantik. Studien zur Wissenssoziologie der modernen Gesellschaft, Bd. 3. Frankfurt/M.: Suhrkamp, 149-258.

Luhmann, Niklas 1990[3]: Ökologische Kommunikation. Opladen: Westdeutscher Verlag.

Luhmann, Niklas 1993[2]: Soziologische Aufklärung 5: Konstruktivistische Perspektiven. Opladen: Westdeutscher Verlag.

Luhmann, Niklas/Karl-Eberhard Schorr 1982: Personale Identität und Möglichkeiten der Erziehung. In: *Niklas Luhmann/Karl-Eberhard Schorr* (Hg.): Zwischen Technologie und Selbstreferenz. Frankfurt/M.: Suhrkamp, 224-261.

Maihofer, Andrea 1994: Geschlecht als Existenzweise. Einige kritische Anmerkungen zu aktuellen Versuchen zu einem neuen Verständnis von ‚Geschlecht‘. In: Geschlechterverhältnisse und Politik, hg. vom Institut für Sozialforschung Frankfurt. Frankfurt/M.: Suhrkamp, 168-187.

Maihofer, Andrea 1995: Geschlecht als Existenzweise. Macht, Moral, Recht und Geschlechterdifferenz. Frankfurt/M.: Helmer.

Mannheim, Karl 1964: Das Problem der Generationen. In: *Karl Mannheim*: Wissenssoziologie. Auswahl aus dem Werk. Neuwied; Berlin: Luchterhand, 509-565.

Maturana, Humberto R. 1970: Neurophysiology of Cognition. In: *Paul Garvin* (ed.): Cognition: A Multiple View. New York; Washington: Spartan Books, 3-23.

Maturana, Humberto R. 1987a: Kognition. In: *Siegfried Schmidt* (Hg.): Der Diskurs des Radikalen Konstruktivismus. Frankfurt/M.: Suhrkamp, 89-118.

Maturana, Humberto R. 1987b: Biologie der Sozialität. In: *Siegfried Schmidt* (Hg.): Der Diskurs des Radikalen Konstruktivismus. Frankfurt/M.: Suhrkamp, 287-302.

Maturana, Humberto R./Francisco J. Varela 1975: Autopoietic Systems. In: Biological Computer Laboratory. (Report No. 9.4). Urbana: University of Illinois.

Maturana, Humberto R./Francisco J. Varela 1987: Der Baum der Erkenntnis. Die biologischen Wurzeln des menschlichen Erkennens. Bern; München: Scherz.

Nassehi, Armin 1994: Differenz als Signum - Einheit als Horizont. Zur Zeitdiagnose posttraditionaler Vergesellschaftung. In: Sozialwissenschaftliche Literaturrundschau 20, 81-90.

Nassehi, Armin/Georg Weber 1990: Zu einer Theorie biographischer Identität. Epistemologische und systemtheoretische Argumente. In: BOS 3, 2, 153-187.

Nicholson, Linda 1994: Was heißt ‚gender‘? In: Geschlechterverhältnisse und Politik, hg. vom Institut für Sozialforschung Frankfurt. Frankfurt/M.: Suhrkamp, 188-220.

Nunner-Winkler, Gertrud 1994: Zur geschlechtsspezifischen Sozialisation. In: Sozialwissenschaftliche Frauenforschung in der Bundesrepublik Deutschland. Bestandsaufnahme und forschungspolitische Konsequenzen, hg. von der Senatskommission für Frauenforschung der Deutschen Forschungsgemeinschaft. Berlin: Akademie Verlag, 61-83.

Nunner-Winkler, Gertrud (Hg.) 1991: Weibliche Moral. Die Kontroverse um eine geschlechtsspezifische Ethik. Frankfurt/M.; New York: Campus.

Osterland, Martin 1983: Die Mythologisierung des Lebenslaufs. Zur Problematik des Erinnerns. In: *Martin Baethge/Wolfgang Eßbach* (Hg.): Soziologie: Entdeckungen im Alltäglichen. Hans Paul Bahrdt, Festschrift zu seinem 65. Geburtstag. Frankfurt/M.; New York: Campus, 279-290.

Pasero, Ursula/Friederike Braun (Hg.) 1995: Konstruktion von Geschlecht. Pfaffenweiler: Centaurus.

Rosenthal, Gabriele 1995: Erlebte und erzählte Lebensgeschichte. Gestalt und Struktur biographischer Selbstbeschreibungen. Frankfurt/M.; New York: Campus.

Roth, Gerhard 1985: Die Selbstreferentialität des Gehirns und die Prinzipien der Gestaltwahrnehmung. In: Gestalt Theory 7, 4, 228-244.

Roth, Gerhard 1987a: Erkenntnis und Realität: Das reale Gehirn und seine Wirklichkeit. In: *Siegfried Schmidt* (Hg.): Der Diskurs des Radikalen Konstruktivismus. Frankfurt/M.: Suhrkamp, 229-255.

Roth, Gerhard 1987b: Autopoiese und Kognition: Die Theorie H.R. Maturanas und die Notwendigkeit ihrer Weiterentwicklung. In: *Siegfried Schmidt* (Hg.): Der Diskurs des Radikalen Konstruktivismus. Frankfurt/M.: Suhrkamp, 256-286.

Roth, Gerhard/Hans Schwegler (Hg.) 1981: Self-organizing Systems. An Interdisciplinary Approach. Frankfurt/M.; New York: Campus.

Schäffter, Ortfried 1995: Bildung als kognitiv strukturierte Umweltaneignung. In: *Karin Derichs-Kunstmann et al.* (Hg.): Theorien und forschungsleitende Konzepte der Erwachsenenbildung (Beiheft zum *Report*). Frankfurt/M.: DIE, 55-62.

Scheuermann, Antonius 1992: Homosexualität als biographische Konstruktion. In: *Peter Alheit et al.*: Biographische Konstruktionen. Beiträge zur Biographieforschung. Bremen: Universität Bremen, 99-127.

Scheuermann, Antonius 1994: Sexualbiographien. Eine empirische Studie zur biographischen Konstruktion von Sexualität am Beispiel homosexueller Männer. Diss. phil. Universität Bremen.

Schimank, Uwe 1988: Biographie als Autopoiesis - eine systemtheoretische Rekonstruktion von Individualität. In: *Hanns-Georg Brose/Bruno Hildenbrand* (Hg.): Vom Ende des Individuums zur Individualität ohne Ende. Opladen: Leske + Budrich, 55-72.

Schmidt, Siegfried J. (Hg.) 1987: Der Diskurs des Radikalen Konstruktivismus. Frankfurt/M.: Suhrkamp.

Schütz, Alfred/Thomas Luckmann 1979: Strukturen der Lebenswelt, Bd. 1. Frankfurt/M.: Suhrkamp.

Schütze, Fritz 1981: Prozeßstrukturen des Lebensablaufs. In: *Joachim Matthes et al.* (Hg.): Biographie in handlungswissenschaftlicher Perspektive. Nürnberg: Verlag der Nürnberger Forschungsvereinigung, 67-156.

Schütze, Fritz 1984: Kognitive Figuren des autobiographischen Stegreiferzählens. In: *Martin Kohli/Günther Robert* (Hg.): Biographie und soziale Wirklichkeit. Neue Beiträge und Forschungsperspektiven. Stuttgart: Metzler, 78-117.

Siebert, Horst 1996: Didaktisches Handeln in der Erwachsenenbildung. Didaktik aus konstruktivistischer Sicht. Neuwied; Kriftel; Berlin: Luchterhand.

Soeffner, Hans-Georg 1992: Rekonstruktion statt Konstruktivismus. 25 Jahre ‚Social Construction of Reality'. In: Soziale Welt 43, 476-481.

Varela, Francisco J. 1979: Principles of Biographical Autonomy. New York; Oxford: Elsevier-North Holland.

Varela, Francisco J. 1981: Autonomy and Autopoiesis. In: *Gerhard Roth/Hans Schwegler* (Hg.) 1981: Self-organizing Systems. An Interdisciplinary Approach. Frankfurt/M.; New York: Campus, 14-23.

Varela, Francisco J. 1987: Autonomie und Autopoiese. In: *Siegfried Schmidt* (Hg.): Der Diskurs des Radikalen Konstruktivismus. Frankfurt/M.: Suhrkamp, 119-132.

Varela, Francisco J./Humberto R. Maturana/Ricardo B. Uribe 1974: Autopoiesis, the Organization of Living Systems: Its Characterization and a Model. In: Biosystems 5, 125 ff.

Wagner, Gerhard/Heinz Zipprian 1992: Identität oder Differenz? Bemerkungen zu einer Aporie in Niklas Luhmanns Theorie selbstreferentieller Systeme. In: Zeitschrift für Soziologie 21, 6, 394-405.

Watzlawick, Paul 1994: Wirklichkeitsanpassung oder angepaßte ‚Wirklichkeit'? Konstruktivismus und Psychotherapie. In: Einführung in den Konstruktivismus. Mit Beiträgen von *Heinz von Foerster* u.a. München; Zürich: Piper, 89-108.

West, Candace/Don H. Zimmerman 1987: Doing Gender. In: Gender and Society 1, 2, 125-151.

Wetterer, Angelika 1992: Hierarchie und Differenz im Geschlechterverhältnis. Theoretische Ansätze zur Analyse der Marginalität von Frauen in hochqualifizierten Berufen. In: *Angelika Wetterer* (Hg.): Profession und Geschlecht. Über die Marginalität von Frauen in hochqualifizierten Berufen. Frankfurt/M.; New York: Campus, 13-44.

Wetterer, Angelika 1995a: Dekonstruktion und Alltagshandeln. Die (möglichen) Grenzen der Vergeschlechtlichung von Berufsarbeit. In: *Angelika Wetterer* (Hg.): Die soziale Konstruktion von Geschlecht in Professionalisierungsprozessen. Frankfurt/M.; New York: Campus, 223-246.

Wetterer, Angelika 1995b: Das Geschlecht (bei) der Arbeit. Zur Logik der Vergeschlechtlichung von Berufsarbeit. In: *Ursula Pasero/Friederike Braun* (Hg.): Konstruktion von Geschlecht. Pfaffenweiler: Centaurus, 199-223.

Wetterer, Angelika (Hg.) 1995: Die soziale Konstruktion von Geschlecht in Professionalisierungsprozessen. Frankfurt/M.; New York: Campus.

Wobbe, Theresa/Gesa Lindemann (Hg.) 1994: Denkachsen. Zur theoretischen und institutionellen Rede vom Geschlecht. Frankfurt/M.: Suhrkamp.

Soziologie der Emotionen

Struktur - Norm - Individuum[1]

Helena Flam

Wie schon *Gerhards* und *Nedelmann* zeigen, ist vor allem *Simmel* als klassischer Emotionssoziologe zu betrachten (*Simmel* 1950, 1983, 1992, 1993; *Nedelmann* 1983, 1988; *Gerhards* 1986a; *Flam* 1990a). Er argumentierte, daß Emotionen von Strukturen erzeugt werden und gleichzeitig ein außerordentliches, strukturgenerierendes Potential besitzen. Er schrieb unter anderem Aufsätze über die Liebe, die Individuen zusammenführt, über Neid und Haß, die zu Trennung, (Klassen)Streit und Aggression führen, und auch über Dankbarkeit, die als eine Art gesellschaftlicher Kitt fungiert. *Gerhards* (1986a-b, 1988a-c) zeigt auch, daß *Emile Durkheim* und *Max Weber* (siehe *Schluchter* 1989: 68) Emotionen als wichtige Bestandteile der soziologischen Erklärung betrachteten. Obwohl *Weber* den affektuellen Handlungstyp als soziologisch uninteressant abgewiesen hat, ist seine protestantische These ein Versuch, Beweise zusammenzubringen, die zeigen, daß die Angst vor Verdammung unter den Calvinisten besonders tiefgreifend war. Diese Emotion trieb die Rationalisierungsprozesse, die die Entwicklung des Kapitalismus im Abendland prägten. In den USA widmete *Cooley* (1970) zahlreiche Kapitel seines Buches der sozialen Bedeutung des Mitgefühls und der Feindlichkeit. Sogar bei *Talcott Parsons* findet man noch die expressive Handlungsdimension und die Idee, daß Scham das Instrument der Selbstkontrolle ist. Erst die Kritiker des Struktur-Funktionalismus - Marxisten, Symbolische Interaktionisten, Rational-Choice-Anhänger - haben die Main-Stream-Soziologie gründlich entemotionalisiert. Ihre Orientierung war und ist entweder normativ-kognitiv oder utilitaristisch.

---

[1]   Die Erstfassung dieses Textes mit dem Titel „Soziologie der Emotionen Heute" entstand auf Anfrage von *Ansgar Klein* und *Frank Nullmeier* für das Buchprojekt „Masse, Macht, Emotionen", das beim Westdeutschen Verlag 2000 erscheinen wird. Ich danke *Gunter Göbel, Maja Laumann* und *Heiko Röhler* für Lesekorrekturen und Literaturrecherche. Der Herausgeberin danke ich für den Spaß bei den letzten Lesekorrekturen.

1   Emotionen als Kulturprodukt

Aus einer sogenannten konstruktivistischen Perspektive, die am deutlichsten durch ihren Gegenstand und die Annahme, daß Emotionen wichtige Handlungsmotive darstellen, der Main-Stream-Soziologie widerspricht, stellen Emotionen Kulturprodukte dar. Alle Menschen kennen ähnliche, wenn nicht identische Variationen von Gefühlen; wie Menschen empfinden und ob und wie sie Emotionen zum Ausdruck bringen, wird von ihrem Kulturkreis geprägt (*Harré* 1986). Jede Kultur bietet eine eigene Gewichtung und Aufteilung von Emotionen in legitime und illegitime an. Darüber hinaus spezifiziert jede Kultur Gefühlsregeln, die situationsbedingt das ABC von Emotionen - das heißt das ,wann, wo, wer, wie' - vorschreiben. Daraus ergeben sich mehrere Erkenntnisinteressen: a) Wie definieren verschiedene Kulturen Emotionen, und wie unterscheiden sich Gefühlsregeln zwischen Kulturkreisen oder Ländern (*Harré* 1986; *Vester* 1991: 98-181)? b) Wie ändern sich Emotionen und ihre Bedeutung in einem Land, in einem Kulturkreis über die historische Zeit oder im Laufe des individuellen Lebens (*Stearns/Stearns* 1985; *Stearns* 1989a, 1989b, 1994; *Wood* 1986)? c) Unter welchen Bedingungen stehen Personen unter besonderem Druck, den vorgegebenen Gefühlsregeln zu folgen? Und wann sind sie nicht in der Lage, die erwarteten Gefühle zu empfinden oder vorzuspielen? Wie bewältigen Menschen solche Situationen? Wie managen sie ihre eigenen Gefühle zugunsten der in verschiedenen institutionellen Zusammenhängen erwarteten Emotionen (*Hochschild* 1979)? d) Wie beeinflussen Mythen, Kunst und Massenmedien typische emotionale Rollen und Handlungsskripte und -strategien? Wie werden mit ihrer Hilfe Identitätsansprüche ausgeformt (*Sarbin* 1986; *Denzin* 1990)? e) Wie wird über Emotionen im Alltag gesprochen? Mit welchen Methoden können Emotionen am besten erforscht werden (*Hochschild* 1989a; *Harré* 1986; *Wood* 1986; *Denzin* 1990; *Vester* 1991; *Flam* 1998)?

Obwohl die konstruktivistische Perspektive am deutlichsten das Distinktive und Faszinierende an der Soziologie der Emotionen hervorhebt, übergehen viele ihrer Vertreter, die einen philosophischen, psychologischen oder historischen Hintergrund haben, die soziologischen Grundfragen[2]. Dies ist einer der möglichen Gründe, warum die Soziologie der Emotionen als spezielle Soziologie unverdient marginalisiert wird. Wie

---

[2]   Obwohl ein Soziologe, will *Norman Denzin* (1990: 108-109), daß wir der Verwandlung von Emotionen in Variablen, die quantitativ in verschiedenen soziologischen Spezialgebieten erforscht werden, widerstehen. Er befürwortet das Festhalten an „thick descriptions".

weiter unten gezeigt wird, ist die Soziologie der Emotionen imstande, Fragen nach der Konstruktion (Produktion und Reproduktion) der sozialen Ordnung zu beantworten.

2   Normen als Tranquillizer

Wie viele Leser wissen, beschäftigt sich die Ethnomethodologie, die ihre Wurzeln in Deutschland (*Alfred Schütz*) hat, aber vor allem in den USA rezipiert und weiter verfolgt worden ist, mit alltäglichen Face-to-Face-Interaktionen. Die Ethnomethodologie hat mehr als andere Perspektiven dazu beigetragen, die Effekte der Mißachtung der Interaktionsregeln und Rollenerwartungen zu beleuchten. *Garfinkel* (1984), der Vater der Ethnomethodologie, hat mehrere spannende Experimente zur Mißachtung von Interaktionsregeln durchgeführt. Er bat seine Studenten/innen auf eine normale Nachfrage nach dem Befinden bei der Begrüßung mit „Wie meinst Du das?" zu reagieren; sich zu Hause nicht wie Familienmitglieder, sondern wie höfliche Hotelgäste zu benehmen; in Geschäften über Warenpreise zu verhandeln; sich nah neben Fremde zu stellen und einer bekannten Person ohne Vorankündigung einen Kuß zu geben. Die Studierenden waren sehr unsicher, wie sie diese außergewöhnlichen Rollen spielen sollten. Manche verweigerten ihre Mitarbeit zu diesem Experiment, andere wollten während des Experiments aussteigen. Während des Experiments zeigte sich, daß die Studierenden Angst vor den Reaktionen der ‚Interaktionspartner' hatten, die Desorientierung, Unsicherheit, Erstaunen, aber auch Wut zeigen konnten.

Das bedeutet, die Interaktionsregeln können als Interaktionserwartungen verstanden werden. Diese Regeln vereinfachen die alltäglichen Interaktionen. Komplexität, Unsicherheit und Kontingenz werden durch diese ständig produzierten Erwartungen geringer (*Luhmann*). Wenn Interaktionserwartungen oder -regeln mißachtet werden, kann es dazu führen, daß nicht erwartete (sogar illegitime) Gefühle hervorgebracht werden. Zum Beispiel verlieren Personen ihre Selbstkontrolle, werden erregt und sind bereit, einen Konflikt auszutragen. Unter Familienmitgliedern, Freunden oder Bekannten kann eine Mißachtung der Regeln nicht nur zu kurzfristigen Konflikten, sondern auch zu dauerhaftem Mißtrauen oder Zerbrechen der Beziehung führen. Das heißt, daß nicht nur alltägliche Interaktionen, sondern auch dauerhafte Beziehungen durch erfüllte Erwartungen aufrechterhalten und vor gefährdenden Emotionen geschützt werden.

Die These, daß Regelverletzung oder -mißachtung Emotionen hervorbringt, ist schon bei *Durkheim* zu finden und nicht neu. Der empirische Nachweis, wie leicht es ist, auch mit kleinen Regelbrüchen starke Emotionen zu erzeugen, stellt eine Entdeckung dar. Wir sind darauf angewiesen, daß unsere Interaktionspartner die Regeln einhalten. Unser kultiviertes und zivilisiertes Selbst ist zerbrechlich und bei sozialen Kontakten empfindlich. Blitzschnell geraten wir aus der Fassung, wenn unsere Erwartungen nicht erfüllt werden. Überwältigen uns Emotionen, dann ist der Bestand der Beziehungen unvorhersehbar.

Dieses negative Bild benötigt eine Korrektur. Die Emotionen, die durch die Regelmißachtung hervorgerufen werden, können auch positiv sein und positive Konsequenzen haben. In *Garfinkel*s Experimenten entdeckten einige Studenten/innen, daß sie nach einer Weile Freude daran hatten, in Geschäften Preisverhandlungen zu führen. Einige erhielten Preisnachlässe und freuten sich darüber. Grenzüberschreitungen durch Regelverletzungen können neues Wissen und neues Verhalten hervorbringen. Wir wissen noch nicht, unter welchen Bedingungen dies geschieht.

Das Bild des empfindlichen Selbsts, das leicht aus der Fassung gerät, braucht noch eine Korrektur. Wenn die Interaktion zwischen Mächtigen und Machtlosen stattfindet, dann spielen die Machtlosen ihre Rolle auch bei starken negativen Gefühle weiter und unterdrücken negative Reaktionen. Diesem Thema wende ich mich als nächstem zu.

3   Soziale Struktur und Emotionen

Vier verschiedene Soziologen, zwei Amerikaner (*Theodore D. Kemper* und *Thomas J. Scheff*) und zwei Deutsche (*Axel Honneth* und *Sighard Neckel*), messen sozialer Achtung und den mit ihr verbundenen Gefühlen eine große gesellschaftliche Bedeutung in ihren Analysen zu, obwohl sie unterschiedliche theoretische Ausgangspunkte haben. Alle vier Autoren gehen davon aus, mit ihrem Ansatz die Lücke zwischen Makro- und Mikrosoziologie zu schließen. Sie machen Gefühle zum Produkt sozialer Verhältnisse und zur wichtigen Quelle sozialer und politischer Konflikte. Das Gefühl Scham definieren sie als Hauptinstrument der Selbst- und sozialen Kontrolle.

Das hier verfolgte Ziel ist es zu zeigen, daß obwohl die vier Autoren sehr unterschiedliche philosophische und sozialpsychologische Ausgangspositionen haben, sie dennoch eine sehr ähnliche Hauptthese entwickeln: Soziale Strukturen und nicht nur (angeblich unerforschbare) innerpsychische Zustände sind die Ursachen der Emotionen. In der Regel unterstützen diese Emotionen die schon etablierten sozialen Strukturen. Die vier Autoren beschäftigt aus unterschiedlichem Blickwinkeln das Thema, wie ‚Inklusion und Exklusion' in und aus der menschlichen Gemeinschaft erfolgt.

Ihre Argumentation lautet: In der Regel werden Begegnungen zwischen Personen durch Macht und Status der Interaktionspartner strukturiert. Die Mächtigen sind in der Lage, die Verhaltensregeln zwischen den Inhabern der verschiedenen sozialen Positionen zu ihrem Vorteil zu bestimmen. Dem steht gegenüber, daß jeder Mensch ein Bedürfnis nach sozialer Anerkennung und nach Autonomie hat. Wenn jemand diese Anerkennung und Autonomie wegen zu geringer Macht- und Statusposition in Begegnungen mit anderen nicht bekommt, können sich negative Gefühle wie Enttäuschung, Scham, Traurigkeit, Apathie und vieles anderes einstellen. Diese Gefühle werden durch die sozialen Macht- und Statusstrukturen produziert. Zugleich leisten diese Prozesse einen Beitrag zur Aufrechterhaltung der Strukturen, solange sich die Mißachteten den Mißerfolg selbst zuschreiben und durch ihre Gefühle geschwächt werden. Wenn aber, und das passiert manchmal, die Macht- und Statuslosen sich selbst nicht mehr die Schuld für diesen Zustand geben, dann reagieren sie mit anderen Gefühlen, die sie dazu bringen, soziale Erwartungen beziehungsweise Vorschriften zu verletzen. Sie stoßen auf den Widerstand der Mächtigen, die sich zu wehren wissen. Die unerwünschten Aufsässigen, die am falschen Ort und bei der falschen sozialen Gruppe Respekt und Zuneigung suchen, werden beschämt. Die empörten Aufsässigen, die sich nicht angemessen zu verhalten wissen, werden bestraft. Beide spüren die emotionalen Kosten dieses Prozesses. Der springende Punkt ist aber, daß die sozialen und politischen Asymmetrien weitgehend mit Hilfe von Gefühlen, auch angesichts dieser Art sozialer Bedrohung, erhalten bleiben.

Kemper (1978, 1981, 1990a) und *Scheff* (1990) rechnet man zu Pionieren auf dem Gebiet der Soziologie der Emotionen. Aus *Kempers* theoretischer Perspektive, die in der sozialpsychologischen Forschung ihren Ausgangspunkt nimmt, produzieren soziale Beziehungen, genauer gesagt Macht und Status, ‚echte Emotionen' (*Kemper* 1978: 32/33; 1981: 344; 1990b: 227). Jeder Akteur übt in einer Beziehung mehr oder weniger Macht (Zwang, Druck, Bedrohung, etc.) aus, und jeder Akteur bekommt auch mehr oder weniger Status in Beziehungen, sei es Unterstützung, sei es Zuneigung. ‚Echte Emotionen' sind als Reaktionen auf Interaktionsergebnisse zu verstehen. Um ein Beispiel zu geben: Wenn ein Akteur sich selbst für die Interaktionsergebnisse die Schuld gibt und empfindet, daß er zu viel Status bekommen hat, spürt er Scham; hat er jedoch zu viel Macht ausgeübt, können ihn Gewissensbisse [Engl.: guilt] heimsuchen. Wenn aber der sich selbst belastende Akteur zu wenig Status zugeschrieben bekommt, spürt er Verzweiflung oder Apathie; hat er zu wenig Macht ausgeübt, empfindet er Furcht. Die emotionalen Ergebnisse sind ganz anders, wenn der Akteur die Schuld seinem Interaktionspartner zuschiebt (*Kemper* 1978: 32/33). Seine ursprüngliche These (1978) erweiternd, schlägt *Kemper* (1981) vor, daß die soziale Struktur, die als vertikale Makroebenen-Gliederung der Akteure nach Macht und Status zu verstehen ist, zugleich eine Mikrohandlungsebene darstellt, auf der schiefgegangene Begegnungen emotionale Reaktionen verursachen. Gegen die sozialen Konstruktivisten - wie *Hochschild* (weiter unten) - argumentiert er, auf *Durkheim* und *Elias* aufbauend, daß die mächtigen und privilegierten Eliten immer die Verhaltensregeln, die situationsgeeigneten und situationsungeeigneten Emotionen eingeschlossen, bestimmen (*Kemper* 1981: 345/346). Diese Regeln (Kultur) sind deswegen nicht die Determinanten der Emotionen: Wenn ein Schwarzamerikaner gegen die Rassenregeln verstößt, führt dies zu weißer Wut und zu schwarzer Furcht, weil Statusverluste Wut, Machtlosigkeit und Furcht mit sich bringen (*Kemper* 1981: 347).

Aus *Kempers* Sicht leistet Kultur einen wichtigen Beitrag zu Emotionen nur insofern, als sie bestimmt, welche Akteure auf macht- und statusangemessene Weise zu betrachten sind und welche besonderen zeremoniellen Gelegenheiten, bei denen diverse Techniken und Symbole eingesetzt werden, emotionale Erregung und Ehrfurcht als Reaktionen auf Macht- und Statuspositionen erzeugen (*Kemper* 1981: 355/356). Letztlich spezifiziert jede Kultur Objekte und Verhalten, die zu jeder Macht- und Statusposition passen, und in Begegnungen mit anderen, die über oder unter einem in der sozialen Hierarchie stehen, realisiert werden.

Scheffs (1990) Erkenntnisinteresse kreist um zwei Typen von Emotionen: das Gefühl der Scham und das des guten Selbstwertgefühls (Engl.: pride). Sein Ausgangspunkt ist *Durkheims* Theorie sozialer Differenzierung, die den Zustand der kontrollierten sozialen Bindung, der zu altruistischem Selbstmord führen kann, definiert, ebenso den Zustand der zu geringen sozialen Bindung, die in einen anomischen Selbstmord mündet (*Scheff* 1990: 4/5, 22-24). *Scheff* jedoch wirft *Durkheim* und der gegenwärtigen Soziologie vor, daß sie bei ihren theoretischen Betrachtungen den Zustand der ,gerade richtigen‘ oder ,normalen‘ sozialen Bindung beziehungsweise Solidarität außer acht lassen.

In vormodernen Gesellschaften ist das Individuum in der Gruppe ,verschlungen‘, in der Moderne ist es isoliert (*Scheff* 1990: 179, 12). Die Ideologie des Individualismus und die Verneinung der Gefühle (Verleugnung, Selbsttäuschung) tragen dazu bei, daß das menschliche Bedürfnis nach sozialer Bindung verleugnet wird und sich das Maß an sozialer Bindung abschwächt. Wie kann man dann wissen, ob der wünschenswerte Zustand der Solidarität überhaupt erreicht werden kann?

*Scheff*s Argument lautet, daß sich die post-*Durkheim*'sche Soziologie zu sehr auf Kognition und Rollen konzentriert und Personen aus ihren Betrachtungen ausschließt (*Scheff* 1990: 22-24). Eine solche Soziologie ist nicht in der Lage, sich zwischen sozialen Makrostrukturen und normbedingten, jedoch spontanen und gefühlseinschließenden Interaktionen, die zwischen konkreten Personen als Rollenträger auf der Mikroebene stattfinden, analytisch zu bewegen. *Goffman*, der sich den Interaktionsritualen mit einem behavioristischen Forschungsprogramm widmete, untersuchte nur die individuellen Handlungen, aber nicht Motive oder Emotionen als Reaktionen der Interaktionspartner auf Begegnungen (*Scheff* 1990: 29, 75; s. dazu auch die Originalformulierungen von *Hochschild* 1979 und von *Shott* 1979). Wenn man sie einbezieht, kann man die Dynamik der Mikroebene besser verstehen und gleichzeitig die Mikro- mit der Makroebene verknüpfen.

Jede interaktive Situation kann aus zwei Perspektiven analysiert werden, einmal als Kommunikationssystem, das Gedankenaustausch ermöglicht, zum anderen als Emotionssystem, das die gegenseitigen Statuszuschreibungen offenlegt (*Scheff* 1990: 6). Der emotionale Kern des Interaktionsrituals ist, wie *Goffman* zeigt, das Streben nach Status(ehre), das die konstante Mühe, die Verlegenheitszustände durch Eindrucksmanagement zu verhindern, impliziert (*Scheff* 1990: 7, 28/29). Gute soziale Bindungen zwischen Personen führen zu gegenseitiger Bestätigung und zur expliziten Anerkennung der anderen als gleichwertige Gesprächsteilnehmer oder Gesellschaftsmitglieder.

Nach *Cooley* und *Goffman* stellen das Gefühl der Scham und das des guten Selbstwertgefühls die zwei zentralen Gefühle dar, die uns über den Zustand der sozialen Bindung informieren (*Scheff* 1990: 15). Das erste Gefühl Scham signalisiert, daß die soziale Bindung gefährdet, unterbrochen und dieser Zustand als negativ empfunden wird. Das positive Selbstwertgefühl hingegen signalisiert, daß die soziale Bindung funktioniert[3].

Wenn man in der Analyse nicht nur gegenseitige, sondern auch interne Gefühle der Interaktionspartner berücksichtigt, wird es klar, daß

---

[3]   Der Zustand der einfühlsamen Intersubjektivität beziehungsweise der gegenseitigen Verständigung kann im Konsens oder im Konflikt erreicht werden (*Scheff* 1990: 7), wobei diese Konflikte auch zur Modifikation der Beziehungen führen können.

jede interaktive Situation ein außerordentliches explosives Potential besitzt (*Scheff* 1990: 76). Wenn die gegenseitige Bestätigung nicht angeboten oder wahrgenommen wird, löst das eine Kette von Scham- und Wutreaktionen aus, und dies sowohl in einer Person, als auch zwischen den Beteiligten. Wenn, wie es oft der Fall ist, Gefühle verleugnet werden (wie bei ‚by-passed-‘ und ‚overt, undifferentiated‘-Scham), kann das zu verschiedenen Verhaltensstörungen und im schlimmsten Fall zu Gewalt oder Selbstmord führen (*Scheff* 1990: 85-89, 114, 117-134).

In einem anderen Kapitel über „Emotionen und Selbstmord", in dem er *Goethes Werther* zur Diskussionsgrundlage wählt, zeigt *Scheff*, daß die herrschenden sozialen Gruppen dominierend bleiben, weil sie nicht nur die Gewalt, sondern auch die Gefühle der anderen sozialen Gruppen kontrollieren (*Scheff* 1990: 131-134). Die herrschende soziale Gruppe (Aristokratie oder die Weißen) unterstreicht ihren gesellschaftlichen Status durch Glamour und heilige Symbole (zum Beispiel durch das Tragen von Kronjuwelen). Das bringt andere Gruppen dazu, die Aristokratie oder die Weißen zu idealisieren und sich für die eigenen Gruppeneigenschaften zu schämen. Häufig wird jedoch gleichzeitig Humor eingesetzt, um die Beherrschten auszulachen und zu beschämen. Gelingt es nicht, die Spannungen zwischen Herrschenden und Beherrschten zu entschärfen, führt Scham zu einer permanenten Unterschätzung der eigenen und zur Überschätzung der herrschenden Gruppe. Die kollektive Dynamik der Scham, die sich in das Individuum hineinverlagert und die der einzelne nicht überwinden oder unterlaufen kann, zeigt, warum die Herrschaftsverhältnisse als legitim angesehen werden. Das Gefühl der Scham liegt dem falschen Bewußtsein zugrunde.

Neckel (1991) zeigt, welcher Zusammenhang zwischen Status und Scham besteht. Seine, auf *Weber* aufbauende, zu untersuchende zentrale These ist, daß sich Status nicht nur als ein Verteilungs-, sondern auch als ein Beziehungsphänomen verstehen läßt (*Neckel* 1991: 195). Eine solche Betrachtung räumt den sozialen Kämpfen und Konflikten einen Platz ein. *Webers* theoretischer Ansatz, der Status als Verteilung sozialer Macht versteht, erlaubt es nachzuvollziehen, wie soziale Macht die soziale Ungleichheit im Handeln strukturiert.

Die Arbeiten von *Weber*, *Kreckel* und *Parkin* bilden den Ausgang für *Neckels* Studien.

„Geld, Zeugnis, Rang und Zugehörigkeit sind... die Ressourcen..., die den Akteuren zur Strukturierung ihrer sozialen Beziehungen zur Verfügung stehen und Auskunft über ihre jeweiligen Machtchancen geben... Status ist das Attribut sozialer Anerkennung, das mit der jeweiligen sozialen Position verbunden ist, die aus der eigenen Verfügung über

Reichtum, Wissen, Rang und Zugehörigkeit resultiert. Er legt Rechte und Pflichten von Akteuren fest, gewährt Vor- und Nachteile in der sozialen Konkurrenz und ist mit einem distinkten Prestige verbunden... Status hat also...immer zugleich eine materielle und eine moralische Komponente... Da das Ausmaß, in dem bestimmte normative Maßstäbe in einer Gesellschaft Legitimität besitzen, weitgehend eine Funktion der Macht ist, diese Maßstäbe institutionalisieren zu können, gehört es zum Machtvorteil bestimmter Klassen und Gruppen gegenüber anderen auch, die eigenen Maßstäbe sozialer Anerkennung [als dominante Wertesysteme] erfolgreich institutionalisiert zu haben." (*Neckel* 1991: 196/197)

Statusgruppen, die die Klassen aufgrund nationaler, ethnischer, religiöser, berufs- oder geschlechtsbezogener Unterschiede differenzieren, werden durch die Geltung gemeinsamer Normen, die als Instrumente der sozialen Behauptung und Verteidigung fungieren, integriert (*Neckel* 1991: 198). Das Gefühl der Scham bekommt in diesem Zusammenhang eine zentrale Rolle zugeschrieben (*Neckel* 1991: 198-201). Scham wird empfunden, wenn sich das Selbst im Vergleich mit den geltenden Normen oder, noch wichtiger, mit dem Selbstideal als mangelhaft empfindet. Scham, so schon *Parsons*, stellt einen subjektiven Kontrollfaktor dar, der für Selbstkorrekturen sorgt. Scham, so *Neckel*, bedeutet Angst vor dem Verlust sozialer Achtung. Diese Gefühle im Zusammenspiel mit dem als legitim verstandenen normativen System erklären, warum Beschämungsstrategien, die sowohl gegen die abweichenden sozial Gleichen, als auch gegen die Außenseiter, die Anspruch auf Status erheben, wirksam eingesetzt werden können. Auf *Scheff* aufbauend, versteht *Neckel* „Scham und Beschämung als informelle Mechanismen der sozialen Kontrolle...", die in alltäglichen Begegnungen ausgespielt werden (*Neckel* 1991: 204).

Beschämungen haben allerdings tiefgreifende Konsequenzen: „Durch Beschämungen stellen Personen also soziale Ungleichheit praktisch her, verteilen Statuspositionen neu und handeln die aktuell gültige Statusordnung aus." (*Neckel* 1991: 210, 213). Obwohl, wie weiter oben gesagt, sich die Beschämung oft gegen die nicht-konformen Angehörigen der eigenen Gruppe richtet, ist sie genauso wichtig, wenn nicht wichtiger, wenn sie gegen Außenseiter eingesetzt wird. Wenn Statusgruppen ihre Monopolstellung zu sichern versuchen, wenn sie also sowohl ihre materiellen und kulturellen Güter als auch ihr Prestige auf ihre Mitglieder beschränken möchten, wird Beschämung als informelle Strategie zur sozialen Schließung eingesetzt. Sie definieren ihre Eigenschaften und Verhaltensmuster als überlegen, die der Außerseiter als minderwertig. Gegen nicht zur Gruppe gehörende Statusaspiranten setzen sie ihre Definitionen durch, um ihnen den Zutritt zu verweigern. Beschämung ist eine wichtige Strategie zur informellen Ausgrenzung neben formellen Kriterien wie

Bildungsabschlüssen, voneinander abhängigen Karriereschritten, Beitrittsgebühren und anderen. Diese Ausgrenzungen sind wirksam, egal ob subtil oder rabiat, weil die Aspiranten das Wertesystem der Statusgruppe, zu der sie gehören möchten, antizipatorisch internalisiert haben.

Auf *Hegel* und *Mead* aufbauend, stellt *Honneth* (1992) fest, daß der Kampf um Anerkennung von zentraler gesellschaftlicher Bedeutung ist. Das spontane, kreative, ungezügelte ‚Ich‘ strebt nach Bestätigung und Unterstützung und sucht eine Gruppe von Gleichgesinnten. Das ‚Me‘ ist das angepaßte und honorige Gesellschaftsmitglied, das die ‚generalisierten anderen‘ internalisiert hat und die etablierten Normen und Grenzen kennt und diese selbstverständlich akzeptiert. Der erfolgreiche Kampf des ‚Ich‘ um Anerkennung ist die zentrale Voraussetzung für die Entwicklung des Selbstvertrauens, der hohen Selbstachtung und der gelungenen Selbstverwirklichung. Dieser Kampf des kreativen, normmißachtenden ‚Ich‘ ist zugleich die wichtigste Voraussetzung des sozialen Fortschritts.

Aber derselbe Kampf um Anerkennung steht hinter drei weit verbreiteten Formen der Mißachtung, die zu großen Anerkennungsverlusten bei den Mißachteten führen (*Honneth* 1992: 212-225). Die erste Form ist die physische Mißhandlung wie Folter oder Vergewaltigung, die die leibliche und häufig auch die psychische Integrität einer Person verletzen (*Honneth* 1992: 214). Hier wird die Person ihres elementaren Selbstvertrauens beraubt. Die zweite weit verbreitete Mißachtungsform, die Entrechtung, nimmt die Gestalt des sozialen und politischen Ausschlusses aus der Gesellschaft an und resultiert auf der individuellen Ebene im Verlust an Selbstachtung (*Honneth* 1992: 215/216). Das Subjekt wird als moralisch unzurechnungsfähig eingestuft, der Erfahrung der Entrechtung kontinuierlich ausgesetzt und des Gefühls beraubt, „den Status eines vollwertigen, moralisch gleichberechtigten Interaktionspartners zu besitzen...“ (*Honneth* 1992: 216). Die dritte Mißachtungsform, die Entwürdigung, tritt dann ein, wenn es zur Herabsetzung von individuellen oder kollektiven Lebensweisen kommt. Bestimmte Lebensstile und Überzeugungen werden - zum Beispiel wegen politischer Überzeugungen - als minderwertig eingestuft (*Honneth* 1992: 217). Individuen und Kollektive, die eine bestimmte Art der Selbstverwirklichung als Lebensentwurf besitzen, werden ‚Ehre‘, ‚Würde‘ oder ‚Status‘ verweigert. Sie werdene beleidigt und erleben einen Verlust an persönlicher Wertschätzung.

*Honneth*s Thesen heben gegenüber anderen Arbeiten die Dimensionen der Ermächtigung und Entmachtung hervor. Er vernachlässigt jedoch die Studien, die zeigen, wie der Staat (die Bürgerrechte), die Gesellschaft (das Volkseigene, das Fremde) und die Kulturgüter (Nation, Assimilation vs. Multikulturalismus) zur Entstehung von Ermächtigung und

Entmächtigung beitragen. Unklar bleibt auch, wie sich seine (Miß-) Achtungsdynamik mit der Differenzierung nach Status und Macht verflicht.

Eine systematische empirische Studie, die die hier vorgestellte These, daß Status und Macht die Interaktionsregeln bestimmen und Scham, gutes Selbtwertsgefühl oder Wut hervorrufen, könnte mit Hilfe von *Wegeners* (1988) Idee ausdifferenziert und untersucht werden. Nach *Wegener* gibt es keine breit akzeptierten Status- und Machthierarchien, sondern viele, den eigenen Berufssituationen und Statusbedürfnissen angepaßte Hierachien in der Gesellschaft. Das bedeutet, daß wenn Hierarchien nicht übereinstimmen, sich viele soziale Begegnungen in Verhandlungen über Status und Macht (Kampf um Anerkennung) verwandeln und Scham oder Wut als Interaktionsergebnisse zu erwarten sind. *Wegeners* These steht im Gegensatz zu *Wouters* (1992: 231-233) Annahme, daß es aufgrund der demokratischen und Gleichheitsnorm nicht länger zum guten Ton gehört, die eigene Überlegenheit zu demonstrieren, das heißt die Anerkennung der eigenen Status- und Machtposition zu verlangen. Das bedeutet nach *Wouters*, daß, obwohl Statusängste intensiviert, sie dennoch als Gesprächsthema tabuisiert werden.

4   Gefühle und Gefühlsmanagement in Organisationen

In der Organisationssoziologie zeigt sich einerseits ein Interesse an der Bedeutung von Emotionen für die Organisation, zum anderen setzen sich die Stimmen fort, die den übertriebenen Glauben an die Rationalität von und in Organisationen kritisieren (vgl. dazu die Standardtextbücher von *Grusky/Miller* 1981 und *Clegg/Hardy/Nord* 1996). Zuerst möchte ich drei Soziologen - *Weick, Gouldner* und *Jackall* kurz vorstellen, die ich gern als ,Vorgänger' der Soziologie der Emotionen einstufen würde. Alle drei untersuchen die Entscheidungsängste der Manager, ohne dabei Emotionen als besonderen Untersuchungsgegenstand hervorzuheben.

Gouldner (1981) diskutiert ausführlich die Probleme, die mit einem Wechsel in der lokalen Unternehmensführung (*Webers* Sukzession) verbunden sind. Interessant ist, daß *Gouldner* vor allem die Ängste des neuen Unternehmensleiters, aber auch die der langjährigen Manager und Arbeiter thematisiert. Er zeigt, daß diese Ängste die Entscheidungen und das Verhalten des neuen Unternehmensleiters stark beeinflussen.

Weick, der unter dem Einfluß von *Alfred Schütz* schrieb, vertritt in seinem Beitrag die These, daß die Organisationswirklichkeit, genauso wie die soziale Wirklichkeit, nur dann hergestellt wird, wenn Menschen weil es unter den Organisationsmitgliedern bestimmte Ängste vor spezifischen oder auch diffusen Reaktionen und Handlungskonsequenzen gibt. Statt ein Risiko einzugehen, wie es die Entscheidungslehre und der Rational-Choice-Ansatz postulieren, werden erfahrene Kollegen imitiert. Die Organisationswirklichkeit entsteht auf der Basis von Imitations- und Ausschließungsprozessen.

Wie *Weick* und *Gouldner*, so zeigt auch *Jackall* (1988), wie die Ängste von Managern ihr Verhalten und sogar ihre Moral beeinflussen. Seine These lautet: Aus Angst vor Fehlentscheidungen treffen Manager keine Risikoentscheidungen. Sie folgen der bisherigen Praxis. Zugespitzt gesagt: Wenn es so ist, daß keine risikobehafteten Entscheidungen durch die Manager getroffen werden, wozu dann der Rational-Choice-Ansatz?

Das Neue an der gegenwärtigen Kritik sind Forschungsansätze, in denen Emotionen in Organisationen von Normen und Interessen analytisch getrennt werden. Die amerikanische Soziologin *Hochschild* (1989a) gehört zu den Pionierinnen, denen es gelungen ist, die Soziologie der Emotionen als eine theoretisch spannende Perspektive in organisationssoziologischen Ansätzen darzustellen. *Hochschild* zeigt, daß ihr Ansatz in der Lage ist, neue und herausfordernde soziale Fakten ans Licht zu bringen, nicht nur in der Organisations- oder Berufs-, sondern auch in der Familiensoziologie. In ihrem Buch *Das gekaufte Herz* zeigt sie, daß Betriebe im Dienstleistungssektor von ihren Angestellten nicht nur Dienst-, sondern auch bestimmte Emotionsarbeit verlangen. Anhand von zwei kontrastierenden, empirisch untersuchten Berufsbeispielen zeigt sie, daß es von den Unternehmenszielen abhängt, welche Emotionen die Angestellten auszustrahlen haben. Gefühlsregeln werden von den Unternehmenszielen festgelegt. Die Auswahl des Personals erfolgt zum einen nach formalen Qualifikationen, doch ebenso wichtig sind die informellen Qualifikationen, die Emotionen. Das so ausgewählte Personal wird nach Bedarf oder auch systematisch im Sinne der Unternehmensziele geschult.

*Hochschild*s untersuchte Berufe sind die der Flugbegleiter und Geldeintreiber. Die Flugbegleiter stehen unter dem Druck, ausschließlich positive Emotionen wie Mitgefühl, Warmherzigkeit, Aufmerksamkeit oder Fürsorge den Fluggästen gegenüber zu zeigen, auch um den Status der Fluggäste aufzuwerten. Von den Geldeintreibern wird erwartet, daß sie aggressiv, erniedrigend und beleidigend auftreten, um den Status ihrer Gesprächspartner zu demontieren. Das Problematische daran ist, daß diese Berufsrollen das fordern, was man in der Theatersprache ‚deep acting' nennt. Die Angestellten müssen sich bemühen - ‚Gefühlsregeln' folgend -, bestimmte Emotionen zu empfinden, damit sie sie auch überzeugend darstellen können. Dies setzt ‚Gefühlsmanagement' voraus, die eigenen ‚echten' Gefühle müssen in der Regel unterdrückt oder modifiziert werden. Nur dann kann die erwartete ‚Emotionsarbeit' geleistet werden. Die negativen und unerwünschten Nebeneffekte wie Streß in der Freizeit oder gar der Verlust der Fähigkeit, zu den eigenen Gefühlen zurückzufinden, muß bei vielen Dienstleistungsberufen als Berufsrisiko in Kauf genommen werden.

In Deutschland fanden das Buch von *Hochschild* und die amerikanische Soziologie der Emotionen ein Echo in den Beiträgen von *Gerhards* (1988c) und *Dunkel* (1988). *Gerhards* belegt den deutschen Wandel in den Berufsstrukturen und zeigt die zunehmende Bedeutung von Emotionsarbeit in verschiedenen Berufsgruppen[4]. Aus seiner Sicht wird aus *Hochschilds* ‚Kommerzialisierung von Emotionen' die ‚Kolonialisierung des Emotionalen'. *Dunkel* (1988: 66) zeigt, daß sich die Emotionsarbeit zu einer fachlichen Qualifikation entwickelt hat, wofür das schon ins Wanken geratene, aber dennoch nicht verlassene soziologische Dienstleistungsmodell, das „sich der Theorie des ‚rationalen Akteurs' verpflichtet fühlt", keine Erklärung bietet.[5]

Obwohl die emotionsbetonende Perspektive innerhalb der Organisationssoziologie nicht zu einem eigenständigen theoretischen Ansatz avanciert ist, kommt sie aber unter der Überschrift „Reflections on Research, Theory and Practice" in einem neuen englischen *Handbook of Organization Studies (Clegg/Hardy/Nord* 1996) zu Wort.

---

[4]   Er weist darauf hin, daß Frauen überproportional in Berufen mit Emotionsarbeit zu finden sind. Sich auf *Beck-Gernsheim* stützend, argumentiert *Gerhards*, daß Frauen aufgrund ihrer Sozialisation über weibliches Arbeitsvermögen verfügen, das sie für Berufe mit ‚deep acting' geradezu prädestiniert. *Gerhards* zufolge kann man vielen Berufen bestimmte Geschlechterprofile zuordnen. Diese These übersieht aber, daß heute viele ‚weibliche' Professionen ursprünglich von Männern besetzt waren. Die Berufe des Flugbegleiters, des Sekretärs und des Pflegers waren alle männlich!

[5]   Während *Hochschild* das Unternehmen und, wo relevant, die Gewerkschaften als die Hauptakteure sieht, die über die Notwendigkeit und Art der Emotionsarbeit bestimmen, lenkt *Dunkel* unsere Aufmerksamkeit auf die Tatsache, daß auch die Arbeitsteams und das berufliche Selbstkonzept den Typus der Gefühlsregeln am Arbeitsplatz beeinflussen. Aus seiner Sicht (*Dunkel* 1988: 67-74) besteht Emotionsarbeit aus drei (leider nicht klar getrennten) Dimensionen: a) dem Gefühl als Gegenstand beziehungsweise als interaktive Inszenierung (Eindrucksmanagement oder Manipulation des Kunden zwecks Verkaufs); b) dem Gefühl als Mittel beziehungsweise als emotionale Befindlichkeit; c) dem Gefühl als der Arbeit an den eigenen Gefühlen. Die empirischen Beispiele für diese Studie stammen aus dem Berufsfeld der Altenpflege.

In dem oben genannten Handbuch sorgt noch einmal Stephen *Fineman* für die Popularisierung des Themas „Emotion and Organizing"[6]. *Fineman* untersucht die anti-emotionalen Wurzeln der Organisationssoziologie. Die Organisationssoziologie vermied es systematisch, sich mit der emotionalen Bedeutung der Arbeit oder Streß durch Arbeit zu beschäftigen (vgl. *Badura* 1990), sogar dann noch, als die Themen Jobzufriedenheit und Streß einen hohen wissenschaftlichen Stellenwert genossen. Nachdem *Fineman* die negativen Effekte der genuinen Irrationalität (unterbewußte Wünsche, Neurosen, primitive Ängste) auf Organisationen hervorgehoben hat, widmet er sich der These, daß und wie sich Emotionen und Rationalität in Organisationen verflechten. Es wird betont, daß Emotionen - wie Angst oder Scham - für die Aufrechterhaltung der Organisationsordnung unentbehrlich sind, aber auch gleichzeitig für das Ausbleiben der innerbetrieblichen Kritik sorgen (dazu siehe *Flam* 1990a, 1993, 1998). Weiter werden Themen wie emotionalisierte (Ausdrucks-) Zonen, Anti-Streßprogramme und emotionale Aspekte der ‚strong culture' in Betrieben neben den von *Hochschild* eingeführten Gefühlsregeln, Gefühlsmanagement, Emotionsarbeit und anderem vorgestellt. *Fineman* beendet seine Darstellung mit Vorschlägen für zukünftige Forschung, nämlich der Erforschung der Emotionen und ihrer Bedeutung für die Arbeit und für die Organisationen, des Einflusses der Emotionen auf wichtige Entscheidungen, der emotionalen Arbeitsteilung in Arbeitsteams, der Stärke der Emotionen in verschieden Organisationszonen, der Kontrolle des Management über die Emotionen der Mitarbeiter und anderem.

Enttäuschend an *Finemans* Sammelband und Literaturübersicht ist, daß die Kritik der überrationalisierten männlichen managementfixierten Organisationen als ein post-modernistisches und post-feministisches Novum verkauft wird (vgl. dazu *Putnam/Mumby* 1993), obwohl diese Kritik schon von *Kanter* (1981) eloquent und mit souveränem theoretischen Wissen 1975 vorgetragen wurde[7]. Oder anders ausgedrückt, in der Organisationssoziologie hat seit 1975 die Soziologie der Emotionen keine weitere theoretische Entwicklung genommen; sie tritt auf der Stelle.

Eine mögliche Forschungsrichtung, die einen Weg aus dieser Sackgasse und zugleich eine notwendige Erweiterung der Perspektive

---

[6]   1993 erweitert *Fineman* als Herausgeber von *Emotion in Organizations* das Spektrum von empirisch untersuchten Dienstleistungsbereichen und weiteren Themen zu Emotionen in Organisationen.
[7]   Die Wiederholung dieser Kritik hebt noch einmal hervor, daß sich trotz normativer und gesetzlicher Änderungen die Geschlechter- und Emotionspolitik in den Betrieben selbst kaum geändert hat (*Ghiloni* 1994).

anbietet, nimmt ihren Ausgangspunkt in der *Elias'*schen Soziologie. Die holländischen Soziologen, *de Swaan* (1991) und *Wouters* (1992) zeigen, wie man Makro- mit Mikrosoziologie des alltäglichen Umgangs verbinden kann, wie man die Änderungen in sozialen Beziehungen in Zusammenhang mit der internen Dynamik von Unternehmen, Behörden und Staat bringen kann. *De Swaan* sieht die zukünftige Forschung von dem Ziel geleitet, „die Verschiebung vom Befehls- zum Verhandlungsprinzip[8] der Gefühle und sozialen Bindungen, und diese Entwicklung mit Prozessen der Veränderung von Organisationen, der Bürokratisierung und Verstaatlichung der Versorgung zu verknüpfen" (*de Swaan* 1991: 191). *Wouters* (1992: 236), dessen Forschungsprogramm mit den Ideen von *de Swaan* verwandt ist, geht davon aus, daß die Änderung in den staatlichen Strukturen, die den Wohlfahrtsstaat hervorbrachten, soziale Sicherheit für das Individuum schufen. Der damit verbundene Wandel in der Struktur unserer Ängste und Befürchtungen sowie in der von noch strikterem Gefühlsmanagement begleiteten beruflichen und sozialen Konkurrenz fand ihren Gegenpol in kontrollierter, dennoch intensiver Risikofreudigkeit in Freizeit und Intimsphäre.

5   Abschließend

Wie aus der bisherigen Darstellung hervorgeht, hat die Soziologie der Emotionen vor allem die Beziehung zwischen Emotionen einerseits und Kultur, sozialen Strukturen oder Organisationen andererseits beleuchtet.

Für diesen Beitrag konnten nicht alle interessanten Beiträge zur Soziologie der Emotionen berücksichtigt und gewürdigt werden. Gemeint sind die Beiträge, die die Ängste der Sozialforscher im Forschungsprozeß analysieren (*Devereux* 1967; *Kleinman/Copp* 1993) oder Handlungstheorien vorstellen (*Flam* 1990a, 1990b; *Vester* 1991: 69-97). Auffallend ist, daß gerade auf dem Gebiet der Familiensoziologie (nicht-)eheliche Zweierbeziehungen als die letzte Zuflucht für Intimität und Liebe postuliert werden, aber Liebe als Emotion (*Berger/Kellner* 1965; *Beck-Gernsheim* 1992; *Corsten* 1993; *Gerhards/Schmidt* 1992; *Hill* 1992; *Meyer* 1992; *Tyrell* 1987) in Deutschland im Unterschied zu den USA (*Hochschild* 1989b, 1990) selten empirisch untersucht wird.

---

[8]   Mit der Verweigerung, diese Verschiebung zu akzeptieren, und dem Versuch, an den alten Verhältnissen zwischen den Geschlechtern festzuhalten, erklärt *de Swaan* Agoraphobie als eine Angst, unter der vorwiegend Frauen leiden (75 Prozent), und die eine Art Reproduktion der Gründe für die Ausgehbeschränkungen des 19. Jahrhunderts für Frauen bürgerlicher Herkunft war.

Eine systematische Erforschung der emotionalen Grundlagen der westlichen Issue-Politik und des osteuropäischen Dissidententums steht immer noch bevor (*Nedelmann* 1987: 26-27, 39; 1986: 402-403; *Flam* 1996, 1997, 1998). Weiterhin ist vergleichendes Interesse an der Verbindung zwischen Emotionen und politischen Regimen (*Flam* 1993, 1997, 1998) neu, obwohl die Schnittstelle zwischen dem politischen System und den privaten Emotionen, die dieses systematisch erzeugt, eine aufregende Forschungsnische darstellt.

Mit dem Gedanken, daß auch auf diesen Gebieten die Soziologie der Emotionen, auch wenn sie zur weiteren Entzauberung der Welt beitragen würde, besondere Dienste leisten könnte, möchte ich schließen.

Literatur

Badura, Bernhard 1990: Interaktionsstreß. In: Zeitschrift für Soziologie 19, 5, 317-328.

Beck-Gernsheim, Elisabeth 1992: Arbeitsteilung, Selbstbild und Lebensentwurf: Neue Konfliktlagen in der Familie. In: Kölner Zeitschrift für Soziologie und Sozialpsychologie 44, 2, 273-291.

Berger, Peter L./Hansfried Kellner 1965: Die Ehe und die Konstruktion der Wirklichkeit: Eine Abhandlung zur Mikrosoziologie des Wissens. In: Soziale Welt 16, 3, 220-235.

Clegg, Stewart R./Cynthia Hardy/Walter R. Nord (eds.) 1996: Handbook of Organization Studies. London: Sage.

Cooley, Charles H. 1970: Human Nature and the Social Order. New York: Schocken Books.

Corsten, Michael 1993: Das Ich und die Liebe. Opladen: Leske + Budrich.

Denzin, Norman K. 1990: On Understanding Emotion: The Interpretative-Cultural Agenda. In: *Rom Harré* (ed.): The Social Construction of Emotions. Oxford: Basic Blackwell, 85-116.

Devereux, George 1967: From Anxiety to Method in the Behavioral Science. The Hague; Paris: Mouton & Co.

Dunkel, Wolfgang 1988: Wenn Gefühle zum Arbeitsgegenstand werden. In: Soziale Welt 39, 1, 66-85.

Fineman, Stephen (ed.) 1993: Emotion in Organizations. London: Sage.

Fineman, Stephen 1996: Emotion and Organizing. In: *Stewart R. Clegg/Cynthia Hardy/Walter R. Nord* (eds.): Handbook of Organization Studies. London: Sage, 543-564.

Flam, Helena 1990a: Emotional ‚Man': I. The Emotional ‚Man' and the Problem of Collective Action. In: International Sociology 5, 1, 39-56.

Flam, Helena 1990b: Emotional ‚Man': II. Corporate Actors as Emotion-motivated Emotion Managers. In: International Sociology 5, 2, 225-234.

Flam, Helena 1993: Fear, Loyalty and Greedy Organizations. In: *Stephen Fineman* (ed.): Emotion in Organizations. London: Sage, 58-75.

Flam, Helena 1996: Anxiety and the Successful Oppositional Construction of Societal Reality: The Case of KOR. In: Mobilization 1, 1, 103-121.

Flam, Helena 1997: Die poröse und die wasserdichte Sinnwelt der Opposition: Der ost-deutsche und der polnische Fall. In: *Detlef Pollack/Dieter Rink* (Hg.): Zwischen Verweigerung und Opposition: Politischer Protest in der DDR 1970-1989. Frankfurt/M.; New York: Campus, 145-170.

Flam, Helena 1998: Mosaic of Fear: Poland and East Germany before 1989. Boulder: East European Monographs distributed by Columbia University Press.

Garfinkel, Harold 1984: Studies of the Routine Grounds of Everyday Activities. In: Studies in Ethnomethodology. Cambridge: Polity Press, 35-76 (Ersterscheinung 1967).

Gerhards, Jürgen 1986a: Georg Simmel's Contribution to a Theory of Emotions. In: Social Science Information 25, 4, 901-924.

Gerhards, Jürgen 1986b: Soziologie der Emotionen. In: Kölner Zeitschrift für Sozio-logie und Sozialpsychologie 38, 760-771.

Gerhards, Jürgen 1988a: Soziologie der Emotionen. Fragestellungen, Systematik und Perspektiven. Weinheim; München: Juventa Verlag.

Gerhards, Jürgen 1988b: Die sozialen Bedingungen der Entstehung der Emotionen. In: Zeitschrift für Soziologie 17, 3, 187-202.

Gerhards, Jürgen 1988c: Emotionsarbeit. Zur Kommerzialisierung von Gefühlen. In: Soziale Welt 39, 1, 47-65.

Gerhards, Jürgen/Bernd Schmidt 1992: Intime Kommunikation: Eine empirische Studie. Baden-Baden: Nomos.

Ghiloni, Beth W. 1994: Women, Power, and the Corporation: Evidence from the Velvet Ghetto. In: Power. (Critical Concepts. Vol. 3). London: Routledge, 232-244 (Ersterscheinung 1984).

Gouldner, Alvin W. 1981: Succession and the Problem of Bureaucracy. In: *Oscar Grusky/George A. Miller* (eds.): The Sociology of Organizations: Basic Studies. New York: The Free Press, 280-302 (Ersterscheinung 1954).

Grusky, Oscar/Georg A. Miller (eds.) 1981: The Sociology of Organizations: Basic Studies. New York: The Free Press (Ersterscheinung 1970).

Harré, Rom 1986: The Social Construction of Emotions. Oxford: Basil Blackwell.

Hill, Paul B. 1992: Emotionen in engen Beziehungen: Zum Verhältnis von ‚Commit-ment', ‚Liebe' und ‚Rational-Choice'. In: Zeitschrift für Familienforschung 4, 2, 125-146.

Hochschild, Arlie 1979: Emotion Work, Feeling Rules, and Social Structure. In: Ame-rican Journal of Sociology 85, 551-575.

Hochschild, Arlie 1989a: Das gekaufte Herz. Frankfurt/M.; New York: Campus (Erst-erscheinung 1983: The Managed Heart: Commercialization of Human Feeling. Berkeley: University of California Press).

Hochschild, Arlie 1989b: The Second Shift. New York: Viking-Penguin.

Hochschild, Arlie 1990: Ideology and Emotion Management: A Perspective and Path for Future Research. In: *Theodore D. Kemper* (ed.): Research Agendas in the Sociology of Emotions. Albany: State University of New York Press, 117-142.

Honneth, Axel 1992: Kampf um Anerkennung. Frankfurt/M.: Suhrkamp.

Jackall, Robert 1988: Moral Mazes: The World of Corporate Managers. New York: Oxford University Press.

Kanter, Rosabeth Moss 1981: Women and the Structure of Organizations: Explorations in Theory and Behavior. In: *Oscar Grusky/George A. Miller* (eds.): The Socio-logy of Organizations: Basic Studies. New York: The Free Press, 395-424 (Ersterscheinung 1975).

Kemper, Theodore D. 1978: Toward a Sociology of Emotions: Some Problems and Some Solutions. In: The American Sociologist 13, 30-41.

Kemper, Theodore D. 1981: Social Constructionist und Positivist Approaches to the Sociology of Emotions. In: American Journal of Sociology 87, 2, 336-361.

Kemper, Theodore D. (ed.) 1990a: Research Agendas in the Sociology of Emotions. Albany: State University of New York Press.

Kemper, Theodore D. 1990b: Social Relations and Emotions: A Structural Approach. In: Research Agendas in the Sociology of Emotions. Albany: State University of New York Press, 207-237.

Kleinman, Sherryl/Martha A. Copp 1993: Emotions and Fieldwork. London: Sage.

Meyer, Thomas 1992: Modernisierung der Privatheit. Opladen: Westdeutscher Verlag.

Neckel, Sighard 1991: Status und Scham. Frankfurt/M.; New York: Campus.

Nedelmann, Birgitta 1983: Georg Simmel - Emotion und Wechselwirkung in intimen Gruppen. In: Kölner Zeitschrift für Soziologie und Sozialpsychologie, Sonderheft 25, 174-209.

Nedelmann, Birgitta 1986: Das strukturelle Milieu politischer Konflikte. In: Kölner Zeitschrift für Soziologie und Sozialpsychologie, Sonderheft 27, 397-414.

Nedelmann, Birgitta 1987: Individuals and Parties - Changes in Processes of Political Mobilization. (EUI Working Paper. 87/275). Florence: European University Institute.

Nedelmann, Birgitta 1988: ‚Psychologismus‘ oder Soziologie der Emotionen? Max Webers Kritik an der Soziologie Georg Simmels. In: *Birgitta Nedelmann* (Hg.): Simmel und die frühen Soziologen. Frankfurt/M.: Suhrkamp, 11-35.

Putnam, Linda L./Dennis K. Mumby 1993: Organizations, Emotion and the Myth of Rationality. In: *Stephen Fineman* (ed.): Emotion in Organizations. London: Sage, 36-57.

Sarbin, Theodore S. 1986: Emotion and Act: Roles and Rhetoric. In: *Rom Harré* (ed.): The Social Construction of Emotions. Oxford: Basic Blackwell, 83-97.

Scheff, Thomas J. 1990: Microsociology: Discourse, Emotion, and Social Structure. Chicago: The University of Chicago Press.

Shott, Susan 1979: Emotion and Social Life. A Symbolic Interactional Analysis. In: American Journal of Sociology 84, 1317-1334.

Simmel, Georg 1992: Der Streit. In: Soziologie. Untersuchungen über die Formen der Vergesellschaftung. Frankfurt/M.: Suhrkamp, 284-382.

Simmel, Georg 1950: The Dyad. In: *Kurt H. Wolff* (ed.): The Sociology of Georg Simmel. New York: The Free Press, 122-144.

Simmel, Georg 1993: Fragmente über die Liebe. In: Das Individuum und die Freiheit. Frankfurt/M.: Fischer Tb., 19-29.

Simmel, Georg 1983: Zur Psychologie der Scham. In: *Georg Simmel*: Schriften zur Soziologie. Eine Auswahl. Herausgegeben und eingeleitet von *Heinz-Jürgen Dahme/Otthein Rammstedt*. Frankfurt/M.: Suhrkamp, 140-150.

Stearns, Peter N./Carol Z. Stearns 1985: Emotionology: Clarifying the History of Emotions and Emotional Standards. In: American Sociological Review 90, 813-836.

Stearns, Peter N. 1989a: Social History Update: Sociology of Emotions. In: Journal of Social History 22 3, 592-599.

Stearns, Peter N. 1989b: Jealousy. The Evolution of an Emotion in American History. New York: New York University Press.

Stearns, Peter N. 1994: American Cool. Constructing a Twentieth-Century Emotional Style. New York: New York University Press.

Swaan, Abram de 1991: Vom Befehlsprinzip zum Verhandlungsprinzip. Über die neueren Verschiebungen im Gefühlshaushalt der Menschen. In: *Helmut Kuzmics/Ingo Mörth* (Hg.): Der unendliche Prozeß der Zivilisation. Frankfurt/M.; New York: Campus, 173-198.

Tyrell, Hartmann 1987: Romantische Liebe - Überlegungen zu ihrer ‚quantitativen Bestimmtheit‘. In: *Dirk Baecker et al.* (Hg.): Theorie als Passion. Niklas Luhmann zum 60. Geburtstag. Frankfurt/M.: Suhrkamp, 570-599.

Vester, Heinz-Günter 1991: Emotion, Gesellschaft und Kultur. Opladen: Westdeutscher Verlag.

Weick, Karl E. 1981: Enactment and Organizing. In: *Oscar Grusky/George A. Miller* (eds.): The Sociology of Organizations. New York: The Free Press, 265-280 (Ersterscheinung 1979).

Wegener, Bernd 1988: Kritik des Prestiges. Opladen: Westdeutscher Verlag.

Wood, Linda A. 1986: Loneliness. In: *Rom Harré* (ed.): The Social Construction of Emotions. Oxford: Basic Blackwell, 184-208.

Wouters, Cas 1992: On Status Competition and Emotion Management: The Study of Emotions as a New Field. In: *Mike Featherstone* (ed.): Cultural Theory and Cultural Change. London: Sage, 229-252.

Das Erwachen des politischen Bewußtseins

Eine Fallstudie[1]

Molly Andrews

„... es gibt im Leben immer eine Zeit für Flitterwochen, wenn man sich verliebt ... oder in einem Job, der wirklich das Leben wert ist. Nichts kann an die Stelle dieser Zeit treten. Das ist der Moment, der muß es sein, er ist es." *Trevor Huddleston (Caradon et al.* 1967:59)

Dieser Beitrag beschäftigt sich mit den ‚Flitterwochen' im Leben von zehn Menschen, die ihr Leben dem politischen Aktivismus gewidmet haben. Die zugrunde liegenden Daten sind Teil einer in Großbritannnien durchgeführten Studie mit einer Gruppe von Frauen und Männern im Alter von 70 und 90 Jahren, die über 50 Jahre als Linke politisch aktiv waren *(Andrews* 1991). Die Gesprächspartner heben die Begegnung ihrer Lebensgeschichte mit der großen Geschichte hervor, wenn sie sich an ihre Erfahrungen der Radikalisierung in der Zwischenkriegszeit in Britannien erinnern. Sie machen drei wichtige Einflüsse für das Erwachen ihres politischen Bewußtseins verantwortlich: *Identifikationsfiguren*, die sie teilweise persönlich kannten; *intellektuelle Anregungen* (wie Bücher, Filme, formale und informelle Bildung) und die Rolle der bekannten *Organisationen*, wie die neu gegründete Kommunistische Partei Großbritanniens (Communist Party of Great Britain = *CPGB*) und die ‚Nationale Bewegung der arbeitslosen Arbeiter' (National Unemployed Workers' Movement = *NUWM*), die die Straßen mit Protesten, den sogenannten Hungermärschen, füllten. Ich möchte zeigen, wie diese drei Einflüsse in den verschiedenen Biographien zusammenkamen und das Verständnis meiner Gesprächspartner über ihre eigenen Lebenserfahrungen veränderte.

Bevor wir uns der Diskussion der Lebensberichte über die politische Radikalisierung zuwenden, ist es wichtig festzuhalten, daß diese drei Einflüsse sehr wahrscheinlich eine katalysierende Wirkung im Leben vieler Individuen hatten, die ihnen half, ihre tatsächlich erlebte Erfahrung in eine besondere Form des Verstehens dieser Erfahrung zu transformieren - eine Bestätigung von *Aldous Huxley*s Bemerkung, „Erfahrung ist nicht,

---

[1]   Titel des englischen Beitrages: „Awakening of Political Consciousness: A Case Study"; übersetzt von Bianka Ralle.

was dir passiert, sondern was du aus dem, was dir passiert, machst"
(zitiert in Kegan 1982: 11). Aber die Feststellung, daß es bestimmte Kategorien von Einflüssen gibt, ist nur ein erster Schritt; ein tieferes
Verständnis davon, wie und warum ein Individuum gerade in bestimmter
Weise radikalisiert wird, bedarf der Betrachtung des Zusammentreffens
von Geschichte und Lebensgeschichte. Mit genau diesem Zusammentref-
fen wollen wir uns beschäftigen.

Lebendiger Sozialismus und Aktivismus der Arbeiterklasse

„Der eingefleischte Kommunist oder der eingefleischte Sozialist ist der zuverlässigste ....
Kommt von zu wenig Essen, wissen Sie, aus ihren Wohnungen vertrieben, arbeitslos.
Das nennen wir eine Reaktion mit dem Bauch, ... Reaktion mit dem Bauch durch
Erfahrung mit dem Bauch." *(Jack Dash)*

Eine der frühesten Erinnerungen von *Jack* ist die, als er aus der Schule
kommt und seine Mutter auf dem Trottoir sitzen sieht, weinend, denn die
Familie war aus ihrer Wohnung vertrieben und ihr Mobiliar gepfändet
worden. Er erinnert sich daran, daß die Mutter für die Familie in einem
Theater Unterschlupf fand. Seine Mutter war vor ihrer Heirat Schauspiele-
rin. Sie schliefen in den Theatersitzen, wenn die Zuschauer nach Hause
gegangen waren. Als er sieben Jahre alt war, starb seine Mutter an Tuberkulose, und mit 15 Jahren verlor er seinen Vater und wurde zur Waise.
Die Wirkung, die diese Erfahrungen auf ihn hatten, kommentiert er wie
folgt: „Ich bin ein eingefleischter Kommunist. Ich war hungrig. ... Ich
meine, solche Sachen sind unvergeßlich."

Jack war der jüngste von vier Brüdern und der einzige, der später
Sozialist wurde. Einer seiner Brüder wurde Feldwebel in der Armee, in
der er 26 Jahre diente. Nun mögen einige Leserinnen und Leser zu Bedenken geben, daß die beiden Brüder aufgrund ihres unterschiedlichen
Alters in den formativen Erfahrungen nicht dem selben historischen Abschnitt ausgesetzt waren. Dieser Einwand ist ohne Zweifel richtig, aber
nicht ausreichend, um ihre unterschiedlichen Lebenswege als eine schlichte Funktion ihres Altersunterschieds zu erklären. Der Unterschied zwischen *Jack* und seinem Bruder, der die militärische Laufbahn einschlug,
lag nicht in ihren erlebten Erfahrungen, sondern wie sie sich damit aus-
einandersetzten beziehungsweise, welchen Sinn sie diesen Erfahrungen
gaben.

Jacks erster politischer Lehrer war ein sozialistischer Pazifist, den
er während seiner Zeit als Hilfsarbeiter auf dem Bau in Londons East End
traf. Er trug *Jack* auf, bestimmte Bücher zu lesen und dann wiederzukom-
men, um sie mit ihm zu diskutieren.

„Das legte, nicht über Nacht, aber es legte die Grundlage, die mich dazu brachte, mehr nachzufragen und mehr zu lesen. ... Der Boden wurde gedüngt. ... Das legte die Grundlage, half mir zu verstehen. Wissen Sie, wenn man es liest, ist es viel leichter zu begreifen, wo die Charaktere Menschen aus der Arbeiterklasse sind. ... Sie identifizieren sich. ... Sie kennen die Probleme, die sie haben, denn es sind ihre eigenen oder man hat sie selbst schon durchgemacht."

Die Identifikation mit den Charakteren, das gleichzeitig außerhalb der Situation (als Leser) und innerhalb der Situation (durch Erfahrung) sein, veränderte sein Leben.

„Mir war klar, daß etwas in mir vorging. Wissen Sie, daß ich ein politischer Mensch werden wollte. Ich schloß mich dem an, was in den Büchern geschrieben stand. *Jack London* hatte den größten Einfluß auf mich von allen. ... Es paßte in meinen Kopf, und dann war es klar, und ich wußte etwas; ich muß ein politischer Mensch werden, ich muß am Kampf teilnehmen. Mit anderen Worten, ich wurde wirklich klassenbewußt."

Für *Jack* basiert politisches Bewußtsein auf Klassenbewußtsein. Er identifizierte sich, in den Worten von *Marx*, nicht nur mit der Klasse an sich, sondern mit *seiner* Klasse, der Klasse für sich. Der dritte Einfluß, der *Jacks* politisches Bewußtsein förderte, war die Popularität der linken Gruppen, insbesondere der Redner an den Straßenecken, denen er häufig zuhörte.

„Die KP, die Linke der Labour Party und die sozialistischen Gruppen hielten ihre Treffen an den Straßenecken ab, und sie sprachen es offen aus, Nacht für Nacht, wo immer auch die Ecke, ihre Ecke, an der sie sprachen, war ... . Und wenn man eine politische Grundlage hat, so wie ich, dann wurde das nur immer mehr bestätigt. ... Man hörte einem Kerl zu, der in der eigenen Arbeitersprache redete. So konnte man das, was sie sagten, mit der eigenen Erfahrung in Verbindung bringen. Die erzählten keinen Quatsch. Die versuchten nicht, gelehrt daher zu reden. Die redeten wie die Arbeiter, und man wußte Bescheid."

Die Kombination von Inhalt und Form förderte die Beziehung zwischen den Rednern und den Zuhörern. In späteren Jahren wurde *Jack* selbst ein Redner, der große Menschenmengen anzog, die sich mit dem, was er sagte und wie er es sagte, identifizierten. Vor seinem politischen Erwachen und Verständnis führte er ein Leben im Sinne von „auf bessere Zeiten Ausschau haltend, auf bessere Zeiten hoffend". Mit seinem politischen Verständnis sah er sein Leben in neuer Klarheit. „Es paßte in meinen Kopf, und ich wußte etwas. Ich mußte ein politischer Mensch werden. Ich mußte am Kampf teilnehmen." Hätte *Jack* sich nicht politisiert, so erklärt er, wäre er

„weiter ein Angehöriger des Lumpen(proletariats, M.A.) geblieben und hätte immer so weiter gemacht, hätte an die Sachen, die die Zeitungen erklären, geglaubt, ohne sie zu kritisieren und nur auf bessere Zeiten gewartet, auf bessere Zeiten gehofft. ... Mit der Zeit fing ich an, diese Dinge in einen Zusammenhang zu bringen, als mein Geist politisch entwickelt wurde. Ich konnte zurückschauen und die Dinge analysieren. Bis dahin habe ich die Dinge einfach akzeptiert, wissen Sie, das Leben einfach akzeptiert, ohne es infrage zu stellen."

Jacks Erwachen und die Wahrnehmung seiner Klassenidentität wurden herbeigeführt und verstärkt durch die politischen Lektionen, die er von dem alten Sozialisten erhielt, durch *Jack London* und durch die Redner an den Straßenecken.

„Wenn man versteht, warum man arm ist, heißt das nicht, daß man seine Klasse verläßt. Es heißt, daß man alle mit sich fortreißen will."

Jack wurde klar, daß seine Lage Teil einer größeren sozialen Struktur war und daß diese Struktur, nicht nur seine Position darin, das Ziel seiner Bemühungen um Veränderungen war.

Walter Gregorys politische Erziehung begann, als er seine Arbeit als Büroangestellter verlor. Er erinnert sich, daß er nach seiner Entlassung mit politischen Kursen bei der *WEA* (Workers' Educational Association) begann. Seine Studien halfen ihm zu verstehen, warum er arbeitslos war. Die Gesellschaft verweigerte ihm sein Recht auf Arbeit.

„Ich hatte ein Recht, ich hatte eine Pflicht, eine Stelle zu haben, um meine Rolle in der Gesellschaft zu spielen, und die Gesellschaft sagte, ‚wir wollen dich jetzt nicht haben. Hast du was dagegen, dich auf Eis zu legen?' Ich habe mich geärgert, bitter darüber geärgert. Für einen Jugendlichen war das ein schrecklicher Schock."

Es war die Wut, die *Walter* für die politischen Analysen in den Kursen der *WEA* und die politischen Reden an den Straßenecken empfänglich machte. „Weil die mir alle in meiner Bitterkeit und in meinem Ärger so sehr sehr willkommen waren, hatte ich das Gefühl, daß jemand auf meiner Seite stand, mit dem ich mich identifizieren konnte." Als er wahrnahm, daß es andere gab, die in einer ähnlichen Situation waren wie er und die für ihre Rechte kämpften, erweckte das in ihm ein Gefühl der Zugehörigkeit zu einer größeren Gruppe. Wie bei *Jack* so war auch *Walters* politisches Erwachen das Ergebnis der Bewußtwerdung der eigenen Klasse. Der *NUWM-Hungermarsch* 1934 in London war

„der richtig große Wendepunkt, nach dem es kein zurück mehr gab. ... Ich war dabei und tat tatsächlich was. ... Man unternimmt etwas. Man redet auf der Straße mit anderen, man geht zu einer Demonstration, wartet nicht darauf, daß ein Parlamentsmitglied aufsteht und eine hübsche Rede hält. Man macht etwas dagegen. ... Die Kommunistische Partei war eine Partei der Aktion."

Walters Politisierung ergab sich nicht aus der Anerkennung abstrakter politischer Programme, sondern seine Politisierung war unauflösbar damit verbunden, selbst aktiv werden zu können. Es war die Arbeitslosensituation, die ihn bewegungsunfähig gemacht hatte. Seine politischen Aktivitäten gaben *Walter* das Gefühl, seine Energien nicht länger zu vergeuden. Niemand verlangte von ihm, daß er ‚auf Eis‘ lag, sondern er übernahm eine aktive Rolle in der Auseinandersetzung mit der herrschenden Politik. Er war ein Mitglied einer Gruppe, die zurückschlug. *Walter* beschreibt die Kameradschaft, die er auf diesem Marsch erfuhr:

„(Wir waren ein, M.A.) verschworener Haufen, eine eng verbundene Gruppe. Wir schliefen zusammen auf dem Boden und, wenn es Seife und Wasser gab, haben wir uns zusammen gewaschen, und wir haben zusammen gegessen, und es war wunderbar."

Die Führer des Marsches hatten eine besondere Wirkung auf den jungen *Walter,* denn „ohne Zweifel wurden meine politischen Ansichten durch den Kontakt mit den Führern des Hungermarsches (geformt)". Vor der Teilnahme an dem Marsch war *Walter* „ein netter, ruhiger Bursche, traditionell erzogen". Auf dem Marsch lernte er „professionelle Ganztagsrevolutionäre" kennen. Am Ende des Marsches war *Walter* ein überzeugter politischer Aktivist und Mitglied der Kommunistischen Partei.

Die Lebensgeschichten von *Rose Kerrigan* und *Dorothy Greenald*, politischen Aktivistinnen aus der Arbeiterklasse zeigen, daß die Geschlechtszugehörigkeit auch in der Arbeiterklasse zu Benachteiligungen führt. Als sie wahrnahmen, daß sie in doppelter Weise unterdrückt wurden, denn sie litten nicht nur in materieller Hinsicht, weil sie Angehörige der Arbeiterklasse waren, sondern auch weil sie Frauen waren, kam es zur Politisierung.

Die unterschiedliche Sozialisation von Mädchen und Jungen der Arbeiterklasse war auch in den Familien beider Frauen ausgeprägt. *Rose* erinnert sich an die Wirkung, die reiche Leute, deren Lebensumstände sich so deutlich von den ihren unterschieden, auf sie als kleines Kind hatte.

„Ich erinnere mich, daß ich, als ich sieben oder acht Jahre alt war, dachte, wie merkwürdig es ist, daß es so viele Leute gibt, die es sich leisten konnten, gut angezogen zu sein. Wir lebten um die Ecke vom Royal Theatre. ... Wir hatten die Angewohnheit hinunterzugehen und sie zu beobachten, wie sie von den Taxis ins Theater gingen und wunderten uns ..., wir, die kaum unsere eigenen Schuhe kaufen konnten. Das gab mir das Gefühl, daß irgendetwas nicht in Ordnung war, irgendwo. Warum teilten diese Leute nicht ihr Geld mit uns? ... Ich war nie wütend und ich war nie neidisch. Ich fühlte nur, daß es irgendwie falsch war."

Ihre Familie lebte nahe am Glasgow Green, welches, wie *Rose* erklärt,

„... wie Hyde Park Corner in London war. Jeder sprach auf kleinen Versammlungen. Wir gingen jeden Sonntagmorgen dahin, einer meiner Brüder und ich. Ich steckte seit meiner Kindheit in Politik."

Der Vergleich ihrer Lage mit der von anderen und Gespräche mit ihrem sozialistischen Vater, den sie als „den Helfer aller lahmen Hunde" beschreibt, ihre Teilnahme an der sozialistischen Sonntagsschule und die politischen Reden an den Straßenecken entwickelten ihr politisches Verständnis für ihre Lebenssituation. Sie beschreibt ihre Mutter als „diejenige, die die Strafen austeilte und mich auch ziemlich stark ausnutzte. Ich mußte immer alle Arbeit machen, weil ich das einzige Mädchen mit drei Brüdern war." Eine Weile war ihr Vater „ein richtiger Radikaler" und unterstützte die Suffragetten, aber „er setzte dies niemals gleich mit irgendwas zuhause tun oder irgendsowas". Ihre frühen Ansichten über Männer formten sich aufgrund ihrer häuslichen Erfahrungen. Sie erklärt, daß sie „sich wirklich nicht für Männer interessierte. ... Ich fand, Männer hatten es ohnehin viel zu gut, ich war mehr oder weniger das Arbeitstier in meiner Familie. ... Aber ich rebellierte dagegen, daß man von den Jungs nicht verlangte, Hausarbeit zu machen, die ich machen mußte." Ihre Mutter ist die Quelle der ungerechten Arbeitsbelastung.

Roses Verantwortung für die Familie nahm mit den Jahren zu. Schließlich unterstützte sie ihre Eltern und einen ihrer Brüder mit dem Geld, welches sie mit Nähen verdiente. Sie erklärt ihre Politisierung so: „Als ich sehr jung war, habe ich es instinktiv verstanden." Aber dieser Instinkt war das Ergebnis des Kontaktes mit der Politik, die eine adäquate Erklärung für die erlebte Unterdrückung bereithielt.

Dorothy Greenalds Familiensituation gleicht in vieler Hinsicht der von *Rose*, mit der Ausnahme, daß *Dorothys* Eltern politisch nicht interessiert waren. *Dorothy* war die älteste Tochter und das zweitälteste von sechs Kindern. Ihr älterer Bruder erkrankte in der Kindheit an Meningitis.

„Er wurde immer ein bißchen liebevoller behandelt. Ich wurde hart behandelt. Meine Mutter hatte die Angewohnheit, uns eine Tracht Prügel zu verabreichen. ... Sie schlug uns. ... Ich habe immer dagegen gekämpft, ich habe nie klein beigegeben. ... Ich hab' mir selbst gesagt, es ist mir egal, wenn sie mich umbringt. Innerlich habe ich sowieso irgendwie zurückgeschlagen."

Dorothy verneinte ein Leben, in dem sie geschlagen wurde und sich unterwerfen mußte. Sie erinnert sich, daß „sie erzogen wurde zu glauben, daß jeder andere immer besser war als wir, und daß du das Gefühl hattest, irgendetwas war mit dir nicht in Ordnung. Du warst nicht gleichberechtigt mit den anderen Menschen." Die Familie war sehr arm und drei Kinder teilten sich ein schmales Bett. Mit zwölf Jahren begann *Dorothy* halbtags zu arbeiten, stand um fünf Uhr dreißig auf, ging zweieinhalb Meilen zu Fuß, arbeitet zehn Stunden am Tag für weniger als 15 Pence pro Woche. Sie arbeitete ein über den anderen Tag und verbrachte die übrigen Tage in der Schule. Neben Schule und Berufstätigkeit hatte *Dorothy* zu Hause die Verantwortung für den Haushalt, und sie wurde schließlich, wie *Rose*, die Haupternährerin für die Familie. Bis zu ihrem 40. Lebensjahr lebte sie zu Hause, „weil ich meinen Vater versorgen mußte, bis er starb".

Aber *Dorothy* war entschlossen, sich nicht von der erdrückenden Umgebung, in der sie lebte, unterkriegen zu lassen. Sie hatte lange schon dagegen gekämpft, bis sie schließlich mit der linken Politik in Kontakt kam. Die Begegnung mit der Politik gab ihr noch mehr Kraft. Als sie älter wurde, begann sie die sozialen Ursachen hinter den harten Umständen ihrer Familie und ihrer eigenen Lage zu verstehen. Sie schreibt in einem Brief an mich:

„Aus Mangel an Bildung und Anregung von zu Hause kommt später der Wunsch nach Freude an Wissen und Bildung, von da der Beitritt zur *Ethical Society*, dann zur *WEA* und zum *Left Book Club* - das ruft ein starkes Verlangen nach praktischem Sozialismus hervor und treibt dich zu dem Wunsch, das Leben deiner von Armut ergriffenen Nachbarn zu ändern - ich würde sagen, deshalb bin ich ich selbst."

Die Geschichtskurse, die sie an der *WEA* besuchte, übten eine große Wirkung auf sie aus.

„Dann wurde man wirklich politisch bewußt und konnte irgendwie die Dinge begreifen und mehr darüber nachdenken. Und wahrscheinlich intelligenter darüber nachdenken. ... Durch (das Studium der, M.A.) Geschichte sah man die Dinge anders. ... Durch sie dachte man gründlicher darüber nach, wirklich."

Bei einer Zusammenkunft des *Left Book Clubs* traf sie ihren Mann. „Er war ein 100prozentiger Sozialist. ... Ich war mir der Tatsache bewußt, daß ich mehr darüber wissen wollte, und daß ich (durch ihn, M.A.) mehr darüber herausfinden konnte." Die Armut ihrer frühen Jahre war die Motivation für sie, anderen zu helfen. „Ich fühle mich eins mit Leuten, die am

Boden sind und mit all den Nöten, die sie haben. Ich fühle nicht nur Sympathie, sondern ich verstehe ihre Lage und ich verstehe ihre Gefühle und ich will sie da rausholen." Klassenbewußtsein und Solidarität sind die wichtigste Motivation hinter ihrem politischen Aktionismus.

Die vier Menschen, die in diesem Teil beschrieben wurden, machen einen relativ ähnlichen Prozeß der Politisierung durch. Obwohl sie unter verschiedenen Umständen und in unterschiedlichem Alter mit der Politik in Berührung kamen, entstand bei jedem ein Sinnzusammenhang zwischen Politik und den eigenen Unterdrückungserfahrungen. Für *Jack* wirken Lebenserfahrungen wie Bildungsprozesse:

„Der größte Lehrmeister von allem war die Arbeitslosigkeit. ... Armut ist der größte Lehrer, vorausgesetzt du willst verstehen, warum du arm bist. ... Die beste Universität dieser Welt ist das Leben. Das Leben ist die Universität, und die Industrie war mein College."

Für alle spielte die formale Bildung keine Rolle. Sie verließen die Schule mit 14 Jahren. *Walter* und *Dorothy* besuchten später die Kurse der *WEA*, die einen großen Einfluß auf ihre weitere Entwicklung hatten. Nur *Rose* kam aus einer politischen Familie. Ihr Vater war Sozialist, und sie besuchte in ihrer Kindheit die sozialistische Sonntagsschule. *Walter* und *Rose* heben hervor, daß ihre politischen Aktivitäten, das Verteilen von Pamphleten für die Labour Party, vor dem eigentlichen Erwachen des politischen Bewußtseins lag. Für *Dorothy* und *Jack* war die Situation genau umgekehrt. Beide kamen aus unpolitischen Familien. Ihre ersten politischen Aktivitäten waren direkter Ausdruck ihrer politischen Überzeugungen. Weil *Rose* „seit der Kindheit bis zum Hals in Politik steckte", teilte sie die Erfahrung der anderen drei nicht, wonach die politische Bewußtwerdung die Wahrnehmung größerer Kontrolle über das eigene Leben bedeutete. Für *Jack, Walter* und *Dorothy* war ihr politisches Erwachen eine kraftvolle und stärkende Erfahrung, denn obgleich es die materiellen Bedingungen, unter denen sie litten, nicht erleichterte, gab es ihnen die Möglichkeit, diese Bedingungen zu verändern, nicht nur für sich selbst, sondern auch für andere. Sie haben, in *Walters* Worten, „tatsächlich was getan".

Klassenbewußtsein war ein bedeutender Bestandteil des politischen Bewußtseins der Gesprächspartner aus der Arbeiterklasse. Am Ende dieses Prozesses hatten sie erkannt, warum sie (und ihre Klasse) zum armen Teil der Bevölkerung gehörten. Arbeitslosigkeit oder das ‚von der Hand in den Mund leben' waren kein ausreichender Katalysator für die politische Radikalisierung. Ohne die Analyse der Situation hätten sich die Gesprächspartner als Pechvögel oder als Opfer der Umstände jenseits ihrer Kontrolle oder vielleicht sogar als verantwortlich für ihre Situation erfahren.

Die drei bereits identifizierten Einflüsse: verschiedene Menschen, Bücher und Ausbildung und die Bekanntheit der linken Organisationen unterstützten die Situationsanalysen. Die Erfahrung, Mitglied einer ‚Klasse für sich' zu sein, hatte zur Folge, daß sie sich nicht länger als isolierte Individuen fühlten, sondern als Teil einer politischen Bewegung.

‚Identifizierung mit den Underdogs' und der Aktivismus der Mittelschichten

„Die Welt auf diesen zwei Drittel Morgen Land war ziemlich geschlossen, denn man mußte für nichts hinausgehen. Für alles wurde Sorge getragen, und man spielte wunderbar in der Umgebung ..., man ging in die Felder, und gelegentlich ging man in die Stadt, aber man lebte in einer Art von beschützter, isolierter, fürsorglicher Umgebung. Und später natürlich, als ich politisiert und Kommunist wurde, hatte ich einen großen Minderwertigkeitskomplex, denn ich wußte, daß die Kinder der Arbeiterklasse nicht so eine traumhafte Menge von Privilegien und Schutz, Leichtigkeit und Sicherheit haben."

Christopher Cornfords Beschreibung der Umgebung, in der er aufwuchs, und seiner späteren Reaktion darauf, enthält die Spannung, die ein großer Teil der Aktivisten aus der Mittelschichten wahrnahm. *Christopher*s Politisierung hatte zur Konsequenz, daß er seine mittelschichtige Umgebung infrage stellte. Um diesen Prozeß zu verstehen, ist es hilfreich, den Schnittpunkt zwischen Geschichte und Lebensgeschichte zu betrachten. Und auch hier spielen die drei Einflüsse, wie bei den Aktivisten der Arbeiterklasse, für die politische Aktivierung eine wichtige Rolle. Für *Christopher* ist seine Beziehung zu seinem Bruder *John* von besonderer Bedeutung:

„Wir waren zusammen in der Schule, und wir waren untrennbar. Ich habe nie verstanden, wie *John* mich ertagen konnte. Ich glaube, vielleicht weil ich ihn so anbetete und ihn so bewunderte. Ich wollte nur immer mit ihm zusammensein, und mir alles anhören, was er über irgendein Thema zu sagen hatte."

Das Thema, das *John* am meisten bewegte, war die Politik. Schon im Alter von 16 Jahren war er ein überzeugter Marxist, und deshalb ist es nicht überraschend, daß er die Quelle für *Christophers* frühe politische Anleitung war.

„Ich hätte mir nicht vorstellen können, daß er jemals Unrecht haben könnte, also war ich mir sicher, daß er recht hatte. Anderseits empfand ich nicht, daß es auf mich zutraf ..., bis eines Tages ... er mir sagte, ‚Du könntest auch ein Kommunist sein', und das war dann so wie der Heilige Paulus auf dem Weg nach Damaskus: Knall, Blitz. ... Ich fing an, die Pamphlete der Dritten Internationale zu lesen, die er bei sich hatte."

Christopher reagierte mit besonderer Anstrengung, um sich selbst in diesen Dingen weiterzubilden. Nach etwa einem Jahr trat er der Kommunistischen Partei bei. Die Saat von *Christophers* politischer Erweckung keimte auf. Er war in der Folge des Ersten Weltkriegs aufgewachsen und wurde von den zahlreich erschienenen Anti-Kriegsbüchern beeinflußt.

„Ich las ... ,*All Quiet On The Western Front'* <Remarque 1929>, was mich völlig ergriffen hat, mit Schreck, Leidenschaft und Wut ..., und ich las auch *Graves* <1929> ,Good-Bye To All That'. ... Aus all diesen Quellen erhielt man einen Eindruck vom Leben im Schützengraben während des Ersten Weltkrieges 1914 bis 1918, und ich war bestürzt darüber. Ich glaube, ich kann fast ehrlich sagen, daß mich nichts, was ich im Zweiten Weltkrieg erlebt habe, in dem ich Soldat war, so entsetzt hat wie das Lesen dieser Bücher."

Christopher erinnert sich auch an die Wirkungen, die einige Filme auf ihn hatten. Insbesondere der sowjetische Film, *The Road to Life* <1931, Regie *Nikolai Ekk*>, in dem der Hauptdarsteller ihn an seinen Bruder *John* erinnerte, „grub sich in meine Seele. Ich habe ihn mir in einer Woche zwei- oder dreimal angesehen". *Christopher* entwickelte starke Anti-Kriegsgefühle, rief ein Anti-Kriegstreffen in seiner Schule ein und lehnte es ab, an einer Offiziersausbildung teilzunehmen, eine Ausbildung, die jeder Schüler durchlaufen mußte.

Es ist weder möglich noch notwendig, zwischen den drei Einflußquellen genaue Grenzen zu ziehen. Häufig treten die unterschiedlichen Einflüsse gleichzeitig auf. *Christopher* kam durch seinen Bruder in Kontakt mit der Kommunistischen Partei, und die Partei hatte einen bemerkenswerten Anteil an seiner politischen Entwicklung. Ein Vergleich der Erzählungen von *Christopher* und *Rose* ist hier von Interesse. *Christophers* Verbindungen mit politischen Menschen und Gruppen gingen seinem politischen Erwachen voraus, hier ähnelt sein Werdegang dem von *Rose*. Aber er erlebte einen fast kathartischen Moment, in dem ihm klar wurde, daß diese politischen Schriften und Ereignisse eine persönliche Bedeutung für ihn und seine Lebensführung hatten oder haben könnten.

„Es war schwierig für jeden intelligenten Menschen, sich nicht über die politische Lage Gedanken zu machen und zu fragen, ob die Gesellschaft, in der wir lebten, so war, wie sie sein sollte. ... Man kann sehen, nicht wahr, wie Arbeitslosigkeit, Faschismus, Kriegsvorbereitungen, die bekannten politischen Reaktionen, wie all die rechten Konservativen in Wirklichkeit anti-semitisch und in ihrem tiefsten Herzen für Hitler waren, und sie wollten wirklich, daß Hitler Rußland angreift. ... Man sah in Rußland diese wundervolle, kreative, gerechte, egalitäre Gesellschaft mit unbegrenztem Potential, und alles schien zu stimmen, und alles schien in die gleiche Richtung zu laufen."

Christopher, dessen Interessen sich auf die internationale Politik richteten, beschreibt sein politisches Erwachen als

„eine echte Konversion ... . Plötzlich siehst du die Welt in anderer Perspektive, die Welt wird leuchtender und aufregender und verständlicher und verstrickender und bedeutender und du spürst, daß du eine Funktion hast in der Welt, ganz anders als ein kleines trockenes Blatt, das vom Wind umher geblasen wird."

Wie auch bei vielen anderen Gesprächspartnern wurde *Christophers* Identifikation mit der Linken umso größer, je mehr Widerstand spürbar wurde. Sich selbst zum Sozialisten zu erklären, heißt sich selbst positiv und oppositionell zu definieren, da Gruppenmitgliedschaft ihren Sinn aus dem Kontrast zu anderen Gruppen erhält. Ein wichtiger Teil der sozialistischen Politik war in den 1930er Jahren das Programm des Antifaschismus. *Christopher* beschreibt seine Verwicklung bei der *Mosley* (profaschistisch) Kundgebung im Olympia Stadion:

„Ich stand auf und fing an, antifaschistische Slogans zu brüllen, und ein paar von diesen Schwarzhemden liefen bei mir zusammen, rissen mich aus meinem Sitz und schleppten mich durch die Reihe. ... Ich wurde auf ein paar Betonstufen geworfen, und ein paar von meinen Zähnen wurden locker durch einen wohlgezielten Schlag eines Schwarzhemds. ... Es gelang mir ... abzuhauen, gekrönt durch das Heldentum, daß ich tatsächlich das gemacht hatte, was die Partei verlangt. Ich hatte gestört und wurde verhauen."

Nun war er ‚kein kleines trockenes Blatt' mehr, er stand öffentlich ein für seine Prinzipien. Dafür zusammengeschlagen worden zu sein, machte ihn, in seinen Augen, zum Helden. Nachdem er auf Widerstand gestoßen war und seine persönliche Sicherheit für seine politischen Überzeugungen riskiert hatte, verinnerlichte er seine Überzeugungen noch stärker. Durch seine politischen Diskussionen mit seinem älteren Bruder, durch Lesen und durch seinen Beitritt zur Kommunistischen Partei war seine Radikalisierung vollendet.

Frida Knight wuchs in einer ähnlichen Umgebung auf wie *Christopher*. Sie kannten sich seit ihrer Kindheit, denn ihre Familien gehörten zur selben Cambridge Gemeinde. *Frida* wuchs in einer relativ bescheidenen und beschützten Umgebung auf. Die ersten politischen Fragen liefen synchron mit dem Aufstieg des Faschismus. „Ich bin richtig aufgewacht 1933, als die Judenverfolgung begann." Ihre Eltern hatten ein großes Haus und konnten einer Reihe von Flüchtlingen Gastfreundschaft gewähren,

„aber sie sahen das nicht als eine politische Sache, sie fanden es wahrscheinlich humanistisch". *Frida* war eins von fünf Kindern, und obwohl keines von ihnen politisch so aktiv war wie sie, haben sich alle, bis auf eins, über einen langen Zeitraum verhältnismäßig stark in der linken Politik engagiert.

Frida erinnert sich an das Gefühl, nicht in diese Umgebung, die akademisch orientiert war, zu passen. Durch eine lange Kinderkrankheit wurde ihre Schulbildung in jungen Jahren unterbrochen. In dieser Zeit entfremdete sie sich der Familie. „Ich glaube, ich war immer die Dumme in der Familie, die Unakademische, die Ungebildete, und meine starken Sympathien lagen bei den Menschen, die unterprivilegiert waren."

Frida erinnert sich, daß sie während ihrer Gesundung in Italien die Mussolinischen Schwarzhemden sah, die einen starken Eindruck auf sie machten. „Das war sehr beunruhigend. ... Man sah, daß da diese Dinge passierten. Erst die und dann die jüdische Frage und die ganze furchtbare Arbeitslosigkeit in Deutschland zu dieser Zeit." In den frühen 1930ern wurde *Frida* durch den Kontakt zu Mitgliedern der Kommunistischen Partei, zum Straßentheater, zu den Arbeitslosen im Norden Englands und durch eine Reise zum Moskauer Theater Festival 1935 zunehmend politisiert. Der Spanische Bürgerkrieg[2] war für *Frida* der Wendepunkt. „Der Spanische Krieg brachte mich direkt nach links." *Frida* erhielt die Gelegenheit, eine Ambulanz nach Spanien zu fahren. „Man spürt, ‚ich muß diese Entscheidung treffen und es machen'. ... Du mußt dich nur entscheiden." Die Entscheidung, nach Spanien zu gehen, war ihre Deklaration, daß sie eine aktive Rolle spielen wollte, und diese Entscheidung stand auch für die Auseinandersetzung mit dem, was sie für das soziale Unrecht hielt.

In *Fridas* Radikalisierungsprozeß gibt es keinen Menschen, der als besonders einflußreich auftritt. Sie erwähnt auch keine Bücher, die ihr Denken beeinflußt haben. Was sie hervorhebt ist, daß ihre formale Schulbildung keine Rolle in ihrer Entwicklung gespielt hat. Man könnte behaupten, daß gerade die Abwesenheit der formalen Bildung einen formenden Einfluß ausübte, weil sie sich dadurch von ‚ihresgleichen' unter-

---

[2]   Der Spanische Bürgerkrieg dauerte von 1936 bis 1939 und entstand in der Folge des Putsches des nationalistisch konservativ-traditionalistischen Militärs unter General *Franco* gegen die Zweite Republik. *Franco* wurde vom faschistischen Deutschland und Italien unterstützt. Großbritannien und Frankreich sympathisierten mit den Republikanern, hielten sich aber neutral. Die Sowjetunion schickte umfangreiche Waffenlieferungen an die Republikaner, die an den Kampforten von den Internationalen Brigaden unterstützt wurden.

schied. Dennoch sollte die Bedeutung der familialen Sympathien mit ihrer Entwicklung nicht unterschätzt werden. Ihre Eltern nahmen großen Anteil an der ‚Hilfe für Spanien-Bewegung‘, in der sich auch ihre Geschwister engagierten. Vor der Entscheidung für die Unterstützung der Spanien-Bewegung führten sie ihre Theater- und Musikinteressen zunächst in den Norden Englands, wo sie eine zuvor noch nie gesehene Armut erlebte. Später ging sie nach Deutschland und in die Sowjetunion. Ihre Reisen, persönliche Bekannte und der Kontakt zu *Christophers* Bruder *John* im Milieu linker Politik erwiesen sich als mächtig und führten zur Sympathisierung mit der linken Bewegung, und so wird ihre Entscheidung, nach Spanien zu gehen, eine politische Verpflichtung (commitment).

Eileen Daffern war die einzige Tochter einer Mutter, deren Erwartungen früh im Leben durchkreuzt worden waren. Das hatte einen doppelten Effekt auf *Eileen*. Ihre Mutter ermunterte sie einerseits, eine Ausbildung zu machen, andererseits enthielten ihre Erziehungspraktiken eine Menge Prügel. „Sie war so frustriert, glaube ich, daß es diese Formen annahm.“ Deshalb erklärte sie zu Beginn unseres ersten Gesprächs, „meine Mutter hatte einen großen Einfluß auf mein radikales Denken, negativ und positiv“. Da die Familie keine Not litt, erlebte *Eileen* nicht die doppelte Unterdrückung, die *Rose* und *Dorothy* erfuhren. Als Mitglied der Mittelklasse erfreuten sich sie und ihre Familie relativen Wohlstands, insbesondere im Vergleich zu anderen Familien in der Nachbarschaft. Jedoch auch diese Schicht reproduzierte die Unterdrückung des weiblichen Geschlechts.

Es gab einige Personen im Leben von *Eileen*, die einen starken Einfluß auf die Entwicklung ihres politischen Denkens hatten. In ihren jungen Jahren waren es Frauen aus der Nachbarschaft. An der Universität wurde über *Edith Sitwell*, *Virginia Woolf* und *Winifred Holtby* gesprochen. Das waren Frauen und ‚Heldinnen‘. „Ich hatte meine Vorbilder von Frauen. ... Ich hatte viele Heldinnen, als ich ein Mädchen war, und ich denke, erst neuerdings sind es Helden.“ In *Eileens* Leben spielen Helden und Heldinnen eine besondere Rolle.

„Sie tragen dich, denn sie sind auf einer Wellenlänge mit dir. Ich glaube, daß es das ist ... . Welches sind deine Helden und Heldinnen? Das sind Leute, von denen du annimmst, daß sie wie du denken, aber viel besser sind als du. Und deshalb kannst du sie bewundern. Ich habe eine große Gabe für Bewunderung, aber nicht für viele Leute.“

Im College „wäre (*Eileen*, M.A.) gerne mit Soziologiestudenten oder Leuten, die Politik machten, befreundet gewesen. ... Ich habe mich nur nie getraut, weil ich mich unsicher fühlte". Sie studierte Musik- und Religionswissenschaft. „Ich habe oft sechs Stunden Klavier gespielt, um meine Einsamkeit loszuwerden. Und dann habe ich mich der Religion zugewandt." Während dieser Zeit „gärte meine Rebellion ..., ich rebellierte ... bitterlich". Verschiedene Erfahrungen verstärkten dieses Gefühl. Aber der Wendepunkt, die ‚politische Taufe' kam, als sie als Sekretärin für einen Markertingmanager in Manchester arbeitete.

„Plötzlich entdeckte ich, daß er überhaupt nicht über den Krieg nachdachte, sondern daß sie sich in dieser Abteilung nur über die Märkte nach dem Krieg Gedanken machten. Ich las komische Berichte, in denen stand, daß wir keine großen Wohnblöcke bauen sollten, da dort die Arbeiter zu subversiven Tätigkeiten, Revolution und allem weiteren zusammenkommen könnten."

Weiter wurde ihr linkes Bewußtsein durch die Lektüre von Büchern aus dem *Left Book Club* und durch Diskussionen geweckt. Jedoch brachte die Erfahrung des ‚bitterlichen Rebellierens' die Verbindung zu ihrem eigenen Leben. Während des Politisierungsprozesses löste sich *Eileen* aus der Religion.

„Sie können sehen, wie ich meine moralische Sicherheit behielt. Die religiöse Sache ... war langsam schwächer geworden. Das war das Ende. Du hast dich nicht auf einen Gott verlassen, der die Dinge in Ordnung bringen würde." Sie beschreibt ihre Radikalisierung als „eine sehr plötzliche Erleuchtung, daß du ein Muster im Leben erkannt und verstanden hast, wie das Leben funktioniert. Aber es war nicht chaotisch, wie du geglaubt hattest. Und es hing nicht von Gott ab. Es war der wissenschaftliche Ansatz zum Leben ..., zum Verständnis und zur Erleuchtung, so daß du mit dem Leben zurechtkamst und du etwas hattest, was dir zeigte, wie es zuging, und daß du daran teilnehmen konntest, daß du ein Teil davon warst."

Auch in den Politisierungsprozessen von *Edward Charles, Mary Waters* und *Elizabeth Wilson* spielt die Religion eine Rolle. Es ist aber nicht die radikale Abkehr wie bei *Eileens* ‚Erleuchtung', sondern sie interessiert der Zusammenhang zwischen Sozialismus und Christentum. Der Anglikanische Pfarrer *Edward* sieht das so:

„Sozialismus ... heißt teilen, insbesondere teilen mit Menschen, die am wenigsten begünstigt sind. ... Kapitalismus heißt Habgier. ... Es war offensichtlich, daß Teilen mehr den Themen des Neuen Testaments entsprach als Habgier. ... Sozialismus war eine christliche Lebensform. ... (Es ist) dialektisch ... eins ... (geht ins andere über, M.A.)."

Sozialismus bedeutet, für die Realisierung von Gottes Willen auf Erden zu arbeiten. *Edward* spricht von einem „dynamischen Gott, der in der Geschichte waltet".

„Wenn wir beten, ‚Dein Reich komme, wie im Himmel also auch auf Erden‘, ist das ein sehr ernstes Gebet, eines, daß im Verlauf der menschlichen Entwicklung tatsächlich passieren soll. Das heißt, gegen alle Widerstände anzukämpfen, die verhindern, daß es jetzt passiert.“

Sein Elternhaus ist religiös und von besonderer Religiosität ist die Mutter. Die Eltern sind Mitglieder einer fundamentalistischen christlichen Kirche. Ihre tiefe religiöse Hingabe war unpolitischer Natur und ein Teil des Alltags. Als *Edward* mit der fundamentalistischen Kirche bricht, „war es das endgültige Durchschneiden der Nabelschnur ... . Die religiöse Erziehung, die ich hatte, ergab ... keinen Sinn“, weil moralische Probleme abstrakt diskutiert und die Existenz der Unterprivilegierten nicht zur Kenntnis genommen wurde. Er besuchte in Harrow eine der elitärsten Grundschulen Englands, fand jedoch keinen Kontakt zu seinen Mitschülern.

„Ich war immer einer der Underdogs. Ich war nie besonders gut im Sport, und das mußtest du schon sein. ... Ich empfand mehr Sympathie für Leute wie den Hausbutler ... als für meine Mitschüler. Die (Hausbutler, M.A.) waren Underdogs wie ich. ... Zwei Dinge mußten einfach jeden interessieren. Eins war die Bedrohung durch den Krieg und das schreckliche Elend der Arbeitslosen.“

Seine Arbeit mit Arbeitslosen und Unterprivilegierten war die Folge seiner Bibelinterpretationen, bemerkt *Edward*. Er wurde Mitglied des *Left Book Club* und von der dort vorhandenen Literatur für seine Arbeit inspiriert. Als engagiertes Mitglied in der *League of Nations* (Völkerbund) wurde er von *Mussolinis* Einmarsch nach Abessinien überrascht, und das erschütterte seinen Glauben an die Ziele der Liga.

„Es hätte verhindert werden können, aber wir führten sie nicht (die Liga, M.A.) vernünftig. Warum nicht ..? *John Strachey* (der Autor von ‚The Theory and Practice of Socialism‘, M.A.) hat mir gesagt warum (das so ist, M.A.): wegen des Kapitalismus. Ich habe das (Buch, M.A.) gelesen, und ich war überzeugt und ich bin seitdem überzeugt.“

Edward hielt Reden an den Straßenecken für die *NUWM* und später engagierte er sich bei der ‚*Hilfe für Spanien*‘. *Edwards* Weg in die Politisierung wird von verschiedenen Menschen begleitet. „Ich denke an so viele Menschen, denen ich viel verdanke, die mir gezeigt haben, was der Weg ist.“ Sein Pate, ein bekannter Priester und Friedensaktivist, gehörte zu diesen Menschen. Dieser Pate, so erinnert sich *Edward*, war „absolut furchtlos. Er sagte immer, was er dachte, egal was andere davon hielten.“ Er erinnert sich, wie er ihn über seine Pläne zu seiner beabsichtigten Tätigkeit im Londoner East End informierte. „Ich sagte, ‚glaubst du, das geht zu weit?‘“. Er sagte, „zu weit, zu weit?. Mein lieber Junge, geh so weit wie du nur irgend kannst, laß dich von niemandem aufhalten.“

Mary Waters frühe religiöse Erziehung hatte einen wichtigen Anteil an ihren späteren politischen Überzeugungen.

„Du mußt ... nicht unbedingt selbst leiden, um dich um andere Leute zu kümmern ..., vielleicht mehr noch, wenn es Dir gut geht. ... Man sah die Tragödien auf den Straßen, weil dort die verstümmelten Soldaten aus dem Krieg waren und Gruppen singender Waliser Bergleute. Es gab eine ungeheuerliche Arbeitslosigkeit, eine fürchterliche, grauenvolle Arbeitslosigkeit. ... Man konnte nicht übersehen, daß es die anderen Zustände gab."

Die Wahrnehmung des Unterschieds zwischen ihr und denen auf der Straße war der erste Schritt zur Politisierung. Zwar war ihr zu diesem Zeitpunkt die ungeheure soziale Ungleichheit bewußt, aber ihr Bewußtsein war noch nicht politisch. Das änderte sich, als sie im Norden Englands eine Stelle als Lehrerin annahm. Dort traf sie eine Kollegin, die in Oxford studiert und sich dort schon früh politisch engagiert hatte. Durch sie begann *Mary* die Bücher des *Left Book Club* zu lesen und fühlte sich politisch besser informiert. Verstärkt wurde dieser Prozeß durch die Lebensbedingungen im Norden Englands, wo die Folgen der Arbeitslosigkeit wesentlich sichtbarer waren als im reicheren Süden. Und es war „das Zusammensein mit jemandem, der überzeugt davon war, daß wir etwas gegen die falschen Dinge unternehmen konnten". Obwohl sich *Mary* schon vor ihrer Politisierung vom religiösen Glauben entfernt hatte, beeinflußten die dort gelernten sozialen Lehren auch weiterhin ihre Wahrnehmung von gut und schlecht.

Elizabeth Wilsons Politisierung entwickelte sich stufenmäßig. Sie erinnert sich an einen frühen Kindertraum, in dem sie zu

„einer Art Lebenseinstellung gelangte, die ganz zu dir paßt und zu dir gehört, zu niemand anderem. ... Ich war in einem kleinen Boot, so ein kleines Luggersegel, es war ein winzig kleines Boot und hatte nur ein Segel. ... Ich segelte allein über die See. Zu meiner Rechten ... war ein großer Dampfer ..., und alle an Bord tanzten und lachten. ... Er legte ab, er wußte genau, wohin er fuhr, sie fuhren alle zusammen und sie hatten alle eine fröhliche Zeit. Ich wollte nicht auf diesem Dampfer mitfahren, er paßte überhaupt nicht zu meiner Art zu denken, aber ich hatte ziemliche Furcht, mit diesem kleinen Luggersegel loszufahren. Mir wurde klar, daß es das war, was ich tat, und was für eine Person ich war, und daß du nichts anderes sein konntest als das."

Es wird in dieser Passage deutlich, daß für sie Unabhängigkeit und die Erforschung des Unbekannten wertvoll sind, obwohl die Aussicht, bei der Unternehmung allein zu sein, sie ängstigt. Darüber hinaus sieht sie sich nicht als Passagier auf einem Schiff, das ein anderer steuert, sondern als die Person, die die Kontrolle hat. Dieser Traum ist kein politischer Traum, sondern „er paßte zu niemand anderem".

Schon vor ihrer College-Zeit war *Elizabeth* Sozialistin, jedoch wurde sie in jedem folgenden Lebensjahrzehnt politisch aktiver und radikaler. Diesen Prozeß der Politisierung kann man als Entfaltung ihrer religiösen Überzeugungen deuten. In ihrer Kindheit ging sie regelmäßig zur Kirche, jedoch spielte die Religion keine herausragende Rolle in ihrem Leben. Mit 16 Jahren interessierte sie sich für Buddhismus, Konfuzianismus und Hinduismus, „was meinen Geist merklich erweiterte. ... Seit dieser Zeit war ich Unitarierin[3], obwohl ich nicht wußte, daß es so was ... gab", aber am College traf sie Unitarier. „Es war solch eine Freude, etwas zu finden, wonach du gesucht hattest, was Dir gewaltige Einsichten gab." Im Unitarismus fand sie „größeres spirituelles Verständnis und Respekt für die Spiritualität in jedem auf der ganzen Welt. Es war nicht nur ein christliches Ding und alle anderen waren Heiden." Dieser letzte Satz öffnete ihr die Türen zur übrigen Welt.

Jahre später zogen *Elizabeth* und ihr Mann in den industriellen Norden Englands, der einen starken Kontrast zu den relativ komfortablen Lebensbedingungen, die sie aus dem Süden gewohnt waren, darstellte. „Als ich nach Huddersfield kam, gab es hier enorme Arbeitslosigkeit und Armut. Offen gesagt, ich war entsetzt. Nach Cambridge war Huddersfield ein schrecklicher Ort." *Elizabeth* arbeitet in der Suppenküche im täglichen Kontakt mit den Armen. Im Gegensatz zu anderen Hungerhilfekomitees in England, die sich „nur um die stillenden Mütter und Kinder in Europa kümmerten ... (nahm sich das Huddersfield Kommittee, M.A.) der unterschiedlichen Lebensstandards auf der ganzen Welt an".

Zusammenfassung

Die Radikalisierungs- und Politisierungsberichte zeigen, daß die Gesprächspartner im Prozeß ihrer politischen Bewußtwerdung und Veränderung ihrer Weltanschauungen ihr eigenes Leben anders interpretierten. Die Wahrnehmung persönlicher Kontrolle wird durch die eigene Weltanschauung beeinflußt: Menschen nehmen sich nicht nur in einflußreichen Positionen als einflußreich wahr, sondern auch, wenn sie ein politisches

---

[3]   Unitarier sind Vertreter einer nachreformatorischen kirchlichen Richtung, die die Einheit Gottes betont und die Lehre von der Dreifaltigkeit verwirft.

Verständnis für die soziale Struktur und Dynamik entwickeln. Wenn sie von sich selbst wissen, daß sie die politischen Einflüsse - die ungerechte soziale Strukturen produzieren und reproduzieren - verstehen, so erreichen sie Klarheit für ihre persönliche Entwicklung und ihre Lebensaufgaben. Insbesondere *Jack* und *Walter* aus der Arbeiterklasse und *Christopher* und *Eileen* aus der Mittelklasse betonen, daß ihnen ihre Politisierung ein neues Gefühl der Kontrolle über ihr eigenes Leben gab, da sie sich nicht mehr als isolierte Individuen, sondern als Mitglieder eines größeren Kampfes begriffen. Es gibt keine Hinweise darauf, daß ihre Politisierung von ihrer Herkunftsklasse beeinflußt wurde.

Das politische Bewußtsein der Gesprächspartner wurde durch eine Kombination von Einflüssen geweckt. Dabei war nicht die Erfahrung von Interesse, sondern die Verarbeitung der Erfahrung, die dann als Katalysator für die Radikalisierung diente und die schließlich die Grundlage ihres sozialistischen Bewußtseins bildete. An der Schnittstelle des Persönlichen (ihrer Lebenserfahrungen), des Politischen (ihrem größeren Verständnis der politischen Machtverhältnisse) und des Historischen entstand ihre Verpflichtung zum Sozialismus.

Der Unterschied im Politisierungsprozeß der Arbeiterklasse- und Mittelklasse liegt in der unmittelbaren Erfahrung der Unterdrückung. Die Radikalisierung der Aktivisten aus der Arbeiterklasse wurde durch die Erfahrungen mit der Unterdrückung herbeigeführt. Als sie sich als Mitglieder einer unterdrückten Gruppe identifizierten und die strukturellen Gründe für ihre Unterdrückung erkannten, waren sie bereit zur Radikalisierung. Das bedeutet, daß unmittelbare Erfahrungen zum Lernparadigma wurden, um dann ihr politisches Bewußtsein zu wandeln. Die Aktivisten aus der Mittelklasse, die ein relativ komfortables Leben führten, begannen mit einer intellektuellen und weniger experimentellen Analyse der Situation. Für die Mittelschichtaktivisten verlief der Politisierungsprozeß vom Sein zum Bewußtsein sehr viel indirekter.

Dennoch sind Lebenserfahrung und historische Umstände allein nicht ausreichend, um eine sozialistische Weltanschauung zu begründen. Sie sind nur die Masse, die die Elemente umschließt, die das Individuum zu einem sinngebenden System organisieren muß.

„Wir schauen auf das Leben ..., du wirst mit Wahrnehmungen bombardiert. Es kommt drauf an, was du kapierst ..., es ist faszinierend: warum kriegen manche Leute was von der Außenwelt mit? Irgendwie, denke ich, ist das dein individueller Beitrag zu dem, was du bist. Es kommt darauf an, welchen Sinn du den vielen, vielen Dingen gibst, die du in der Welt siehst." (Eileen)

Literatur

Andrews, Molly 1991: Lifetimes of Commitment. Cambridge: Cambridge University Press.

Caradon, Lord/Charles Coulson/Trevor Huddleston 1967: Three Views on Commitment Delivered to an Oxfam Youth Discussion in 1966. London: Longman.

Ekk, Nikolai (Regie) 1931: Road to Life (Russischer Originaltitel: Putyovka v zhizn). Film.

Freire, Paulo 1972: Pedagogy of the Oppressed. Harmondsworth: Penguin.

Graves, Robert 1929: Good-Bye To All That. An Autobiography. London: Cape.

Kegan, Robert 1982: The Evolving Self: Problem and Process in Human Development. Cambridge/MA: Harvard University Press.

Lindsay, Jack 1982: Life Rarely Tells: An Autobiography in Three Volumes. Harmondsworth: Penguin.

Remarque, Erich M. 1929: All Quiet on the Western Front. London: Putnam's Sons (übersetzt von A. W. Wheen).

Nationale Identität als existentielle Entscheidung

Frauen in der DDR

Feiwel Kupferberg

Die Fragestellung

Viele der gegenwärtigen Theorien über nationale Identität gehen davon aus, daß nationale Identität eine Art ideologischer Diskurs mit einer bestimmten ‚Grammatik' ist, einer Grammatik, die in sich selbst eine bindende Kraft hat, solange sich die Struktur des ideologischen Diskurses im Status quo befindet. Wenn es der Forschung gelingt, den nationalen Diskurs auf seine begrifflichen Fundamente zu reduzieren, dann zerbricht die Grammatik. Das heißt, der Diskurs zerbricht, wenn seine Grammatik oder sein System von Sprachregelungen dekonstruiert werden. Damit verliert der Diskurs quasi an Überzeugungskraft. Eine Art von ‚Entzauberung' setzt ein, die nationale Identität wird ‚enthüllt' als etwas Falsches und Manipulierendes.

Als Diskurs sind Nationalismus und nationale Identität immer als ‚soziale Konstruktion' gedacht, die die existentielle Entscheidung zur ‚Selbstbindung' des Individuums an einen Staat nicht benötigt. Das heißt, die Individuen sind austauschbar. Ob die Individuen Männer oder Frauen, jung oder alt, berufstätig oder nicht berufstätig sind, spielt für das theoretische Konstrukt nationaler Identität keine Rolle, weil die Grammatik des Nationalismus auf einen durchschaubaren, allgemeinen Diskurs reduziert ist. Die Frage ist: Wie sieht diese Grammatik aus? Dazu gibt es verschiedene Hypothesen:

- Im Mittelpunkt der ‚symbolic-boundary-Hypothese' von *Frederik Barth* steht die empirische Feststellung, daß Menschen generell wissen, wer ‚zu Uns' und wer ‚zu den Anderen' gehört (*Erikson* 1993). Warum ist diese Feststellung so wichtig? Sie ist deshalb wichtig, weil sich diese beiden Gruppen in einem ständigen Existenzkampf befinden (*Sumner* 1960).
- Die ‚imagined-community-Hypothese' von *Benedict Anderson* (1991), sie wird auch ‚primordialism-Hypothese' genannt, geht von der anthropologischen Annahme aus, daß es in jedem Menschen ein ‚need to

belong' gibt. Früher haben Gott, die Kirche und das christliche Dogma dieses Bedürfnis befriedigt, heute spielen Souveränität, Staat und Nationalismus eine ähnliche Rolle.

- Die ‚memorialist-Hypothese' (*Smith* 1988) bestätigt das historische Recht auf ein besonderes Territorium. Deshalb ist es von Bedeutung, daß die alte Geschichte lebendig gemacht wird, denn die Helden und Schurken dürfen nicht vergessen werden, weil das ‚heilige' Territorium noch heute umstritten ist.
- In der ‚rational-choice-Hypothese' *(Banton* 1992) monopolisiert eine ethnisch definierte Gruppe den Zugang zu knappen Ressourcen und Territorien. Die dieser Gruppe nicht zugehörigen Mitglieder werden nicht primär ‚exploitiert', wie es in der marxistischen Lehre analysiert wird, sondern die Nicht-Mitglieder werden ‚diskriminiert'. Oder anders ausgedrückt, die Arbeiterklasse beteiligt sich an Ausgrenzungen, weil sie dadurch ihren Platz in der Gesellschaft sichern kann (*Horowitz* 1985).
- Die ‚ethnic-mobilization-Hypothese' gibt es in zwei Versionen. *Glazer/ Moynihan* (1963) heben den ‚ethnic-underdog'-Aspekt hervor, der die Möglichkeiten schafft, ethnische Diskriminierung zu bekämpfen. *Brass* (1991) hingegen betont die Rolle der manipulierenden Eliten, die die ethnischen Massen für ihre besonderen Interessen (zynisch) benutzen kann.

Aktuelle ethnische und nationalistische Konflikte lassen sich mindestens mit einer der hier vorgestellten Hypothesen erklären *(Connor* 1994). Problematisch hingegen wird es, wenn man folgendes unterstellt:

- daß es eine allgemeine Theorie gibt, die überall paßt;
- daß Nationalismus immer etwas ‚Falsches' ist, das auf seine Entzauberung wartet, um sich dann auch selbst zu befreien;
- daß Nationalismus tatsächlich ein Diskurs mit selbstbindender Kraft ist und
- daß existentielle Entscheidungen keine Rolle für die Effektivität eines besonderen Diskurses haben, weil die Menschen austauschbar sind.

In diesem Beitrag werde ich zeigen, daß diese vier Annahmen nicht haltbar sind, denn

- es gibt keine allgemeine Theorie zum Konstrukt Nationalismus; es gibt nur verschiedene Typen von Theorien, die in verschiedenen Situationen und Kontexten gültig sind;

- Nationalismus ist weder ‚falsch' noch ‚wahr' im wissenschaftlichen Sinn, er kann jedoch effektiv oder ineffektiv sein;
- Nationalismus ist weniger ein Diskurs, sondern eine Art von Selbstbindung des Individuums an einen bestimmten Staat;
- die Stärke einer Selbstbindung hängt von den besonderen biographischen Erfahrungen der Individuen ab.

Um diese vier Gegenhypothesen zu prüfen, habe ich einen kritischen ‚Fall' ausgewählt, nämlich die Identifikation ehemaliger DDR-Frauen mit ‚ihrem' Staat. Die Frage ist, warum DDR-Frauen sich mit dem DDR-Staat identifiziert haben. Was verstehen Frauen unter ‚identifizieren'? Welchen Typus von Identifikation finden wir bei DDR-Frauen, und welche Bedeutung hat es für diese ehemaligen DDR-Frauen, sich noch heute mit dem DDR-Staat zu identifizieren?

Meine These lautet, daß die untersuchten DDR-Frauen eine ganz bestimmte Form von nationalem Bewußtsein ausdrücken, die sich nicht ohne weiteres in die gegenwärtige Diskussion um Nationalismus und nationale Identität einfügen läßt. Genau aus diesem Grund kann der ‚Fall' als ein Prüfstein oder ‚critical case' funktionieren, der möglicherweise einige ‚Lücken' oder ‚Schwächen' der aufgeführten Theorieansätze sichtbar macht und einen alternativen Ansatz skizziert.

Selbstbindung

Rosabeth Moss Kanter definiert Selbstbindung (commitment) als „den Willen sozialer Akteure, ihre Energie und Loyalität sozialen Systemen zu geben. Das ist die Verknüpfung des Persönlichkeitssystems mit sozialen Relationen, soziale Relationen, die als selbstexpressiv angesehen werden" (1968: 499). Der Begriff Selbstbindung/commitment wurde in die soziologische Literatur von *Howard S. Becker* (1960) eingeführt. *Becker* untersuchte in seinen professionssoziologischen Studien den Prozeß der Selbstidentifikation und Selbstbindung von Lehrern, Ingenieuren, Geschichtswissenschaftlern und Ärzten. Die Forschungsfrage in *Becker*s Selbstbindungs-/Commitmenttheorie ist schon in seiner Dissertation „Role and Career Problems of the Chicago Public School Teacher" 1951 formuliert worden. Wie kann man erklären, daß Personen in bestimmten Berufen bleiben, obwohl sich ihre Erwartungen an den Beruf selten realisieren lassen, jedenfalls nicht in der ursprünglichen Form? In dem Artikel „The Development of Identification with an Occupation" (*Becker/Carper* 1956) liegt der Schwerpunkt der Antwort noch in den prozessuellen Veränderungen der Erwartungen im Laufe eines Berufslebens. Der ‚Commitment'-Begriff als theoretisches Konstrukt taucht dann in dem Artikel „Notes on the Concept of Commitment" auf (*Becker* 1960). Hier wird Selbstbindung als die Basis für konsistentes Verhalten formuliert. Konsistenz gibt es beispielsweise in dem Verhalten eines Stalinisten, der gegen besseres Wissen zu seiner Partei steht, weil er daran festhält, daß die Partei immer recht hat. Konsistenzen im Verhalten finden wir in ähnlicher Weise bei Lehrern, bei Ärzten und in anderen Professionen. Häufig bleiben Lehrer, Ärzte und andere Personen in ihren Berufen, obwohl große Diskrepanzen zwischen (früheren) Erwartungen und der Realität ihres Berufslebens bestehen.

Um diese ‚merkwürdige' Verhaltenskonsistenz zu erklären, richtet *Becker* den Blick auf ‚side-bets'. Side-bets sind Investitionen in den zukünftigen Berufsverlauf oder auch in die Biographie. Wenn wir uns für etwas engagieren, investieren wir in unser Engagement. Wenn wir uns aus dem Engagement zurückziehen, verlieren wir die früher getätigten Investitionen, und eben diese Nebenkosten sind wir nur in sehr seltenen Fällen bereit zu zahlen. Der (vielleicht zweifelnde) Stalinist entdeckt, daß seine besten Freunde auch Stalinisten sind, das heißt, ein Bruch mit der Partei würde bedeuten, daß er seinen Freundeskreis verliert. Der Lehrer entdeckt, daß er seine Qualifikationen in einem anderen Beruf nicht verwerten kann. Ein Austritt aus dem Lehrerberuf würde bedeuten, daß er einen neuen Beruf erlernen müßte und möglicherweise auch durch die Aufgabe des Lehrerberufs seine Pensionsansprüche verlöre. Der mit seinem Beruf nicht ganz zufriedene Arzt erwägt kaum einen Berufswechsel, weil er auf die kulturelle Norm stößt, daß ein Berufswechsel vom Ärzteberuf in andere Berufe moralisch verwerflich ist. Die Gesellschaft hat sich inzwischen zwar an den Taxifahrer oder exklusiven Weinhändler Dr. phil. gewöhnt, nicht aber an den Taxifahrer Dr. med.

Selbstbindungen/commitments als Erklärungen tauchen im theoretischen Entwurf von *Howard S. Becker* (1960) auf, wenn sich Erwartungen und Realitäten zum Beispiel im Berufsleben aneinander reiben, die individuelle Situation jedoch nicht verändert wird. Individuelle Selbstbindungen/commitments sind Entscheidungen der Vergangenheit, für die in der Gegenwart und vielleicht auch noch in der Zukunft gezahlt werden muß. Anders wird es von *Jon Elster* (1979) gesehen. Selbstbindung/commitment ist ein ‚rational- choice'-Verhalten, welches die Zukunft strukturieren hilft. Der Akteur trifft bewußt Vorkehrungen, um zu verhindern, daß er in der Zukunft gegen frühere Entscheidungen handelt. Ein Raucher, der Nicht-Raucher werden will, muß etwas tun, damit seine Selbstbindung aufrechterhalten wird (‚public side-bet'). Er unterrichtet seine

Familie, seine Freunde, Kollegen und Bekannten von seinem Vorhaben, so daß die signifikanten anderen sein Vorhaben (das Aufgeben des Rauchens) unterstützen können. Gleichzeitig trifft er Vorkehrungen, um sich die Entwöhnungszeit zu erleichtern, er macht vielleicht lange Wanderungen im Wald und im Gebirge, wo es wenige zivilisatorische Verlockungen gibt (‚manipulation of physical set‘), oder er fängt an, wie ein Mönch zu leben, so daß ihn nichts von der richtigen Spur abbringen kann (‚manipulation of psychological set‘).

Kanter (1968) stellt in ihren Studien die Frage, wie eine individuelle partielle Selbstbindung zu etwas Totalitärem werden kann. Wie ist es zu erklären, daß sich Menschen ihr ganzes Leben lang an eine Gemeinschaft binden, so wie es im vorigen Jahrhundert in den USA an utopische Gemeinschaften geschah? Diese totalitären Selbstbindungen sicherten das Überleben der utopischen Gemeinschaften. Das heißt, *Kanter* erweitert den Selbstbindungsbegriff zu etwas, das ein Kollektiv oder eine Organisation sichern kann. Es kann davon ausgegangen werden, daß das Verhalten von Personen unvorhersehbar ist, so daß mit einer kontinuierlichen Selbstbindung an eine utopische Gemeinschaft erst einmal nicht gerechnet werden kann. Auf der anderen Seite müssen utopische Gemeinschaften, um überleben zu können, eine Organisation aufbauen, die ihren Bestand und ihre Kontinuität durch die Selbstbindung der Mitglieder sichert. *Beckers* und *Elsters* Selbstbindungsmechanismen beruhen auf individuellem Selbstinteresse. *Kanter* führt die interessante Idee des persönlichen Opfers für eine Gemeinschaft ein (Altruismus). Das persönliche Opfer, das jemand bringt, der Mitglied in einer utopischen Gemeinschaft werden und bleiben will, löst eine effektivere Selbstbindung aus, weil sie von dem emotionalen Bedürfnis kognitiver Konsistenz abhängt. Wenn ich mich opfere beziehungsweise, wenn ich wesentliche Teile meines Lebens opfere (Vermögen, Kontakte zu Angehörigen, Trennung von den eigenen Kindern), dann muß das Objekt meines Opfers (‚die Sache‘) dieses Opfer wert sein.

Um die Identifikation mit der DDR zur erklären, ist besonders *Beckers* ‚Nebenkosten‘-Theorie und *Kanters* ‚Opferbereitschafts‘-Theorie relevant. Zum Beispiel mußten sich DDR-Bürger oder DDR-Bürgerinnen, die sich mit dem Gedanken der Abwanderung aus der DDR beschäftigten, überlegen, ob ein beruflicher Neuanfang in Westdeutschland auch die durch die Aufgabe des DDR-Arbeitsplatzes entstandenen Nebenkosten ausgleichen würde. Zu diesen Nebenkosten gehörten neben anderen die erreichte soziale Anerkennung mit dazugehörigem Prestige, soziale und berufliche Netzwerke, die für den weiteren beruflichen Aufstieg wichtig waren, sowie gute Kollegen und Freundschaften.

Auf der anderen Seite wurde das Individuum auch zu altruistischen Taten (Loyalitätsbekundungen etc.) gegenüber dem Staat überzeugt oder auch genötigt. In diesem Sinne mußte es Opfer bringen. Diese doppelte Ausprägung - Nebenkosten und Opferbereitschaft - muß in die Betrachtung mit einbezogen werden, um die ganze Kompliziertheit hinter der existentiellen Entscheidung des Individuums (über Bleiben oder Auswanderung) zu erklären.

Was heißt Opferbereitschaft, und wie wird ein Individuum davon ,überzeugt', Opfer zu bringen? Hier scheinen mir *Elster*s Überlegungen hilfreich. So kann beispielsweise der Eintritt in die Partei als ,public sidebet' gesehen werden, der Mauerbau als ,manipulation of physical set', und Stasiüberwachung läßt sich als ,manipulation of psychological set' interpretieren. *Kanter* spricht von der psychologischen Bedeutung des Verzichts von Kontakten außerhalb der Gemeinschaft als eine indirekte Form von Selbstbindung. Der Verzicht stärkt das Gemeinschaftsgefühl.

Auch *Kanter*s ,mortification'-Hypothese hat Erklärungskraft. *Kanter* spricht von Selbstvernichtung, wenn an die Stelle des individuellen Selbstwertgefühls ein kollektives Modell der Selbstbewertung gesetzt wird. Während westliche Individuen eine Distanz zwischen ihr Selbst und ihre ,Rollenspiele' legen (*Goffman* 1959) und die Selbstidentifkation sich aus der Interaktion zwischen Selbst und Rollenspiel herauskristallisiert, konnten DDR-Bürger diese Distanz zwischen Selbst und Rollenspiel im öffentlichen Raum nicht aufbauen, denn die Selbstidentifikation mit dem politischen System DDR wurde durch ein kollektives Modell der Selbstbewertung verstärkt. *Kanter* spricht weiter von einem ,Bedürfnis nach Sinn' und von einem Gefühl für ,Gerechtigkeit, Gewißheit und Überzeugung' als Ausprägungen einer kollektiven Moral. Diese Ausprägungen lassen sich empirisch bei ehemaligen DDR-Bürgern besonders ausgeprägt finden (*Simon* 1955).

Deutsche Geschichte

Um deutlich zu machen, wie DDR-Identifikation als Selbstbindung produziert wurde, müssen wir die ,deutsche Geschichte' in die Diskussion einführen. Wie ist es in der deutschen DDR-Geschichte gelungen, Individuen dazu zu veranlassen, zum Teil hohe Nebenkosten und Opferbereitschaft in Kauf zu nehmen?

Das ,nationale' Element in beiden deutschen Staaten der Nachkriegszeit ist schwach ausgeprägt. Das heißt nicht, daß es kein nationales Bewußtsein in Deutschland gibt, das heißt auch nicht, daß sich die heutigen Deutschen ,schuldig' oder für die Verbrechen in der Hitlerzeit verantwortlich fühlen (*Broder* 1994), sondern es bedeutet, daß es für Deutsche schwierig ist, ihre nationalen Gefühle auszudrücken und mit ihrer Vergangenheit ,in Verbindung' zu bringen (*Mitscherlich/Runge* 1993).

Die Folgen deutscher Vergangenheit spiegeln sich heute in einer Unsicherheit über die zukünftige außenpolitische Rolle des vereinten Deutschlands (*McAdams* 1997), im niedrigen Ansehen des Militärs und im massiven Widerstand gegen den Einsatz deutscher Truppen im Ausland (*Wolffsohn* 1992) wider. In beiden deutschen Staaten gab es in der Nachkriegszeit bis heute starke ,pazifistische' Strömungen wie: ,Niemals wieder ein Krieg, der von deutschem Boden ausgeht'. Oder: ,Nie wieder ein Deutscher, der eine Waffe in die Hand nimmt'. Die vor dem Zusammenbruch Deutschlands am Ende des Zweiten Weltkrieges sehr starke nationalistische Strömung wurde nach dem Zweiten Weltkrieg moralisch und juristisch delegitimiert (*Winkler* 1991) und auch tabuisiert. So zeigen *Weidenfeld* und *Korte* (1991), daß sich in keinem anderen Land Europas ein solches außerordentlich ,pragmatisches' nationales Bewußtsein entwickelt hat (*Weidenfeld/Korte* 1991).

Hinter diesen Tabuisierungen und Pragmatisierungen versteckt sich ein Problem. Wie kann man mit dieser Geschichte einen auch nur minimalen Stolz darauf entwickeln, ein Deutscher zu sein? Ohne einen gewissen Stolz ist es aber nicht möglich, sich mit einem Land zu identifizieren. Ist dieser Stolz nicht vorhanden, müßte man das Land verlassen. Aus diesem mangelnden Stolz haben nur sehr wenige Westdeutschland verlassen.

Um die Frage von Emigration/Nicht-Emigration aus der DDR zu beantworten, muß man mit der Feststellung beginnen, daß die deutsche Geschichte eine gesamtdeutsche Problematik ist. Die deutsche Nachkriegsgeschichte läßt sich nicht einfach dadurch auflösen, daß eine Feindschaft zwischen der DDR und der Bundesrepublik zugrunde gelegt wird. Ganz im Gegenteil, diese Feindschaft läßt sich nur im gesamten Kontext deutscher Geschichte erklären. Das heißt, nicht der abstrakte Bedarf an ,symbolic boundaries', das bloße Wissen, wer Freund und wer Feind ist, erklärt die deutsche Teilung, sondern ein besonderer historischer Umgang mit ,symbolic boundaries', der zu einer Katastrophe führte. Um diese Katastrophe zu heilen und auch zukünftige Katastrophen zu verhindern, wurde Deutschland in zwei (zuerst vier) Teile aufgeteilt.

Die Teilung hat das Bedürfnis für neue ,symbolic boundaries' geschaffen, nicht umgekehrt. Das heißt, die DDR-Bürger mußten sich nach der Teilung daran gewöhnen, ihre Landsleute im Westen als ,Feinde' und nicht als Freunde anzusehen, was nicht immer leicht war. Dieser

Prozeß setzte sich nicht automatisch in Gang, er war nicht nur das Ergebnis eines Diskurses, sondern mußte gleichzeitig in einer ganzen Reihe von Selbstbindungsmechanismen verankert werden. Einen substantiell ähnlichen Prozeß gab es auch auf der westdeutschen Seite, er nahm jedoch andere Formen an.

Das führt mich zu meiner zweiten Hauptcharakteristik deutschen Nationalgefühls in der Nachkriegsperiode: der starke Leistungszwang. Diesen Leistungszwang findet man in beiden Teilen Deutschlands, und er ist in seinen Ausprägungen nur noch vergleichbar mit Japan. Der Leistungszwang der Nachkriegsdeutschen läßt sich nicht auf die protestantistische Ethik reduzieren, auch nicht auf die kapitalistische Rationalität. Die Bundesrepublik als wirtschaftliche Macht erreichte schnell eine Spitzenstellung im ‚nichtsozialistischen Währungsgebiet‘; die DDR kämpfte sich an die Spitze im ‚sozialistischen Währungsgebiet‘. Wirtschaftliche Macht wurde zur Schlüsselfrage, um die Würde der Nation zu retten.

Dafür brauchte man keine Helden und keine Schurken, und die Frage der territorialen Souveränität stand nicht auf der Tagesordnung. Es war auch kein primordiales, quasi-religiöses Gefühl. Auch waren die Eliten in den beiden deutschen Staaten bis zur unerwarteten Öffnung der Mauer nicht bereit, die nationale Frage als Mobilisierungspotential zu nutzen. Hingegen hatte die ‚Leistung‘ der West- und Ostdeutschen den Effekt, daß die Nachkriegsdeutschen hüben und drüben darauf stolz sein konnten. Eine nationale Identität, die sich als eine Leistungsgesellschaft verkleidet, ist der besondere deutsche Beitrag zu der Nationalitätstheorietradition. Diese besondere Konstruktion zeigt auch, daß es keine allgemeingültigen Nationalitätstheorien gibt, sondern lediglich solche, die für besondere Umstände verwendet werden können.

Aber Leistung als Kern der nationalen Identifikation hat auch besondere Konsequenzen für die Art und Weise von Selbstbindungen. Einem Soldaten, der sich weigert zu schießen, kann man Strafe androhen. Einer Frau, die es vorzieht, nicht berufstätig zu sein, sondern sich ihren Kindern zu widmen, kann man hingegen nicht mit Strafe drohen. Man muß sie vielmehr davon überzeugen, daß Berufstätigkeit mindestens so attraktiv sei wie die Vollzeitbeschäftigung mit der Kindererziehung. Der DDR-Staat hat es geschafft, die Frauen der DDR von der Attraktivität der Berufstätigkeit zu überzeugen.

Meine These lautet, daß die durch den Staat vermittelte Überzeugung zur Berufstätigkeit der Frau die Grundlage dafür war, daß die DDR so lange als Staat überlebte. Das erklärt, warum die Inkaufnahme von Nebenkosten und die Opferbereitschaft der Individuen so wichtig für die DDR-Identifikation waren.

Frauen in der DDR

Kosten und Opferbereitschaft waren nicht nur eine Angelegenheit für Frauen in der DDR. Auch die Biographien von Männern, Rentnern und Rentnerinnen sowie von jungen Leuten waren den Mustern der Nebenkosten und Opferbereitschaft unterworfen, wenn auch in unterschiedlicher Weise. Wenn sich junge Leute für ein neues Leben in der Bundesrepublik Deutschland entschieden, dann waren die durch diesen Schritt auftretenden Nebenkosten (bereits getätigte Investitionen in die Biographie) niedrig. Die Bereitschaft, Opfer zu bringen, war im Vergleich mit anderen Bevölkerungsgruppen der DDR ebenfalls geringer ausgeprägt. Die Rentner und Rentnerinnen brauchten sich nicht (mehr) zu opfern, niemand hinderte sie daran, nach Westdeutschland überzusiedeln. Für ihre Entscheidung, die DDR zu verlassen, waren fast ausschließlich Überlegungen zur Höhe der Nebenkosten entscheidend (Familienbeziehungen und Gewohnheiten). Jedoch spielten auch finanzielle Überlegungen eine Rolle, denn Eigentum in der DDR konnte nicht ohne Komplikationen zu Westkapital konvertiert werden.

Wichtiger für die DDR-Politik war es, die werktätigen Männer und Frauen mit ihren Familien von der Abwanderung nach Westdeutschland abzuhalten. Wie tat man das? Zum einen hatten die Männer größere berufliche Karrierechancen als Frauen (*Gerhard* 1994). Wenn sie leitende Positionen erreichen wollten, wurde von ihnen erwartet, Mitglied in der SED zu werden. Für die Frauen der DDR war es etwas komplizierter, weil sie neben dem Beruf die Fürsorge für ihre Kinder übernahmen. Dadurch waren sie beruflich weniger mobil, denn die tagelange Abwesenheit von den Kindern durch Dienstreisen oder Weiterbildungsaktivitäten und die Übergabe der Verantwortung für die Kinder an professionelle Helfer war kein geteiltes normatives Muster in der DDR.

Die DDR hat die Überlegungen der jungen Frauen zur Mutterschaft positiv unterstützt. Zum Beispiel war es im Vergleich zur Bundesrepublik und zu anderen westlichen Ländern relativ leicht, alleinerziehende Mutter zu sein. Der Verbleib in einem Beruf, häufig sogar an einem Arbeitsplatz, war trotz erheblicher Einschränkungen des beruflichen Engagements weitgehend abgesichert. Gleichzeitig übernahm der Staat die Verantwortung für die Kinder. Dies tat er mit gezielten materiellen und für die Organisation des Alltags wichtigen Entlastungsangeboten.

Biographische Erfahrung

Eine alleinerziehende Frau aus der DDR, die nach einer Kinderlähmung einen steifen Arm zurück behielt, konnte dennoch zwei Kinder versorgen und ihrem Beruf als Buchhändlerin ganztägig nachgehen. Ihre Lebenswelt wurde von ihren Kindern und ‚ihren‘ Büchern geprägt, denn wegen ihrer Behinderung hatte sie sich sehr von der übrigen Welt zurückgezogen. Neben den Kindern noch einen Mann im Haushalt zu haben, das war ihr zu viel (*Hoffmann-Pawlowsky/Voigt* 1995). Wenn sie nach der Wende mit westdeutschen Kollegen und Kolleginnen sprach, wurde *Marion* sehr bewundert.

Marions Fall illustriert meine Hauptthese, daß Identifikation mit einem Staat im wesentlichen eine existentielle Entscheidung ist. Das bedeutet, daß biographische Erfahrungen in die Betrachtung mit einbezogen werden müssen, wenn man die Grundlagen der einzelnen Entscheidungen analysieren will. Biographische Erfahrungen können existentielle Entscheidungen in zwei Richtungen lenken (*Alheit/Hoerning* 1989; *Hoerning* 1996). Erstens: Die Erfahrungen sind so beschaffen, daß sie im wesentlichen einschränkend sind. Biographische Erfahrungen funktionieren hier als eine Art biographische ‚Strukturierung‘ des zukünftigen Lebenslaufs. Zweitens: Biographische Erfahrungen können aber auch die Zukunftschancen oder Optionen erweitern. Hier zeigt sich biographische Erfahrung von ihrer ‚Ressourcen‘-Seite.

Wie setzen sich diese verschiedenen Arten von Strukturierungen des Lebenslaufs in biographische Entscheidungsprozesse durch? In dem Buch „Lebenslinien. Geschichten von Frauen aus der ehemaligen DDR" finden wir biographische Selbstbeschreibungen, die zu den oben skizzierten Themenstellungen passen (DDR-Identifikation, deutsche Geschichte, Frauen in der DDR). Ich habe zwei Biographien ausgewählt, weil sie die Bedeutung der Dichotomie von Struktur und Ressource, die Entscheidung Bleiben/Nichtbleiben erhellt. Sämtliche Zitate stammen aus diesem Buch.

Marion ist die Jüngste von zwei Kindern. Sie wurde 1941 in Berlin geboren und hat immer in Ostberlin gewohnt. Sie erlernte den Beruf der Buchhändlerin; heute ist sie, wie so viele Frauen der DDR, arbeitslos. Sie hat zwei Kinder aufgezogen und war nicht verheiratet. *Marion* war es gewohnt, allein zu leben. Sie schämte sich, den ‚häßlichen‘ Arm zu zeigen, und wurde früh ein Kind, das sich zurückzog. Der Vater kam aus dem Krieg nicht zurück. Nach einigen Jahren wurde er für tot erklärt, und die Mutter heiratete einen anderen Mann. *Marion* empfand die zweite Eheschließung der Mutter als eine endgültige Niederlage: Erst verlor sie den Vater durch Tod, dann die Mutter durch die zweite Eheschließung; sie fühlte sich allein.

Erst mit dem Eintritt in das Berufsleben veränderte sich ihr Leben entscheidend. Sie schreibt darüber:

„Diese beiden Hälften, diese normale und diese häßliche, die zusammenzufügen und doch ein ganzer Mensch zu werden, das ist mir erst Anfang 20 gelungen, wo ich schon im Beruf war und bemerkt habe, daß ich mit meinen Worten, mit meinem Gesicht, mit meiner Neugierde, daß ich damit Menschen anziehen konnte. Und daß ich also doch wohl mehr bin, als nur so zwei nicht recht zusammengehörende Teile. Es war dann nicht mehr derart schmerzhaft, ich hatte Erfolg im Beruf als Buchhändlerin, ich hatte viel Freude an der Literatur, ich habe gelesen, ich habe darüber gesprochen. Ich war in einem bestimmten Sinne geheilt."

Der Beruf und der tägliche Umgang mit den Büchern kompensierten ihr frühes Leid. Die Bücher werden zum Vaterersatz. Mit dem Stiefvater kann sie sich nicht arrangieren. Manchmal drohte er, nach Westdeutschland zu gehen, aber

„nur im Zorn, wenn meine Eltern sich stritten. Der Stiefvater hat dann immer als letzte Drohung ausgestoßen, daß er jetzt seine Koffer packen.... Er würde da gute Aussichten haben. Aber das war nur eine Drohung. Am nächsten Morgen war wieder alles vorbei."

Der Stiefvater hatte eine gute Stelle als Leiter. Es war

„ein großes Objekt, so ein Magazin in Wünsdorf, wo die Russen ihre täglichen Einkäufe machten",

und er ist auch in die SED eingetreten, aber nur, weil man das von ihm erwartete.

Der Fall der Mauer 1989 hat *Marion* wie ein Schlag getroffen.

„Wenn ich jetzt sagen müßte, was das vorherrschende Gefühl war, ich glaube, ich war erschrocken. Ich wußte nicht, was kommt, ich wußte nur so viel, daß jetzt eine so große Veränderung eintreten wird, die in jedes Leben eingreift. Und es wird also nichts mehr so sein, wie es so lange war."

Sie hatte kein Bedürfnis, nach der Wende Westberlin zu besuchen, und später hat sie es nur aus ‚Pflicht' getan, weil eine Freundin sie eingeladen hatte.

„Ich war sehr distanziert. Ich habe mich da auf mir ganz fremdem Terrain vorsichtig bewegt und erst mal alles beobachtet."

Heute fühlt sie sich als „eine Hinterbliebene, denn die DDR ist tot, ich bin hinterblieben". *Marion*s besondere Biographie erklärt, warum sie sich in der DDR geborgen fühlte. Sie empfindet den Untergang der DDR als den ‚zweiten' Tod in ihrem Leben. Erst hatte sie den Vater verloren, der nicht aus dem Krieg zurückgekehrt war, um sich um seine von allen verachtete Tochter zu kümmern, und dann verlor sie auch noch den Staat, in dem sie sich wohlgefühlt hatte. Die Kinderkrankheit hat sie das ganze Leben lang verfolgt, sie hatte sich trotz dieser Behinderung ein eigenständiges Leben in der DDR geschaffen, und durch die Wende war alles vorbei, denn wer brauchte eine Buchhändlerin mit einem sichtbar verkürzten, gelähmten, dünnen Arm?

Marion fühlt sich als Verliererin der Einheit, obwohl sie nicht unkritisch gegenüber der DDR-Politik war. Sie erinnert sich besonders an ihr Unbehagen im Pionierlager wegen der straffen Ordnung. Sie erinnert sich auch an ihr Nichteinverstandensein mit der Ausbürgerung von Wolf Biermann, der einer ihrer Stammkunden im Buchladen an der Friedrichstraße war. Aber „auch zu diesem Zeitpunkt (hatte ich) ... überhaupt keine Wünsche danach, die DDR zu verlassen". Sie erklärt ihren Verbleib in der DDR trotz kritischer Phasen mit ihren gleichzeitigen Schuldgefühlen gegenüber den Opfern des Holocaust. Da war die DDR für sie „das aufrichtigere und bessere Deutschland", weil die führenden Leute als Widerstandskämpfer bekannt waren, und weil in der Bundesrepublik „Leute, die in der Nazizeit böse Verantwortung getragen haben ... wieder zu Amt und Würden kamen".

Heute fühlt sie sich verlassen und in die Ecke gedrängt, nicht nur, weil das Vertraute von einem Tag zum anderen verschwindet. Die neuen Farben im Straßenbild sind manchmal ‚schön bunt', aber die Landschaft und die Leute bleiben, wie sie schon damals gewesen sind.

Warum ist sie geblieben? Weil sie wußte, daß sich ihre biographischen Chancen durch eine Übersiedlung in die Bundesrepublik nicht erweitern würden. Sie hatte in der DDR ihren Platz gefunden, ihr Leben war strukturiert, die Struktur war eng. Sie verfügt über keine anderen Ressourcen, die es ihr ermöglichen würden, einen neuen beruflichen Anfang zu schaffen. Sie war chancenlos, als die Mauer zerbrach, darum fühlte sie keine besondere Freude oder Euphorie, sie war erschrocken.

Ilses Biographie ist ganz anders verlaufen. Sie arbeitete auch als Buchhändlerin und wurde 1910 geboren. Als Angehörige einer Generation, die von Anfang an die DDR mitgestaltet hat, war ihr Lebenswerk schon vor dem Fall der Mauer abgeschlossen. Sie fühlt sich von der deutschen Wiedervereinigung und dem Verschwinden der DDR weniger getroffen, weil ihre Identifikation mit der DDR ein schon vergangener Teil ihres Lebens ist, wie die Weimarer Republik und die Kriegsjahre. Ihre eigenen persönlichen Erfahrungen haben ihr auch Einblick in die Wirklichkeit hinter der antifaschistischen Propaganda gegeben. Auch in der DDR wurden ehemalige Nazis in hohen Posten eingesetzt, bloß darüber wurde selten geredet. Sie empfand das als geschmacklos, protestierte aber nicht öffentlich, weil sie in diesem Staat etwas anderes gesucht und auch gefunden hatte.

Wenn sie auf ihr Leben zurückblickt, findet sie eine merkwürdig ungebrochene Kontinuität. Sie konnte sich unter verschiedenen gesellschaftspolitischen Bedingungen beruflich durchsetzen. Sie war niemals verheiratet und hat keine Kinder. Ihr Beruf war und ist noch immer ihr Leben in dem Sinne, daß sie ihre besten Freunde durch den Beruf kennengelernt hat. Von ihren Familienangehörigen, die alle in den Westen übergesiedelt sind, hat sie sich distanziert. Sie wollte etwas anderes.

Ilse kommt aus einem großbürgerlichen Elternhaus, jedoch haben die wachsende Verarmung durch Inflation in der Weimarer Republik und der Tod des Vaters *Ilses* Leben grundlegend verändert. Künstlerkreise waren ihre Lebenswelt, und in diesem Rahmen lernte sie Kommunisten und Juden kennen. Nach dem Krieg war es für sie selbstverständlich, in der DDR zu bleiben. Nicht weil die DDR sich als antifaschistischer Staat definierte, sondern weil ‚ihre' Leute (Künstler, Kommunisten und Juden) dort verehrt wurden und hohe Posten bekamen.

Ein guter Freund, ein Minister, übertrug ihr die Leitung einer zentral gelegenen Buchhandlung im Zentrum Ostberlins. Damit wurde ihr wahres Glück geschenkt, „denn Glück ist für mich Erfülltsein von etwas". Und ihr Leben nach 1945 war erfüllt. Alles paßte zusammen: Beruf, Politik und nicht zuletzt das Menschliche. Ihr Berufsleben ersetzte ihr die fehlende Familie. Darum dachte sie auch niemals daran, in den Westen zu übersiedeln. Sie wußte, daß man im Westen „besser leben kann", aber das reizte sie nicht. Warum nicht?

„Das Wesentliche, warum ich hier blieb? Ich hatte hier meinen Lebenskreis, ich hatte hier Menschen, verstehst du? Heute bin ich dankbar, wenn für mich jemand da ist. Ich bin immer für Menschen dagewesen. Durch meinen Beruf habe ich oft Gespräche gehabt mit Menschen, die mir gar nicht so nahe waren, die sich mir aber geöffnet haben. Man hatte Vertrauen zu mir. Und das war das Wesentliche. Das und meine Arbeit. Die Arbeit als sozusagen große Direktrice in der Bücherstube und ebenso die Arbeit im Kulturbund, wo ich dann bis über die Rente hinaus den Buchladen geführt habe."

Beruf, Freundschaften, die manchmal Liebesbeziehungen wurden, und Politik, sie kann diese verschiedenen Aspekte ihres Lebens nicht voneinander trennen. Ganz besonders fühlte sie sich zu Künstlern hingezogen.

Die Welt der Künstler war für sie progressiv im politischen Sinne. In ihrem Beruf als Buchhändlerin traf sie viele Künstler, die hohes Ansehen besaßen, und dies führte bei ihr zu einer tiefen Identifikation mit der DDR.

„Ich habe mich mit vielen in diesem Land in Übereinstimmung befunden. Trotz allem, was ich kritisch sah, stand ich zu dem Staat. Ich hatte keine Gedanken wegzugehen, ich gehörte hierher. Ich habe an den Sozialismus geglaubt, ich glaube auch heute noch dran."

Sie spricht von „unserem Land", wo man bemüht war, „im großen eine antifaschistische Ordnung aufzubauen. Jedenfalls war das die Grundidee." Für einen Menschen, der am Anfang seines Lebens fast alles verloren hatte (soziale Deklassierung, Verarmung), war die DDR die große Chance. Darum hatte Ilse hohe Erwartungen an die DDR. Und für sie persönlich erfüllten sich diese Erwartungen im großen und ganzen auch:

„Ich hatte das Gefühl, wir bauen eine Gesellschaft, zu der man ja sagen kann ... und dazu kam natürlich, dadurch, daß man alles verloren hatte, das hat eine ungeheure Aktivität freigesetzt. Ein Neuanfang ist eine wunderbare Sache ... man wurde gebraucht, und das ist ein ganz wichtiges Gefühl ... wenn ich so zurückdenke, die glücklichste Zeit in meinem Leben? Ich glaube ... das war wohl doch der Aufbau der Deutschen Bücherstube. Weil die Arbeit mich so fasziniert hat, sie hat mich ja auch fast aufgefressen. Aber sie gab mir die Möglichkeit, alle meine Kräfte auszuschöpfen."

Ob biographische Erfahrungen als Strukturierung der Zukunft oder als Ressource dienen, hängt nicht nur von gesellschaftspolitischen Umständen ab. Erst die Analyse der Biographien zeigt, warum sich in der einen Biographie die Lebenschancen erweiterten und in der anderen Biographie beschränkt wurden. Die Lebensläufe von *Marion* und *Ilse* wurden beide durch die deutsche Geschichte geprägt. Sie lebten in der DDR und arbeiteten als Buchhändlerinnen. Die Differenz in ihren Lebensschicksalen läßt sich nur verständlich machen, indem man tiefer in die Biographien eindringt und die Bedeutung von Familienschicksalen, historischer Generationszugehörigkeit, persönlichen Voraussetzungen und Neigungen sowie existentiellen Entscheidungen untersucht.

Zusammenfassung

Die Idee, daß sich nationale Identität unter besonderen Bedingungen auch als existentielle Entscheidung (Bleiben/Nichtbleiben) verstehen ließe, ist nicht neu. Analysen über den Untergang der DDR (*Hirschmann* 1993; *Joppke* 1993) haben diesen Aspekt als vorrangig analysiert. Das Merkwürdige ist nur, daß die Frage nach der nationalen Identifikation in diesen Analysen gar nicht vorkommt. Wenn wir uns auf der anderen Seite die Theorien über Nationalismus und nationale Identität ansehen, finden wir, daß die ostdeutsche Problematik nicht thematisiert wird.

Es gibt jedoch eine Ausnahme, die in der Diskussion über nationale Identität sehr selten zitiert wird, nämlich *Ernest Gellners* (1983) Nationalismustheorie. *Gellner* spricht nicht über die DDR, sondern über das existentielle Entscheidungsproblem von potentiellen Emigranten. Warum, fragt er, soll ein hochgebildeter Mensch, der wenig von ,Patriotismus' im gewöhnlichen Sinne hält, der sich nicht besonders ,national' fühlt und auch nicht für sein Land sterben will, die existentielle Entscheidung treffen, ,hier' in ,meinem Land' zu bleiben? Was macht dieses Land, in dem ich zufällig geboren bin, zu *meinem* Land? Warum soll ich mich für dieses Land ,opfern', wenn ich vielleicht viel besser in einem anderen Land leben kann? *Gellners* Antwort darauf ist, daß diese Entscheidung in Wirklichkeit sehr pragmatisch ist. Ich bleibe hier, weil meine Lebenschancen im weitesten Sinne (Beruf, Familie, Freundschaften, Teilnahme am öffentlichen Leben etc.) größer sind, als wenn ich mich in einem fremden Land ,durchschlagen' müßte. Es ist nicht unmöglich, es in einem anderen Land ,zu schaffen', aber es ist bestimmt nicht leicht und erst recht nicht leichter als in dem Land, in dem ich jetzt lebe. Sprache ist nicht das Wichtigste, das Entscheidende ist Ausbildung, die bis jetzt national organisiert ist. Diese national organisierte Ausbildung in modernen Gesellschaften ist die Eintrittskarte in einen Beruf, zu interessanten menschlichen Verbindungen und zum öffentlichen Leben. Sie verleiht einem, wie *Gellner* sagt, ein ,marginal advantage' gegenüber Fremden. Darum fühle ich mich hier wohl, darum sage ich: Hier ist mein Land, hier bleibe ich.

Formuliert in dieser Weise, ist die Problematik der DDR-Frauen nicht nur eine DDR-Problematik. Sie ist eine Frage der Migration, der europäischen Integration und letztlich die existentielle Grundlage moderner Gesellschaften. Wo der ,mainstream' der Nationalitätstheorien dieses menschliche, transnationale Mobilitätspotential ignoriert, hat *Gellner* die Problematik der nationalen Identifikation als existentielles Entscheidungsproblem ernstgenommen. Aber vielleicht hat das auch etwas mit dem methodologischen Fundament der heutigen Nationalitätstheorien zu tun. Es wird zu sehr auf die Diskursdimension fokussiert und zu wenig auf den Prozeß der existentiellen Selbstbindung, der sich letzten Endes immer nur biographisch erklären läßt.

Literatur

Alheit, Peter/Erika M. Hoerning 1989: Biographie und Erfahrung: Eine Einleitung. In: *Peter Alheit/Erika M. Hoerning* (Hg.): Biographisches Wissen. Beiträge zu einer Theorie lebensgeschichtlicher Erfahrung. Frankfurt/M.; New York: Campus, 8-23.

Anderson, Benedict 1991: Imagined Communities. Reflections on the Origin and Spread of Nationalism. London: Verso.

Banton, Michael 1992: Racial and Ethnic Competition. Alderhot: Gregg Rivals.

Becker, Howard S. 1951: Role and Career Problems of Chicago Public School Teachers. Ph.D. Thesis. The Department of Sociology, University of Chicago.

Becker, Howard S. 1960: Notes on the Concept of Commitment. In: American Journal of Sociology 66, 1, 32-40.

Becker, Howard S./James W. Carper 1956: The Development of Identification with an Occupation. In: American Journal of Sociology 61, 4, 289-298.

Berger, Peter/Thomas Luckmann 1966: The Social Construction of Reality. Garden City, N. Y.: Doubleday Anchor.

Brass, Paul 1991: Ethnicity and Nationalism. Theory and Comparison. Aldershot: Gregg Rivals.

Broder, Henryk M. 1994: Erbarmen mit den Deutschen. Hamburg: Campe.

Connor, Walker 1994: Ethno-Nationalism: The Quest for Understanding. Princeton: Princeton University Press.

Elster, Jon 1979: Ulysses and the Sirens. Cambridge: Cambridge University Press.

Erikson, Thomas H. 1993: Ethnicity and Nationalism. London: Verso.

Gellner, Ernest 1983: Nationalism. Oxford; Cambridge: Blackwell.

Gerhard, Ute 1994: Die staatlich institutionalisierte ‚Lösung' der Frauenfrage. Zur Geschichte der Geschlechtsverhältnisse in der DDR. In: *Hartmut Kaelble/ Jürgen Kocka/Hartmut Zwahr* (Hg.): Sozialgeschichte der DDR. Stuttgart: Klett-Cotta, 383-404.

Glazer, Nathan/Daniel P. Moynihan 1963: Beyond the Melting Pot. Cambridge, Mass.: The M.I.T. Press.

Goffman, Erving 1959: The Presentation of Self in Everyday Life. Garden City, N. Y.: Doubleday Anchor.

Hirschmann, Albert O. 1993: Exit, Voice and the Fate of the German Democratic Republic. In: World Politics 4, 2, 173-202.

Hoerning, Erika M. 1996: Life Course and Biography: Approaches and Methods. (Series No. 199). Aalborg: Aalborg University, Department of Development and Planning.

Hoffmann-Pawlowsky, Jutta/Freya Voigt 1995: Lebenslinien. Geschichten von Frauen aus der ehemaligen DDR. Frankfurt/Oder: Frankfurt/Oder Editionen.

Horowitz, Donald L. 1985: Ethnic Groups in Conflict. Berkeley: University of California Press.

Joppke, Christian 1993: Why Leipzig? ‚Exit' and ‚Voice' in the East German Revolution. In: German Politics 2, 3, 393-414.

Kanter, Rosabeth M. 1968: Commitment and Social Organization: A Study of Commitment Mechanisms in Utopian Communities. In: American Sociological Review 33, 4, 499-517.

McAdams, James, A. 1997: Germany After Unification. Normal at Last? In: World Politics 49, 1, 282-308.

Mitscherlich, Margarete/Irene Runge 1993: Kulturschock. Umgang mit Deutschen. Hamburg: Klein.

Simon, Annette 1995: Versuch, mir und anderen die ostdeutsche Moral zu erklären. Gießen: Psychosozial-Verlag.

Smith, Antony 1988: The Ethnic Origins of Nations. New York: Oxford University Press.

Sumner, William, G. 1960: Folkways. New York: Mentor Books.

Weidenfeld, Werner/Karl-Rudolf Korte 1991: Die pragmatischen Deutschen. Zum Staats- und Nationalbewußtsein in Deutschland. In: Politik und Zeitgeschichte, B 32, 2. August, 3-12.

Winkler, Heinrich A. 1991: Nationalismus, Nationalstaat und nationale Frage in Deutschland seit 1945. In: Politik und Zeitgeschichte, B 40, 27. September, 12-24.

Wolffsohn, Michael 1991: Keine Angst vor Deutschland! Erlangen: Straube.

Verzeichnis der Autorinnen und Autoren

Peter Alheit, Prof. Dr. Dr., Lehrstuhl für Allgemeine Pädagogik mit dem Schwerpunkt außerschulische Pädagogik am Pädagogischen Seminar der Georg-August-Universität Göttingen. Forschungsschwerpunkte: Bildung und Sozialstruktur im europäischen Vergleich, erziehungs- und sozialwissenschaftliche Biographieforschung, qualitative Methoden der Bildungs- und Sozialforschung, Ethnographische Pädagogik. Buchveröffentlichungen (Auswahl): ‚Zivile Kultur‘, Campus 1994; ‚Biographien in Deutschland‘ (mit Wolfram Fischer-Rosenthal), Westdeutscher Verlag 1995; ‚Gebrochene Modernisierung‘, 2 Bde. (mit KoautorInnen), Donat 1999; ‚Ethnographische Pädagogik‘ (mit KoautorInnen), Juventa 2000 (im Erscheinen).

Molly Andrews is a Senior Lecturer in Psychosocial Studies at the University of East London. She has written extensively on the relationship between biography and society, including her book ‚Lifetimes of Commitment: Aging, Politics, Psychology‘, Cambridge University Press 1991.

Johann Behrens, Dr.phil. (Frankfurt/M.), Habilitation (Bochum), lehrt Soziologie, Sozialmedizin und Sozialökonomie an der Fachhochschule Fulda und den Universitäten Bremen und Bochum, leitet Forschungsprojekte am DFG-Sfb 186 „Statuspassagen und Risikolagen im Lebensverlauf" (Universität Bremen) und am ISIS-Institut in Frankfurt/M. Arbeitsschwerpunkte: Soziologische Theorie, Methoden, Sozialisations- und Pflegeforschung, Sozialstruktur und Gesundheitswesen.

Bennett M. Berger is professor emeritus at the University of California in San Diego. His most recent book is ‚An Essay on Culture‘, published in 1995 by the University of California Press.

Pierre Bourdieu ist Professor für Soziologie am Collège de France in Paris. Seine wichtigsten Arbeiten sind: ‚Die feinen Unterschiede‘, Suhrkamp 1982; ‚Homo academicus‘, Suhrkamp 1988; ‚Die Intellektuellen und die Macht‘, VSA-Verlag 1991; ‚Soziologische Fragen‘, Suhrkamp 1993; ‚Die verborgenen Mechanismen der Macht‘, VSA-Verlag 1997; ‚Der Tote packt den Lebenden‘, VSA-Verlag 1997; ‚Das Elend der Welt. Zeugnisse und Diagnosen alltäglichen Leidens an der Gesellschaft‘ (mit KoautorInnen), UVK 1997; ‚Praktische Vernunft. Zur Theorie des Handelns‘, Suhrkamp 1998.

Bettina Dausien, Dr.phil., Dipl.Psych. und Sozialwissenschaftlerin, zur Zeit Wiss. Assistentin in der AG Sozialisationsforschung an der Fakultät für Pädagogik der Universität Bielefeld. Schwerpunkte in Forschung und Lehre: Theorien und Methoden der Biographieforschung, Frauen- und Geschlechterforschung, Bildungsprozesse im Lebenslauf, qualitative Sozialforschung. Buchveröffentlichungen: ‚Biographie und Geschlecht‘, Donat 1996; ‚Erkenntnisprojekt Geschlecht‘ (hg. zusammen mit *Peter Alheit et al.*, Psychosozial-Verlag 1999.

Wolfram Fischer-Rosenthal, Dr.phil., geb. 1946, Professor für „Sozialwissenschaftliche Grundlegung von Fallanalysen" am Fachbereich Sozialwesen der Universität Gesamthochschule Kassel. Soziologische Habilitation an der Universität Bielefeld. Längere Forschungs- und Lehraufenthalte an der University of California, San Francisco und der Ben-Gurion University Beer-Sheva, Israel. Professuren für Medizinsoziologie (Gießen, Mainz) und allgemeine Soziologie (TU-Berlin). Arbeitsschwerpunkte: Biographieforschung, Wissenssoziologie, Medizinsoziologie, Interaktionsanalysen, rekonstruktive Sozialforschung.

Helena Flam, seit 1993 Professorin für Soziologie an der Leipziger Universität. 1969 emigrierte sie aus Polen, erwarb 1975 ihren Fil.Kand. an der Universität Lund/Schweden und erhielt 1982 ihren Ph.D. an der Columbia University, New York, USA. Von 1983 bis 1987 arbeitete sie beim Swedish Collegium for the Advanced Study in the Social Sciences in Uppsala. Von 1986 bis 1989 war sie Stipendiatin am Max-Planck-Institut für Gesellschaftsforschung in Köln und von 1990 bis 1993 arbeitete sie an der Universität Konstanz, Verwaltungswissenschaften. 1998 erschien ihr Buch ‚The Mosaic of Fear: Poland and East Germany before 1989‘, Columbia University Press. Forschungsschwerpunkte: Soziale Bewegungen, Soziologie der Emotionen, Politische Soziologie.

Dieter Geulen, Prof. Dr., Studium der Soziologie (Diplom 1964), der Psychologie (Promotion 1974) und der Philosophie in München und Berlin; Wiss. Assistent und Dozent an der Pädagogischen Hochschule Berlin; seit 1980 Professor für Allgemeine Erziehungswissenschaft an der Freien Universität Berlin; langjährig Sprecher der Sektion Bildungssoziologie der DGS; Hauptarbeitsgebiete: Sozialisationstheorie, Handlungstheorie, sozialkognitive Entwicklung.

Matthias Grundmann, Dipl. Sozialwissenschaftler. Von 1987 bis 1990 Doktorand im Projekt „Lebensverläufe und gesellschaftlicher Wandel" am

Max-Planck-Institut für Bildungsforschung. 1990 Dr. phil. an der Freien Universität Berlin (Soziologie), seit 1990 wissenschaftlicher Mitarbeiter am Max-Planck-Institut für Bildungsforschung. 1997 Habilitation im Fach Soziologie an der Humboldt-Universität zu Berlin.

Walter R. Heinz ist seit 1972 Professor für Soziologie und Sozialpsychologie an der Universität Bremen und seit 1988 Sprecher des DFG-Sonderforschungsbereichs „Statuspassagen und Risikolagen im Lebensverlauf". Studium an den Universitäten München, Berkeley und Harvard, war Gastprofessor an Universitäten in den USA und Canada, zuletzt für German and European Studies an der University of Toronto.

Erika M. Hoerning, Einzelhandelskauffrau, Dipl.-Soziologin, Dr. rer. pol., Privatdozentin an der Freien Universität Berlin und wissenschaftliche Mitarbeiterin am Max-Planck-Institut für Bildungsforschung, Berlin. Arbeitsschwerpunkte: Biographie- und Lebenslaufforschung besonders biographische Sozialisation, Lebenserfahrungen und biographisches Wissen; Professions-, Intelligenz- und historische Generationsforschung.

Feiwel Kupferberg, M.A. in Soziologie und Pädagogik, Stockholm University, Ph.D. in Soziologie, Åalborg University. Associate Professor of Sociology, Centre for International Studies, Åalborg University. Publikationen: ,Break-up of Communism in East Germany and East Europe', St. Martin's Press 1998. Forschungsschwerpunkte: Professionssoziologie, Existenzgründer, Transformationsgesellschaften, Ethnizität und Nationalismus.

Hartmann Leitner bis 1994 Hochschuldozent für Soziologie in Trier; Arbeitsgebiete: Kultursoziologie, Soziologie der Zeit; Biographie; politische Symbole; Kultur des Reisens; Soziologie und Theorie der Geschichte. Publikationen: ,Lebenslauf und Identität. Die kulturelle Konstruktion von Zeit in der Biographie', Campus 1982.

Ursula Rabe-Kleberg, Prof. Dr., ist Soziologin und Hochschullehrerin mit dem Schwerpunkt Soziologie der Bildung und Erziehung an der Martin-Luther-Universität in Halle/S., zuvor Projektleiterin am SFB 186 und dem Forschungsschwerpunkt Arbeit und Bildung an der Universität Bremen, Wissenschaftliche Assistentin beziehungsweise Mitarbeiterin an mehreren Universitäten und Forschungsinstitutionen; Schwerpunkte der wissenschaftlichen Arbeit: Berufs- und Bildungssoziologie, Care-Soziologie.

Uwe Schimank, Professor für Soziologie an der FernUniversität Hagen, Dr.rer.soc. 1974 bis 1981 Studium der Soziologie in Bielefeld, 1979 Diplom, 1981 Promotion, 1994 Habilitation an der Fakultät für Soziologie der Universität Bielefeld. 1981 bis 1984 dort Mitarbeiter in einem Forschungsprojekt über politisch-administratives Entscheiden. 1984 bis 1985 Vertretung einer Professur für Organisations- und Verwaltungssoziologie an der GHS Universität Wuppertal. 1985 bis 1996 wiss. Mitarbeiter am Kölner Max-Planck-Institut für Gesellschaftsforschung. Hauptarbeitsgebiete: Wissenschaftsforschung, Sportsoziologie, soziologische Akteur- und Systemtheorien, Theorien gesellschaftlicher Differenzierung.

Jürgen Straub, Privatdozent, Dr., Habilitation im Fach Psychologie 1995; 1994/95 Fellow am Zentrum für interdisziplinäre Forschung in Bielefeld; ab 1999 Vorstandsmitglied des Kulturwissenschaftlichen Instituts Essen, mit Privatdozent Dr. Burkhard Liebsch, Universität Erlangen-Nürnberg, Leiter des interdisziplinären Studiengruppe „Lebensformen im Widerstreit". Aktuelle Forschungsgebiete: Philosophische Grundlagen der Psychologie; Handlungstheorie; Sozial- und Kulturpsychologie; Biographieforschung; Identitätheorie; Gedächtnistheorie; Psychologie des Geschichtbewußtseins; narrative Psychologie; Theorie, Methodologie und Methodik interpretativer Forschung.

George E. Vaillant, M.D. is a Professor of Psychiatry at Harvard Medical School and Director of Research for the Division of Psychiatry, Brigham und Women's Hospital. He has spent the last 20 years as Director of The Study of Adult Development at Harvard and at Dartmouth. His published works include ‚Adaptation to Life‘, Little, Brown and Co. 1977 (‚Werdegänge. Erkenntnisse der Lebenslauf-Forschung‘, Rowohlt 1980); ‚The Natural History of Alcoholism‘, Harvard University Press 1983; ‚The Wisdom of the Ego‘, Harvard University Press 1993; and ‚The Natural History of Alcoholism. Revisited‘, Harvard University Press 1995.

Menschenbilder in der modernen Gesellschaft
Konzeptionen des Menschen in Wissenschaft, Bildung, Kunst, Wirtschaft und Politik

Herausgegeben von Prof. Dr. R. Oerter, München

1999. IV, 202 S., 19 Abb., kt. DM 38,–/öS 277,–/sFr 35,– (ISBN 3-8282-4566-8)

(Der Mensch als soziales und personales Wesen, Bd. 15)

Menschenbilder sind Konstrukte, die entworfen werden, um eine Gesamtorientierung des Urteilens und Handelns zu ermöglichen. Versteht man sie als unverrückbar, ewig gültig und absolut, ist eine Verständigung zwischen unterschiedlichen gesellschaftlichen Gruppen und individuellen Positionen nicht möglich. Die Darstellung der in den unterschiedlichen Bereichen verbreiteten Menschenbilder zeigt exemplarisch auf, welche Unterschiede bestehen und welche Konsequenzen für Urteilen und Handeln daraus resultieren.

Familie und Lebensverlauf im gesellschaftlichen Umbruch
Von Prof. Dr. B. Nauck, Chemnitz, PD Dr. N. F. Schneider, Bamberg, Dr. A. Tölke, München

1995. VII, 291 S., 38 Abb., 73 Tab. DM 58,–/öS 423,–/sFr 52,50 (ISBN 3-8282-4558-7)

(Der Mensch als soziales und personales Wesen, Bd. 12)

Mit dem vorliegenden Band werden zwei Zielsetzungen verfolgt. Zum einen sollen Familie und private Lebensführung in der Bundesrepublik und der DDR vergleichend analysiert werden, zum anderen soll die Familie in der Situation des gesellschaftlichen Umbruchs einer näheren Betrachtung unterzogen werden. Die Beiträge erfolgen aus dem Blickwinkel mehrerer beteiligter Disziplinen; es kommen Familien- und Lebenslaufforscher aus Soziologie, Psychologie und Erziehungswissenschaft zu Wort.

Familien in verschiedenen Kulturen
Herausgegeben von Prof. Dr. B. Nauck, Chemnitz, PD Dr. U. Schönpflug, Frankfurt/Oder, mit Beiträgen zahlreicher Fachautoren

1997. 356 S., 41 Abb., 86 Tab., kt. DM 68,–/öS 496,–/sFr 62,–
(ISBN 3-8282-4559-5) (Der Mensch als soziales und personales Wesen, Bd. 13)

Die Beiträge des Bandes informieren über Partnerwahlstrategien, innerfamiliäre Rollenverteilung, generatives Verhalten, Eltern-Kind-Beziehungen und familiale Sozialisationsprozesse in vier Kontinenten. Das Verhältnis der Generationen in den Familien und ihre Bedeutung für die Transmission kultureller Traditionen stellen den Leitfaden für die einbezogenen Untersuchungen dar. Der Band repräsentiert ein breites Spektrum aktueller interkulturell vergleichender empirischer Familienforschung aus Soziologie, Psychologie, Ethnologie, Ökonomie, Erziehungswissenschaft und Demographie.

Verwandtschaft
Sozialwissenschaftliche Beiträge zu einem vernachlässigten Thema
Von Prof. Dr. M. Wagner, Köln und Prof. Dr. Y. Schütze, Berlin
1988. 284 S., 20 Abb., 20 Tab. DM 58,–/öS 423,–/sFr 52,50 (ISBN 3-8282-4597-8)
(Der Mensch als soziales und personales Wesen, Bd. 14)
Obwohl Verwandtschaft eine grundlegende Institution in jeder Gesellschaft ist, beschäftigt sich die deutsche Familiensoziologie kaum noch mit diesem Thema. Die Kern- oder Kleinfamilie hat in unserer Gesellschaft eine derart herausragende Bedeutung, dass andere Formen der Verwandtschaft in den Hintergrund getreten sind. Die Beiträge dieses Bandes widmen sich aber gerade diesem Teil der Verwandtschaft, also den „entfernten Verwandten" und untersuchen aus einer soziologischen, historischen, soziobiologischen und psychologischen Perspektive, inwieweit das Konzept der Verwandtschaft einer Revitalisierung bedarf.

Umweltbedingungen familialer Sozialisation
Beiträge zur sozialökologischen Sozialisationsforschung
Von Prof. Dr. L. A. Vaskovics, Bamberg.
1982. 392 S., 29 Abb., 19 Tab. DM 29,80/öS 218,–/sFr 27,50 (ISBN 3-8282-4595-1)
(Der Mensch als soziales und personales Wesen, Bd. 6)
In diesem Band wird die Diskussion der Sektion Familien- und Jugendsoziologie der Deutschen Gesellschaft für Soziologie über die Bedingungen der Sozialisation weitergeführt. Die Autoren versuchen in den vorgelegten Beiträgen auf die Frage Antwort zu geben, wie stark und in welcher Form familiale Sozialisation durch Umweltbedingungen beeinflusst wird und wie jene Einflussfaktoren theoretisch und empirisch erfasst werden können, die sozialisationsrelevante Leistungen der Familie in ihrem örtlichen Milieu bestimmen.

Die Entscheidung zur Elternschaft
Eine empirische Kritik von Individualisierungs- und Rational-Choice-Theorien
Von PD Dr. G. Burkart, Berlin.
1994. XVIII, 369 S., 12 Abb., 19 Tab., 13 Übersichten, kt. DM 58,–/öS 423,–/sFr 52,50
(ISBN 3-8282-4511-0) (Soziol. Gegenwartsfragen NF Nr. 56)
Anhand statistisch-demographischer Daten und empirischer Studien aus den USA sowie eigens durchgeführter biographischer Interviews mit Paaren in Deutschland wird gezeigt, dass die heute weit verbreiteten Annahmen über „rationale Entscheidung" sowie über „Individualisierung" hinsichtlich des Übergangs in die Elternschaft nicht oder nur sehr beschränkt zutreffen. Es kann gezeigt werden, dass der Übergang in die Elternschaft häufig das Ergebnis biographischer Zwangsläufigkeiten und sozio-kultureller Selbstverständlichkeiten darstellt. Die Paare sind oft überfordert angesichts der Unmöglichkeit, zwischen Vor- und Nachteilen der Elternschaft und der Wahl des richtigen biographischen Zeitpunktes eine reflektierende Wahl zu treffen; sie überlassen sich daher vielfach dem Schicksal in Form einer ungeplanten Schwangerschaft.

Lucius & Lucius

Soziologische Zeitschriften bei Lucius & Lucius

Zeitschrift für Soziologie ZfS

Herausgegeben von der Universität Bielefeld, Fakultät für Soziologie
Herausgeber: Andreas Dickmann, Bern, Mannheim; Jörg Bergmann, Gießen,
Richard Münch, Bamberg, Ilona Ostner, Göttingen, Hartmann Tyrell, Bielefeld
2000. Band 29. 6 Hefte. Abonnement: DM 154,–/öS 1124,–/sFr 137,– zzgl. Versandkosten,
Inland: DM 16,20; Ausland: DM 19,20, Studentenpreis: DM 76,– (zzgl. Versandkosten).
Einzelhefte DM 36,40. ISSN 0721-3808
Die Zeitschrift veröffentlicht Beiträge aus allen Bereichen der Soziologie und ihren Randgebieten einschließlich methodologischer und forschungstechnischer Arbeiten. Beiträge, die sowohl einen theoretischen als auch einen empirischen Bezug aufweisen, werden besonders begrüßt.

Zeitschrift für Rechtssoziologie

Herausgegeben von Alfons Bora, Bielefeld; Armin Höland, Halle;
Dorothea Jansen, Speyer; Doris Lucke, Bonn; Stefan Machura, Bochum;
Wolfgang Ludwig Mayerhofer, München; Gunther Teubner, Frankfurt
21. Jahrgang/2000. 2 Hefte. Jahresabonnement DM 98,–/ öS 715,–/sFr 89,– zzgl. DM 6,– Versandkosten (Ausland DM 12,–). Studentenabonnement DM 72,– (zzgl. Versandkosten).
Einzelhefte DM 54,–. ISSN 0174-0202

Analyse & Kritik
Zeitschrift für Sozialtheorie

Herausgegeben von Michael Baurmann, Frankfurt und Anton Leist, Zürich
Jahrgang 22/2000 2 Hefte. Jahresabonnement DM 96,–/ öS 701,–/sFr 87,– zzgl. DM 6,– Versandkosten (Ausland DM 12,–). Studentenabonnement DM 69,– (zzgl. Versandkosten).
Einzelhefte DM 54,– ISSN 0171-5860

Ethik und Sozialwissenschaften
Streitforum für Erwägungskultur

Herausgegeben von Frank Benseler, Bettina Blanck, Rainer Greshoff,
Reinhard Keil-Slawik, Werner Loh, alle Paderborn
Jahrgang 11/2000. 4 Hefte. Jahresabonnement DM 138,–/ öS 1007,–/sFr 122,– zzgl. DM 10,–
Versandkosten (Ausland DM 20,–). Studentenabonnement DM 98,– (zzgl. Versandkosten).
Einzelhefte DM 40,–. ISSN 0937-938-X

Forschungsjournal
Neue Soziale Bewegungen

Für die Forschungsgruppe NSB herausgegeben von Ansgar Klein, Berlin;
Jupp Legrand, Wiesbaden; Thomas Leif, Mainz
13. Jahrgang/2000. 4 Hefte. Jahresabonnement DM 68,–/ öS 496,–/sFr 62,– zzgl. DM 8,– Versandkosten (Ausland DM 16,–). Studentenabonnement DM 50,– (zzgl. Versandkosten).
Einzelhefte DM 25,– ISSN 0933-9361

Lucius & Lucius